衍生金融工具

YANSHENG JINRONG GONGJU

王德河　杨　阳　编著

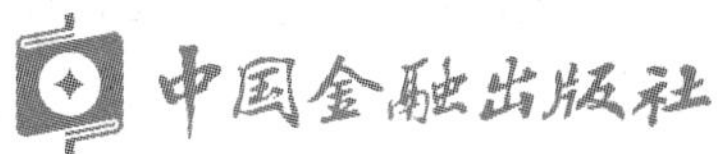

责任编辑：王效端　张菊香
责任校对：张志文
责任印制：陈晓川

图书在版编目（CIP）数据

衍生金融工具（Yansheng Jinrong Gongju）/王德河，杨阳编著．—北京：中国金融出版社，2016.12

21世纪高等学校金融学系列教材

ISBN 978-7-5049-8713-6

Ⅰ.①衍…　Ⅱ.①王…②杨…　Ⅲ.①金融衍生产品—高等学校—教材　Ⅳ.①F830.95

中国版本图书馆CIP数据核字（2016）第227504号

出版发行　中国金融出版社
社址　北京市丰台区益泽路2号
市场开发部　(010)63266347，63805472，63439533（传真）
网上书店　http://www.chinafph.com
　(010)63286832，63365686（传真）
读者服务部　(010)66070833，62568380
邮编　100071
经销　新华书店
印刷　保利达印务有限公司
尺寸　185毫米×260毫米
印张　19.25
字数　427千
版次　2016年12月第1版
印次　2016年12月第1次印刷
定价　38.00元
ISBN 978-7-5049-8713-6/F.8273

21 世纪高等学校金融学系列教材
编审委员会

陈伟忠　同济大学　教授　博士生导师
郑振龙　厦门大学　教授　博士生导师
赵锡军　中国人民大学　教授　博士生导师
郝演苏　中央财经大学　教授　博士生导师
胡炳志　武汉大学　教授　博士生导师
胡金焱　山东大学　教授　博士生导师
查子安　中国金融出版社　副总编辑
贺力平　北京师范大学　教授　博士生导师
殷孟波　西南财经大学　教授　博士生导师
彭建刚　湖南大学　教授　博士生导师
谢太峰　首都经济贸易大学　教授　博士生导师
赫国胜　辽宁大学　教授　博士生导师
裴　平　南京大学　教授　博士生导师
潘英丽（女）　上海交通大学　教授　博士生导师
潘淑娟（女）　安徽财经大学　教授
戴国强　上海财经大学　教授　博士生导师

前　言

大凡立言兴教，必须要有一套好的教材。孔子开私学、授徒传道，首先演斯文、别真伪、删六经，以为传习之本。上个世纪在结束了“文化大革命”的十年劫难，恢复文化考试的高考招生制度之初，拨乱反正的重要举措就是召集全国范围内的各个学科的专家学者，编写适用的中小学教材。可见，教材之于办学，可谓重中之重，半点轻忽不得。近些年来，我国的经济学科建设取得巨大进步，教材建设随之突飞猛进。其中，原版引进教材所在众多，本土编写教材不断涌现。但是，原版引进教材虽然多为经典，却多存在内容庞杂，案例虽多，都是西方制度下的事例，与我国实际较远，不利于给学生以鲜活的感性认识的情况。而且，我们认为，西方学术的思维习惯与国人有所不同。原版教材引进的多是美国、英国教材，而以美英为代表的西方人更习惯于归纳认知，这就使得这些引进教材在结构上多显得零乱、烦琐、不系统。而国人的思维习惯更倾向于逻辑思维模式。因此，直接选用原版引进教材教学可能并不是一个好的选择。一本系统性好、逻辑严密，又有我国自己的案例的教材应该更适合于我国大学的教学实践。而就国内编写的教材而言，市面上虽说可以找到各门课程不同版本的教材，但是，这些教材有些直接翻译套用国外的教材，有些在内容的取舍、结构的安排上也并不令人满意。因此，我们才下决心编著了这本《衍生金融工具》教材，希望满足金融学普通本科各专业的教学之需。教材者，教学之大事，可不慎乎。

衍生金融工具是当今金融市场上的重要金融工具。自 20 世纪 90 年代以来，衍生金融工具市场得到了迅猛的发展。时至今日，在国际金融市场上，衍生金融工具市场价值、成交数量规模庞大，交易活跃，种类、名目繁多，而且还在花样翻新、不断增加。衍生金融工具已经成为影响国际金融市场的重要力量。衍生金融工具的发展，一方面以其成本低廉为各类企业、投资者提供了更加灵活的投资、融资以及有针对性的避险工具，为市场经济主体的资金运作提供了极大的便利；另一方面，巨大的杠杆效应和极其灵活的特点也极大地增加了市场经济主体资金运作的复杂性；同时也为投机者的投机提供了极大的便利，极大地增加了市场的不确定性。回顾 20 世纪 90 年代以来国际市场上历次发生的金融危机、经济紊乱，无不伴随着衍生金融工具的身影，是以衍生金融工具从一开始在学界、业界、监管层就饱受非议。甚至，我国在 2015 年股灾期间，就不断限缩刚刚发展起来的股票指数期货，俨然把股指期货看成了引发股灾的元凶巨恶。不管怎样，衍生金融工具还是在争议之中不断发展壮大，越来越多、越来越复杂的衍生金融工具源源不断地被创造出来，越来越多的企业和投资者在利用衍生金融工具管理风险。衍生金融工具在金融创新中的作用越来越重要，公司和个人的理财活动也越来越离不开衍生金融工具。

我国的衍生金融工具虽然起步较晚，但发展非常迅速。我国商品期货的品种不断增多，交易量不断扩大。据美国期货业协会（Futures Industry Association，FIA）的统计，按照成交量排名，我国三大商品期货交易所均在前 10 名以内；多个农产品、金属品种的成交规模已位居世界前列。中国金融期货交易所相继推出的沪深 300 指数期货、上证 50 指数期货、中证 500 指数期货、5 年期国债期货、10 年期国债期货，以及上海证券交易所推出的期权产品也正在发挥越来越重要的作用。衍生金融工具正在成为推动我国金融创新，完善我国金融市场的重要力量。尽管在发展的过程中不可避免会出现各种各样的问题，但是，大力发展和繁荣我国的衍生金融工具市场是我国金融市场发展乃至经济体制改革不可逆转的大方向。掌握金融衍生工具知识是今后金融甚至其他经济领域的从业者不可回避的课题，更是金融专业大学教育必备的基本知识内容。

本书旨在提供一本适合我国当代大学金融专业教育的基础教材。首先，教材要包括课程的基本知识框架，包括课程的基础理论、基本方法；其次，教材要反映课程所涉内容发展的最新成果和趋势，给学生提供进一步思考和探讨的方向；最后，教材要尽可能地贴近社会的实际，以便激发学生的学习兴趣，同时可以给学生以感性认识，使学生更易理解与掌握。我们希望呈现在读者面前的这本《衍生金融工具》教材能够体现出这些特点。我们希望多提供衍生金融工具的实际案例，通过案例阐述衍生金融工具的理论、方法，呈现衍生金融工具的性质、特征。

本书的编著是作者结合多年的教学实践，通过参考多种国内外教材，精心思考、精心设计的结果。在近年来大学专业与学科建设中有一种比较矛盾的现象：一方面，学科建设强调教材建设的重要性，几乎各个层次的专业学科评估都把一个专业有没有自己的教材作为评估的一项重要指标。这样一来，即使已有不错的教材可供使用，各大学、各专业也不得不编写自己的教材。这造成了近年来大学教材数量上的快速增长，甚至泛滥；同时也使得大学教材在质量上良莠不齐。另一方面，各高校在对教师的成果评估上，又极不重视教材的编著，赋予编著教材的科研成果很小的权重。这就使得高校的教师极不重视教材的编著，宁愿在写论文，申报课题上花费更多的精力。这进一步鼓励了对教材的粗制滥造。但是，放眼看去，真正有价值、有知识增量，或者对实践有指导意义的论文又有几何？而教材，只要用作教学就会影响莘莘学子。育人乃百年大计，实在是更有价值的呀。况且，我们认识萨缪尔森、认识曼昆，认识那些不同领域的学者专家，可能更多的是通过阅读他们编著的经典教材而来的。因此，纵然不能给自己带来更多的利益，但是，能编著一本好的教材，其现实的价值和意义是非常大的，是值得为其费时费力，殚精竭虑的。我们正是本着这样的认识，去编著本教材的。由于编著者知识和能力水平的限制，尽管我们在编著过程中，已经竭尽所能，精益求精，还是难免有各种各样的错漏和不足，但是，将其称之为用心之作，则了无愧怍。

本教材的两位编著者共同拟定编写大纲。全书由总论、金融远期与期货、金融期权与互换三编组成。系统阐述了衍生金融工具的理论和技术方法，内容翔实，案例丰富。其中，第一编、第二编由王德河执笔，第三编由杨阳执笔。我们希望这本教材能够为使用者提供一个教授和学习衍生金融工具的好的选择。颇希望使用者感觉便利，能够更容易地教授或学习衍生金融工具的知识和技术方法。然而，以我们之浅学，而所希望者如此，自不免操豚蹄而祝篝车之诮，但总是我们的一个希望。

本教材的编著得到中国金融出版社的大力支持。中国金融出版社将其纳入“21 世纪高等学校金融学系列教材”，王效端主任与张菊香编辑都提出了很好的意见，我们深表谢意。当然，书中的错漏与不足，编著者自负。编著教材虽然辛苦，我们却甘之如饴。希望专家与广大读者不吝指正，以便我们在今后进一步修改与完善。

编　者

2016 年 10 月

目　　录

第三编　期权与互换

21世纪高等学校金融学系列教材

第一编

总　论

第一章

衍生金融工具概论

The so - called derivatives revolution has made the world safer, not more dangerous. derivatives enable organizations to deal effectively with risks that have plagued them for decades, even centuries. 衍生金融工具革命使世界更加安全，而不是更加危险。衍生金融工具使各个机构能够有效地处理困扰自己几十年，甚至上百年的风险。

——Merton H. Miller（莫顿·米勒）

I view derivatives as time bombs, both for the parties that deal in them and the economic system. 我认为，衍生品对于参与其中的交易方和经济系统都是定时炸弹。

In my view, derivatives are financial weapons of mass destruction, carrying dangers that, while now latent, arepotentially lethal. 据我看，衍生品是金融领域的大规模杀伤性武器，并隐藏着致命的危险。

——Warren Buffet（沃伦·巴菲特）

§1.1 什么是衍生金融工具

本章开首所引用的对衍生金融工具的评价，来自两位赫赫有名的人士。一位是1990年诺贝尔经济学奖获得者莫顿·米勒，一位是世界著名的投资商，被称为股神的沃伦·巴菲特。莫顿·米勒在其《论衍生金融工具》一书中，对衍生金融工具的作用给予了高度的评价。而沃伦·巴菲特2002年在写给其执掌的伯克希尔—哈撒韦公司的股东的信中却把衍生金融工具比作定时炸弹，甚至大规模杀伤性武器。毋庸讳言，衍生金融工具从其产生之日起就伴随着冰火两重天的评价。可谓誉满天下，谤满天下。爱之者不断欢呼其市场的发展壮大和繁荣昌盛，恶之者则避之唯恐不及。衍生工具也着实在世界金融和经济的大起大落中不断地推波助澜，击水中流。2015年6月，就在发出上述言论的13年后，巴菲特在一次访谈中表示他仍然坚持认为衍生品是金融领域的大规模杀伤性武器，并且说，就某种意义上而言，衍生工具可能引起大的麻烦。而在每次金融风暴和危机中，衍生金融工具几乎都逃脱不了被横加指责的命运。在美国次贷危机导致全球性金融危机的时候，很多人就认为衍生金融工具是引起危机的罪魁祸首。在我国2015年6月开始的股灾中，监管部门一再加大对股指期货、中证50期货和上证500期货的限制，从提高期货交易的保证金到直接限制期货交易的开仓数量，也说明我国的监管部门实际上把这些衍生品交易看作了助长股灾的一个重要因素。总之，认为衍生金融工具具有极大的负面作用，是金融市场动荡不安的核心因素的观点极具市场。另一方面，20世纪70年代以来，很多金融机构，甚至非金融机构很喜欢，甚至热衷于使用各种各样的衍生金融工具，使得衍生金融工具获得了飞速的发展，衍生金融工具的种类和交易规模都爆炸式增长，衍生金融工具市场呈现出空前繁荣的景象又是一个活生生的现实。衍生金融工具有着不可替代的巨大作用的观点也得到了很多人的拥戴。那么，衍生金融工具到底是一种什么样的工具呢？它有什么特点？有什么作用？包括哪些种类？正面作用有哪些？又有哪些负面作用呢？怎样趋利避害，善用衍生金融工具提高经营效益，推动经济发展呢？

衍生金融工具（derivatives），又称派生金融工具、金融衍生产品、金融衍生品等。顾名思义，是在原生金融工具（诸如即期交易的商品、债券、股票、外汇）的基础上派生出来的，是价值依赖于其他更基本的资产的价值的各类合约的总称。美国财务会计准则委员会（FASB）颁布的一系列公告将其定义为：价值衍生于一个或多个标的资产的业务或合约。根据巴塞尔银行监管委员会的定义，金融衍生工具是“一种合约，该合约的价值取决于一项或多项标的资产或指数的价值”。国际互换和衍生工具协会（International Swaps and Derivatives Association，ISDA）将衍生金融工具描述为：“旨在为交易者转移风险的双边合约。合约到期时，交易者所欠对方的金额由基础商品、证券或指数的价格决定。”由上面的定义可以看出，虽然不同机构对衍生金融工具的具体描述不尽相同，但是其基本含义却是清楚的，也就是衍生金融工具是由其所依附的标的物的特定变量所决定的合约。随着世界经济金融的快速发展，衍生金融工具所依附的标的物也在不断地扩充，目前为止，衍生金融工具标的物可以是包括股票、债券等在内的传统基础证券，可以是外汇、黄金、白银，可以是小麦、大豆、棉花等农产品，可以是石油、钢材，甚至可以是气温、天气、污染指数等无形物。因此，衍生金融工具是其价值决定于特定标的物的标的变量的合约。

§1.2 衍生金融工具的产生和发展

衍生金融工具的使用最早源自人类对未来风险规避的需要，以及利用未来的不确定性，审时度势，博取超额利益的想法。《圣经·创世纪》中记载了这样一段文字：一个埃及法老梦见7头健康的牛被7头生病的牛吞噬，7穗健康的玉米被7穗生病的玉米吞噬。法老对这个梦感到困惑，于是请约瑟来释梦。约瑟对法老说，这个梦预示着7个丰年之后是7年饥荒。法老问约瑟有何办法，约瑟提出的对策是让埃及人在7年丰收之时囤积粮食以避免之后的7年饥荒。我国的很多史料中也有古代成功的商人提前签订买卖合约，囤积居奇，牟取超额收益的记载。这种做法的基本思路就类似于现代的远期合约。

具有现代意义的期货交易开始于1848年的美国。19世纪初期，芝加哥是美国最大的谷物集散地。随着谷物交易的不断集中和远期交易方式的发展，1848年，由82位谷物交易商发起组建了芝加哥期货交易所（CBOT）。交易所成立之初，采用远期交易方式，其特点是实买实卖，交易者利用交易所场所集中的优点更方便地寻找交易对手。交易的参与者主要是生产者、经销商和加工商。后来一些非谷物经销商看到转手倒卖谷物合同可以盈利，便进入交易所买卖远期合约赚钱，这就是早期的投机商。为了规范交易，芝加哥期货交易所于1865年推出了标准化期货合约，这是现代意义上期货交易产生的第一个里程碑。同年，芝加哥期货交易所又开始实行保证金交易制度，为交易者买卖合约的履约提供更强有力的担保。这是期货交易产生过程中的第二个里程碑。1883年，为了处理日趋复杂的结算业务，交易所成立结算协会，专门对会员的交易进行结算。至此，现代期货交易机制趋于完善。

20世纪70年代，利率期货、外汇期货、股票期权、互换等金融衍生工具相继产生，这使得衍生金融交易的范围扩展到金融交易领域。这一扩展顺应了当时世界经济、金融形势的发展，也将衍生金融工具的发展推向了新的高峰。衍生金融工具之所以在这一时期迅速发展起来，是因为世界经济发展到这一时期提出了对此类金融工具的迫切需求，并为衍生金融工具的发展提供了前所未有的客观条件。

首先，20世纪70年代，世界经济环境和各国的经济政策都发生了巨大的变化。利率、汇率、物价等都陷入动荡不安的状态，要求有更多的避险工具满足市场的需要。从物价来看，欧佩克组织的成立并大规模上调石油价格，使以石油为主要原材料的西方主要工业国家的生产成本大幅上涨，这些国家开始经历较为严重的通货膨胀，物价迅速上升且极不稳定。通货膨胀的发生伴随着利率的上升，加之60年代西方经济学说货币学派的兴起，并在70年代后期为美国、英国等主要西方经济大国的国家领导人接受，进而上升为国家的经济政策。西方国家普遍放松对利率的管制，从而使利率开始变动不居。从汇率来看，1973年布雷顿森林体系崩溃之后，以美元为核心的固定汇率制度解体，各国开始实行浮动汇率制度，这使得自第二次世界大战结束之后的相对稳定的世界汇率开始剧烈波动。这些都在客观上增加了新的避险的需求。这也迫使西方主要经济国家一再放松金融管制，为金融创新创造了一个更加宽松的环境。

其次，20世纪后半叶经济和金融理论获得了重大的突破和飞速的发展。20世纪50年代，马克韦茨资产组合理论的提出开启了现代金融学的时代，量化分析成功地进入金融领域。随后，资本资产定价模型、套利定价理论、期权定价模型相继提出或推导出来。区别于以往主要以定性分析为主的传统金融理论，以精确的数量化分析为基础的现代金融理论的框架开始形成并逐步完善。这些理论上的重大突破为各种现代化金融工具的开发和使用奠定了坚实的理论基础。

再次，20世纪后半叶，特别是20世纪80年代以后，现代信息技术获得了突飞猛进的发展。计算机编程、建模和计算能力有了质的飞跃。原来靠人工难以处理的复杂问题靠计算机已可轻松解决。互联网技术的发展，使信息的传递更加迅速和便捷，把全球连接成了一个整体。这为各种金融创新的开发和利用奠定了坚实的物质基础。这些因素综合作用的结果，使得金融领域的创新日新月异，各种新型的金融工具得以不断开发出来。而金融衍生工具的不断发展也正是在这种适宜的土壤上蓬勃发展起来的。

在期货方面，1972 年，芝加哥期货交易所成立了国际货币市场（International Monetary Market, IMM），专门交易外汇期货合约。1975 年 10 月，芝加哥期货交易所推出第一个利率期货合约。1982 年 2 月，堪萨斯期货交易所（KCBT）开始交易第一个股指期货合约——价值线股指期货。紧随其后，1982 年 4 月，芝加哥商业交易所（Chicago Mercantile Exchange, CME）推出了著名的标准普尔 500（S&P 500 Index）股票指数期货。

现代期权合约早在 17 世纪荷兰“郁金香热”的时候已经出现。19 世纪中期，美国开始以订单驱动方式进行场外期权交易。1973 年 4 月，芝加哥期权交易所（Chicago Board Options Exchange, CBOE）成立，并随之推出 16 只股票的看涨期权的交易。这一般被认为是现代期权市场的发端。1980 年，位于荷兰阿姆斯特丹的欧洲期权交易所推出荷兰盾债券期权，这是第一笔利率期权在有组织的市场中交易。

互换交易的历史较短。1981 年，美国所罗门兄弟公司（Solomon Brothers Co.）成功地为美国商用机器公司（IBM）和世界银行进行了美元与德国马克和瑞士法郎之间的货币互换。这是世界上第一个规范的互换合约。也就是在同一年，美国花旗银行（Citybank）和大陆伊利诺斯公司又创造了第一笔利率互换交易。至此，最基本的几种衍生金融工具都已到齐，衍生金融工具繁荣发展的大剧正式开启。80 年代后期，各种衍生品工具相互结合衍生出更为复杂和灵活的衍生工具。同时，信用衍生工具，如债务抵押债券（CDO）、信用违约互换（CDS）等也被开发并迅速发展起来。市场参与者队伍不断扩大，金融衍生工具的品种数量不断增多，无论是场内市场还是场外市场的深度和广度都获得了迅速的发展。

21 世纪，不论是传统的西方市场经济国家，还是新兴市场经济国家，衍生金融工具市场都保持着迅猛的发展势头。根据国际清算银行的统计，截至 2013 年 6 月底，全球场外市场未平仓衍生金融工具名义本金为 693 万亿美元，相当于全球 GDP 总量的近 10 倍。而在 2000 年 6 月底，这一数字仅为 100 万亿美元左右。现在在国际金融市场上金融衍生工具的品种超过 2 000 种，全世界共有 50 多个交易所可以进行衍生金融工具交易。

§1.3 衍生金融工具的种类

正如上一节所说，目前衍生金融工具的品种非常丰富，而且新的衍生金融工具还在不断地产生和扩展中。但是，最基本的衍生金融工具则是远期、期货、期权和互换四种。各种复杂多变的衍生金融工具都是在它们的基础上，通过对不同的标的资产、对上述四种基本衍生金融工具属性进行不同形式的组合而构造出来的。

1.3.1 远期

远期合约（forward contract）是指交易双方约定在未来的某一确定时间，按确定的价格买卖一定数量的某种资产的合约。远期合约交易与即期交易的区别在于：在即期交易中，交易双方就交易的资产的价格和数量达成一致后，一般立即或在约定的几天内进行款项和资产的交割。而远期合约交易则是交易双方事先签订一份协议，按照协议，双方在未来某一特定的时间按照事先确定的价格买入或卖出特定数量的某种资产。远期合约属于场外交易（OTC）产品，由交易双方自由协商签订。在当今的远期市场上，一些流行的、供求量较大的远期产品，通常有做市商对其双向报价。如，银行常常是外汇远期的做市商。

1.3.2　期货

期货（futures contract）是在远期的基础上发展起来的，是标准化的远期。由于远期合约在场外市场交易，由双方自由协商签订，因而寻找合适的交易对手会比较困难，合约的成交效率相对较低。另外，在合约签订之后随着市场的变化，可能会使一方因而获利，而使另一方受损。这样，在合约只涉双方，而没有其他约束的情况下，就可能因受损一方的信用问题导致违约。为了解决这些问题，就逐渐发展出在固定场所——期货交易所，有更多合理化约束与标准化规定的远期交易形式，这就是期货合约。期货合约是指协议双方同意在约定的将来某个日期按约定的条件（包括价格、交割地点、交割方式等）买入或卖出一定标准数量的某种资产的标准化协议。期货合约是期货交易所根据市场的需求设计出来的标准化合约，具有除价格之外包括每笔合约的交易规模、合约的到期时间、合约的交易方式、终止方式、到期资产的交割方式都有明确规定的合约。期货合约比远期合约有更高的交易效率和更强的履约担保。

1.3.3　期权

与远期和期货合约不同，期权合约（option）买卖的不是标的资产，而是以特定条件买卖标的资产的权利。这种权利有两个，一个是在未来特定的时间（可以是规定的到期日，也可以是规定的特定时间段）以事先确定的价格买进特定数量某种资产的权利；一个是在未来特定的时间（可以是规定的到期日，也可以是规定的特定时间段）以事先确定的价格卖出特定数量某种资产的权利。前者称为买权（call option）、认购期权或看涨期权；后者称为卖权（put option）、认沽期权或看跌期权。无论是买权还是卖权，既然是买方花钱买下的，就有权选择在合约规定的时间行使权利或放弃权利。即期权的买方在合约对已方有利时可以要求对方履约，在特定时间、以特定价格买进或卖出特定数量的特定资产；而期权的卖方则有义务配合买方，执行或放弃合约，卖出或买进相关资产。

1.3.4　互换

互换合约（swap）是一种交易双方约定在未来的一段时间内多次交换现金流的合约。在合约中，双方必须事先约定好现金流交换发生的时间以及现金流的计算方法。像远期合约一样，互换合约也是在场外市场交易的衍生金融工具，是由交易双方自由协商签订的合约。从理论上讲，只要交易双方能达成一致，任何形式的两个现金流序列都可以进行交换，因此，互换合约可以非常灵活。当今市场上，交易量最大、最常用的互换合约是利率互换和货币互换，都有大型金融机构充当双向报价的做市商。1984 年，一些主要的互换银行开始推动互换协议标准化的工作。1985 年，这些银行成立了国际互换商协会（International Swaps Dealers Association，ISDA）并主持制定了互换交易的行业标准、协议范本和定义文件等。因此，互换虽然是场外交易工具，但是，其规范化和标准化程度很高。这也使互换市场成为近些年来成长最快的金融产品市场之一。目前，互换市场的交易规模很大。

衍生金融工具都是供未来一定的时期进行交易的合约，因此，都是远期交易的性质。远期交易与即期交易的最大不同就是需要面对未来的各种不确定性，因此，衍生金融工具最大的特点就是需面对较大的市场风险和信用风险。而参与衍生金融工具的交易就是要善用衍生金融工具的特点，规避风险，或者审时度势，把握市场的变化，博取更大的收益。

§1.4 衍生金融工具市场及市场参与者

1.4.1 场内市场与场外市场

前已提到，有些衍生金融工具属于场外市场工具，有些衍生金融工具属于场内市场工具。当然，有些衍生金融工具既在场外市场交易，又在场内市场交易。实际上，不仅衍生金融工具市场如此，整个金融市场都可分为场内市场与场外市场两大类。

场内市场也称为交易所市场（exchange market），是指通过交易所进行衍生金融工具交易的市场。期货属于场内交易产品，而期权既有场内交易，又有场外交易。这些提供衍生金融工具交易的交易所中既有专门从事期货和期权交易的交易所，如美国芝加哥商业交易所（CME）、美国芝加哥期权交易所（CBOE）、欧洲期货交易所（EUREX），我国的中国金融期货交易所、上海期货交易所等，也有传统的证券交易所，如美国的纽约证券交易所、美国证券交易所都有期权交易业务，我国的上海证券交易所也开展了上证 50ETF 基金、中证 500ETF 基金的期权交易。在场内交易中，交易所提供固定的交易场所与交易时间，负责制定包括具体条款、交易机制、履约方式、交割规定等在内的标准化的衍生工具合约。交易所作为衍生金融工具交易的组织者，本身并不参与交易，只是为交易双方创造条件，集中办理符合规定的衍生金融工具的上市、成交、结算、交割，监管交易行为，担保合约履约。传统的场内市场竞价交易方式是公开喊价系统（open - out - cry system），而目前世界各地的交易所都逐渐采用并加大了电子化交易系统。各交易者的交易指令通过各自经纪商与交易所结算机构联网的计算机网络输入结算机构的主机系统进行集中竞价。

场外市场又称 OTC 市场（over - counter - market），是一个由电话和互联网将交易者联系起来的网络系统。场外市场的参与者主要是机构交易者，包括各种金融机构、企业、投资基金等。其中金融机构往往会成为某些流行交易品的做市商（market maker），它们会对做市的交易品进行双向报价，即同时报出买入价（bid price，即做市商买入交易品的价格，其他希望卖出的交易者可按此价格卖给做市商）和卖出价（offer price，即做市商卖出交易品的价格，其他希望买入的交易者可按此价格向做市商购买交易品）。卖出价高于买入价，其价差（spread）作为做市商的交易收益。

场内市场与场外市场各有优缺点：

首先，场内市场交易场所集中，通过公开集中竞价达成交易。交易信息集中、透明，竞价公开、公平、公正，市场效率高。相比之下，场外交易则是通过面对面商谈、电话、互联网，或通过经纪人的中介分散地协商成交。因此，信息传递不够畅通，常发生信息不对称现象。对手搜寻成本常常较高，因而市场效率较低。但是，应该看到，随着当代通信网络技术的发展，以及场外交易标准化程度的提高，场外交易的这一弱点正在迅速改善。

其次，场内市场交易的对象是标准化的衍生品合约，包括合约标的、合约规模、报价单位和方式、最小变动单位、有无涨跌停板、合约到期月份、交割地点、交割方式、保证金规定等，都是交易所事先设计好的标准化内容，只有成交价格由市场竞争得到。这一做法极大地增加了合约的流动性，进一步提高了市场效率。但是，标准化的合约，同时也限制了交易者的选择范围，往往不能满足交易者个性化的需求。场外市场则是由交易双方自由协商达成的协议，这就使得合约的签订具有极大的灵活性，能够最大限度地满足交易双方特定的需求。随着科学技术的进步和市场交易方式的发展，场内市场和场外市场都在不断地创新，吸收对方的优点，场内市场的交易变得越来越灵活，而场外市场交易产品的标准化程度则在不断提高。

再次，场内市场有一套完整的交易和结算机制，有许多规则要求和比较完善的风险控制制度和措施，且只有交易所会员才能参与交易，非交易所会员只能通过交易所会员代理交易，这就为合约的最终履约提供了保障。虽然理论上不能绝对杜绝违约的发生，但是，场内交易的违约风险非常小。而场外交易属于较少管制的私下的市场，它的准则就是商业基本的诚实守信，交易双方需承担对手的违约风险。因此，场外市场信用风险较大。

场外市场与场内市场各有优缺点，近年来交易规模都得到了稳定的发展。比较而言，场外市场由于其合约品种灵活多样，对交易者限制较少，能满足交易者个性化需求的特点，其交易规模始终大于场内市场。图 1－1 是国际清算银行对衍生工具市场 2001 年 6 月至 2015 年 6 月交易情况的统计结果。

1.4.2　衍生金融工具市场的作用

如我们本章开头说的那样，衍生金融工具几乎从开始就毁誉参半。批评者认为衍生金融工具杠杆过高，设计越来越复杂，越来越难以理解，因而风险过大。而拥护者则认为衍生金融工具可以优化金融市场，提高市场效率，可以起到原生金融工具不可替代的

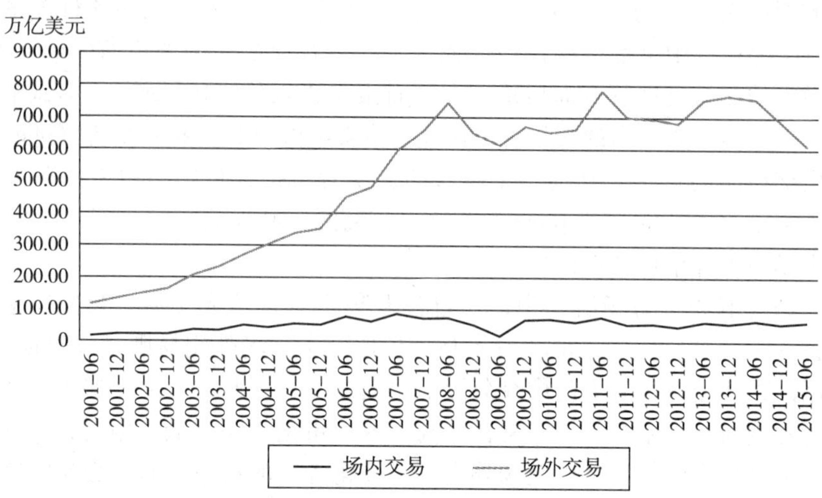

资料来源：国际清算银行网。

图1-1　衍生金融工具交易规模

作用。不管怎样，我们看到的现实是，衍生金融工具市场规模越来越大，衍生金融工具的使用者越来越多，衍生金融工具市场对全球经济的影响越来越大。之所以如此，是因为衍生金融工具确有其独特的经济功能。

（一）对冲风险

衍生金融工具的首要功能，是它为经济主体提供了一种有效的风险管理手段。衍生金融工具产生的最基本原因，就是它具有对冲风险的功能。

我们以期货交易为例，来说明对冲风险的过程。在我国广大的中原地区，小麦每年秋季开始播种，到第二年的夏初收获，有多半年的生长期。小麦价格受市场供求变化影响，经常发生波动，价格下跌给生产者带来损失的可能性是客观存在的。如果小麦生产者预计在收获期小麦价格可能会下降，为了规避价格风险，他可以在播种时就在期货市场卖出交割月份在第二年6、7月份的与预计小麦产量相近的小麦期货合约。如果小麦价格在收割期果然出现下跌，尽管他在现货市场上以低价格出售承担了一定的损失，但他可以在期货市场上将原来卖出的合约进行对冲平仓来获得相应收益，期货市场的收益可以弥补现货市场的亏损。如果生产者判断错误，小麦收割期价格不仅未跌反而上涨，那么对生产者来说，对冲操作的结果是用现货市场上的盈利去弥补期货市场上的亏损。总之，不管是用期货市场盈利来弥补现货市场亏损，或用现货市场盈利来弥补期货市场亏损，对冲策略是在这两个市场之间建立盈亏冲抵机制。如果生产者根据预期不做风险对冲，在预测正确时，毫无疑问，获得的收益要高于采取对冲措施的情况，但是一旦预测错误，则要承担较大的风险。商品生产经营者作为“风险厌恶者”使风险对冲成为在现代市场经济条件下回避风险的有力工具。

与期货一样，其他衍生金融工具都可以用作对冲风险的工具。由于衍生金融工具一般采用保证金交易的方式，交易成本比现货交易要小得多，而且用这种方式对冲风险，极具针对性，因此，往往能起到很好的效果。对于股票、债券、外汇等金融资产，由于当今的市场波动越来越多，交易规模也不断扩张，如果不采取一定的风险对冲策略，市场参与者在极短的时间就可能遭受重大的损失。因此，以金融资产为标的的衍生金融工具更显其在风险管理中的重要性。

（二）价格发现

金融衍生工具的另一个主要作用是其具有价格发现功能，即金融衍生工具具有提供未来价格信息的能力。衍生金融工具是远期交易性质，反映交易者对未来资产供需情况的判断。场内交易的衍生金融工具在这方面的作用尤其明显。各交易所都有明确的交易规则，交易价格等相关信息集中且能及时传递给所有交易者以及对相关价格有兴趣的有关各方。而且所有交易者的交易信息都被及时地传递到交易所的交易系统，竞价过程公开透明。这种集中竞价的结果反映了市场整体对未来价格的预期，具有一定的权威性。一般说来，建立在每一标的资产之上的期货、期权合约都有多个到期时间同时交易，这样，就有未来一段时间的多个价格呈现在市场上。衍生金融工具的价格发现功能尤其以期货最显著，这可从两个方面来理解：

首先，现货交易通常是交易双方根据当时当地的供需状况确定价格来进行的。相对于很多在期货市场上交易的资产来说，现货市场是庞大且各自独立的。黄金、石油、其他的大宗商品在不同地点、不同时间进行交易，每类商品又有不同的种类和质量等级。因此，存在许多可作为标的资产的现货价格。期货市场的存在为现货价格的确定起到两个方面的作用：一方面，期货市场将从各个方面获得的信息汇聚到市场上，期货价格成为现货市场交易的有益参考。例如伦敦金属交易所的金属期货价格在过去相当长的一段时间内成为全球基础金属交易的参考价。纽约商业交易所及洲际交易所的石油期货价格也成为影响全球石油价格的最重要的参考。另一方面，期货价格与现货价格之间如果出现不合理的偏差就会出现套利机会，市场因而就会出现套利行为。这种套利行为为确立合理的现货价格提供了依据。

其次，期货价格还反映人们未来价格的整体预期。而且由于同一个标的资产有不同到期日的期货合约在同时交易，这就提高了未来相当一段时间人们对未来该资产供需状况的预期。现货价格当然也包含人们对未来供需状况的预期。但是相对于现货市场，期货、期权等衍生金融工具市场都更加活跃，因此，从期货市场得到的信息常被认为更加可靠。但是，不能把远期或期货价格看作预期的未来现货价格，后面的内容会告诉我们，远期或期货价格反映的是市场参与者现在锁定的不需要承担未来不确定性的价格。

（三）完善市场

完善有效的市场能够使资产价格更精确地反映其内在的经济价值，能够使市场调控的资源配置更加合理，能够促进整个经济的健康发展，进而增加社会整体的经济福利。在金融市场不是完全有效的情况下，市场总是存在着一定的套利机会。套利机会的存在说明有些资产在一定时期偏离了其正常的价值。衍生金融工具的存在和丰富，在给市场参与者有效而丰富的风险管理工具的同时，也提供了更便捷、成本更低的套利工具。这有助于资产价格的合理回归，有利于资源的优化。因此，衍生金融工具的存在和发展对于使市场更加完善、使资源配置更加优化具有重要的意义。

1.4.3 衍生金融工具市场的主要参与者

衍生金融工具市场的主要参与者有三类：套期保值者（hedgers）、套利者（arbitrageurs）和投机者（speculators）。

套期保值或对冲风险是衍生金融工具市场最基本的功能。套期保值者是指以回避现货风险为目的的衍生金融工具交易策略。在现实经济活动中，生产者或经销商在现货市场上，无论是产品的出售还是原料的购置都要面对市场价格波动的风险，对外企业还要面对汇率波动的风险。这时，他们在现货市场上买进或卖出大量现货商品的同时，在期货市场上再持有相同品种和数量的相反头寸的期货合约，就可以以一个市场上的盈利弥补另一个市场上的亏损，从而达到降低经营风险的目的。

期权、互换等衍生品都可以用作套期保值。例如，某投资者以每股 1.957 元买入 100 000 股上证 50ETF 基金，如果担心未来市场走低，基金价格下跌带来损失，可以买入该基金的认沽期权。假设他买入执行价格为 2.000 元，一个月后到期，价格为 0.0451 元的上述标的资产的期权 100 000 股。若一个月后，该基金的价格下跌至 1.500 元，该投资者行权，这相当于他以每股 1.9549 元的价格卖出基金。

套利是针对两个或两个以上、彼此价格高度相关的资产在不同市场或不同时段上的价差的不合理性，做相反头寸的交易，获取价差收益的行为。套利可以在现货和衍生品之间进行，也可以在不同期限的同类衍生品之间进行。举一个简单的例子说明如下：

✪ **【例 1－1】** 2 月 10 日，某交易者在国际货币市场买入 100 手 6 月期欧元期货合约，价格为 1.3606 美元/欧元，同时卖出 100 手 9 月期欧元期货合约，价格为 1.3466 美元/欧元。5 月 10 日，该交易者分别以 1.3526 美元/欧元和 1.2691 美元/欧元的价格将手中合约对冲平仓。其交易过程如表 1－1 所示。

表 1－1　外汇期货跨月套利交易

时间	6 月期欧元	9 月期欧元
2 月 10 日	买入 100 手 6 月期欧元期货合约（开仓） 价格：1.3606 美元/欧元 总价值：17 007 500 美元	卖出 100 手 9 月期欧元期货合约（开仓） 价格：1.3466 美元/欧元 总价值：16 832 500 美元
5 月 10 日	卖出 100 手 6 月期欧元期货合约（平仓） 价格：1.3526 美元/欧元 总价值：16 907 500 美元	买入 100 手 9 月期欧元期货合约（平仓） 价格：1.2691 美元/欧元 总价值：15 863 750 美元
	结果： 损失 100 000 美元	结果： 盈利 968 750 美元

该交易者在 6 月期欧元期货交易中损失 100 000 美元，在 9 月期欧元期货交易中盈利 968 750 美元，通过跨月份套利交易净盈利 868 750 美元。

从［例1－1］不难发现，6月到期的欧元期货价格相对于9月份到期的欧元期货价格市场估值偏低。那么，套利者买入估值偏低的合约，同时卖出估值偏高的合约，待价差趋向合理时做相反的交易平仓，就可以获得盈利。

投机交易是通过预测衍生金融工具价格的未来变动趋势，在价格较低的时候买入，等到价格上涨后卖出；或者在价格较高时卖空，在价格较低时再买入平仓，以获得价差收益的交易策略。与套期保值者和套利者都不同，投机者不是同时做相反头寸的操作，而是只做一个头寸方向的操作。如果投机者预测准确，低价买入，高价卖出，就会盈利；相反，则会发生亏损。用衍生金融工具进行投机交易，具有现货市场投机不可比拟的优势。这表现在：第一，衍生金融工具市场具有杠杆效应，这会大幅提高投机者的盈利水平。例如某投资者现有资金100 000元，用于做投机交易。如果买某价格为25元的股票，可以买股票4 000股。假如股票的价格上涨到30元，则其盈利为20 000元，收益率为20%。假如市场上有以该股票为标的资产的看涨期权，期权的执行价格为25元，期权的价格为2元，则其可以买该看涨期权50 000股。股票价格涨到30元时，该投资者行权。则其每股盈利3元，总盈利15万元，收益率为150%，大大高于现货投机的收益率。第二，衍生金融工具市场流动性高，成本低廉，交易便捷。根据对美国期货市场研究的相关文献，期货市场的平均单边交易成本仅为0.0004%～0.033%（Locke and Venkatesh，1997）。随着电子交易的日益发达，交易成本会进一步降低。

§1.5　衍生金融工具在中国

前已述及，我国远期交易在历史文献中有很多记载，时间可以追溯到春秋时期。但是新中国现代化的衍生品交易开始于改革开放后的20世纪80年代。目前，期货市场尤其是商品期货市场是我国衍生金融工具市场发展最好的市场。

1.5.1　期货市场

改革开放后，我国期货市场的发展过程大体经历了下面的过程（见表1－2）：

表1－2　　中国期货交易所和期货品种的治理整顿

<table>
<tr><th></th><th>第一次清理整顿</th><th colspan="2">第二次清理整顿</th></tr>
<tr><td rowspan="3">期货交易所</td><td rowspan="3">由清理整顿前的50多家缩减为15家，对期货交易所进行会员制改造</td><td rowspan="3">由15家精简合并为3家</td><td>上海期货交易所（SHFE）</td></tr>
<tr><td>大连商品交易所（DCE）</td></tr>
<tr><td>郑州商品交易所（CZCE）</td></tr>
<tr><td rowspan="3">期货品种</td><td rowspan="3">期货品种削减为35个</td><td rowspan="3">期货品种削减为12种</td><td>SHFE：铜、铝、胶合板、天然橡胶、籼米</td></tr>
<tr><td>DCE：大豆、豆粕、啤酒大麦</td></tr>
<tr><td>CZCE：小麦、绿豆、红小豆、花生仁</td></tr>
</table>

（一）初创阶段（1990—1993 年）

1990 年 10 月 12 日，郑州粮食批发市场经国务院批准，以现货交易为基础，引入期货交易机制，作为我国第一个商品期货市场开始起步。1991 年 6 月 10 日，深圳有色金属交易所宣告成立，并于 1992 年 1 月 18 日正式开业。同年 5 月 28 日，上海金属交易所开业。1992 年 9 月，我国第一家期货经纪公司——广东万通期货经纪公司成立。

到 1993 年，由于人们在认识上存在偏差，尤其是受部门和地方利益驱动，在缺乏统一管理的情况下，各地各部门纷纷创办各种各样的期货交易所。到 1993 年下半年，全国各类期货交易所达 50 多家，期货经纪机构近千家。由于对期货市场的功能、风险认识不足，法规监管严重滞后，期货市场一度陷入了一种无序状态，多次酿成期货市场风险，直接影响到期货市场的功能发挥。

（二）治理整顿阶段（1993—2000 年）

1993 年 11 月，国务院发布《关于制止期货市场盲目发展的通知》，提出了"规范起步、加强立法、一切经过试验和从严控制"的原则，标志着第一轮治理整顿的开始。在治理整顿中，首当其冲的是对期货交易所的清理，15 家交易所作为试点被保留下来。1998 年 8 月，国务院发布《关于进一步整顿和规范期货市场的通知》，开始了第二轮治理整顿。1999 年期货交易所数量再次精简合并为 3 家，分别是郑州商品交易所、大连商品交易所和上海期货交易所，期货品种也由 35 个降至 12 个。同时，对期货代理机构进行清理整顿。1995 年底，330 家期货经纪公司经重新审核获得期货经纪业务许可证，期货代理机构的数量大大减少。1999 年，期货经纪公司最低注册资本金提高到 3000 万元人民币。

为了规范期货市场行为，国务院及有关政府部门先后颁布了一系列法规，对期货市场的监管力度不断加强。1999 年 6 月，国务院颁布《期货交易管理暂行条例》，与之配套的《期货交易所管理办法》《期货经纪公司管理办法》《期货经纪公司高级管理人员任职资格管理办法》和《期货从业人员资格管理办法》相继发布实施。2000 年 12 月，中国期货业协会成立，标志着中国期货行业自律管理组织的诞生，从而将新的自律机制引入监管体系。

（三）规范发展阶段（2000—2013 年）

进入 21 世纪以来，"稳步发展"成为了中国衍生金融市场的主题。在这一阶段，中国期货市场走向法制化和规范化，监管体制和法规体系不断完善，新的期货品种不断推出，期货交易量实现恢复性增长后连创新高，积累了服务产业及国民经济发展的初步经验，具备了在更高层次服务国民经济发展的能力。

中国期货保证金监控中心于 2006 年 5 月成立，作为期货保证金安全存管机构，保证金监控中心为有效降低保证金被挪用的风险、保证期货交易资金安全以及维护投资者利益发挥了重要作用。中国金融期货交易所于 2006 年 9 月在上海挂牌成立，并于 2010 年 4 月推出了沪深 300 股票指数期货，这对于丰富金融产品、为投资者开辟更多的投资渠道，完善资本市场体系、发挥资本市场功能，以及深化金融体制改革具有重要意义。同时，也标志着中国期货市场进入了商品期货与金融期货共同发展的新阶段。

（四）创新发展阶段（2014 年至今）

2014 年 5 月国务院出台了《关于进一步促进资本市场健康发展的若干意见》（简称新国九条）。作为资本市场全面深化改革的纲领性意见，新国九条对资本市场改革发展进行了顶层设计和战略规划，对我国金融衍生品给予了充分肯定和高度重视，对于凝聚改革共识、明确发展方向、共同推进以期货为代表的衍生金融工具市场更好地服务实体经济具有深远影响，标志着我国不仅是期货，而是整个衍生金融工具市场都进入了一个创新发展的阶段。在期货市场方面，各种新的期货品种不断出现，期货立法等工作开始起步。期货公司等机构的风险管理、资产管理等业务创新也都更加活跃。

1.5.2　远期、互换与期权市场

我国的衍生产品市场以标的资产为汇率的衍生品最为齐全。我国的汇率衍生品包括人民币外汇远期、人民币外汇掉期、人民币对外汇期权、人民币外汇货币互换。在外汇远期方面，1997 年中国银行开始进行远期结售汇试点，2003 年四大国有商业银行全面展开远期结售汇业务。在亚洲金融危机后，离岸市场出现了人民币 NDF（Non – deliverable Foward）。由于我国实行资本管制，境内人民币远期市场迟迟得不到发展，直到 2005 年人民币汇率机制改革之后，中国人民银行才正式建立人民币远期市场。而人民币远期利率协议直到 2007 年才正式推出。

此外，受 2008 年国际金融危机影响，世界各国纷纷将场外业务纳入场内结算，实行中央对手结算体系，中国也适时建立上海清算所，为场外市场提供结算服务。目前，上海清算所已推出了外汇远期、人民币远期运费协议等远期合约。

我国互换市场起步较晚，2005 年 11 月 25 日，中国人民银行在银行间外汇市场与包括 4 家国有银行在内的 10 家商业银行首次进行了美元与人民币 1 年期货币掉期（中国人民银行一般称货币互换为货币掉期）业务操作，宣告中国人民银行与商业银行之间的货币掉期业务正式展开。自此，货币互换参与机构不断增加，业务不断丰富，2007 年商业银行之间可以两两进行交易，2011 年允许外汇指定银行对客户开展人民币外汇货币掉期业务，2012 年汇丰银行在外汇市场上达成了首笔无本金交换人民币外汇货币掉期业务，现阶段银行间远期外汇市场已开展了美元、欧元、日元、港元、英镑、澳元兑人民币 6 个货币对的货币掉期业务；利率互换则是伴随着我国利率市场化逐渐兴起的，2004 年中国人民银行扩大金融机构贷款利率浮动区间，2006 年开展了利率互换试点，国家开发银行与光大银行进行了第一笔利率互换交易。经过两年试点，2008 年人民币利率互换交易开始正式全面推进，并且自 2010 年之后，利率互换市场发展尤为迅速，成交量不断增加。

此外，股票互换也获得了较大突破，2013 年 1 月，中国证监会批准光大证券以场外交易形式开展金融衍生品交易。

在期权方面，我国在 20 世纪 90 年代曾尝试发展权证市场，先后在深圳证券交易所和上海证券交易所推出飞乐权证、保安权证、金杯权证等。由于当时定价和机制设计上的不合理以及投资者的认识不足，大多数权证市场反应平淡。1996 年底证监会终止了权

证交易。到了2005年股权分置改革的时候，权证卷土重来，为股权分置改革的完成发挥了重要作用。这些权证虽不是严格意义上的期权，但具备期权的基本性质和特征。

我国的外汇期权，作为场外交易的期权发展较好。2002年12月12日，中国银行上海市分行在中国人民银行的批准下，宣布推出个人外汇期权交易“两得宝”，打响了中国期权交易的第一枪。初期的外汇期权业务交易的品种为普通欧式期权，客户只能办理买入外汇看涨或看跌期权业务，2011年11月国家外汇管理局规定客户可以同时买入或卖出期权形成外汇看跌风险逆转期权组合和外汇看涨风险逆转期权组合。

我国的场内期权也取得了突破性的发展。2015年2月9日，上证50ETF期权正式在上海期权交易所上市交易，标志着我国场内交易期权已经正式拉开帷幕。目前，上海证券交易所，甚至期权交易所、中国金融期货交易所，以及其他商品期货交易所都有其他品种的仿真期权交易。这说明我国期权的发展也进入了高速发展的时期。

总之，金融衍生工具是市场不可或缺的一个重要部分。随着我国市场化改革的进一步深化，衍生金融工具必将迎来大的发展和繁荣。

本章小结

1. 衍生金融工具，又称派生金融工具、金融衍生产品、金融衍生品等，是在原生金融工具（诸如即期交易的商品、债券、股票、外汇）的基础上派生出来的，是价值依赖于其他更基本的资产的价值的各类合约的总称。换言之，衍生金融工具是其价值决定于特定标的物的标的变量的合约。

2. 基础衍生金融工具包括远期、期货、期权与互换。以上述金融工具为基础，现实世界中衍生金融工具种类繁多，新型衍生金融工具层出不穷。有了基础的衍生金融工具，金融产品只受限于人类的想象力。

3. 衍生金融工具的思想在中外古已有之。现代化的期货交易起源于19世纪中期成立的芝加哥期货交易所。期权市场始于17世纪荷兰“郁金香泡沫”。20世纪70年代初成立的芝加哥期权交易所标志着大规模、规范的期权市场的出现。互换市场历史较短，只有二十几年的历史，但发展迅速。

4. 衍生金融工具市场分场外市场与场内市场。远期和互换属场外市场交易工具；期货属场内市场交易工具；期权既有场内市场交易又有场外市场交易。

5. 衍生金融工具市场具有对冲风险、价格发现、完善金融市场的功能。市场的主要参与者包括套期保值者、套利者以及投机者。

6. 我国衍生金融市场的发展较晚。目前商品期货市场比较成熟。金融期货、金融期权都有了一定的发展和影响力。我国的互换市场也有了较快的发展。

复习与思考

1. 中国的期货交易所有哪些？各交易所交易的期货品种有哪些？主要市场参与者是

谁？期货对这些参与者的用途如何？

2. 试解释对冲、套利、投机三类交易之间的异同，并举例说明。

3. 请列举日常生活中带有衍生金融工具特征的事例。

4. 简述场内市场与场外市场的区别。

5. 衍生金融工具在经济中的主要作用是什么？

6. 有人说，“进行套期保值交易并不总是给交易者带来收益，有时，不进行套期保值交易的结果更有利，因此没必要进行套期保值。”你怎样评价这句话？

7. 根据你对衍生金融工具的理解，分析衍生金融工具市场迅猛发展的原因。

8. 衍生金融工具可以规避风险，为什么又说衍生金融工具市场具有高风险性呢？

9. 举例说明衍生金融工具的价格发现功能。

10. 在市场波动频繁时，投机者的存在会助长市场的不稳定性，那么为什么不禁止投机交易呢？

21世纪高等学校金融学系列教材

第二编

金融远期与期货

第二章

远期合约

§2.1 远期合约概述

2.1.1 远期合约的概念

远期合约（forward contract）是交易双方签订的在未来某一确定的时间以确定的价格买入或卖出确定数量的某种资产的合约。远期合约的实质是通过商业合约的形式将双方未来交易的权利和义务确定下来。在未来确定的时间，无论利弊盈亏，双方都有按合约完成交易的权利与义务。与远期合约相对应的是即期交易，也就是我们所熟悉的钱货两清的交易模式，双方成交后即刻或在规定的几天内完成钱物交割的交易，相应的价格称为即期价格（spot price）。

与远期合约有关的要素和术语有：

1. 标的资产（underlying assets）。合约中约定未来买卖的资产，称为合约的标的资产。远期合约的标的资产多种多样，可以是石油、农产品、金属等实物资产，也可以是股票、债券、外汇等金融资产。前者称为商品远期（commodity forward contracts），后者称为金融远期（financial forward contract）。

2. 多头与空头。远期合约中未来将买入标的物的一方称为多头方（long position），未来将卖出标的物的一方称为空头方（short position）。

3. 交割价格与远期价格。交割价格（delivery price）是远期合约中规定的未来买卖标的资产的价格。在合约签订时，如果市场透明，双方信息对称，双方确定的价格必须是对双方都合理的，这时确定的交割价格应该使合约本身的价值为零。否则，对任何一方有利都不能达成一致。因此，无须成本即可成为远期合约的多头方与空头方。但是，一旦达成协议，合约的交割价格将不再变化。这时，随着标的资产市场价格的变化，合约的持有者就会有一方因而获利，而另一方则会因而受损。这样，合约的价值将不再为零，而是对一方表现为正价值，对另一方表现为负价值。合约的价值称为远期价值（forward value），它对一方为正时，对另一方为负。而远期价格（forward price）则是另外一个概念。远期价格是远期合约的理论价格，也就是使得远期合约价值为零的交割价格。这样，在合约签订时，远期价格就等于当时确定的未来交割价格；而在之后，远期合约的价格就可能不等于其早已确定的交割价格了，而是使这时的远期价值为零交割的价格。

4. 远期升水与远期贴水。远期合约在存续期间，远期价格通常不等于即期价格。如果远期价格高于即期价格，称为远期升水（forward premium）；相反，则称为远期贴水（forward discount）；平价则是远期价格等于即期价格的情况。远期价格与即期价格的关系可表示为：

$$\text{远期价格} = \text{即期价格} \pm \text{远期升贴水} \quad (2.1)$$

5. 到期日（maturity date）。远期合约中所确定的交割时间即为到期日。到期日可以是一个确定的日期，也可以是约定的一段时间。但是，在规定的到期日结束后，双方即进入交割环节，多方付款给空方，接受空方交付的标的资产。

2.1.2 远期合约的损益

假设 K 是远期合约的交割价格，S_T 为合约到期时标的资产的市场价格，T 为到期时间。则远期合约一单位资产到期损益为S_T-K。当$S_T>K$时，多头获得正收益；当 $S_T<K$ 时，空头获得正收益。因为到期时，多头方有权力与义务以价格 K 购买价值为 S_T 的标的资产。图 2－1 表示的是远期合约到期时多头和空头的损益状况。

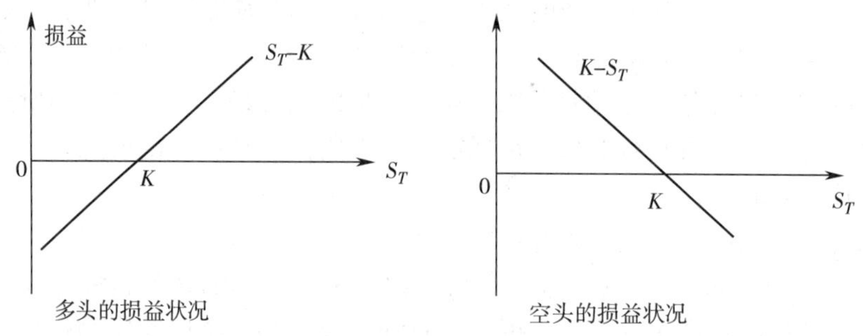

图 2－1 远期合约损益图

从图中可以看出，一方的盈利就是另一方的亏损，一个合约产生的净损益始终为零。因此，远期合约是零和博弈。

2.1.3 远期合约交易的特点

远期交易是最古老的简单衍生品交易，虽然经过不断地发展，现在的远期交易已经有了很大的进步，但是仍然表现出以下特点：

1. 远期交易属于场外市场交易。远期交易在场外市场，交易双方通过谈判签订远期合约，合约内容是非标准化的。在合约签订时，双方根据彼此的需求通过协商，来确定到期时间、交割价格，交易数量等合约条款，具有很大的灵活性，能够更好地满足双方个性化的需要。

2. 远期合约通常采用实物交割方式。远期合约的买方和卖方了结合约的方式，通常是在合约规定的结算时间，通过支付交割款项，并转移特定数量和特定质量的标的资产的方式了结合约。实物交割是远期合约最常见的交割方式。只有很少的部分通过计算合约盈亏，以平仓或支付盈亏差额的方式交割。

3. 远期合约的流动性较差。场外交易灵活性大是优点，同时也是缺陷。一旦远期交易的一方希望提前终止合约，将很难找到刚好需要同样标的资产、同样数量、同样到期期限等各种条款都符合已存合约的转让对手，而且原来的交易对手也有可能不同意改变交易对手。因此，远期合约流动性一般较差，提前终止合约通常较难。

4. 远期合约的违约风险较大。远期合约交易双方均面临违约风险。由于场外市场原本只涉及交易双方，只要双方合意，即可以达成一致，进行交易。合约能否按期履约，基本上只取决于双方的信用状况。对场外交易，宏观监管一直都较少。因此，远期合约的履约担保较少，当价格的变动对一方不利的时候，他很可能会产生违约动机，因此远期合约信用风险较高。

实体经济中，因管理风险或其他目的需要进行远期交易的经济主体由于交易数量、交易时间、对手信用状况等方面的要求，寻找满足自己需要的交易对手非常困难，这实质上构成了经济学意义上的市场摩擦。在这种背景下，以银行为代表的金融机构往往作为一些大宗交易的做市商参与其中。这样，这些金融机构像传统的存贷款业务一样，承担了远期交易的信用中介，减少了市场摩擦，提高了市场效率，同时它们也因此扩展了业务范围，增加了盈利点。

§2.2　套利与衍生金融工具的定价方法

2.2.1　无套利原理与一价定律

在第一章中曾经提到，衍生金融工具市场的主要参与者之一是套利者。如果同一资产在不同的市场上具有不同的价格，就可以在低价市场上买入，同时在高价市场上卖出，而获取无风险的利润。如果现货市场价格与相应标的资产的衍生品价差不合理，也可以通过相反头寸的操作获取无风险或低风险的利润。如果市场存在套利机会，可以想见，会有大量的交易者参与到套利活动中。因此，套利机会的存在意味着市场处于非均衡的状态。市场处于非均衡状态时，投资者的套利操作将使价格被高估的资产价格降低，而价格被低估的资产价格升高，从而推动市场重建均衡，使套利机会消失。因此，资产的合理价格是市场均衡的价格，或者说是无套利的价格。

但是，在现实的市场上，即便理论上存在套利机会，可能也不具有可操作性。因为现实的市场总有市场摩擦。比如一般商品有不同的市场价格，可能是因为质量有差异，也可能是人们对不同的品牌有不同的偏好；进行各种投资，可能所得收益要交税、交易有佣金、市场价格存在垄断行为，等等。因此，现实一般的市场往往虽然看上去有套利机会，实际上却很难实现。在所有的市场中，应该说金融市场是摩擦最小的市场，这一是因为金融市场交易的对象都是无差异的财富代表——货币，另一方面在现代科学技术高度发达的今天，金融交易的达成极其便利。在西方比较成熟的金融市场上，买空、卖空等各种交易方式都是被允许的，数额巨大的金融交易的达成只是瞬间的事情。因此，通常把金融市场看作是无摩擦的有效市场，起码是弱有效市场。如果市场是无摩擦的市场，市场均衡时就不存在套利机会。这时标的资产的现货价格与其衍生品的价格就存在确定的关系。衍生金融工具的定价正是从无套利的假设出发的。在无套利的前提下，有一价定律成立。所谓一价定律是说，具有同样收益的投资，其投资成本必须相同；否则就有套利机会。

无摩擦市场隐含以下假设：

1. 市场上没有交易成本，没有佣金要求，没有买卖差价，没有保证金要求；
2. 不需考虑税收因素；
3. 没有信用风险；
4. 市场完全竞争；
5. 市场上存在唯一的无风险利率；
6. 市场没有卖空及交易头寸的限制。

下面是一个简单的无套利定价的例子。

✪【例 2－1】 假如有两个一年期的投资项目 A 和 B。两个项目一年后的收益都要视当时的经济状态而定。而第二年可能有两种可能的经济状态。两个投资项目的情况如下：

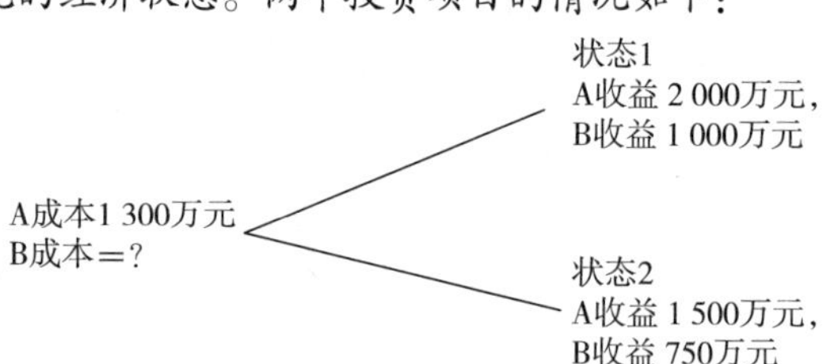

图 2－2 无套利原理示意图

如图 2－2 所示，在两个状态下，A 项目的收益都是 B 项目的两倍，B 项目当前的成本在无套利假设下自然应该等于 A 项目的一半，即 650 万元。如果不是这样，比如 B 项目的成本是 600 万元，投资者则可做空一个 A 项目，用获得的 1 300 万元资金中的 1 200 万元投资两个 B 项目。这时，投资者有 100 万元的现金流进账。而在到期时，不管哪种状态出现他都可以用两个 B 项目获得的两倍收益补偿做空 A 项目的金额。这一操作是无风险的投资，当然会引来投资者的加入。套利的增加，就会降低 A 项目的成本，增加 B 项目的成本，直到二者呈 2 倍关系为止。这是作者设计的一个简单案例。金融市场中，通过资产组合寻找套利机会，当然比这复杂得多。但是，一价定律说明，等量收益的金融工具组合价格必须是唯一的。而这正是我们为多数衍生金融工具定价的基本方法。

2.2.2 复利率与连续复利率

利率是包括衍生金融工具在内的所有金融工具定价的一个基本金融变量。利息的计算是以一定的时间单位为基础的。实际计算利息的时间间隔称为计息期。一个时间单位可以计息一次，即计息期等于选定的时间单位；也可以计息多次，甚至不间断地连续计息。对于时间单位的选择，金融实践已形成约定俗成的惯例。即，如不特别说明，一般以年作为计息的时间单位。计息的方式有两种。一种是只对开始投入的本金计息，而经过一个计息期得到的利息，并不加入本金参与下面计息期的利息计算，这种方式称为单利率；另外一种计息方式是经过一个计息期后，所获利息加入本金参与下一个计息期的利息计算，称为复利率。

假设一笔资金当前的现值为 P，如果每年计息一次，经过 n 年，用单利与复利计算的终值 FV 分别为：

$$\text{单利}:FV = P(1 + nr) \tag{2.2}$$

$$\text{复利}:FV = P(1 + r)^n \tag{2.3}$$

复利率更符合经济学的基本原理。因此在经济决策及理论分析中，得到更多使用的是复利率。我们后面用到的利率都是复利率，因此，今后说到利率都是指复利率。

在利用复利率计算一笔资金的终值或经过一段时间获得的利息时，除了知道它是复利之外，还有一个重要的因素就是前面说的一个时间单位内的计息次数，或者说一个时间单位内有多少个计息期。公式（2.3）是每年计息一次，计算终值的公式。不管每年计息几次，一般的金融机构报出的利率都是年名义利率。实际每个计息期的利率用年名义利率除以年计息频率得到。因此，如果利率报价为 r，每年计息 m 次，则每个计息期的实际计息利率为 r/m。这里名义利率 r 也称为年百分率（annual percent rate，APR）。当考虑到每年有 m 次计息后，计算终值的公式（2.3）变为：

$$FV = P\left(1 + \frac{r}{m}\right)^{mn} \tag{2.4}$$

如果不间断地连续计息，称为连续复利。连续复利情况下的年百分率一般就称为连续复利率，假设为 r_c，计算终值的公式为：

$$FV = P\,e^{nr_c} \tag{2.5}$$

显然，计息频率不同，同样名义利率下，实际的利率高低不同。因此，要比较不同计息频率的利率的高低，需要把它们折算到同样的计息频率水平上。一般的做法是把不同计息频率的利率折算到一年计息一次的情况，这样折算的结果称为该利率的有效利率（efficient interest rate，EFF）。有效利率的公式为：

$$r_{eff} = \left(1 + \frac{r}{m}\right)^m - 1 \tag{2.6}$$

连续复利率的有效利率的计算公式为：

$$r_{eff} = e^{r_c} - 1 \tag{2.7}$$

我们还可以得到与连续复利率 r_c 相当的每年计息 m 次的名义年利率 r_m 为：

$$r_c = m\ln\left(1 + \frac{r_m}{m}\right) \tag{2.8}$$

§2.3　商品远期合约

2.3.1　商品远期合约的概念

商品远期合约是以特定商品作为标的物的远期合约。这种交易是最早出现的远期交易。商品远期交易因其在规避商品价格风险、发现商品价格、商品价格投机等方面的特殊功能，至今仍在金融市场上发挥着重要的作用。

2.3.2 商品远期合约的价格

用无套利原理或一价定律为商品远期合约定价，基本的思想就是，当前买入商品持有到期，与当前进入远期合约的多头，到期履约购入商品，所费成本应该相同。买入商品并持有到期的成本称为持有成本。持有成本包括商品的储存成本、因买入商品占用与商品价值等额的资金的机会成本，同时持有现货还有因此而带来的便利，作为成本的减项，称为便利收益。因此，远期价格与即期价格的关系为：

$$FP_{t,T} = CP_t + CP_t \times R_{t,T} \times \frac{T-t}{365} + G_{t,T} - Y_{t,T} \tag{2.9}$$

其中，$FP_{t,T}$为 t 时刻到期时间为 T 的远期价格；CP_t为商品在 t 时刻的价格；$R_{t,T}$为时间为 $T-t$ 的无风险名义年利率；$G_{t,T}$为单位商品持有 $T-t$ 时间的储存成本；$Y_{t,T}$为单位商品持有 $T-t$ 时间的便利收益。

✪【例 2-2】 10 月初，玉米现货价格为 1 710 元/吨。粮食经销商为储存玉米而建有粮仓，粮仓的看管、维护等方面的成本为每年 10 元/吨。根据经验，持有足够的粮食现货，可以在维护客户、应对市场意外变化方面使粮食经销商有更多的回旋余地，从而可看作便利收益。根据多年的统计，这一便利收益为每年 1 元/吨。假设 3 个月期市场无风险的利率为 4%，玉米远期合约的价格是多少？

本例中，$CP_t = 1\ 710$，$R_{t,T} = 4\%$，$G_{t,T} = 10$，$Y_{t,T} = 1$

因此，$FP_{t,T} = CP_t + CP_t \times R_{t,T} \times \frac{T-t}{365} + G_{t,T} - Y_{t,T}$

$$= 1\ 710 + 1\ 710 \times 4\% \times \frac{1}{4} + 10 \times \frac{1}{4} - 1 \times \frac{1}{4} = 1\ 729.35 \text{（元/吨）}$$

§2.4 远期外汇合约

2.4.1 远期外汇合约的构成要素

远期交易中，交易最活跃的品种之一是远期外汇合约（forward exchange agreement，FEA），是以外汇作为标的资产的远期合约。远期外汇合约主要包含以下内容：

1. 将来交割的外汇的币种、数额的规定；
2. 将来交割外汇的日期、地点或方式的规定；
3. 对交割的远期汇率的规定。

外汇远期交易一般有商业银行作为做市商中介交易。现实中，外汇远期的期限结构非常丰富，一般银行都有 1 周到一年，甚至更长期限的外汇远期交易同时进行。表 2-2 是 2014 年 1 月 10 日中国银行公布的外汇远期报价。

2.4.2　汇率及标价方法

（一）即期汇率

即期汇率是外汇现货市场的汇率。对即期汇率有两种基本的标价方法：直接标价法与间接标价法。直接标价法是以一定单位的外汇货币为标准来计算应付出多少单位的外国货币；间接标价法是以一定单位的本国货币为标准来计算应收取多少单位的外国货币。包括中国在内的大多数国家都采用直接标价法；美元、欧元、英镑、澳元则采用间接标价法。

银行对外汇汇率的报价分买入价（buying rate）、卖出价（selling rate）和中间价（middle rate）。买入价是银行从客户或同业那里买入外汇时使用的汇率；卖出价是银行向客户或同业那里卖出外汇时使用的汇率；中间价即买入价与卖出价的平均值，常见于报刊杂志或经济分析中。买入价与卖出价之间的差额即是银行买卖外汇的利润收入。因此，直接标价法中，买入价低于卖出价；而间接标价法中较低的价格是卖出价，较高的价格是买入价。

表 2－1　人民币外汇即期报价

01－29 19:15

货币对	买报价	卖报价	中间价
USD/CNY	6.5759	6.5770	6.5516
EUR/CNY	7.1745	7.1765	7.1700
100JPY/CN	5.4406	5.4422	5.5205
HKD/CNY	0.84425	0.84432	0.84091
GBP/CNY	9.4239	9.4262	9.4209
AUD/CNY	9.6552	4.6568	4.6491
NZD/CNY	4.2788	4.2790	4.2500
SGD/CNY	4.6179	4.6194	4.5984

资料来源：中国货币网 2016 年 1 月 29 日网页。

（二）远期汇率

远期汇率也称期汇率，是外汇远期合约的交割汇率。远期汇率的报价方法也有两种：

1. 直接标价法。这种方法是直接标出不同期限的远期外汇的实际买入价和卖出价。因为即期汇率不断波动，所以要不断调整远期汇率的报价，这样对报价银行就比较麻烦。因此，这种报价现在很少使用。表 2－2 是从中国银行网页截图得到的 2014 年 1 月 10 日的直接标价法报出的远期汇率表。

表 2－2　远期汇率直接标价报价表（2014 年 1 月 10 日）

		美元	欧元	日元	港元	英镑	瑞郎	澳元	加元
七天	买入	603.44	819.40	5.7405	77.70	993.07	664.30	535.24	555.42
	卖出	607.33	827.98	5.8063	78.44	1001.97	670.51	541.43	560.76
一个月	买入	603.73	819.87	5.7453	77.74	993.36	664.62	534.57	555.29
	卖出	607.89	828.63	5.8109	78.51	1002.75	671.36	541.20	561.04
三个月	买入	604.48	820.91	5.7535	77.86	994.24	665.77	533.13	555.21
	卖出	608.62	829.53	5.8200	78.61	1003.45	672.44	539.72	560.87
六个月	买入	605.16	822.23	5.7664	78.00	995.15	667.39	530.77	554.89
	卖出	609.80	830.74	5.8316	78.73	1004.25	673.98	537.21	560.44

续表

		美元	欧元	日元	港元	英镑	瑞郎	澳元	加元
九个月	买入	605.75	823.43	5.7794	78.11	995.71	668.96	528.16	554.38
	卖出	610.89	832.05	5.8443	78.85	1004.95	675.70	534.72	560.01
十二个月	买入	606.10	824.36	5.7912	78.18	995.73	670.38	525.29	553.77
	卖出	611.54	832.98	5.8558	78.92	1004.96	677.18	531.81	559.39
汇利宝	买入	604.93	822.78	—	78.02	—	—	—	—
	卖出	605.73	824.46	—	78.12	—	—	—	—

注：每100外币兑换人民币。

资料来源：中国银行网页。

2. 远期差价报价法。远期差价指的是某一时点远期汇率与即期汇率的差价，又叫掉期率。在远期差价报价法中，银行给出升水（at premium）或贴水（at discount）的基点数（BP，每点为0.0001），即期汇率加减升贴水就得到远期汇率。如果远期汇率等于即期汇率称为远期平价（at par）；远期汇率高于即期汇率是升水；远期汇率低于即期汇率是贴水。即期汇率的标价方法不同，计算远期汇率的原则也不同。在直接标价法下，升水的远期汇率等于即期汇率加上升水数字；贴水的远期汇率等于即期汇率减去贴水数字。而在间接标价法下，升水的远期汇率等于即期汇率减去升水数字；贴水的远期汇率等于即期汇率加上贴水数字。

如果标价中将买卖价格全部列出，只要按照下面的规则就可正确计算远期汇率：若远期汇率的报价大数在前，小数在后，表示单位货币远期贴水，计算远期汇率时用即期汇率减去所报点数；相反，若远期汇率的报价小数在前，大数在后，表示单位货币远期升水，计算远期汇率时用即期汇率加上所报点数。表2－3是差价报价法的一张远期汇率报价。

表2－3　　　　人民币远期汇率报价表（2016年1月29日）

人民币外汇远掉报价　01－29 22:20　单位：BP　人民币外汇远期月报　人民币外汇掉期月报

货币对	1周	1月	3月	6月	9月	1年
USD/CNY	63.0/66.0	128.0/129.0	355.0/359.0	605.0/610.0	815.0/817.50	1020.0/1020.0
EUR/CNY	90.77/83.04	187.37/190.14	559.38/577.31	1061.51/1061.87	1532.01/1548.07	2043.43/2056.97
100JPY/CNY	65.08/60.92	138.95/138.95	434.66/434.66	801.46/801.46	1161.09/1167.93	1568.85/1568.35
HKD/CNY	8.46/9.18	16.57/17.63	43.77/47.55	69.82/71.39	82.15/86.32	85.09/96.83
GBP/CNY	90.09/94.59	173.88/201.04	526.03/534.45	918.41/932.38	1277.53/1289.89	1659.0/1668.45
AUD/CNY	28.82/17.12	24.54/28.98	52.03/56.56	38.15/53.71	7.28/26.01	－4.10/8.44
NZD/CNY	－1.54/8.69	－4.13/16.68	－9.19/19.34	－58.14/－29.53	－150.55/－97.71	－211.07/－166.59
SGD/CNY	39.87/44.73	63.07/71.35	151.73/170.16	236.48/255.16	271.97/299.52	302.28/356.24
CHF/CNY	93.73/89.19	194.55/200.48	592.69/614.57	1143.33/1166.60	1677.39/1707.77	2240.86/2284.68
CAD/CNY	44.82/47.31	90.89/92.64	256.18/261.03	449.59/459.40	625.82/635.47	804.21/826.68
CNY/MYR	－2.55/－2.19	0.70/1.52	4.77/6.58	12.83/16.18	18.66/22.46	20.42/24.67
CNY/RUB	105.08/119.42	672.71/697.34	2219.28/2317.53	4484.38/4644.98	6958.44/6985.25	9191.53/9493.07

资料来源：中国货币网网页。

根据表2－1，2016年1月29日，人民币与美元的即期汇率为6.5759/6.5770。再根据表2－3，就计算出人民币对美元相关期限的远期汇率。比如，一个月期人民币对美元的远期汇率为：

$$买入价 = 6.5759 + 128 \times 0.0001 = 6.5887$$

$$卖出价 = 6.5770 + 129 \times 0.0001 = 6.5899$$

2.4.3 远期汇率定价

远期汇率与即期汇率的关系也是通过无套利原理来得到。做以下假设：

S——直接标价法下外汇当前的汇率；

t——当前时刻；

T——未来时刻；

r——本币期限为 $T-t$ 的利率；

r_f——外汇期限为 $T-t$ 的利率；

F——期限为 $T-t$ 的远期汇率。

假如企业 T 时刻需要外汇，可以有两种方式：

A. 当前以即期汇率 S 买入外汇，持有到 T 时刻；

B. 签订一份远期外汇合约，T 时刻以远期汇率 F 买入外汇。

在无套利的情况下，这两种方式至 T 时刻以本币表示的价值应该是相等的。

A 方式下，T 时刻外币的数量变为 $(1+r_f)$，换算成本币的价值为 $F(1+r_f)$

B 方式下，S 单位的本币的终值为 $S(1+r)$

因此，$F(1+r_f) = S(1+r)$

所以有，

$$F = S\frac{1+r}{1+r_f} \tag{2.10}$$

如果是连续复利，则

$$F = S\,e^{(r-r_f)(T-t)} \tag{2.11}$$

§2.5 远期利率协议

2.5.1 远期利率协议的相关概念

远期利率协议是除远期外汇合约之外另一个运用广泛、交易规模巨大的远期交易，是以利率为标的金融变量的远期合约。

✪【例2－3】 某公司计划在3个月后向银行借款5 000万元人民币，为期6个月。因担心未来利率上升，融资成本增加，公司与其开户行达成协议：3个月后银行向公司发放6月期贷款5 000万元，贷款利率为6.2%。这就是一个典型的远期利率协议。

假设3个月后市场6个月期银行贷款利率为6.48%。原则上，三个月后，公司可以有两种做法：

（1）履行协议，从银行以6.2%的利率获得6个月期贷款5 000万元人民币。

（2）与银行以现金交割的方式履行协议。即，计算出以协议利率借款的利息与以市场利率借款的利息之间的差额，双方结清，了结协议。然后，如果公司仍需要贷款，则直接以市场利率贷款。这种方式下，公司借款利率为6.48%，但是银行远期利率协议要支付给公司$5\,000\times\frac{6.48\%-6.2\%}{2}\times\frac{1}{1+\frac{6.48\%}{2}}=6.7803$（万元）。

从［例2-3］看，远期利率协议可以锁定未来的利率，规避未来利率波动的风险。现实中，远期利率协议的使用者正是利用它的这一功能。因此，在实践中，远期利率协议的结算都采用第2种方式，以现金结算。因此，远期利率协议虽可看作以固定利率授予的一笔远期贷款，但现实中并无实际的贷款义务。协议确定的本金不过是用于计算的名义金额，并不发生本金的实际交割活动。这样，远期利率协议就无须纳入资产负债表，从而为金融机构提供了一种有效地对冲利率风险的表外工具，而不受资本足额要求的约束。

远期利率协议是重要的衍生金融工具，国际市场上美元、英镑、日元等货币的远期利率协议交易都很活跃。为便于交易的进行，早在1985年英国银行家协会就制定了远期利率协议的规范条款文本，简称FRABBA条款。FRABBA是一种场外合约母本，单次交易在母本条款的基础上进行各种条款的设定。虽然FRABBA对远期利率协议市场的参与者并不具有强制力，远期利率协议市场的参与方基本都接受这一条款，在全球远期利率协议市场上，除非事先声明采用其他条款规范或完全自定条款，所有的交易都是按FRABBA的条款来进行。当然，国际远期利率协议市场上还有国际互换交易商协会（ISDA）制定的ISDAFRA以及加拿大部分银行采用的FRACAD条款。

FRABBA的主要条款有：对交易的定义、报价标准、建议条款、交易文件样式。而其中的建议条款又包括“代理”“确认”“结算”“取消”“协定利率”“参照利率”等数十条详细的条款标准。规定的重要术语有：

协议本金：名义上的本金额；

协议货币：协议金额的货币币种；

交易日：协议成交的日期；

结算日：协议借贷开始的日期，也就是协议中规定的借贷款的起息日，是交易双方计算并交付利息差额的日期；

确定日：确定参照利率的日期；

到期日：名义借贷到期的日期；

参照利率：在协议中确定的某种市场利率，用以在确定日确定结算金额，国际市场上通常为LIBOR或其他货币市场主要利率；

结算金：在结算日根据协议利率与参照利率的差额计算出来，由交易一方付给另一方的金额；

pa： per annum，指利率以年率的方式表达。

远期利率协议的表示方法是 $M \times N$ 月，M 表示远期合约到结算日的期限，$N-M$ 表示协议的贷款时间。如图 2－3 所示。

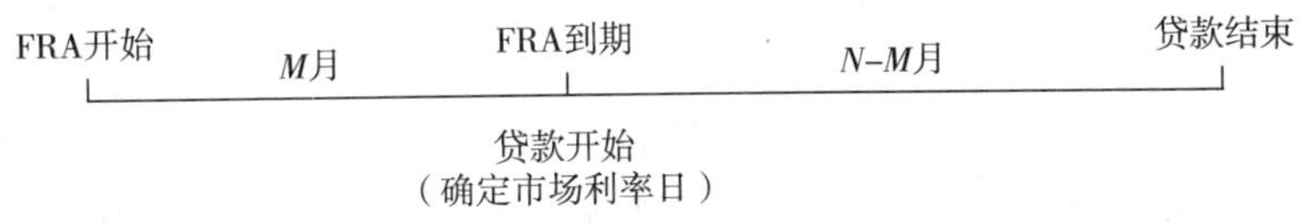

图 2－3　远期利率协议

2.5.2　远期利率协议的报价与定价

银行常作为远期利率协议的做市商同时报出远期利率协议的价格。远期利率协议的报价以远期利率为基础，这种利率包含了现货市场收益率和利率期货价格因素。实际交易价格由银行决定。表 2－4 是 2011 年 5 月 20 日兴业银行报出的 FRA 市场价格。

表 2－4　2011 年 5 月 20 日兴业银行 FRA 市场报价

TERM	3M Shibor	
	Bid	Ask
1M×4M	4.5055	4.06055
2M×5M	4.4655	4.6655
3M×6M	4.4255	4.7255
4M×7M	4.4588	4.7255
5M×8M	4.4922	4.7255
6M×9M	4.5255	4.7255
9M×12M	4.5655	4.7655

资料来源：中国外汇交易中心。

远期利率的确定有两种具体的做法：一种是从现货市场的收益率曲线求得；另一种是从利率期货市场求得。

（一）远期利率协议的收益率曲线定价法

远期利率可以从市场上现实的收益率曲线中求出，前提是该收益率曲线反映了各个期限的投资收益，并且市场如我们一贯的假设，是无摩擦的市场。在这种情况下，根据无套利原理，现实的收益率曲线就隐含了远期利率。

用 t 表示现在时刻，T 和 T^*（$T^* > T$）是两个未来的时刻，r 表示 T 到期的即期利率，r^* 表示 T^* 时刻到期的即期利率，$\hat{r}$ 表示现在时刻 t 签订的 T 到 T^* 期间的远期利率。根据无套利原理，一笔资金一次性投资两年与投资一年后再按照远期利率投资 1 年，这两种投资方式最终的结果应该相同。因此有：

$$(1+r)^T (1+\hat{r})^{T^*-T} = (1+r^*)^{T^*} \tag{2.12}$$

例如，一年期即期利率为 8%，两年期即期利率为 9%，那么一年到两年的远期利率为：

$$(1+\hat{r})^{T^*-T} = \frac{(1+r^*)^{T^*}}{(1+r)^T} = 1+\hat{r} = \frac{(1+9\%)^2}{(1+8\%)}$$

可求出 $\hat{r} \approx 10\%$。

这里的例子当然是按照每年计息一次的利率计算的，如果每年计息若干次，则需作相应的变换。如果是连续复利，这时的公式反而变得更加简单了。远期利率与即期利率的关系为：

$$\hat{r} = \frac{r^* T^* - rT}{T^* - T} \tag{2.13}$$

在得出 1×4，3×6，…各未来区间的远期利率后，远期利率协议的报价就是在该水平上进行调节，让买价略低于该远期利率，而卖价略高于该远期利率，而买卖差价的大小又取决于各家银行利用现货交易市场或利率期货交易对远期利率协议头寸进行套期保值的能力和对利润的要求。当然，具体的远期利率协议报价还要依据银行当时对未来利率走势的预测以及头寸情况进行调节。

（二）远期利率协议的短期利率期货定价法

远期利率还可以通过利率期货的价格求出。利率期货本身具有价格发现功能，因此一般认为利率期货所反映的利率水平是远期利率较准确的估计。

观察各国货币市场的发展情况可以看出，在国债和国债期货市场非常发达的国家，如美国，有各种期限的国债期货价格，这一价格反映了未来一段时间的利率高低，因此，债券市场本身有其现成的远期利率价格。这一价格在市场高度发达、摩擦较小的情况下，比较灵敏地反映了远期利率的价格水平，可以作为远期利率协议的主要参考。实证研究也发现，美国的同业拆借市场与国债期货市场对两年期以内的远期利率的估计基本上趋同。而在国债及其期货市场不甚发达的欧洲和亚洲，金融机构更倾向于选择同业拆借市场的收益率曲线来对远期利率协议进行定价。

§2.6 远期外汇综合协议

2.6.1 远期外汇综合协议的定义与相关概念

远期外汇交易涉及本金的实际流动，交易双方都需要相应的保证金，受到准备金的约束。20 世纪 80 年代末发展起来的远期外汇综合协议（synthetic agreement for forward exchange，SAFE）就克服了这一缺陷，成为不需本金流动，而能针对未来两种货币的利差和汇差变化，进行套期保值和投机的表外工具。

远期外汇综合协议（SAFE）是指双方约定买方在结算日按照合同中规定的结算日直接远期汇率用二级货币（secondary currency）向卖方买入一定名义金额的原货币（primary currency），然后在到期日再按合同中规定的到期日直接远期汇率把一定名义金额的原货币出售给卖方的协议。

在 SAFE 中，双方实质上进行的是名义上的远期对远期的货币互换。在以后的结算日，这两种货币进行第一次名义上的兑换，并进行差额支付；在合同到期日，再进行相反方向的名义上的兑换。一般在这两次名义兑换中，原货币的金额是相同的。原货币在结算日的购入方和到期日的卖出方是 SAFE 的买方，其对手方是 SAFE 的卖方。

概括来说，SAFE 具有以下特点：

1. 双方同意进行一次名义上的远期对远期互换；
2. 互换交易在原货币和二级货币之间进行；
3. 特定的本金、执行日期和互换汇率；
4. 买方先购进后卖出原货币，而卖方则相反。

2.6.2　远期汇率综合协议的相关概念

1. 重要术语。英国银行家协会编有远期外汇综合协议的交易条件和规范术语，重要的有：

A1——合约规定的在结算日将兑换的原货币的名义金额；

A2——合约规定的在到期日将兑换的原货币的名义金额；

CR（合约汇率，contract rate）——合约规定的交割日的直接汇率；

SR（结算汇率，settlement rate）——基准日决定的交割日的直接汇率；

CS（合约汇差，contract spread）——协定交割日与到期日的汇差；

SS（结算汇差，settlementspread）——基准日决定的到期日与交割日的汇差；

CR + CS——合约原先规定的到期日直接汇率；

SR + SS——基准日决定的到期日直接汇率；

i——第二货币利率；

D——合约期限天数；

B——第二货币天数计算惯例。

2. 结算日和到期日。这两个概念与远期利率协议是一致的。例如“1 ×4”表示起算日至结算日的时间为 1 个月，起算日至到期日的时间为 4 个月，结算日至到期日的时间为 3 个月。

3. 交易日。在交易日，交易双方主要完成两个任务：一是确定结算日和到期日两个时点兑换的原货币的本金金额，二是确定两次货币兑换的汇率。

结算日汇率：合约汇率：CR

到期日汇率：CR + CS

4. 基准日（确定日）。基准日的主要任务是确定两次兑换日使用的市场利率。

结算日汇率：SR

到期日汇率：SR + SS

2.6.3　汇差点数与远期外汇综合协议的报价

汇差是不同期限外汇的汇率差额。根据远期汇率的计算公式可以计算不同期限的远期与即期、远期与远期的汇率差。

假设采用实际天数/360 的天数计算惯例，根据远期汇率计算公式（2.10），期限为 D，原货币利率为 $y\%$，第二货币利率为 $x\%$ 的第二货币表示的原货币的汇率为：

$$F = \frac{S \times \left(1 + x\% \times \frac{D}{360}\right)}{1 + y\% \times \frac{D}{360}} \tag{2.14}$$

期现汇差为：

$$F - S = \frac{S \times (x\% - y\%) \times \frac{D}{360}}{1 + y\% \times \frac{D}{360}} \tag{2.15}$$

如果期限很短，也可以把式（2.15）中的分母去掉。前面曾经提到，远期外汇合约常用的报价方法就是报出即期汇率，然后用期限汇差的基点数（BP）表示期汇汇率。远期外汇综合协议的报价是在这一基础上，用远期汇差报价的。

表 2－5 "3×6"远期外汇综合协议的报价

即期汇率（人民币/美元）	6.5795/6.5797
3 月期	337/338
6 月期	565/570
"3×6"远期汇差	227/233

例如，银行对"3×6"美元对人民币远期外汇综合协议的报价如表 2－5 所示。

"3×6"远期汇差的计算方法为：

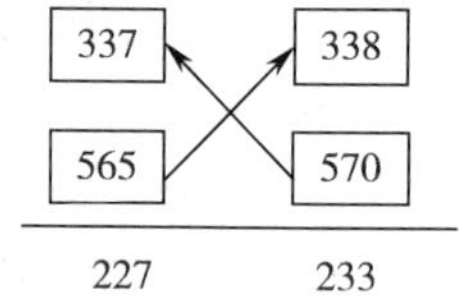

"3×6"美元对人民币远期外汇综合协议的报价即为"227/233"。值得注意的是，在 SAFE 中原货币在结算日的购入方和到期日的卖出方是 SAFE 的买方，其对手方是 SAFE 的卖方。因此这里的报价是"卖价/买价"的形式，而与一般的"买价/卖价"不同。还可以看出，SAFE 的标价与即期汇率没有直接的关系，只与远期升水或贴水，或者说只与远期汇差有关。

2.6.4 远期外汇综合协议的结算及分类

远期外汇综合协议有两种重要的结算形式，因此分为两大主要品种：汇率协议（exchange rate agreements，ERA）与远期外汇协议（forward exchange agreements，FXA）。这两种产品仅在结算方式上不同，但却巧妙地改变了它的功能和性质。前者仅涵盖成交后结算日至到期日外汇汇差的变化，而后者不仅与汇差的变化有关，还与绝对汇率水平的变动有关。这就使得市场参与者在对未来汇率的变化有不同的预期或者对市场汇率关注的角度不同时，可以从二者中选择适用于自己的产品。ERA 与 FXA 的结算公式如下：

$$ERA = A_2 \times \frac{CS - SS}{1 + \left(i \times \frac{D}{B}\right)} \tag{2.16}$$

$$FXA = A_2 \times \frac{(CR + CS) - (SR + SS)}{1 + \left(i \times \frac{D}{B}\right)} - A_1 \times (CR - SR) \tag{2.17}$$

✪【例 2－4】 假设市场上的利率和汇率水平如表 2－6 所示。

表 2-6　现行市场上的利率和汇率水平

	即期汇率	3 月期	6 月期	3×6 远期汇差（利率）
人民币/美元	6.5795/97	327/329	652/554	223/227
人民币利率		3.00%	3.25%	3.50%
美元利率		1.00%	1.25%	1.50%

假设某投资者预期人民币和美元的远期利差会缩小，于是卖出名义本金为 100 000 美元的人民币对美元远期外汇综合协议。如果三个月后的情况如下：

（1）汇率不变，两货币利差缩小，如表 2-7 所示。

表 2-7　现行市场上的利率和汇率水平

	即期汇率	3 月期
人民币/美元	6.5795/97	163/165
人民币利率		3.00%
美元利率		2.00%

虽然汇率水平没有变化，但是两国货币利差缩小到了 1%，远期外汇综合协议的汇差从原来的 223 点（先卖出）减小到 165 点（后买入）。如果投资者的预期是正确的，获利机会是显而易见的。

$$ERA = 100\ 000 \times \frac{0.0223 - 0.0165}{1 + 3.00\% \times \dfrac{90}{360}} = 575.68(\text{元})$$

$$FXA = 100\ 000 \times \frac{6.6351 - 6.5962}{1 + 3.00\% \times \dfrac{90}{360}} - 100\ 000 \times (6.6122 - 6.5795) = 591.04(\text{元})$$

$(6.5797 + 0.0554 = 6.6351,\ 6.5797 + 0.0165 = 6.5962,\ 6.5795 + 0.0327 = 6.6122)$

由计算结果可以看出，无论是 ERA 还是 FXA，两者的结算金额均为正值。这就是说，SAFE 的买方可以获得结算金。因此，投资者买入 SAFE 可以盈利。至于采用哪一个类型更有利，从计算结果看，ERA 和 FXA 的结果很接近，两者可以任选一种。

（2）汇率变化，利差缩小。假设在利差缩小的同时，汇率也发生了变化，如表 2-8 所示。

表 2-8　现行市场上的利率和汇率水平

	即期汇率	3 月期
人民币/美元	6.9795/197	187/189
人民币利率		3.00%
美元利率		2.00%

这时，

$$ERA = 100\ 000 \times \frac{0.0223 - 0.0189}{1 + 3.000\% \times \dfrac{90}{360}} = 337.47(\text{元})$$

$$FXA = 100\ 000 \times \frac{6.6351 - 6.9986}{1 + 3.00\% \times \dfrac{90}{360}} - 100\ 000 \times (6.6122 - 6.9795) = 650.60(\text{元})$$

$(6.5797 + 0.0554 = 6.6351,\ 6.9797 + 0.0189 = 6.9986,\ 6.5795 + 0.0327 = 6.6122)$

可见，在两种货币的利差发生变化导致汇差变化的同时，如果汇率水平也发生了变化，譬如发生了有利于投资者的变化，则采用 FXA 的效果要优于 ERA。

本章小结

1. 远期合约（forward contract）是交易双方签订的在未来某一确定的时间以确定的价格买入或卖出确定数量的某种资产的合约。在未来确定的时间，无论利弊盈亏，双方都有按合约完成交易的权利与义务。

2. 远期交易是与即期交易相对应的。即期交易也就是钱货两清的交易模式，双方成交后即刻或在规定的几天内完成钱物交割的交易，相应的价格称为即期价格（spot price）。

3. 与远期合约有关的要素和术语有：标的资产、多头与空头、交割价格与远期价格、远期升水（forward premium）与远期贴水（forward discount）、到期日等。

4. 远期交易属于场外市场交易，通常采用实物交割方式，流动性较差，违约风险较大。

5. 金融市场常被假定为无套利的市场。在无套利假设下，存在一价定律。金融工具的理论价格是无套利的价格。包括远期价格在内的衍生金融工具价格大多是在无套利假设下，用一价定律得出的。

6. 主要的远期合约包括商品远期合约、远期外汇合约、远期利率协议和远期外汇综合协议。

复习与思考

1. 课外查阅资料，概述中国远期交易和远期市场的发展情况。

2. 简述远期合约的构成要素及合约的损益状况。

3. 远期合约有哪些主要特点？

4. 商品远期合约的价格主要取决于那些因素？

5. 假设某日美元对人民币的即期汇率为 6.2706 元/美元，人民币一个月上海银行间同业拆借利率（SHIBOR）为 5.066%，美元一个月伦敦同业银行拆借利率（LIBOR）为 0.1727，试计算 1 个月期美元对人民币远期汇率。

6. 假设第 5 题中的利率为连续复利，重新计算 1 个月期美元对人民币的远期汇率。

7. 某年 2 月 3 日，某内地进口商与美国客户签订总价为 300 万美元的汽车进口合同，付款期为 3 个月。为防美元升值，导致进口成本增加，该进口商决定利用美元远期进行套期保值。当天与银行签订 3 个月期价值 300 万美元的远期美元合约，美元即期汇率报价为 6.5795/6.5800，各期限的远期报价如下：

货币对	1周	1月	3月	6月	9月	1年
USD/CNY	54.0/55.0	123.0/124.0	335.0/337.0	565.0/565.0	765.0/770.0	960.0/970.0

假如3个月后美元即期利率的报价为6.7295/6.7300，计算进口商因套期保值节省了多少进口成本?

8. 下表为某日美元的LIBOR数据。

期限	1月	3月	6月	9月	1年
LIBOR（%）	0.43	0.62	0.86	1.05	1.14

假如是连续复利，计算美元的3×6与6×9远期利率。

9. 试述远期外汇综合协议与远期利率协议的关系。

10. 试述远期外汇综合协议与远期外汇协议的关系。

11. 辨别ERA与FXA的区别与联系。

第三章

期货合约与期货市场

远期合约作为最早的衍生工具，在发展的早期对于帮助交易者规避市场风险、争取经营的主动权发挥了重要的作用。可以说，即使到现在，远期合约因不断与时俱进的创新和发展，仍保持了其勃勃的生机。但是远期合约在发展过程中，其缺陷也不断的暴露和凸显出来。作为场外交易的产品，交易成本高、效率低、流动性差、信用风险大是始终与远期合约相伴的缺陷。随着经济的快速发展和市场交易规模的迅速扩大，交易者需要更高效、更安全、更便捷的衍生工具。这样，有集中交易场所的、标准化的远期交易——期货交易应运而生了。

§3.1 期货合约及其主要条款

期货交易就是远期交易的集中化、标准化。期货合约是由期货交易所设计开发的，规定交易双方在未来特定的时间和地点按照合约规定的特定价格交割特定数量和质量的实物商品或金融资产，并经特定监督管理部门许可在交易所上市交易的标准化合约。

3.1.1 期货合约的种类：

与远期合约一样，根据合约交易标的资产的不同，期货合约也可以分为两大类：商品期货与金融期货。前者是以具体商品为标的物的期货；后者是以金融工具为标的物的期货。在当今的市场上，比较活跃的期货交易品种主要有：

（一）商品期货

1. 农产品期货。农产品期货是最早出现的期货品种，它诞生于1848年的芝加哥期货交易所（CBOT）。标的物主要有：小麦、大豆、玉米等谷物；棉花、咖啡、可可等经济作物；以及木材、天然橡胶等林产品。中国期货市场截至2014年共有包括玉米、小麦、棉花、鸡蛋等在内的20个农产品期货品种在市场交易。

2. 金属期货。最早出现的是伦敦金属交易所（LME）的铜期货。目前已发展成为以铜、铝、铅、锌、镍为代表的有色金属期货和黄金、白银等贵金属期货两类。我国期货市场上也有包括铜、锌、金、银等在内的10余个期货品种。

3. 能源期货。20 世纪 70 年代发生的石油危机直接导致了石油等能源期货的产生。目前市场上主要的能源期货有原油、汽油、取暖油、丙烷等产品。中国期货市场的能源、化工类期货包括燃料油、焦炭、天然橡胶等。

（二）金融期货

1. 外汇期货。外汇期货合约最早于 1972 年在芝加哥诞生。目前，国际外汇市场上，交易量最大的外汇期货品种主要有美元、欧元、日元、英镑、瑞士法郎、加拿大元等。早在 2006 年芝加哥商业交易所就推出了人民币对美元、人民币对欧元、人民币对日元的期货交易。截至 2015 年 8 月，全球已有 8 地上市人民币外汇期货。

2. 利率期货。最早的利率期货是 1975 年 10 月芝加哥期货交易所上市的美国政府国民抵押协会抵押凭证合约。利率期货主要分为短期利率期货与长期利率期货。目前中国金融期货交易所交易有 5 年期国债期货与 10 年期国债期货。

3. 股指期货。股指期货是当今交易量最大的金融期货之一，几乎所有的重要股票市场指数都有相应的期货交易。目前，中国金融期货交易所有沪深 300 股指期货、上证 50 指数期货及中证 500 指数期货的交易。

3.1.2　期货合约的关键化特征

期货合约的关键化特征有四点：

1. 场内交易。期货合约是典型的场内交易，是在交易所的组织下交易的，成交有法律的保障，而成交价格不论是交易所内的交易池公开喊价成交还是电子交易系统成交，都是公开竞价产生的。

2. 标准化合约。合约的标的资产品种、质量、规模、等级、交割时间、交割地点等都是既定的，是标准化的。

3. 保证金交易。期货交易实行保证金交易，交易只需按期货合约交易规模的一定百分比缴纳少量资金作为履约的财力保证，便可参与期货合约的买卖，并视价格变动情况确定是否追加或可取出保证金。这样的交易用少量资金就可进行大规模的交易，因而具有杠杆效应。

4. 当日无负债结算制度。期货交易由专门的期货结算机构对期货交易的盈亏逐日结算。结算部门在每日闭市后计算期货交易保证金账户当天的盈亏状况，并根据计算结果进行资金划转。当交易发生亏损，进而导致保证金账户不足时，则要求必须在结算机构规定的时间内向账户中追加保证金，以做到“当日无负债”。

3.1.3　期货合约的主要条款

一般说来，一份期货合约应该包括以下条款：

1. 合约名称。合约名称注明了该合约的品种名称及其上市交易所名称。以上海期货交易所铜合约为例，合约名称为“上海期货交易所阴极铜期货合约”。

2. 交易单位/合约价值。交易单位是指在期货交易所交易的每手期货合约代表的标的物的数量。合约价值是指每手期货合约代表的标的物的价值。如美国芝加哥期货交易所规定小麦期货合约的交易单位是5 000蒲式耳。中国金融期货交易所沪深300指数期货的合约价值为“300元×沪深300指数”（其中“300”元为沪深300指数期货的合约乘数）。在进行期货交易时，只能以交易单位（合约价值）的整数倍进行买卖。

对于商品期货来说，确定期货合约交易单位的大小，主要应当考虑合约标的物的市场规模、交易者的资金规模、期货交易所的会员结构，该商品的现货交易习惯等因素。一般来说，某种商品的市场规模较大，交易者的资金规模较大，期货交易所中愿意参与该期货交易的会员单位较多，则该合约的交易单位就可以设计得大一些，反之则小一些。

3. 报价单位与最小变动价位。报价单位是指在公开竞价过程中对期货合约报价所使用的单位，即每计量单位的货币价格。例如，国内阴极铜、铝、小麦、大豆等期货合约的报价单位以元（人民币）/吨表示。

最小变动价位是指在期货交易所的公开竞价过程中，对合约每计量单位报价的最小变动数值，在期货交易中，每次报价的最小变动数值必须是最小变动价位的整数倍。最小变动价位乘以交易单位，就是该合约价值的最小变动值。例如，上海期货交易所锌期货合约的最小变动价位是5元/吨，即每手合约的最小变动值是5元/吨×5吨=25元。

最小变动价位的设置是为了保证市场有适度的流动性。一般而言，较小的最小变动价位有利于增加市场流动性，但过小的最小变动价位将会增加交易协商成本；较大的最小变动价位，一般会减少交易量，影响市场的活跃程度，不利于交易者进行交易。

4. 每日价格最大波动限制。每日价格最大波动限制规定了期货合约在一个交易日中的交易价格波动不得高于或者低于规定的涨跌幅度。每日价格最大波动限制一般是以合约上一交易日的结算价为基准确定的。期货合约上一交易日的结算价加上允许的最大涨幅构成当日价格上涨的上限，称为涨停板；而该合约上一交易日的结算价减去允许的最大跌幅则构成当日价格下跌的下限，称为跌停板。在我国期货市场，每日价格最大波动限制设定为合约上一交易日结算价的一定百分比。

每日价格最大波动限制的确定主要取决于该种标的物市场价格波动的频繁程度和波幅的大小。一般来说，标的物价格波动越频繁、越剧烈，该商品期货合约允许的每日价格最大波动幅度就应设置得越大一些。

5. 交割期条款。交割期条款包括交割月份，交割日期。交易所对于期货最后的交割有一定的程序和做法规定。期货合约一般规定几个交割月份。期货交易者只能在交易所规定的交割月份中选择，选择之后，交割月份就是固定的了。交割日期则是进入交割程序的期货交易双方转移合约标的物所有权，以实物交割或现金交割方式了结未平仓合约的时间。

6. 最后交易日。最后交易日是指期货合约进行交易的最后一个交易日，过了这个期限的未平仓期货合约，必须按规定进行实物交割或现金交割。期货交易所根据不同期货合约标的物的现货交易特点等因素确定其最后交易日。

7. 交割等级。商品期货规定有准许在交易所上市交易的合约标的物的统一的、标准化的质量等级。期货交易所在制定合约标的物的质量等级时，常常采用国内或国际贸易中最通用和交易量较大的标准品的质量等级为标准交割等级。在进行期货交易时，交易双方无须对标的物的质量等级进行协商，发生实物交割时按交易所期货合约规定的质量等级进行交割。

一般来说，为了保证期货交易顺利进行，许多期货交易所都允许在实物交割时，实际交割的标的物的质量等级与期货合约规定的标准交割等级有所差别，即允许用与标准品有一定等级差别的商品作替代交割品。期货交易所统一规定替代品的质量等级和品种。交货人用期货交易所认可的替代品代替标准品进行实物交割时，收货人不能拒收。用替代品进行实物交割时，价格需要升贴水。交易所根据市场情况统一规定和适时调整替代品与标准品之间的升贴水标准。

8. 交割地点。交割地点是由期货交易所统一规定的进行实物交割的指定地点。

商品期货交易大多涉及大宗实物商品的买卖，因此，统一指定交割仓库可以保证卖方交付的商品符合期货合约规定的数量与质量等级，保证买方收到符合期货合约规定的商品。期货交易所在指定交割仓库时主要考虑的因素是：指定交割仓库所在地区的生产或消费集中程度，指定交割仓库的储存条件、运输条件和质检条件等。

金融期货交易不需要指定交割仓库，但交易所会指定交割银行。负责金融期货交割的指定银行，必须具有良好的金融资信、较强的进行大额资金结算的业务能力，以及先进、高效的结算手段和设备。

9. 交易手续费。交易手续费是期货交易所按成交合约金额的一定比例或按成交合约手数收取的费用。交易手续费的高低对市场流动性有一定影响，交易手续费过高会增加期货市场的交易成本，扩大无套利区间，降低市场的交易量，不利于市场的活跃，但也可起到抑制过度投机的作用。

10. 交割方式。期货交易的交割方式分为实物交割和现金交割两种。商品期货、股票期货、外汇期货、中长期利率期货通常采取实物交割方式，股票指数期货和短期利率期货通常采用现金交割方式。

11. 交易代码。为便于交易，交易所对每一期货品种都规定了交易代码。如中国金融期货交易所沪深300指数期货的交易代码为IF，郑州商品交易所白糖期货的交易代码为SR，大连商品交易所豆油期货交易代码为Y，上海期货交易所铜期货的交易代码为CU。

12. 保证金。每种期货都设有最低保证金要求。因每日盯市结算制度，交易账户的保证金处在不断变化之中。但是，保证金的数量必须在最低保证金要求之上，一旦少于这一要求，客户就要按规定及时追加保证金。

§3.2 期货市场组织机构与期货交易者

期货市场由期货交易所、期货结算机构、期货中介与服务机构、投资者、期货监督管理与行业自律机构组成。其中，中介与服务机构包括期货公司、介绍经纪商、保证金安全存管银行、交割仓库等。

3.2.1 期货交易所

期货交易所在期货交易中居于核心地位。期货交易所为期货交易提供场所、设施、相关服务和交易规则，本身并不参与期货交易。期货交易所的主要作用包括以下5项：

1. 提供交易的场所、设施和服务。期货交易实行场内交易，即所有买卖指令必须在交易所内进行集中竞价成交。因此，期货交易所必须为期货交易提供交易场所、必要的设施、先进的通信设备、现代化的信息传递和显示设备等一整套硬件设施，再辅之以完备、周到的配套服务，以保证集中公开的期货交易能够有序运行。

2. 设计合约、安排合约上市。制定标准化合约、及时安排合约上市是期货交易所的主要职能之一。期货交易所总是结合市场需求开发期货品种，设计并选择合适的时间安排新的期货合约上市，增强期货市场服务国民经济的功能；同时，科学合理地设计合约的具体条款，满足交易者的投资需求，并安排合约的市场推广。

3. 制定并实施期货市场制度与交易规则。期货交易所制定有关期货交易的各种道德和财务标准，制定并实施期货交易的各种运行规则，建立并执行期货交易的各种交易制度，从市场的各个环节控制市场风险，保障期货市场的平稳、有序运行，以增进和保障期货交易有关各方的利益。

4. 组织并监督期货交易，监控市场风险。在制定相关期货市场制度与交易规则的基础上，期货交易所组织并监督期货交易，通过实时监控、违规处理、市场异常情况处理等措施，保障相关期货市场制度和交易规则的有效执行，动态监控市场的风险状况并及时化解与防范市场风险。

5. 发布市场信息。期货交易所需及时把本交易所内形成的期货价格和相关信息向会员、投资者及公众公布，以保证信息的公开透明。

期货交易所的组织形式最初以会员制为多，目前，西方国家很多交易所都改成了公司制。

3.2.2 期货结算机构

每一个期货交易所都有专门的期货结算机构（clearing house）对交易所内交易的期货合约进行统一结算。这种结算机构计算会员的交易盈亏，通过保证金账户划转盈亏资金，监控保证金账户的余额不低于最低要求的水平，控制结算风险。结算机构可以是交易所的内部机构而仅为特定的交易所提供结算服务，也可以是独立的结算公司为一家或多家交易所提供结算服务。

国际上，期货结算机构通常采用分级结算制度，即只有结算机构的会员才能直接得到结算机构提供的结算服务，非结算会员只能由结算会员提供结算服务。这种分级结算制度实际上使得期货结算大致可分为三个层次。第一个层次是由结算机构对结算会员进行结算，结算会员是交易所会员中资金雄厚、信誉良好的期货公司或金融机构；第二个层次是结算会员与非结算会员或者结算会员与结算会员所代理客户之间的结算；第三个层次是非结算会员对非结算会员所代理客户的结算。

这种“金字塔”型的分级结算制度通过建立多层次的会员结构，逐级承担化解期货交易风险的作用，形成多层次的风险控制体系，提高了结算机构整体的抗风险能力，保证了期货交易的安全性。因此，这种分级结算制度有利于建立期货市场风险防范的防火墙。

我国境内的四家期货交易所的结算机构均是交易所的内部机构，期货结算制度分为全员结算制度与会员分级结算制度。郑州商品交易所、大连商品交易所和上海期货交易所实行的是全员结算制度，而中国金融期货交易所实行的是国际上通行的分级结算制度。全员结算制度是指期货交易所会员均具有与期货交易所进行结算的资格，期货交易所的会员均既是交易会员，也是结算会员，不做结算会员与非结算会员之分。在全员结算制度下，期货交易所对会员进行结算，会员对其受托的客户结算。

在中国金融期货交易所，按照业务范围，会员分为交易会员、交易结算会员、全面结算会员和特别结算会员四种类型。其中，交易会员不具有与交易所进行结算的资格，它属于非结算会员。交易结算会员、全面结算会员和特别结算会员均属于结算会员。结算会员具有与交易所进行结算的资格。交易结算会员只能为其受托客户办理结算、交割业务。全面结算会员既可以为其受托客户也可以为与其签订结算协议的交易会员办理结算、交割业务。特别结算会员只能为与其签订结算协议的交易会员办理结算、交割业务。结算会员权限不同，交易所对其资本金、盈利状况、经营合法性等方面的要求不同。结算权限越大，相应的资信要求就越高。

就期货结算机构发挥的作用来看，首先，结算机构的结算会员每个交易日都要向相应的结算机构详细报告当天的交易情况，结算机构把买卖头寸进行配对，每天对交易头寸进行调节。结算机构充当每个期货合约的买方，也是每个期货合约的卖方。这对担保期货的履约起到了关键性的作用。其次，期货结算机构每天休市后对会员的盈亏进行计算，向会员提供结算数据资料，根据各账户的盈亏，划转账户资金，并动态监控各保证金账户情况。当出现保证金账户已达不到最低限额要求时，则向会员发出追加保证金通知，限期补足。否则，则采取强行平仓等措施，控制市场风险。

自2008年美国金融危机发生后，交易所为场外衍生品交易提供结算服务，成为发展的新趋势。

3.2.3　期货中介与服务机构

从广义上讲，期货交易所和期货结算机构都是期货交易的中介与服务机构。除此之外，尚有一些其他的期货中介与服务机构对期货的交易也都发挥着重要作用。其中包括：

1. 期货公司。只有期货交易所的会员才能在交易所进行期货交易，因此，一般交易者必须由中介机构代理交易。正如证券公司代理客户从事证券交易一样，期货公司代理客户进行期货交易。一般的期货交易者必须在期货公司开立交易账户，向期货公司下达交易指令；期货公司再通过交易所完成交易，并计算和管理交易者的保证金。期货公司作为场外期货交易者与期货交易所之间的桥梁和纽带，属于非银行金融服务机构。其主要职能包括：根据客户指令代理买卖期货合约、办理结算和交割手续；对客户账户进行管理，控制客户交易风险；为客户提供期货市场信息，进行期货交易咨询，充当客户的交易顾问等。

在国外，充当期货公司作用的机构称为期货佣金商（futures commission merchants，FCM）。

2. 介绍经纪商。期货投资者还可通过介绍经纪商协助开立期货账户。介绍经纪商（introducing broker，IB）这一提法源于美国，在国际上既可以是机构也可以是个人，但一般都以机构的形式存在。IB 是指机构或个人接受期货经纪商委托，介绍客户给期货经纪商并收取一定佣金的业务。

在我国，为期货公司提供中间介绍业务的证券公司就是介绍经纪商。证券公司受期货公司委托，可以将客户介绍给期货公司，并为客户开展期货交易提供一定的服务，期货公司因此向证券公司支付一定的佣金。这种为期货公司提供中间介绍业务的证券公司就是券商 IB。

3. 其他期货中介与服务机构。期货市场上还有保证金存管银行、交割仓库、期货信息资讯机构等。

保证金存管银行（简称存管银行），是由交易所指定，协助交易所办理期货交易结算业务的银行。经交易所同意成为存管银行后，存管银行须与交易所签订相应协议，明确双方的权利和义务，以规范相关业务行为。交易所有权对存管银行的期货结算业务进行监督。

商品期货有交割仓库的规定。交割仓库是期货品种进入实物交割环节提供交割服务和生成标准仓单必经的期货服务机构。在我国，交割仓库，也称为指定交割仓库，是指由期货交易所指定的、为期货合约履行实物交割的交割地点。期货交易的交割，由期货交易所统一组织进行。期货交易所不得限制实物交割总量，并应当与交割仓库签订协议，明确双方的权利和义务。

期货信息资讯机构主要提供期货行情软件、交易系统及相关信息资讯服务，是投资者进行期货交易时不可或缺的环节，也是网上交易的重要工具，其系统的稳定性、价格传输的速度对于投资者获取投资收益发挥重要的作用。现在，期货信息资讯机构正通过差异化信息服务和稳定、快捷的交易系统达到吸引客户的目的。

除了上述期货中介与服务机构外，会计师事务所、律师事务所、资产评估机构等服务机构向期货交易所和期货公司等市场相关参与者提供相关服务时，应当遵守期货法律、行政法规以及国家有关规定，并按照国务院期货监督管理机构的要求提供相关资料。

3.2.4 期货交易者

从交易目的上看，与所有衍生金融工具的交易者一样，期货合约的交易者也有套期保值者、套利者和投机者三类。个人投资者参与期货交易，投机者较多；工商企业则更多的从生产经营的角度出发，通过期货交易实现降低风险暴露，套期保值的目的；而养老金、共同基金等大型基金的管理者参与期货市场则有时是利用期货交易的杠杆效应及交易便利实现其资产组合的目的。

从投资者是自然人还是法人划分，期货交易者可分为个人投资者和机构投资者。与机构投机者相比，个人投资者的经济实力一般较弱，专业投资能力和风险承受能力都不如后者。期货市场上还是以机构投资者为主。出于市场健康运营以及保护投资者的角度考虑，我国对个人投资者与机构投资者的管理上也有不同。

1. 个人投资者。参与期货交易的自然人就称为个人投资者。为保障市场平稳、规范、健康运行，防范风险，保护投资者的合法权益，在我国的金融期货市场上，个人投资者参与交易受到《投资者适当性制度》的制约。

根据《金融期货投资者适当性制度实施办法》，个人投资者在申请开立金融期货交易编码前，需先由期货公司会员对投资者的基础知识、财务状况、期货投资经历和诚信状况等方面进行综合评估，达到一定的条件，方可开户进行金融期货的交易。

2. 机构投资者。在我国金融期货市场上，将机构投资者区分为特殊单位客户和一般单位客户。特殊单位客户是指证券公司、基金管理公司、信托公司、银行和其他金融机构，以及社会保障类公司、合格境外机构投资者等法律、行政法规和规章规定的需要资产分户管理的单位客户，以及交易所认定的其他单位客户；一般单位客户系指特殊单位客户以外的单位客户。一般单位客户在金融市场开立交易编码前，也需根据《金融期货投资者适当性制度》的规定，由期货公司会员对一般单位客户的基本情况、相关投资经历、财务状况、诚信状况和相关制度等进行综合评估。特殊单位客户符合投资者适当性制度的有关规定，不用进行综合评估就可为其交易申请开立交易编码。

在国际期货市场上，对冲基金和商品投资基金已成为期货合约非常重要的机构投资者。其中，对冲基金将期货投资作为投资组合的组成部分，而商品投资基金则是以期货投资为主的基金类型。

§3.3 期货交易流程

一般而言，客户进行期货交易可能涉及以下几个环节：开户、下单、竞价、结算、交割了结。

由于能够直接进入期货交易所进行交易的只能是期货交易所的会员，所以，普通投资者在进入期货市场交易之前，应首先选择一个具备合法代理资格、信誉好、资金安全、运作规范和收费比较合理的期货经纪机构作为期货交易的代理，在国外是商品交易商（FCM），在我国是期货公司。有些期货经纪公司本身也不是交易所会员，那么这些公司就需在其他会员公司处开立账户，由会员公司完成自己客户的交易。客户在期货经纪机构完成开户，并按规定足额缴纳开户保证金后，即可开始委托下单，进行期货交易。

期货公司等经纪机构接到客户的订单后，在公开喊价的情况下通过在交易所交易池内的交易员公开喊价竞争成交；在电子交易的情况下，通过与交易所连接的计算机交易系统竞价成交。成交后，客户会及时得到经纪机构反馈的成交信息。

成交后，期货结算机构根据成交价格对交易结果及时进行结算并通过保证金账户进行资金的划转。每日休市后，结算机构还要计算会员的当日盈亏，划拨资金。如果某会员保证金账户出现短缺，则会发出追缴保证金通知，限期补足。而各会员单位则对其客户做类似的结算和行动。图 3 - 1 是开始期货交易的示意图。整个流程看似复杂，其实在目前通信高度发达的情况下，正像买卖股票那样，完成一笔期货交易也是瞬间的事情。

交易者建立期货头寸之后，就有义务遵守期货条款的规定，在规定的时间交收特定的标的资产。但是在实际操作中，持有期货到期并实物交割标的资产只是了结期货合约的一种方式，而且是很少使用的一种方式，更常用的方式是对冲平仓。期转现是了结合约的另外一种方式。期货合约的交割我们放在专门的一节中去处理。

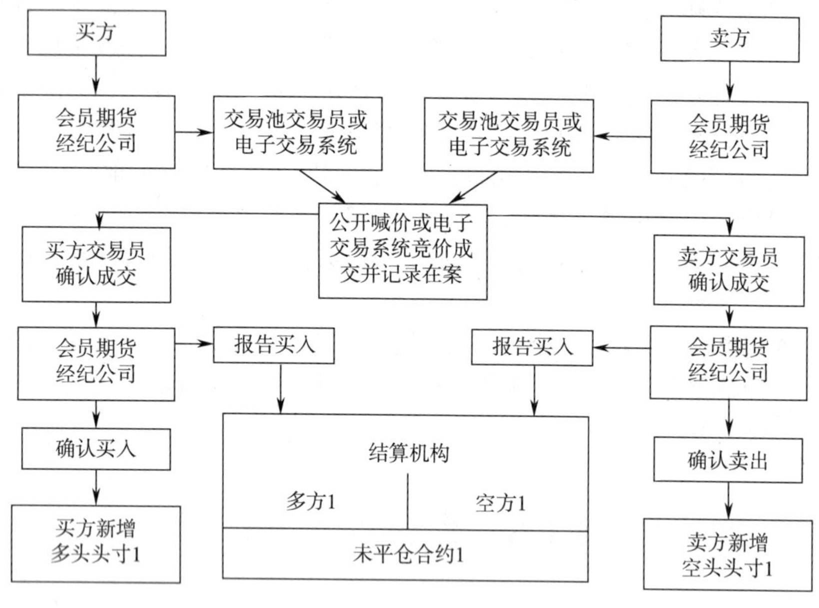

图 3 - 1　期货初始交易流程图

§3.4　理解期货交易信息

进行期货交易需了解期货行情，熟练了解期货信息。以下是期货市场的一些重要术语。

多头与空头：如果在期货合约中负有未来买进标的资产的义务，合约的持有者称为期货合约的多头方，或买方。进行这样的期货交易也叫买入期货合约。相对应地，如果在期货合约中负有未来卖出标的资产的义务，合约的持有者称为期货合约的空头方，或卖方。进行这样的期货交易也叫卖出期货合约。

多头头寸与空头头寸：建立期货头寸后，在没有了结合约前，称为持仓。持仓也叫未平仓合约或未平仓头寸。买入期货合约后持有的头寸称为多头头寸，简称“多头”；卖出期货合约后持有的头寸称为空头头寸，简称“空头”。

市场未平仓头寸：市场上所有交易者持有的某种期货合约未平仓头寸的总和，称为该合约的未平仓头寸，等于市场所有多头头寸之和或空头头寸之和。

开盘价：开盘价是当日某一期货合约交易开始前5分钟集合竞价产生的成交价。如集合竞价未产生成交价，则以集合竞价后的第一笔成交价为开盘价。表3－1中的第3列是不同月份期货合约的开盘价，其中铜1602合约的开盘价为36110元/吨。

最高价与最低价：最高价是指一定时间内某一期货合约成交价中的最高价格。最低价是指一定时间内某一期货合约成交价中的最低价格。

最新价：最新价是指某交易日某一期货合约交易期间的即时成交价格。

涨跌：实时行情表中，涨跌一般是指某交易日某一期货合约交易期间的最新价与上一交易日结算价之差。表3－1中的涨跌1是当天的收盘价与前一天的结算价之差，涨跌2是当天的参考结算价与前一天的结算价之差。

成交量：成交量是某一期货合约当日成交的双边累计数量，单位为“手”。表3－1中的第10列是不同月份期货合约的成交量。

持仓量：持仓量，也称空盘量或未平仓合约量，是指期货交易者所持有的未平仓合约的双边累计数量。表3－1中的第11、12列是不同月份期货合约的持仓量及相对于前一天的变化。[①]

收盘价：收盘价是指某一期货合约当日最后一笔成交价格。

结算价：结算价是指某一期货合约当日成交价格按成交量的加权平均价。加权平均的方式在不同的交易所有所不同。当日无成交的，用上一交易日的结算价作为当日结算价。结算价是当日未平仓合约盈亏结算和确定下一交易日涨跌停板幅度的依据。表3－1中的第2列给出了不同月份期货合约前一天的结算价，第7列给出了当天的结算参考价。

昨收盘：昨收盘是“昨日收盘价”的简写，指某一期货合约在上一交易日的收盘价。

持仓限额：持仓限额指期货交易所对期货交易者的持仓量规定的最高持仓数额。不同类型的期货交易者，其持仓限额有所不同，且随距离交割月时间远近也有变化。

表3－1是上海期货交易所给出的2016年2月5日的行情数据。不同交易所或机构给出的表格项目也有差异。可以对照熟悉学习期货的术语。

---

① 目前，国内三家商品期货交易所的成交量和持仓量数据均按双边计算，中国金融期货交易所的成交量和持仓量数据按单边计算。

表 3－1　　上海期货交易所期货合约行情　2016 年 2 月 5 日（周五）

2016 年第（25）期，总第 5 659 期，总第 5 667 个交易日

交割月	前结算	今开盘	最高价	最低价	收盘价	结算参考价	涨跌 1	涨跌 2	成交手	持仓手/变化	
品种：铜											
1602	35 920	36 110	36 570	35 900	36 080	36 030	160	110	3 270	22 260	－1 500
1603	36 020	36 250	36 530	36 120	36 350	36 320	330	300	184 432	174 498	－12 526
1604	36 210	36 400	36 680	36 250	36 510	36 440	300	230	144 804	241 936	－4 084
1605	36 330	36 570	36 780	36 340	36 570	36 530	240	200	48 280	150 570	－2 044
1606	36 430	36 610	36 900	36 420	36 600	36 590	170	160	15 028	57 290	334
1607	36 480	36 660	36 910	36 460	36 740	36 640	260	160	3 944	24 534	870
1608	36 580	36 730	37 000	36 520	36 730	36 640	150	60	1 184	11 692	－266
1609	36 670	36 810	37 040	36 580	36 790	36 720	120	50	440	6 190	－184
1610	36 650	36 860	36 970	36 610	36 840	36 740	190	90	196	4 450	18
1611	36 650	36 900	36 960	36 670	36 890	36 750	240	100	80	3 140	－20
1612	36 730	36 930	36 990	36 320	36 320	36 690	－410	－40	148	3 106	102
1701	36 750	36 900	36 900	36 690	36 810	36 770	60	20	28	2 356	－4
小计									401 834	702 022 ／	－19 304

资料来源：上海期货交易所网页。

§3.5　期货的保证金制度与逐日盯市

3.5.1　期货保证金

前已述及，期货交易的一大关键特征就是它实行的是保证金交易。期货合约的买卖双方需要在其开户的期货公司缴存一定的保证金，才能参与期货交易。这与远期合约形成了鲜明的对比。保证金一般仅占期货合约价格很小的一个比例，目的在于为合约的履约提供担保，并用于每日的结算。不同期货合约的最低保证金要求不同，而最低保证金的要求由交易所在每个期货合约的条款中给出，期货公司要求客户交纳的保证金不低于这一最低保证金要求，且需对客户的保证金分户管理。通常情况下，期货公司要求客户交纳的保证金多于交易所的最低保证金要求。

最低保证金的设定考虑的是因市场价格变化而导致违约事件发生时可以承担的最大损失。最低保证金应能涵盖这一损失。因此，期货合约的最低保证金要求直接与合约标的资产市场价格的波动性相关联。标的资产价格的波动性越大，最低保证金要求越高。交易所设定期货合约最低保证金的一个常用做法是将其设定为 $\mu+3\sigma$。其中，μ 是期货合约每日价格变化的均值，而 σ 是期货合约每日价格变化的标准差。

国际期货市场上，保证金制度一般还有如下特点：

第一，对不同交易者要求的最低保证金不同。交易者面临的风险越大，要求的保证金比例越高。比如，在美国期货市场，对投机者的保证金要求就高于套期保值者，因为前者面临的风险远高于后者。

第二，交易所可根据市场的变化调整保证金水平。当市场投机过度，风险加大时，交易所可提高保证金水平，增大投机成本，控制市场风险。比如，我国 2015 年 6 月发生股灾时，中国金融期货交易所就提高了股指期货的保证金要求。

第三，保证金的收取是分级进行的。交易所或结算机构只向其会员收取保证金，作为会员的期货公司则向其客户收取保证金，两者分别称为会员保证金和客户保证金。保证金应当以货币资金交纳，也可以以上市流通的国债、标准仓单等按规定折抵。

3.5.2 我国期货交易保证金制度的特点

我国期货交易的保证金制度除了采用国际通行的一些做法外，在施行中，还形成了自身的特点。

我国交易所对商品期货交易保证金比率的规定呈现如下特点：

第一，对期货合约上市运行的不同阶段规定不同的交易保证金比率。一般来说，距交割月份越近，交易者面临到期交割的可能性就越大，为了防止实物交割中可能出现的违约风险，促使不愿进行实物交割的交易者尽快平仓了结，交易保证金比率随着交割临近而提高。

第二，随着合约持仓量的增大，交易所会逐步提高该合约交易保证金比例。一般来说，随着合约持仓量增加，尤其是持仓合约所代表的期货商品的数量远远超过相关商品现货数量时，往往表明期货市场投机交易过多，蕴含较大的风险。因此，随着合约持仓量的增大，交易所将逐步提高该合约的交易保证金比例，以控制市场风险。

第三，当某期货合约出现连续涨跌停板的情况时，交易保证金比率相应提高。

第四，当某品种某月份合约按结算价计算的价格变化，连续若干个交易日的累积涨跌幅达到一定程度时，交易所有权根据市场情况，对部分或全部会员的单边或双边、同比例或不同比例提高交易保证金，限制部分会员或全部会员出金，暂停部分会员或全部会员开新仓，调整涨跌停板幅度，限期平仓，强行平仓等一种或多种措施，以控制风险。

第五，当某期货合约交易出现异常情况时，交易所可按规定的程序调整交易保证金的比例。

3.5.3 逐日盯市结算制度

期货交易一方的盈利就是另一方的亏损。期货结算机构对期货交易的盈亏进行结算，并根据结算结果进行资金划转。当亏损方保证金账户中的资金不足以承担起亏损（在扣除亏损后保证金余额出现负数）时，结算机构必须代为承担这部分损失，以保证盈利者及时得到全部盈利。这样，亏损方便向结算机构拖欠了债务。为防止这种负债现象的发生，逐日盯市的当日无负债结算制度应运而生。

在逐日盯市结算制度（或称为当日无负债结算制度）下，结算机构在每日收盘后计算、检查保证金余额，对所有客户的持仓根据结算价进行结算，有盈利的划入，有亏损的划出。通过适时发出追加保证金通知，使各客户的保证金维持在一定水平之上，以防止负债现象发生。其具体执行过程为：在每一交易日结束后，结算机构根据全日成交的情况计算出当日结算价，据此计算每个会员持仓的浮动盈亏，调整会员保证金账户的可动用余额。若调整后的保证金余额小于维持保证金，交易所便发出通知，要求在下一个交易日开市之前追加保证金。若会员单位不能按时追加保证金，交易所将有权强行平仓。

逐日盯市结算制度为及时调整账户资金、控制风险奠定了基础。逐日盯市结算制度的实施还有下列特点：

第一，对所有账户的交易及头寸按不同品种、不同月份的合约分别进行结算，在此基础上汇总，使每一交易账户的盈亏都能得到及时的、具体的、真实的反映。

第二，逐日盯市结算制度是通过期货交易分级结算体系实施的。由结算机构对会员进行结算，期货公司根据结算机构的结算结果对客户进行结算。会员（客户）的保证金不足时，会被要求及时追加保证金或者自行平仓；否则，其合约将会被强行平仓。

第三，由于这一制度的制定以一个交易日为最长的结算周期，在一个交易日中，要求所有交易的盈亏都得到及时的结算，保证客户保证金账户上的负债现象不超过一天，因而能够将市场风险控制在交易全过程的一个相对较小的时间单位之内。

§3.6　期货的结算

3.6.1　结算的概念与结算程序

结算是指根据期货交易所公布的结算价格对交易双方的交易结果进行的资金清算和划转。

郑州、大连、上海三家期货交易所实行全员结算制度，交易所对所有会员的账户进行结算，收取和追收保证金。中国金融期货交易所实行会员分级结算制度，其会员由结算会员和非结算会员组成，期货交易所只对结算会员结算，向结算会员收取和追收保证金；由结算会员对非结算会员进行结算、收取和追收保证金。

期货交易的结算，由期货交易所结算机构统一组织进行。但交易所并不直接对客户的账户结算、收取和追收客户保证金，而由期货公司承担该工作。期货交易所应当在当日及时将结算结果通知会员。期货公司根据期货交易所的结算结果对客户进行结算，并应当将结算结果按照与客户约定的方式及时通知客户。

在我国，会员（客户）的保证金可以分为结算准备金和交易保证金。结算准备金是交易所会员（客户）为了交易结算，在交易所（期货公司）专用结算账户预先准备的资金，是未被合约占用的保证金；而交易保证金是会员（客户）在交易所（期货公司）专用结算账户中确保合约履行的资金，是已被合约占用的保证金。在实际中，客户保证金可能有不同的说法，如结算准备金被称为可用资金，交易保证金被称为保证金占用。

下面以郑州商品交易所、大连商品交易所和上海期货交易所的结算制度为例，对具体的结算程序进行介绍。

第一步，交易所对会员的结算。

1. 每一交易日交易结束后，交易所对每一会员的盈亏、交易手续费、交易保证金等款项进行结算。结算完成后，交易所采用发放结算单据或电子传输等方式向会员提供当日结算数据，包括“会员当日平仓盈亏表”“会员当日成交合约表”“会员当日持仓表”和“会员资金结算表”，期货公司会员以此作为对客户结算的依据。

2. 会员每天应及时获取交易所提供的结算数据，做好核对工作，并将之妥善保存。该数据应至少保存两年，但对有关期货交易有争议的，应当保存至该争议消除时为止。

3. 会员如对结算结果有异议，应在下一交易日开市前30分钟以书面形式通知交易所。遇特殊情况，会员可在下一交易日开市后两小时内以书面形式通知交易所。如在规定时间内会员没有对结算数据提出异议，则视作会员已认可结算数据的准确性。

4. 交易所在交易结算完成后，将会员资金的划转数据传递给有关结算银行。结算银行应及时将划账结果反馈给交易所。

5. 会员资金按当日盈亏进行划转，当日盈利划入会员结算准备金，当日亏损从会员结算准备金中扣划。当日结算时的交易保证金超过昨日结算时的交易保证金部分从会员结算准备金中扣划。当日结算时的交易保证金低于昨日结算时的交易保证金部分划入会员结算准备金。手续费、税金等各项费用从会员的结算准备金中直接扣划。

6. 每日结算完毕后，会员的结算准备金低于最低余额时，该结算结果即视为交易所向会员发出的追加保证金通知。会员必须在下一交易日开市前补足至交易所规定的结算准备金最低余额。

第二步，期货公司对客户的结算。

1. 期货公司每一交易日交易结束后，对每一客户的盈亏、交易手续费、交易保证金等款项进行结算。其中期货公司会员向客户收取的交易保证金不得低于交易所向会员收取的交易保证金。

2. 期货公司将其客户的结算单及时传送给中国期货保证金监控中心，期货投资者可以到中国期货保证金监控中心查询有关的期货交易结算信息。结算单一般载明下列事项：账号及户名、成交日期、成交品种、合约月份、成交数量及价格、买入或者卖出、开仓或者平仓、当日结算价、保证金占用额、当日结存、客户权益、可用资金、交易手续费及其他费用等。

3. 当每日结算后客户保证金低于期货公司规定的交易保证金水平时，期货公司按照期货经纪合同约定的方式通知客户追加保证金。

3.6.2 结算公式与应用

（一）结算相关术语

1. 结算价（settlement price）：结算价是当天交易结束后，对未平仓合约进行当日交易保证金及当日盈亏结算的基准价。我国郑州商品交易所、大连商品交易所和上海期货交易所规定，当日结算价取某一期货合约当日成交价格按照成交量的加权平均价；当日无成交价格的，以上一交易日的结算价作为当日结算价。中国金融期货交易所规定，当日结算价是指某一期货合约最后一小时成交价格按照成交量的加权平均价。

2. 开仓、持仓（open interest）、平仓（offset，close out）：开仓也称为建仓，是指期货交易者新建期货头寸的行为，包括买入开仓和卖出开仓。交易者开仓之后手中就持有头寸，即持仓，若交易者买入开仓，则构成了买入（多头）持仓，反之，则形成了卖出（空头）持仓。平仓是指交易者了结持仓的交易行为，了结的方式是针对持仓方向做相反的对冲买卖。持仓合约也称为未平仓合约。

（二）交易所对会员的结算公式及应用

1. 结算公式

（1）结算准备金余额的计算公式：

当日结算准备金余额 = 上一交易日结算准备金余额 + 上一交易日交易保证金 - 当日交易保证金 + 当日盈亏 + 入金 - 出金 - 手续费（等）

（2）当日盈亏的计算公式：

商品期货当日盈亏的计算公式：

当日盈亏 = ∑［（卖出成交价 - 当日结算价）×卖出量］+∑［（当日结算价 - 买入成交价）×买入量］+（上一交易日结算价 - 当日结算价）×（上一交易日卖出持仓量 - 上一交易日买入持仓量）

股票指数期货交易当日盈亏的计算公式：

当日盈亏 = ∑［（卖出成交价 - 当日结算价）×卖出手数×合约乘数］+∑［（当日结算价 - 买入成交价）×买入手数×合约乘数］+（上一交易日结算价 - 当日结算价）×（上一交易日卖出持仓手数 - 上一交易日买入持仓手数）×合约乘数

（3）当日交易保证金计算公式：

当日交易保证金 = 当日结算价×当日交易结束后的持仓总量×交易保证金比例

股票指数期货交易当日交易保证金计算公式：

当日交易保证金 = 当日结算价×合约乘数×当日交易结束后的持仓总量×交易保证金比例

注：股指期货交易的计算公式中，“成交价”与“结算价”均以“点数”表示。

2. 应用

✪【例 3-1】 某会员在 4 月 1 日开仓买入大豆期货合约 40 手（每手 10 吨），成交价为 4 000 元/吨，同一天该会员平仓卖出 20 手大豆合约，成交价为 4 030 元/吨，当日结算价为 4 040 元/吨，交易保证金比例为 5%。该会员上一交易日结算准备金余额为 1100 000 元，且未持有任何其他期货合约。则客户的当日盈亏（不含手续费、税金等费用）情况为：

（1）当日盈亏 =（4 030 −4 040）×20×10 +（4 040 −4 000）×40×10 =14 000（元）

（2）当日结算准备金余额 =1 100 000 −4 040×20×10×5% +14 000 =1 073 600（元）

✪【例 3 −2】　4 月 2 日，该会员再买入 8 手大豆合约，成交价为 4 030 元/吨，当日结算价为 4 060 元/吨，则其账户情况为：

（1）当日盈亏 =（4 060 −4 030）×8×10 +（4 040 −4 060）×（20 −40）×10 =6 400（元）

（2）当日结算准备金余额 =1 073 600 +4 040×20×10×5% −4 060×28×10×5% +6 400 =1 063 560（元）

✪【例 3 −3】　4 月 3 日，该会员将 28 手大豆合约全部平仓，成交价为 4 070 元/吨，当日结算价为 4 050 元/吨，则其账户情况为：

（1）当日盈亏 =（4 070 −4 050）×28×10 +（4 060 −4 050）×（0 −28）×10 =2 800（元）

（2）当日结算准备金余额 =1 063 560 +4 060×28×10×5% +2 800 =1 123 200（元）

（三）期货公司对客户的结算

期货公司对其客户的交易进行结算。按照盈亏计算方式的不同，可以分为逐日盯市和逐笔对冲两种结算方式，相应地，提供给客户的也有两种可选的结算单。

1. 逐日盯市和逐笔对冲的结算公式。逐日盯市和逐笔对冲的结算公式列于表 3 −2 中。

表 3 −2　逐日盯市结算和逐笔对冲结算的对比

	逐日盯市	逐笔对冲
平仓盈亏	=平当日仓盈亏 + 平历史仓盈亏 平当日仓盈亏 = ∑［（卖出成交价 − 买入成交价）× 交易单位 × 平仓手数］ 平历史仓盈亏 = ∑［（卖出成交价 − 当日结算价）× 交易单位 × 平仓手数］+ ∑［（当日结算价 − 买入成交价）× 交易单位 × 平仓手数］	= ∑［（卖出成交价 − 买入成交价）× 交易单位 × 平仓手数］
持仓盯市盈亏	= 当日持仓盈亏 + 历史持仓盈亏 当日持仓盈亏 = ∑［（卖出成交价 − 当日结算价）× 交易单位 × 卖出手数］+ ∑［（当日结算价 − 买入成交价）× 交易单位 × 买入手数］ 历史持仓盈亏 = ∑［（上日结算价 − 当日结算价）× 交易单位 × 卖出手数］+ ∑［（当日结算价 − 上日结算价）× 交易单位 × 买入手数］	

续表

	逐日盯市	逐笔对冲
浮动盈亏		=∑［（卖出成交价－当日结算价）×交易单位×卖出手数］＋∑［（当日结算价－买入成交价）×交易单位×买入手数］
当日盈亏	=平仓盈亏（逐日盯市）＋持仓盯市盈亏（逐日盯市）	
当日结存	=上日结存（逐日盯市）＋当日盈亏＋入金－出金－手续费（等）	=上日结存（逐笔对冲）＋平仓盈亏（逐笔对冲）＋入金－出金－手续费（等）
客户权益	=当日结存（逐日盯市）	=当日结存（逐笔对冲）＋浮动盈亏

注：若是股指期货，则算式中的价格改为"点数"；"交易单位"改为"合约乘数"。

2. 两种结算方式的比较。两种结算方式的区别在于：

第一，逐日盯市是依据当日无负债结算制度，每日计算当日盈亏；而逐笔对冲则是每日计算自开仓之日起至当日的累计盈亏，得出的结果是最终盈亏。

第二，逐日盯市对当日盈亏计算时，未平仓合约的盈亏作为持仓盯市盈亏，累计入当日结存；逐笔对冲对盈亏计算时，未平仓合约的盈亏作为浮动盈亏，不计入当日结存，一旦该合约平仓，其平仓时的浮动盈亏即转为平仓盈亏，结算时浮动盈亏归零。

第三，两者对历史持仓结算时，采用的价格不同。其中逐日盯市平仓盈亏计算采用上日结算价和平仓价，持仓盯市盈亏计算采用当日结算价和上日结算价。

第四，逐笔对冲的平仓盈亏计算采用开仓价和平仓价，浮动盈亏计算采用开仓价和当日结算价。

两种结算方式的共同点在于：

在两种结算方式下，保证金占用、当日出入金、当日手续费、客户权益、质押金、可用资金、追加保证金和风险度等参数的值没有差别；对于当日开仓平仓的合约，盈亏的计算也相同。

比如，保证金占用的计算：

对于商品期货，有：

保证金占用＝∑（当日结算价×交易单位×持仓手数×公司的保证金比例）

对于股票指数期货合约，有：

保证金占用＝∑（当日结算价×合约乘数×持仓手数×公司的保证金比例）

3. 交易结算单示例。以下分别为某交易日某客户两种结算单的示例。其中，在逐日盯市交易结算单中，列示的"持仓盯市盈亏"即持仓盈亏，"总盈亏"即当日盈亏。

（1）客户逐日盯市交易结算单

结算单示例一：交易结算单（逐日盯市）

表 3-3　　某期货公司交易结算单（逐日盯市）

客户号：　　客户名称：张三

日期：20110117

资金状况　　币种：人民币

上日结存：	1 324 127.65	当日结存：	1 519 670.29	可用资金：	69 154.69
出入金：	0.00	客户权益：	1 519 670.29	风险度：	95.45%
手续费：	2 877.36	保证金占用：	1 450 515.60	追加保证金：	0.00
平仓盈亏：	205 800.00			交割保证金：	0.00
持仓盯市盈亏：	-7 380.00				
可提资金：	69 154.69				
总盈亏：	198 420.00				

成交记录

成交日期	交易所	品种	交割期	买卖	成交价	手数	开平	成交额	手续费	投保	平仓盈亏	交易所成交号
20110117	中金所	沪深300	1101	买	2 971.200	1	开	891 360.00	178.27	投	0.00	
20110117	中金所	沪深300	1101	买	2 971.600	3	开	2 674 440.00	534.89	投	0.00	
20110117	中金所	沪深300	1101	买	3 000.000	5	开	4 500 000.00	900.00	投	0.00	
20110117	中金所	沪深300	1101	买	3 010.000	7	平	6 321 000.00	1 264.20	投	205 800.00	
共 4 条						16		14 386 800.00	2 877.36		205 800.00	

持仓汇总

交易所	品种	交割期	买持	买均价	卖持	卖均价	昨结算	今结算	浮动盈亏	持仓盯市盈亏	保证金占用	投保
中金所	沪深300	1101	9	0.000	0	0.000	3 108.000	2 984.600	-7 380.00	-7 380.00	1 450 515	投
共 1 条			9		0			-7 380.00	-7 380.00	1 450 515.60		

本公司提供数据以客户交易结算单为准，您若有异议，请在下一交易日开市前 30 分钟提出，否则视为对本账单所载事项的确认。

公司盖章：客户签名（章）：

制表：结算 001　　制表日期：

客户号：　　客户地址：

逐日盯市结算单解读：

下面对逐日盯市结算单中的主要项目进行说明：

①平仓盈亏（逐日盯市）＝平当日仓盈亏＋平历史仓盈亏

在本结算单中，仅有平历史仓盈亏。当日买入平历史仓7手，买入平仓价为3 010点，上一交易日结算价为3 108点，则有：平仓盈亏＝（当日结算价－买入成交价）×平仓手数×合约乘数＝（3 108－3 010）×7×300＝205 800（元）

②持仓盯市盈亏（逐日盯市）＝当日持仓盈亏＋历史持仓盈亏

在本结算单中，仅有当日持仓盈亏。当日分3次买入开仓9手，买入平仓价分别为2 971.2点、2 971.6点、3 000点，当日结算价为2 984.6点，则有：持仓盯市盈亏＝∑［（当日结算价－买入成交价）×买入手数×合约乘数］＝（2 984.6－2 971.2）×1×300＋（2 984.6－2 971.6）×3×300＋（2 984.6－3 000）×5×300＝－7 380（元）

③总盈亏＝平仓盈亏＋持仓盯市盈亏＝205 800.00－7 380.00＝198 420（元）

④保证金占用＝∑（当日结算价×合约乘数×持仓手数×公司要求的保证金比例）

在本结算单中，公司对该客户要求的保证金比例为18%，则有：保证金占用＝当日结算价×合约乘数×持仓手数×公司要求的保证金比例＝2 984.6×9×300×18%＝1 450 515.60（元）

⑤上日结存：上一交易日结算后客户权益。

当日结存：当日结算后客户权益。

⑥客户权益＝当日结存（逐日盯市）＝上日结存（逐日盯市）＋出入金＋平仓盈亏＋持仓盯市盈亏－当日手续费＝1 324 127.65＋205 800.00－7 380.00－2 877.36＝1 519 670.29（元）

⑦可提资金＝客户权益－保证金占用＝1 519 670.29－1 450 515.60＝69 154.69（元）

⑧可用资金＝客户权益－保证金占用＝1 519 670.29－1 450 515.60＝69 154.69（元）

⑨出入金：当日入金－当日出金

⑩手续费：当日交易所产生的全部费用（包括交割费）。目前我国手续费的收取方式有两种：商品期货一般按每手若干元收取，金融期货一般按成交金额的一定比例收取。

若无交割，则商品期货有：当日手续费＝∑（持仓手数×每手手续费）

在本结算单中，仅有金融期货。期货公司与该客户商定的当日交易手续费率为成交金额的0.02%。则有：手续费＝∑（成交价×合约乘数×持仓手数）×交易手续费率＝（2 971.2×1＋2 971.6×3＋3 000×5＋3 010×7）×300×0.02%＝2 877.36（元）

⑪追加保证金：客户当保证金不足时须追加的金额，追加至可用资金大于等于0。

在本结算单中，可用资金大于0，不需追加保证金。

（2）客户逐笔对冲交易结算单

结算单示例二：交易结算单（逐笔对冲）

表 3-4　　　　某期货公司交易结算单（逐笔）

客户号：　　　　客户名称：张三

日期：20110117

资金状况　　　　币种：人民币

上日结存：	1 368 227.65	当日结存：	1 527 050.29	可用资金：	69 154.69
出入金：	0.00	浮动盈亏：	-7 380.00	风险度：	95.45%
手续费：	2 877.36	客户权益：	1 519 670.29	追加保证金：	0.00
平仓盈亏：	161 700.00	保证金占用：	1 450 515.60	交割保证金：	0.00
可提资金：	69 154.69				

成交记录

成交日期	交易所	品种	交割期	买卖	成交价	手数	开平	成交额	手续费	投保	平仓盈亏	交易所成交号
20110117	中金所	沪深300	1101	买	2 971.200	1	开	891 360.00	178.27	投	0.00	
20110117	中金所	沪深300	1101	买	2 971.600	3	开	2 674 440.00	534.89	投	0.00	
20110117	中金所	沪深300	1101	买	3 000.000	5	开	4 500 000.00	900.00	投	0.00	
20110117	中金所	沪深300	1101	买	3 010.000	7	平	6 321 000.00	1 264.20	投	161 700.00	
共 4 条						16		14 386 800.00	2 877.36		161 700.00	

持仓汇总

交易所	品种	交割期	买持	买均价	卖持	卖均价	昨结算	今结算	浮动盈亏	持仓盯市盈亏	保证金占用	投保
中金所	沪深300	1101	9	2 987.333	0	0.000	3 108.000	2 984.600	-7 380.00	-7 380.00	1 450 515.60	投
共 1 条			9		0				-7 380.00	0.00	1 450 515.60	

本公司提供数据以客户交易结算单为准，您若有异议，请在下一交易日开市前 30 分钟提出，否则视为对本账单所载事项的确认。

公司盖章：客户签名（章）：

制表：结算 001　　　　制表日期：

客户号：　　　　客户地址：

逐笔对冲结算单解读：

①平仓盈亏的计算

平仓盈亏（逐笔对冲）＝∑［（卖出成交价－买入成交价）×合约乘数×平仓手数］

在本结算单中，客户买入平仓7手，成交价为3 010点，其历史卖出开仓价为3 087点，则有：平仓盈亏（逐笔对冲）＝（3 087－3 010）×300×7＝161 700（元）

②浮动盈亏的计算

浮动盈亏＝∑［（卖出成交价－当日结算价）×合约乘数×卖出手数］＋∑［（当日结算价－买入成交价）×合约乘数×买入手数］＝（2 984.6－2 971.2）×300×1＋（2 984.6－2 971.6）×300×3＋（2 984.6－3 000）×300×5＝－7 380（元）

③当日结存（逐笔对冲）＝上日结存（逐笔对冲）＋平仓盈亏（逐笔对冲）＋入金－出金－手续费（等）＝1 368 227.65＋161 700－2 877.36＝1 527 050.29（元）

④客户权益（逐笔对冲）＝当日结存（逐笔对冲）＋浮动盈亏＝1 527 050.29－7 380.00＝1 519 670.29（元）

⑤可用资金＝可提资金＝客户权益－保证金占用＝1 519 670.29－1 450 515.60＝69 154.69（元）

§3.7 期货的交割

期货合约的了结多采用对冲平仓的方式完成。这种方式我们在前面已经看到。应该讲，对冲平仓是最便捷的了结期货交易的方式。它因此也成为最常用的方式。尽管如此，到期交割仍然是期货合约不可或缺的了结方式。正是到期交割和期货合约这种到期交割的潜在可能性，把期货市场与现货市场紧密联系起来，使期货价格与现货价格的变动具有同步性，并随合约到期日的临近而逐步趋近。

到期交割是促使期货价格与现货价格趋向一致的制度保证。市场过分投机，发生期货价格严重偏离现货价格时，交易者就会在期货、现货两个市场间进行套利交易。当期货价格过高而现货价格过低时，交易者在期货市场上卖出期货合约，在现货市场上买进商品等待交割，这样，现货需求增多，现货价格上升，期货合约供给增多，期货价格下降，期现价差缩小；当期货价格过低而现货价格过高时，交易者在现货市场上卖空商品，期货市场上买进期货合约等待交割后履行现货市场的卖空义务，这样，期货需求增多，期货价格上升，现货供给增多，现货价格下降，使其在现货市场卖空商品，现价差趋于正常。这样，通过交割，期货、现货两个市场得以实现相互联动，期货价格最终与现货价格趋于一致，使期货市场真正发挥价格晴雨表的作用。

就交割方式而言，以标的物所有权转移方式进行的交割为实物交割；按结算价进行现金差价结算的交割方式为现金交割。一般来说，商品期货以实物交割方式为主；股票指数期货、短期利率期货多采用现金交割方式。期转现是一种特殊的实物交割方式。

3.7.1　实物交割的有关规定

（一）实物交割方式

实物交割方式包括集中交割和滚动交割两种。

1. 集中交割。集中交割也叫一次性交割，是指所有到期合约在交割月份最后交易日过后一次性集中交割的交割方式。

2. 滚动交割。滚动交割是指在合约进入交割月以后，在交割月第一个交易日至交割月最后交易日前一交易日之间进行交割的交割方式。滚动交割使交易者在交易时间的选择上更为灵活，可减少储存时间，降低交割成本。

目前，我国上海期货交易所采用集中交割方式；郑州商品交易所采用滚动交割和集中交割相结合的方式，即在合约进入交割月后就可以申请交割，而且，最后交易日过后，对未平仓合约进行一次性集中交割；大连商品交易所对黄大豆 1 号、黄大豆 2 号、豆粕、豆油、玉米合约采用滚动交割和集中交割相结合的方式，对棕榈油、线型低密度聚乙烯和聚氯乙烯合约采用集中交割方式。

（二）实物交割结算价

实物交割结算价是指在实物交割时商品交收所依据的基准价格。交割商品计价以交割结算价为基础，再加上不同等级商品质量升贴水以及异地交割仓库与基准交割仓库的升贴水。

不同的交易所，以及不同的实物交割方式，对交割结算价的规定不尽相同。郑州商品交易所采用滚动交割和集中交割相结合的方式（由于所有交割均在三个工作日内处理完毕，又称为“三日”交割法），交割结算价为期货合约配对日前 10 个交易日（含配对日）交易结算价的算术平均价。上海期货交易所采用集中交割方式，其交割结算价为期货合约最后交易日的结算价，但黄金期货的交割结算价为该合约最后 5 个有成交交易日的成交价格按照成交量的加权平均价，燃料油期货的交割结算价为该合约最后 10 个交易日按照时间的加权平均价。大连商品交易所滚动交割的交割结算价为配对日结算价；集中交割的交割结算价是期货合约自交割月第一个交易日起至最后交易日所有成交价格的加权平均价。

（三）实物交割的流程

采用集中交割方式时，各期货合约最后交易日的未平仓合约必须进行交割。实物交割要求以会员名义进行。客户的实物交割必须由会员代理，并以会员名义在交易所进行。实物交割必不可少的环节包括：

第一，交易所对交割月份持仓合约进行交割配对。

第二，买卖双方通过交易所进行标准仓单与货款交换。买方通过其会员期货公司、交易所将货款交给卖方，而卖方则通过其会员期货公司、交易所将标准仓单交付给买方。

第三，增值税发票流转。交割卖方给对应的买方开具增值税发票，客户开具的增值税发票由双方会员转交、领取并协助核实，交易所负责监督。

（四）标准仓单

在实物交割的具体实施中，买卖双方并不是直接进行实物商品的交收，而是交收代表商品所有权的标准仓单，因此，标准仓单在实物交割中扮演十分重要的角色。标准仓单，是指交割仓库开具并经期货交易所认定的标准化提货凭证。标准仓单经交易所注册后生效，可用于交割、转让、提货、质押等。

标准仓单的持有形式为标准仓单持有凭证。标准仓单持有凭证是交易所开具的代表标准仓单所有权的有效凭证，是在交易所办理标准仓单交割、交易、转让、质押、注销的凭证，受法律保护。标准仓单数量因交割、交易、转让、质押、注销等业务发生变化时，交易所收回原标准仓单持有凭证，签发新的标准仓单持有凭证。

在实践中，可以有不同形式的标准仓单，其中最主要的形式是仓库标准仓单。仓库标准仓单是指依据交易所的规定，由指定交割仓库完成入库商品验收、确认合格后，在交易所标准仓单管理系统中签发给货主的，用于提取商品的凭证。除此之外，还有厂库标准仓单等形式。所谓厂库，是指某品种的现货生产企业的仓库经交易所批准并指定为期货履行实物交割的地点，而厂库标准仓单则是指经过交易所批准的、指定厂库按照交易所规定的程序签发的、在交易所标准仓单管理系统生成的实物提货凭证。

在我国大连商品交易所，豆粕、豆油、棕榈油期货除了可以采用仓库标准仓单外，还可用厂库标准仓单；上海期货交易所的螺纹钢、线材期货合约也允许采用厂库标准仓单交割；郑州商品交易所的标准仓单分为通用标准仓单和非通用标准仓单，通用标准仓单是指标准仓单持有人按照交易所的规定和程序可以到仓单载明品种所在的交易所任一交割仓库选择提货的财产凭证，非通用标准仓单是指仓单持有人按照交易所的规定和程序只能到仓单载明的交割仓库提取所对应货物的财产凭证。

3.7.2 期转现

（一）期转现概念及作用

期货转现货交易（简称期转现交易）实质上是实物交割的一种特殊形式，是指持有方向相反的同一品种同一月份合约的会员（客户）协商一致并向交易所提出申请，获得交易所批准后，分别将各自持有的合约按双方商定的期货价格（该价格一般应在交易所规定的价格波动范围内）由交易所代为平仓，同时，按双方协议价格与期货合约标的物数量相当、品种相同、方向相同的仓单进行交换的行为。

期转现交易是国际期货市场中长期实行的交易方式，在商品期货、金融期货中都有着广泛应用。我国大连商品交易所、上海期货交易所和郑州商品交易所也都推出了期转现交易。

买卖双方进行期转现有两种情况。第一种情况：在期货市场有反向持仓双方，拟用标准仓单或标准仓单以外的货物进行期转现。第二种情况：买卖双方为现货市场的贸易伙伴，有远期交货意向，并希望远期交货价格稳定。双方可以先在期货市场上选择与远期交收货物最近的合约月份建仓，建仓量和远期货物量相当，建仓时机和价格分别由双方根据市况自行决定，到希望交收货的时候，进行非标准仓单的期转现。这相当于通过期货市场签订一个远期合同，一方面实现了套期保值的目的，另一方面避免了合同违约的可能。

期转现交易的优越性在于：

第一，加工企业和生产经营企业利用期转现可以节约期货交割成本，如搬运、整理和包装等交割费用；可以灵活商定交货品级、地点和方式；可以提高资金的利用效率。加工企业可以根据需要分批、分期地购回原料，减轻资金压力，减少库存量；生产经营企业也可以提前回收资金。

第二，期转现比平仓后购销现货更便捷。期转现使买卖双方在确定期货平仓价格的同时，确定了相应的现货买卖价格，由此可以保证期货与现货市场风险同时锁定。

第三，期转现比远期合同交易和期货实物交割更有利。远期合同交易有违约问题和被迫履约问题，期货实物交割存在交割品级、交割时间和地点的选择等没有灵活性问题，而且成本较高。期转现能够有效地解决上述问题。

（二）期转现交易的基本流程

1. 寻找交易对手。拟进行期转现的一方，可自行找期转现对方，或通过交易所发布期转现意向。

2. 交易双方商定价格。找到对手后，双方首先商定平仓价（须在审批日期货价格限制范围内）和现货交收价格。

3. 向交易所提出申请。买卖双方到交易所申请办理期转现手续，填写交易所统一印制的期转现申请单；用非标准仓单交割的，需提供相关的现货买卖协议等证明。

4. 交易所核准。交易所接到期转现申请和现货买卖协议等资料后进行核对，符合条件的，予以批准，并在批准当日将买卖双方期货头寸平仓。不符合条件的，通知买卖双方会员，会员要及时通知客户。

5. 办理手续。如果用标准仓单期转现，批准日的下一日，买卖双方到交易所办理仓单过户和货款划转，并缴纳规定手续费。如果用非标准仓单进行期转现，买卖双方按照现货买卖协议自行进行现货交收。

6. 纳税。用标准仓单期转现的，买卖双方在规定时间到税务部门办理纳税手续。买卖双方各自负担标准仓单期转现中仓单转让环节的手续费。

（三）期转现实例

✪**【例3－4】**　在优质强筋小麦期货市场上，甲为买方，开仓价格为1 900元/吨；乙为卖方，开仓价格为2 100元/吨。小麦搬运、储存、利息等交割成本为60元/吨，双方商定的平仓价为2 040元/吨，商定的交收小麦价格比平仓价低40元/吨，即2 000元/吨。期转现后，甲实际购入小麦价格1 860元/吨＝2 000元/吨－（2 040元/吨－1 900元/吨）；乙实际销售小麦价格2 060元/吨＝2 000元/吨＋（2 100元/吨－2 040元/吨）。

如果双方不进行期转现而在期货合约到期时实物交割，则甲按开仓价1 900元/吨购入小麦价格；乙按照开仓价2 100元/吨销售小麦，扣除交割成本60元/吨，实际售价为

2 040元/吨。通过比较可知，甲期转现操作的实际采购成本1 860元/吨比实物交割成本1 900元/吨低40元/吨；乙期转现操作的实际售价2 060元/吨比实物交割的实际售价2 040元/吨高20元/吨。通过期转现交易，甲少花40元/吨，乙多卖20元/吨，期转现给双方带来的好处总和为60元/吨。

期转现操作中应注意的事项：用标准仓单期转现，要考虑仓单提前交收所节省的利息和储存等费用；用标准仓单以外的货物期转现，要考虑节省的交割费用、仓储费和利息以及货物的品级差价。买卖双方要先看现货，确定交收货物和期货交割标准品级之间的价差。商定平仓价和交货价的差额一般要小于节省的上述费用总和，这样期转现对双方都有利。

3.7.3 现金交割

现金交割是指合约到期时，交易双方按照交易所的规则、程序及其公布的交割结算价进行现金差价结算，了结到期未平仓合约的过程。

中国金融期货交易所的股指期货合约采用现金交割方式，规定股指期货合约最后交易日收市后，交易所以交割结算价为基准，划付持仓双方的盈亏，了结所有未平仓合约。其中，股指期货交割结算价为最后交易日标的指数最后2小时的算术平均价。

本章小结

1. 期货交易是在远期交易的基础上发展起来的，是远期交易的标准化、集中化。期货合约是由期货交易所设计开发，并经特定监督管理部门许可在交易所上市交易的标准化合约。根据标的资产的不同，期货从大类上可分为商品期货和金融期货。期货合约的典型特征包括四个方面：场内交易、标准化合约、保证金交易与当日无负债结算制度。

2. 期货市场由期货交易所、期货结算机构、期货中介与服务机构、投资者、期货监督管理与行业自律机构组成。期货市场的参与者可分为个人参与者与机构参与者；同时也可根据参与目的的不同分为套期保值者、套利者与投机者。

3. 期货市场交易有一套完整的交易、结算以及交割程序和规定。其中，保证金交易及当日无负债结算制度是期货交易的重要特征。这一制度基本上克服了期货交易发生违约风险的可能性。

4. 期货合约的了结多采用对冲平仓的方式完成。通过进入相反的头寸，市场主体所持合约大部分在最后交割期到来之前就已经被平仓了结。但是，最后实际交割的可能性是确定期货价格的基础。根据期货的标的资产不同以及期货交割的实践，形成的不同交割方式有：实物交割、现金交割、期转现等。

5. 期货的交易操作、每日盈亏结算、保证金账户资金的划转、结算机构对保证金的规定和要求等都有完整的规定，是期货交易者必须熟悉和掌握的。

复习与思考

1. 查阅相关资料，了解中国期货市场的发展情况。

2. 期货合约与远期合约的主要区别有哪些?

3. 期货交易的机构投资者与个人投资者的主要区别是什么? 我国对不同投资者参与期货交易有哪些不同规定?

4. 试解释成交量与持仓量之间的区别。

5. 什么是期货保证金? 最低期货保证金是如何决定的? 其经济功能是什么?

6. 逐日盯市结算制度有什么作用?

7. 试说明我国几个期货交易所对结算价的有关规定。

8. 有人说，期货交易基本上是靠对冲平仓了结的，因此，最后的交割已不重要。说明你对这种说法的看法。

9. 期货交易所的功能有哪些?

10. 期货结算机构有什么作用?

11. 在期货市场上，期货公司与介绍经纪商各发挥什么作用? 它们的区别是什么?

12. 期转现有什么作用?

第四章

期货市场套期保值

期货市场的一个基本功能就是为各经济主体提供了一个有效的规避风险和控制风险的手段。各经济主体可以通过买卖期货合约把风险转移给更有承担风险的能力，愿意承担风险以获取风险收益的投资者。而后者就是市场投机者。让更有能力、有意愿承担风险的投资者承担更多的风险，这本身也是市场有效性的表现之一。以规避和控制风险为目的的期货交易就是套期保值。我们将看到，套期保值者在转移和减少了风险的同时，也将价格的有利变动带来意外收益的机会转移出去了。

§4.1 套期保值原理

4.1.1 套期保值可以规避的风险

企业在经营过程中面临各种各样的风险，比如价格风险、信用风险、操作风险、行业风险、政策风险、法律风险，等等。套期保值者用套期保值的方式能够减少和控制的风险只能是未来价格不利变化带来的风险，即价格风险。这一风险是由未来价格的不确定性造成的。比如，生产稻谷的农民在播种的时候不知道未来收割后的价格会是多少，届时的市场价格可能高于，也可能低于其原本预期的价格。如果价格很低，有可能出售后还不足以补偿他生产的成本，这就会使其陷入窘迫的境地。也可能届时的市场价格非常高，这时农民就会有一个意外的高收益。

类似上面农民的情况，其他行业也有很多。比如，航空公司常提前很长时间为乘客预订机票（这其实是一种远期合约），而且提前时间越长，机票打折越多。这样，航空公司必须比较精确地预测和计算出其各种做法的经营成本。在航空公司的经营成本中，燃油占了很大的比重。因此，控制未来燃油价格变化可能带来的风险就成了影响航空公司业绩的重要因素。

农民面临的是出售价格风险，航空公司面临的是买进燃油的价格风险。前者是收益风险，后者是成本风险。但是，它们都是未来市场价格不确定带来的价格风险，都可以用期货交易进行套期保值。

企业经营的最终目的自然是利润最大化。产品出售的价格风险以及原料买进的价格风险只是影响净利润的因素之一，而非全部。前面提到的其他风险同样会对企业的经营带来重大影响。比如，因各种因素造成农民生产减产，未来收成下降，收益减少。即使他成功地预期并规避了价格风险，仍然可能亏损破产。但是这样的数量风险以及其他的风险不是套期保值所能规避的。因此，套期保值就是针对市场价格风险，也就是未来价格的不确定性变化引起的收益的变化或波动。套期保值的目的就是减少因价格风险引起的收益的波动性。

4.1.2　套期保值基本方法

套期保值的基本做法是持有一个与现货市场相反的期货头寸。如果套期保值成功，则现货价格的涨跌给套期保值者带来的现货盈亏就会被期货价格的变化所引起的期货头寸价值的变化所冲抵。因此，套期保值又称对冲。

套期保值之所以能够起到风险对冲的作用，其根本的原因在于：期货价格与现货价格受到相同或相似的供求等因素影响，两者的变动趋势趋同，这样的话，通过套期保值，无论价格是涨还是跌，总会出现一个市场盈利而另一个市场亏损的情形，盈亏相抵，就可以规避因为价格波动而给企业带来的风险，实现稳健经营。

用期货进行套期保值分为空头套期保值（或卖出套期保值）和多头套期保值（或买入套期保值）。卖出期货合约进行套期保值称为空头套期保值；买入期货合约进行套期保值称为多头套期保值。当企业持有实物商品或资产，或者已按固定价格约定在未来购买某商品或资产时，该企业处于现货的多头。例如榨油厂持有豆油库存或券商持有股票组合，属于现货多头的情形。还有，某建筑企业已与某钢材贸易商签订购买钢材的合同，虽未实现交收，但已经确立了价格，这种情形也属于现货的多头。当企业已按某固定价格约定在未来出售某商品或资产，但尚未持有实物商品或资产时，该企业处于现货的空头。例如某钢材贸易商与某房地产商签订合同，约定在三个月后按某价格提供若干吨钢材，但手头尚未有钢材现货的，该钢材贸易商就是处于现货的空头。当企业处于现货多头时，企业在套期保值时要在期货市场建立空头头寸，即卖空。当处于现货空头情形时，企业要在期货市场建立多头头寸进行套期保值。

不过，有时企业在现货市场既不是多头，也不是空头，而是计划在未来买入或卖出某商品或资产。这种情形也可以进行套期保值，在期货市场建立的头寸是作为现货市场未来要进行的交易的替代物。此时，期货市场建立的头寸方向与未来要进行的现货交易的方向是相同的。例如，某榨油厂预计下个季度将生产豆油6000吨，为了规避豆油价格下跌的风险，对于这批未来要出售的豆油进行套期保值，卖出豆油期货合约。其在期货市场建立的空头头寸是现货市场未来出售的豆油的替代物。

4.1.3　套期保值的基础——基差

正确理解基差风险是套期保值的关键。基差的定义为：

$$B_{t,T} = CP_t - FP_{t,T} \tag{4.1}$$

其中，$B_{t,T}$ 为基差；CP_t 为现货的市场现价；$FP_{t,T}$ 为到期时间为 T 的期货的价格。

例如，如果 2016 年 2 月 1 日市场上燃料油的价格为 2 340 元/吨，上海期货交易所交易 2016 年 4 月到期的燃料油期货的价格为 2 561 元/吨，那么，2016 年 2 月 1 日燃料油的基差就是 -21 元/吨。该负的基差表示现货价格低于该月期货价格 21 元；相反，正的基差表示现货价格高于期货价格。基差常以升贴水的方式表述。负基差为期货升水，也称现货贴水；正基差则是现货升水，期货贴水。

显然，期货到期时，期货的价格会收敛于现货价格，基差应该为零。但是，在期货到期前，随着市场状况的变化，期货价格与现货价格都会发生各种随机的变化。基差也会随机地变大或变小。

如果在套期保值期间期货价格与现货价格总是同步变化，基差就保持不变。这时，如果期货交易规模与现货交易规模也相同，现货的任意盈亏都会被期货所弥补。这样的套期保值称为完美的套期保值，因为它从根本上消除了价格风险。更一般的，是基差也在变化，但是套期保值者却能比较准确地预测其变化，这也能基本消除价格风险。

图 4 -1 显示了 2015 年 11 月 11 日到 2016 年 2 月 9 日螺纹钢现货与最近期货合约以及主力期货合约之间的价格。图 4 -2 显示了同样期间螺纹钢现货与主力期货合约的基差。从图 4 -1 中可以看出，11 月 11 日到 12 月 15 日，基差为正，现货升水，这样的市场称为反向市场、逆转市场（inverted market，backwardation）。之后到 2016 年 1 月 6 日，基差为负，现货贴水，称为正向市场（contango market，carry market）。图 4 -1 的现货价格曲线与最近合约价格曲线还显示，随着到期日的来临，二者趋同的趋势是很明显的。

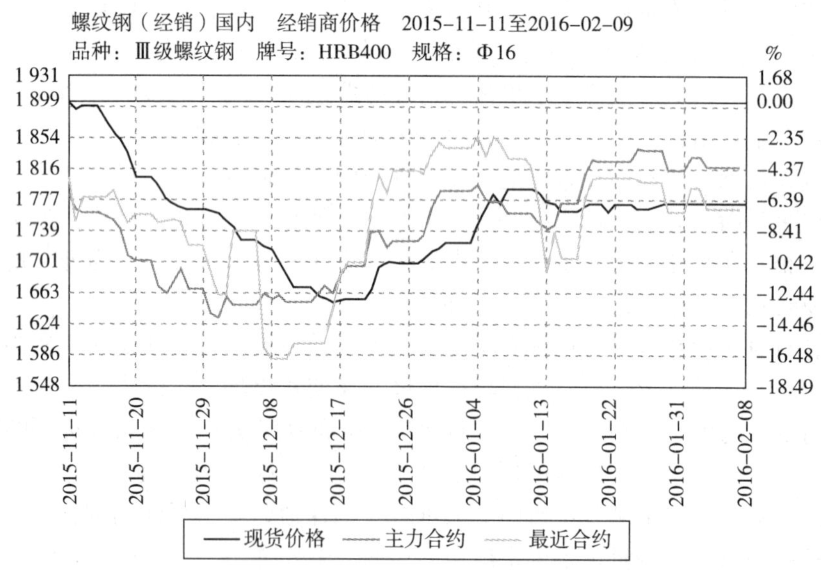

资料来源：上海生意社，www. 100PPI. com。

图 4 -1　螺纹钢现货价格与期货价格

由图 4 -2 可以看出，基差是不断变化的，螺纹钢主力合约在该区间内的基差从 -74. 33

到 132. 33。当基差向 0 线变化时称为基差变窄（narrowing），意味着基差的绝对值变小；当基差远离 0 线变化时称为基差变宽（widening），意味着基差的绝对值增大。不同的套期保值方式（多头套期保值还是空头套期保值），在不同的市场状况下（反向市场还是正向市场），会因基差的宽窄变化而得到不同的盈亏效果。空头套期保值者（现货多头，期货空头）也称买入基差（或基差多头），而多头套期保值者则可称为卖空基差（或基差空头）。

注：① 从 2015 年 11 月 11 日至 2016 年 2 月 9 日，螺纹钢主力基差最大值为 132. 33，最小值为 –74. 33，平均值为 24. 43。

② 主力基差 = 现货价格 – 主力期货价格 = 主现期差。

资料来源：上海生意社，www. 100PPI. com。

图 4 –2　螺纹钢现货与期货主力合约基差

不要混淆基差的宽窄变化与其代数值的变化。基差的代数值增大称为基差走强（stronger），基差的代数值减小称为基差走弱（weaker）。在正向市场上，基差走强时，基差变宽，而在反向市场上，基差走弱时，基差变宽。其他情况可以此类推。

以上述图中螺纹钢的情况为例，基差的几个变化如表 4 –1 所示。

表 4 –1　　基差变化实例

	现货价格	期货价格	基差		现货价格	期货价格	基差
2015 年 11 月 20 日	1 807	1 702	105	2015 年 12 月 26 日	1 699	1 727	–28
2015 年 11 月 29 日	1 764	1 668	96	2016 年 1 月 4 日	1 746	1 797	–51
变化	–43	–34	–9	变化	47	70	–23
类型	正向市场基差走弱，变窄			类型	反向市场基差走弱，变宽		

基差变化给套期保值者带来的影响是：

在正向市场上不论期货和现货价格的绝对变化趋势如何，基差变窄，对空头套期保值者（买入基差）有利，对多头套期保值者（卖出基差）不利。

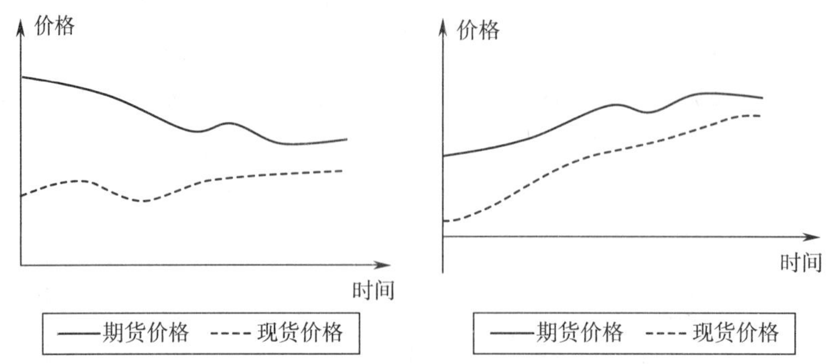

图 4－3 正向市场基差变窄的情况

在反向市场上，不论期货和现货价格的绝对变化趋势如何，基差变窄，对空头套期保值者（买入基差）不利，对多头套期保值者（卖出基差）有利。

也可以这样考虑基差变化对套期保值者的影响：不论期货与现货价格如何变化，基差走强有利于空头套期保值者；而基差走弱，有利于多头套期保值者。

对于供需呈现出季节性变化的商品，有时季节变化会引起市场方向的转换，套期保值时需加注意。

§4.2 期货空头套期保值

4.2.1 无基差风险的情况

我们用一个例子来讨论期货空头套期保值的问题。假设某石油供应商储存了大量的燃料油。该供应商 2015 年 10 月 1 日与北方某地达成协议，将于 12 月 15 日向该地以当时的市场价格供应燃料油 500 000 吨，这时燃料油的现货市场价格为 2 850 元/吨。10 月份该供应商不知道到 12 月 15 日燃料油的价格会是多少，因此存在价格风险。

假设该供应商的燃料油存货的平均成本是 2 770 元/吨。持有燃料油至 12 月 15 日履约的持有成本为 40 元/吨（每月每吨 16 元，2.5 个月）。那么，至 12 月 15 日该燃油供应商的成本为 2 810 元/吨。

由于到冬季燃料油的需求常会增加，该供应商预测，到期燃料油的价格可能升高，但也很难确定。如果 12 月 15 日燃料油的价格仍为 2 850 元，该供应商就会盈利 2 000 万元［（2 850－2 810）×500 000 元］。然而，如果 12 月 15 日燃料油的价格低于 2 850 元甚至低于 2 810 元，供应商的盈利就会减少甚至亏损。为了锁定盈利不低于 2 000 万元，该供应商采取套期保值措施如下：

假设 10 月 1 日，2016 年 1 月到期的燃料油期货合约的价格为 2 900 元，这时的基差

为 -50 元。如果没有基差风险，也就是到期时基差不变，仍为 -50 元。供应商卖空 10 000手 2016 年 1 月燃料油期货合约（50 吨/手），总规模 50 万吨。这样，他就可以锁定未来的有效售价 2 850 元/吨，获取利润 2 000 万元。分两种情况说明如下：

第一，2015 年 12 月 15 日现货价格为 2 900 元。

表 4-2　　情况 1　价格升高，基差保持为 -50 元

	2015 年 10 月 1 日	2015 年 12 月 15 日	盈亏
现货*	2 770 元	2 900 元	
持有成本	40 元		2 900 -2 770 -40 =90（元）
期货	卖出 2 900 元	买入 2 950 元	2 900 -2 950 = -50（元）
净盈亏			500 000 ×（90 -50）=2 000（万元）

注：表中显示的现货价是 2015 年 10 月 1 日供应商的成本价，市场价为 2 850 元。

第二，2015 年 12 月 15 日现货价格为 2 700 元。

表 4-3　　情况 2　价格降低，基差保持为 -50 元

	2015 年 10 月 1 日	2015 年 12 月 15 日	盈亏
现货*	2 770 元	2 700 元	
持有成本	40 元		2 700 -2 770 -40 = -110（元）
期货	卖出 2 900 元	买入 2 750 元	2 900 -2 750 =150（元）
净盈亏			500 000 ×（-110 +150）=2 000（万元）

注：表中显示的现货价是 2015 年 10 月 1 日供应商的成本价，市场价为 2 850 元。

可以看出，在 2015 年 10 月 1 日到 12 月 15 日之间，不管现货价格上升还是下降，燃油供应商的盈利都因空头套期保值行为而锁定：净收益的波动为零。这里的关键在于，供应商在现货市场上的任何盈亏都在期货市场得到了完全的冲抵。而之所以如此，原因就在于基差保持恒定。不论市场价格升高的情况，还是市场价格下跌的情况，前后的基差没有变化。基差不变，现期货价格的变化就保持了完全的同步。这时对于两个相反头寸，必然是一个因市场波动盈利，另一个则因市场波动亏损，而且盈亏数量相当，完全冲抵，而总体上收益稳定不变。因此，基差不变，就可实现无风险的完全的套期保值。但在现实中，基差完全不变的情况是不多见的。当基差发生变化时，套期保值就很难实现根除价格风险的目的了。

4.2.2　有基差风险时的空头套期保值

在上面的例子中，假设前后的基差发生了变化。

在情况 1 中，假定到 2015 年 12 月 15 日现货价格从 10 月 1 日的 2 850 元增大为 2 900元，而期货价格却从 2 900 元增大为 2 960 元，比现货价格多增大 10 元。基差从 -50变为 -60，变宽（由于这是正向市场，基差变宽对应的是基差减小，因而是基差走弱）了。这时，燃料油供应商在其空头期货头寸上多损失 10 元/吨，整体收益减少了。

结果如表 4 – 4 所示。

表 4 – 4　　　　情况 1　价格升高，基差变宽

	2015 年 10 月 1 日	2015 年 12 月 15 日	盈亏
现货＊	2 770 元	2 900 元	
持有成本	40 元		2 900 – 2 770 – 40 = 90（元）
期货	卖出 2 900 元	买入 2 960 元	2 900 – 2 960 = – 60（元）
净盈亏			500 000 ×（90 – 60）= 1 500（万元）

注：表中显示的现货价是 2015 年 10 月 1 日供应商的成本价，市场价为 2 850 元。

在情况 2 中，假定到 2015 年 12 月 15 日现货价格从 10 月 1 日的 2 850 元减小为 2 700元，而期货价格却从 2 900 元减小为 2 740 元，比现货价格多减小 10 元。基差从 –150变为 –140，变窄（由于这是正向市场，基差变窄对应的是基差增大，因而是基差走强）了。这时，燃料油供应商在其空头期货头寸上少损失 10 元/吨，整体收益增加了。结果如表 4 – 5 所示。

表 4 – 5　　　　情况 2　价格降低，基差变窄

	2015 年 10 月 1 日	2015 年 12 月 15 日	盈亏
现货＊	2 770 元	2 700 元	
持有成本	40 元		2 700 – 2 770 – 40 = – 110（元）
期货	卖出 2 900 元	买入 2 740 元	2 900 – 2 740 = 160（元）
净盈亏			500 000 ×（– 110 + 160）= 2 500（万元）

注：表中显示的现货价是 2015 年 10 月 1 日供应商的成本价，市场价为 2 850 元。

可见，基差风险的存在改变了套期保值的结果。因此，构建套期保值组合时关键是要控制基差风险，现货市场与期货市场价格的绝对变化并不是套期保值成败的关键。

§4.3　期货多头套期保值

4.3.1　无基差风险的情况

假定燃料油供应商签订了一份长期供货合同，合同规定他在 2016 年 2 月 16 日以每吨 2 930 的价格向某地供油 50 万吨。由于冬季需求旺盛，供油增加，到了 2016 年 1 月 4 日，该供应商发现，自己的存货已不足以满足上述供货合同的要求。为此，他需要预作准备。

假设 2016 年 1 月 4 日燃料油的市场价格为 2 900 元/吨。2016 年 3 月到期的燃料油期货价格为 2 700 元（2016 年 2 月到期期货至 1 月底即停止交易，因而不能使用）。市场呈反向市场状况，预期市场价格会下降。

燃料油供应商有几种策略可供选择：

第一，1 月 4 日以市场价格 2 900 元/吨买入燃料油 50 万吨，持有到 2 月 16 日，其净成本为 2 960 元/吨（1 个半月的持仓费 60 元），然后履约以 2 930 元/吨卖给某地。这样，导致净亏损 1 500 万元［（2 930 - 2 960）× 500 000 = - 1 500（万元）］。

第二，相信燃料油的市场价格会继续下跌，等到 2 月 4 日以当时市场价从市场买入燃料油，履行供货合同的义务。这种策略下，如果确如供应商所料，燃料油价格继续下降，他会获得更高的收益。当然，这样做有很大的风险，如果市场价格不降反升，他就必须承担相应的损失。

第三，假如供应商既不想如第二种策略那样承担很大的风险，又不想如第一种策略那样当时就买入燃料油，他可以以燃料油期货的多头进行套期保值。2016 年 1 月 4 日的基差为 200 元（2 900 - 2 700）。下面是在基差不变的情况下的两种情况：情况 1 燃料油市场价格降到了 2 700 元/吨，情况 2 燃料油价格升到了 2 920 元/吨。

表 4 - 6　　情况 1　价格降低，基差保持为 200 元

	2016 年 1 月 4 日	2016 年 2 月 16 日	盈亏
现货 *	2 900 元	2 930 元	2 930 - 2 700 = 230（元）
期货	买入 2 700 元	卖出 2 500 元	2 500 - 2 700 = - 200（元）
净盈亏			500 000 ×（230 - 200）= 1 500（万元）

注：表中显示的 2016 年 2 月 16 日现货价为供应商的合同售价，市场价为 2 700 元。

表 4 - 7　　情况 2　价格升高，基差保持为 200 元

	2016 年 1 月 4 日	2016 年 2 月 16 日	盈亏
现货 *	2 900 元	2 930 元	2 930 - 2 920 = 10（元）
期货	买入 2 700 元	卖出 2 720 元	2 720 - 2 700 = 20（元）
净盈亏			500 000 ×（10 + 20）= 1 500（万元）

注：表中显示的 2016 年 2 月 16 日现货价为供应商的合同售价，市场价为 2 920 元。

可以看到，不论市场价格升高还是降低，在基差保持不变的情况下，上述套期保值策略均把盈利锁定在了 1 500 万元。

与第一种买入持有策略相比，多头套期保值策略转亏为盈的原因在于，在基差不变的情况下供应商避免了持仓费用。在第一种策略下，供应商要付出 3 000 万元（60 × 500 000）的持仓成本，恰等于两种情况下的收益差额。当然，现实中，期货交易也是有成本的，此处并未考虑；而且现实中基差常是变化的。

4.3.2　有基差风险的情况

下面的例子显示在基差变化的情况下，套期保值策略的结果。第一种情况是市场价格下降，基差从 200 下降为 100，基差变窄；第二种情况市场价格上升，基差从 200 扩大为 300，基差变宽。

表 4 – 8　　情况 1　价格降低，基差缩小为 100 元

	2016 年 1 月 4 日	2016 年 2 月 16 日	盈亏
现货 *	2 900 元	2 930 元	2 930 – 2 700 = 230（元）
期货	买入 2 700 元	卖出 2 600 元	2 500 – 2 600 = – 100（元）
净盈亏			500 000 ×（230 – 100）= 6 500（万元）

注：表中显示的 2016 年 2 月 16 日现货价为供应商的合同售价，市场价为 2 700 元。

表 4 – 9　　情况 2　价格升高，基差扩大为 300 元

	2016 年 1 月 4 日	2016 年 2 月 16 日	盈亏
现货 *	2 900 元	2 930 元	2 930 – 2 920 = 10（元）
期货	买入 2 700 元	卖出 2 620 元	2 620 – 2 700 = – 80（元）
净盈亏			500 000 ×（10 – 80）= – 3 500（万元）

注：表中显示的 2016 年 2 月 16 日现货价为供应商的合同售价，市场价为 2 920。

情况 1 基差从 200 缩小为 100，供应商在期货头寸上的损失从 1 亿元减少为 5 000 万元，导致净收益从 1 500 万元增加为 6 500 万元；情况 2 基差从 200 扩大为 100，供应商在期货头寸上的损失从 1 亿元增加到 1. 5 亿元，导致从 1 500 万元的净收益转化为 3 500 万元的净亏损。

因此，不论是空头套期保值还是多头套期保值，意料之外的基差变化都会引起套期保值结果的变化。下一节我们将给出基差的一般概念，并对基差风险与无套利策略下的价格风险做一比较。

§4. 4　基差风险、价格风险与套期保值效率

4. 4. 1　价格风险与基差风险

我们用一个简单的例子说明基差风险与价格风险的区别。假设某糖厂 6 月初与某饮料厂签订销售合同，约定 8 月初销售白糖 100 吨，价格按到期的市场价格计算。由于未来两个月内市场价格的不确定性，糖厂要承担价格风险：如果两个月中白糖的市场价格下降，其收益将会下降甚至可能亏损。为了规避价格风险，糖厂用白糖期货进行套期保值。卖出 10 手（每手 10 吨）9 月白糖期货合约，与其 100 吨白糖现货头寸完全匹配。

如果白糖现货的市场价格变化与期货价格的变化完全一致；现货价格上涨（下跌）多少，期货也上涨（下跌）多少，糖厂在现货市场上的盈亏就可为期货市场的盈亏完全对冲。例如，白糖现货价格三个月下降 300 元/吨，期货价格也下降 300 元/吨，盈亏就是：

$$\text{现货头寸：} -300 \times 100 = -30\,000(\text{元})$$

$$\text{期货头寸：} -300 \times (-100) = 30\,000(\text{元})$$

净盈亏：　　　0 元

在这个简单的例子中，糖厂用同样规模的期货头寸对冲，完全消除了价格风险。但是在大多数情况下，期货价格的变动不会与现货价格的变动完全一致，因此，即使用于套期保值的期货头寸与现货的头寸完全相同，也不能完全消除面临的风险。比如，上面例子中，如果现货价格下降300元/吨，而期货价格下降200元/吨，这时的盈亏状况是：

现货头寸：$-300\times100=-30\,000$（元）

期货头寸：$-200\times(-100)=20\,000$（元）

净盈亏：$-10\,000$ 元

这就是基差风险，也就是基差波动的风险。

根据基差的定义，$B_{t,T}=CP_{t,T}-FP_{t,T}$

基差的变化为，$\Delta B_{t,T}=\Delta CP_{t,T}-\Delta FP_{t,T}$

如果现货与期货的价格变化完全相等，基差就不变。

$$\Delta CP_{t,T}=\Delta FP_{t,T}$$

那么，$\Delta B_{t,T}=\Delta CP_{t,T}-\Delta FP_{t,T}=0$

当二者变化不相等时，基差变化就不等于零，因而就有了基差风险。基差风险定义为基差的方差 $\sigma^2(B)_{t,T}$。

$$\sigma^2(B)_{t,T}=\sigma^2(CP_{t,T}-FP_{t,T}) \tag{4.2}$$

或者，

$$\sigma^2(B)_{t,T}=\sigma^2(CP_{t,T})+\sigma^2(FP_{t,T})-2\rho\sigma(CP_{t,T})\sigma(FP_{t,T}) \tag{4.3}$$

其中，σ^2 是方差；σ 是标准差；ρ 是期货价格与现货价格的相关系数。

这说明，只有当期货价格和现货价格完全相关时，基差风险才可能等于零。二者正相关程度越高，基差风险越小。因为现货和期货的价格不太可能完全正相关，所以套期保值总有基差风险。套期保值实际上就是把原本的价格风险转化成基差风险，而基差风险一般说来都比价格风险要小得多，因此，套期保值虽不能完全消除风险，但却可以大大降低风险。自然，基差风险越小，套期保值越有吸引力，效果越好。

4.4.2　套期保值效果的测度

既然套期保值是将价格风险转化成了比之小得多的基差风险，顺理成章地，套期保值效果的好坏可以通过比较套期保值者预计会有的基差风险与希望减小的价格风险之间的大小来评价。预期基差风险相对于价格风险越小，套期保值效果越好。定义套期保值效率（hedging effectiveness）为：

$$HE=1-\frac{\sigma^2(B)}{\sigma^2(CP)} \tag{4.4}$$

HE越接近1，套期保值效果越好。

在本章开头所举航空公司控制其航空用油的例子中，假设航空公司希望用多头期货套期保值的方法为可能的航空用油价格升高进行套期保值。如果有航空用油期货合约交易，该公司自然应该选用以航空用油为标的的期货合约。因为期货合约与其标的资产的相关性是最强的，而且，如果套期保值期限与合约到期期限相同，能达到完全消除风险的目的。但是，因为市场上没有航空用油期货合约的交易，航空公司就不得不选用其他的石油期货合约，比如燃料油、汽油、取暖油、原油等为标的的期货合约。这种所用期货合约的标的资产与要套期保值的现货资产不同的套期保值称为交叉套期保值。交叉套期保值就衍生出了期货合约的选择问题。

§4.5 套期保值的一些基本原则

4.5.1 期货合约的选择

为了实现最佳的套期保值效果，自然应该选择与被保值资产相关性最高的期货合约。这样，在被保值资产本身有期货合约交易时，选择以被保值资产为标的资产的期货合约就是合约选择上的基本原则。但是，在交叉套期保值中，期货合约的选择应以与套保现货正相关程度最高的合约为准。可以用历史价格数据计算出相关期货价格与被保值资产价格的历史相关系数，同时考虑相关期货合约与被保值资产实质上的经济关联性再做决定。因为历史相关性并不一定代表其未来的相关性，并不一定源于其真实的关联性。

4.5.2 期货合约的月份选择

期货合约选定之后，还需要选择的是到期月份。因为大多数期货合约都只有特定到期月份的合约在市场上交易。理论上讲，由于期货价格随到期月份的临近会收敛于现货价格，如果选择与保值期限相同的到期月份，前后的基差都没有不确定性（开始套保时基差已知，套保结束时基差为零），可以实现完全的套期保值目的。因此，合理的到期月份应尽可能与套保期限相一致。但是，一方面，现实中可能没有恰好与套保期限完全相同的到期月份的期货合约；另一方面，即使有，因为到期月份的期货合约更易出现价格的异常波动，而且商品期货的实物交割有时也是套期保值者所不愿面对的，因此，一般的原则是避免选择到期月份恰好等于套期保值期限的合约。一般情况下是选择一个尽可能接近但是迟于套期保值期限的到期月份。当然，并非所有的期货合约在到期当月都呈现异常波动，而有些套期保值者可能也愿意到期交割。如果是这种情况，对于有些证明到期月份价格比较稳定的期货可以选择期限相同的到期月份，以实现完全对冲。

如果套期保值的期限不确定，比如，燃油供应商与客户签有长期的供应合同。他可能做不到套期保值期限与期货合约到期月份的相互匹配。这时，有两种方法可供使用：第一，用近月合约套保。随着时间的延续，不断平仓快到期的，再开仓另一个到期月份较近的，直到套期保值结束。这叫作滚动套期保值或套期保值展期。这样做是因为近月合约与现货价格相关性最强，最易减小基差风险。但是频繁地买卖期货合约，会伴随着更多的交易费用，也可能会有一些额外的风险。第二，选择比较远期的合约，尽量减少期货合约的频繁买卖。这样做则可能增加基差风险。

月份的选择没有统一的法则，需根据具体情况斟酌决定。合约及合约到期月份选择好之后，接下来就是确定合约的头寸，这个问题属于套期保值比率的问题，我们专节予以讨论。

§4.6　套期保值比率

4.6.1　套期保值比率与最优套期保值比率

套期保值比率就是在套期保值时所用期货合约的头寸与被保值资产头寸的比率，即：

$$HR = \frac{Q_f}{Q_c} \tag{4.5}$$

其中，HR 表示套期保值比率；Q_f 表示期货合约的规模；Q_c 表示现货规模。

例如，如果用30万吨汽油空头期货头寸为40万吨汽油现货套期保值，套期保值比率即为0.75。

最优套期保值比率定义为：

$$HR^* = \frac{Q_f^*}{Q_c} \tag{4.6}$$

其中，Q_f^* 是使风险最小的期货合约的头寸规模。

为理解最优套期保值比率的确定，考虑下式：$\Delta V_H = \Delta CP \times Q_c - \Delta FP \times Q_f^*$

其中，ΔV_H 是整个套期保值资产组合的价值变化；ΔCP 是现货价格的变化；ΔFP 是期货价格的变化；Q_c 是现货的头寸；Q_f^* 是使得套期保值后的风险最小的期货合约的头寸。令整个套期保值资产组合的价值变化为零，则有：$\Delta V_H = \Delta CP \times Q_c - \Delta FP \times Q_f^* = 0$

因此，

$$\frac{\Delta CP}{\Delta FP} = \frac{Q_f^*}{Q_c} \tag{4.7}$$

因为 $HR^* = \frac{Q_f^*}{Q_c}$，所以，$HR^* = \frac{\Delta CP}{\Delta FP}$，或等于现货价格变化与期货价格变化的比率。比如，如果现货的价格每变化1元，期货的价格总变化1.25元。最优套期保值比率就是 $HR^* = \frac{1}{1.25} = 0.80$

得出最优套期保值比率后就可求出所需买卖的期货合约数量。

由 $\frac{\Delta CP}{\Delta FP} = \frac{Q_f^*}{Q_c}$ 有 $Q_f^* = \frac{\Delta CP}{\Delta FP} \times Q_c$

而 $Q_f^* = Q_c \times HR^*$，$Q_f^* = NFC^* \times Q_{fc}$，$NFC^*$ 是最优套期保值期货合约的数量，Q_{fc} 是每份合约的规模。

所以，$NFC^* \times Q_{fc} = Q_c \times HR^*$

$$NFC^* = \frac{Q_c}{Q_{fc}} \times HR^* \tag{4.8}$$

✪【例 4－1】 假定要通过空头套期保值为 420 000 加仑航空用油进行套期保值。由于没有航空用油的期货合约，套期保值者选择取暖油期货合约（42 000 加仑/手）。假设取暖油期货合约价格每变化 50 美分，航空油变化 35 美分。求需要卖空期货合约多少手？

$$HR^* = \frac{0.35}{0.50} = 0.70$$

$$NFC^* = \frac{420\ 000}{42\ 000} \times 0.7 = 7(\text{手})$$

因此，最小风险套期保值需要卖出 7 手合约。

套期保值比率是套期保值的一个重要概念。套期保值策略的问题多数都集中在套期保值比率上。不同的期货合约、不同的套期保值目标和背景有不同的套期保值比率的估计方法。

4.6.2 最优套期保值比率的统计估计

（一）最小方差套期保值比率法

如前所述，最优套期保值比率是使得套期保值整体组合的风险最小的套期保值比率，也就是使得整个套期保值组合收益的波动最小化的套期保值比率，具体体现为套期保值收益的方差最小化。设套期保值比率为 HR，期货价格变化 ΔFP 的方差为 σ_f^2，现货价格变化 ΔCP 的方差为 σ_c^2，整体组合收益的变化的方差为 σ_Π^2，则有：

$$\sigma_\Pi^2 = \sigma_c^2 + HR^2\sigma_F^2 - 2HRcov(\Delta CP,\Delta FP) = \sigma_c^2 + HR^2\sigma_F^2 - 2HR\rho\sigma_c\sigma_F \tag{4.9}$$

在最小方差套期保值比率方法下，使组合收益的方差最小化，令式（4.9）对 HR 的一阶导数等于零：$\frac{\mathrm{d}\sigma_\Pi^2}{\mathrm{d}HR} = 2HR\sigma_F^2 - 2\rho\sigma_c\sigma_F = 0$

可得：

$$HR = \rho\frac{\sigma_c}{\sigma_F} \tag{4.10}$$

也就是说，期货最小方差套期保值比率等于 ΔFP 和 ΔCP 之间的相关系数乘以 ΔFP 的标准差与 ΔCP 的标准差的比率。

（二）回归分析法

由于最优套期保值比率取决于期货价格变化与现货价格变化变化的相关性，在实践中，也可以用现货价格变化对期货价格变化进行线性回归的方法求最优套期保值比率。

$$\Delta CP = \alpha + \beta\Delta FP + \varepsilon \tag{4.11}$$

求出的 β 即是最优套期保值比率。

用回归方法求套期保值比率还可以了解价格风险通过套期保值在多大程度上得到了

减少。因为从统计学的角度可知，线性回归的决定系数 R^2 告诉我们现货价格的变化在多大程度上为期货价格的波动所解释。因此，$1-R^2$ 也就代表了期货价格所不能解释，进而不能对冲的现货价格变化有多少。

从经济学的角度来看，R^2 就是现货价格风险能够用最优期货套期保值减少的部分，而 $1-R^2$ 则是即便在最优期货套期保值的情况下仍然存在的风险比例。例如，如果我们通过线性回归的方式求出 $\beta=0.9$，$R^2=0.8$，那么通过历史数据可以得出最优套期保值比率，由于套期保值，我们可以期望通过给每10个单位的现货9个单位的期货对冲，能够减少80%的现货价格风险，但是仍有20%的风险不能消除。

可见，在选择期货合约最大程度地减少价格风险时，应该选择期货价格与现货价格有最大的回归决定系数的期货合约。决定系数越大，减少风险的程度越理想。

✪**【例4－2】**　2015年1月1日，某粮商持有150 000吨普通小麦，其中，50 000吨将在2月1日卖出，100 000将在3月份卖出。期货市场上有1月、3月、5月、7月、9月、11月到期的普通小麦期货合约的交易，合约规模50吨/手。该粮商希望用期货合约进行套期保值。假设小麦期货合约到期月份的价格也是较稳定的，而且该粮商不反对用实物交割的方式了结期货。再假设用小麦现货价格对近月普通小麦期货价格回归的结果是：

$$\Delta CP = 0.8 \times \Delta FP$$

试确定1月1日的最优套期保值策略。

这里的套期保值是规避价格下降的风险，因此，属于空头套期保值，卖出期货。根据期货合约月份选择的一般原则，应该选择3月到期合约。

2月将出售的50 000吨小麦因保值期限提前合约月份1个月而有基差风险。对其的最优套期保值比率为0.8，因此所需卖出的3月期货合约数量为：$0.8\times\frac{50\ 000}{50}=800$（手）。

对于3月份将出售的100 000吨小麦，因为粮商可以用实物交割方式出售小麦，因而也选择3月期货合约套期保值，此时期限与套期保值期限一致，因价格的收敛而没有基差风险。所以，最优的套期保值是卖出同头寸的期货合约。应卖出期货合约的数量为：$\frac{100\ 000}{50}=2\ 000$（手）。

因此，最优套期保值策略是卖出3月普通小麦期货合约2 800手。到2月1日，买进800手3月期货合约平仓，同时以市场价格卖出50 000吨小麦。3月份实物交割100 000吨小麦。

如果1月1日的价格及后面的价格变化如下：1月1日，现货价格2 410元/吨，3月普通小麦期货价格2 530元/吨。对于3月份卖出的100 000吨小麦锁定了其出售价格2 530元/吨。对于将于2月1日出售的50 000吨小麦：假设期货合约价格下降100元，至2 430元。如果基差变化如回归所预期的情况，那么，现货价格下降 $0.8\times100=80$ 元/吨，至2 330元/吨。则其现金流为：

	现货市场	期货市场
1月	持有50 000吨，价值12 050万元	以2 530元/吨卖出800手合约
2月	以2 330元/吨卖出50 000吨，现金流入11 650万元	以2 430元/吨买进800手合约
	净损失400万元	净盈利100 × 800 × 50 = 400万元
	盈亏平衡	

如果基差变化与预先的估计相同，两个市场的盈亏可以完全相抵。但是，现实中，两者一般不会完全相同，因而，最优套期保值仍有基差风险。

§4.7 点价交易与基差交易

如前所述，即便最优套期保值，仍然面临基差风险。为了进一步降低风险，又产生了基差交易。基差交易是随着点价交易的出现而出现的，是一种将点价交易与套期保值结合在一起的操作方式。

4.7.1 点价交易

点价交易（pricing），是指以某月份的期货价格为计价基础，以期货价格加上或减去双方协商同意的升贴水来确定双方买卖现货商品的价格的定价方式。点价交易从本质上看是一种为现货贸易定价的方式，交易双方并不需要参与期货交易。目前，在一些大宗商品贸易中，例如大豆、铜、石油等贸易，点价交易已经得到了普遍应用。例如在大豆的国际贸易中，通常以芝加哥期货交易所（CBOT）的大豆期货价格作为点价的基础；在铜精矿和阴极铜的贸易中，通常利用伦敦金属交易所（LME）或纽约商品交易所（COMEX）的铜期货价格作为点价的基础。之所以使用期货市场的价格来为现货交易定价，主要是因为期货价格是通过集中、公开竞价方式形成的，价格具有公开性、连续性、预测性和权威性。使用大家都公认的、合理的期货价格来定价，可以省去交易者搜寻价格信息、讨价还价的成本，提高交易的效率。与传统的贸易不同，在点价交易中，贸易双方并非直接确定一个价格，而是以约定的某月份期货价格为基准，在此基础上加减一个升贴水来确定。升贴水的高低，与点价所选取的期货合约月份的远近、期货交割地与现货交割地之间的运费以及期货交割商品品质与现货交割商品品质的差异有关。在国际大宗商品贸易中，由于点价交易被普遍应用，升贴水的确定也是市场化的，有许多经纪商提供升贴水报价，交易商可以很容易确定升贴水的水平。

根据确定具体时点的实际交易价格的权利归属划分，点价交易可分为买方叫价交易和卖方叫价交易，如果确定交易时间的权利属于买方称为买方叫价交易，若权利属于卖方的则为卖方叫价交易。

4.7.2 基差交易

由于在实施点价之前，双方所约定的期货基准价格是不断变化的，所以交易者仍然面临价格变动风险。为了有效规避这一风险，交易者可以将点价交易与套期保值操作结合在一起进行操作，形成基差交易。

所谓基差交易（basis trading），是指企业按某一期货合约价格加减升贴水方式确立点价方式的同时，在期货市场进行套期保值操作，从而降低套期保值中的基差风险的操作。

【例4-3】 10月20日，中国某榨油厂与美国某贸易商签订进口合同，约定进口大豆的到岸价为“CBOT的1月大豆期货合约+CNF100美分”，即在1月份CBOT大豆期货价格的基础上加上100美分/蒲式耳的升水，以此作为进口到岸价格。并约定由该榨油厂在12月15日装船前根据CBOT期货盘面价格自行点价确定。合同确立后，大豆的进口到岸价格实际上并未确定下来，如果在榨油厂实施点价之前，1月份CBOT大豆期货价格上涨，该榨油厂就要接受此高价。为了规避这一风险，该榨油厂在签订进口合同同时，在CBOT上买入等数量的1月份大豆期货合约进行套期保值。

到了12月15日，该贸易商完成大豆装船，并通知该榨油厂点价。该油厂在1月份CBOT大豆期货上分批完成点价，均价为1 030美分/蒲式耳。该批大豆的进口到岸价也相应确定下来，为1 030+100=1 130美分/蒲式耳。该榨油厂按该价格向贸易商结清货款。与此同时，该油厂将套期保值头寸卖出平仓，结束交易。

在实际操作中，为了保证能够按照所点的期货价格将期货头寸进行平仓，油厂和贸易商可以申请期转现交易，将双方期货套期保值头寸的平仓价确定在所点的价位上。

在该案例中，假设在签订进口合同时期货价格为800美分/蒲式耳，这意味着，如果不进行套期保值，在该榨油厂实施点价时，由于期货价格上涨至1 030美分/蒲式耳，该厂要承担相当于230美分/蒲式耳的损失。如果在签订合同同时进行买入套期保值，即使点价期间价格上涨，其期货套期保值头寸因价格上涨所带来的盈利可以弥补现货上的损失，从而较好地规避价格风险。

基差交易与一般的套期保值操作的不同之处在于，由于是点价交易与套期保值操作相结合，套期保值头寸了结的时候，对应的基差基本上等于点价交易时确立的升贴水。这就保证在套期保值建仓时，就已经知道了平仓时的基差，从而减少了基差变动的不确定性，降低了基差风险。

本章小结

1. 期货交易的一个重要应用就是套期保值。交易者可以通过在期货市场上买进或卖出相反头寸的期货合约的方式对冲持有的现货头寸的风险，达到降低甚至消除由于市场价格变化遭遇损失的目的。

2. 套期保值之所以能够起到风险对冲的作用，其根本的原因在于：期货价格与现货价格受到相同或相似的供求等因素影响，两者的变动趋势趋同。通过套期保值，无论价格是涨还是跌，总会出现一个市场盈利而另一个市场亏损的情形，这样就可以用一个市场上的盈利来抵补另一个市场上的亏损，从而起到规避价格风险的目的。根据持有期货合约头寸方向的不同，期货套期保值分为空头套期保值与多头套期保值。

3. 套期保值的效果取决于套期保值期间基差风险的大小。现货价格与期货价格的差称为基差。只有当期货价格和现货价格完全正相关时，基差风险才可能等于零。二者正相关程度越高，基差风险越小。因为现货和期货的价格不太可能完全正相关，套期保值总有基差风险。套期保值实际上就是把原本的价格风险转化成基差风险。而基差风险一般说来都比价格风险要小得多，因此，套期保值虽不能完全消除风险，但却可以大大降低风险。自然，基差风险越小，套期保值越有吸引力，效果越好。

4. 不论期货与现货价格如何变化，基差走强有利于空头套期保值者；而基差走弱，有利于多头套期保值者。

5. 为实现预期的套期保值效果，应该选择与被保值资产相关性最高的期货合约，而且要根据套期保值期限适当选择合约的到期月份。当期货合约的标的资产与被保值资产不同时称为交叉套期保值。交叉套期保值存在选择套期保值比率问题。最优套期保值比率常用最小方差套期保值比率法或回归分析法进行估计。

6. 期货价格因其权威性常用作现货交易的定价，因而市场上有结合期货价格的点价交易。为了有效规避风险，交易者可以将点价交易与套期保值操作结合在一起进行操作，形成基差交易。

复习与思考

1. 一位企业的财务总管说："用衍生金融工具进行套期保值毫无意义。因为正常情况下，未来价格上升的可能性与价格下降的可能性同样存在。套期保值不仅仅是减少了未来价格的不利变化带来意外损失的可能性，它也同样减少了当未来价格出现有利变化时企业获取更高收益的可能性。"如何看待这位财物总管的观点？

2. 有人说，套期保值减少了市场的价格风险。请谈谈你的观点。

3. 阐述套期保值所能管理的风险，并阐述套期保值的基本原理。

4. 什么是多头套期保值？什么是空头套期保值？两种套期保值的适用情景各是什么？

5. 什么是基差？阐述基差变化对多头套期保值者与空头套期保值者的影响有何不同。

6. 怎样测度套期保值的效果？有人说："套期保值效果越好，套期保值者盈利越高。"这种说法对吗？

7. 试说明期货套期保值合约选择的基本原则。

8. 假设月度某商品现货的价格波动的标准差为0.55，该商品期货合约价格波动的标准差为0.68，二者的相关系数为0.85，计算1月期套期保值的最优套期保值比率。

9. 在最优套期保值比率下能否完全消除价格风险？

10. 什么是点价交易？什么是基差交易？

11. 2015年11月初，东北某农场与某豆制品企业签订了第二年2月出售5 000吨大豆的商业合同，当时大豆的市场价格为3 950元/吨。因担心市场价格下跌造成收益下降，该农场决定10月11日用大连期货交易所黄大豆1号期货合约进行套期保值。大连期货交易所交易的该期货合约的情况如下表所示。

大连商品交易所2015年11月10日行情表　　单位：元/吨

商品名称	交割月份	开盘价	最高价	最低价	收盘价	前结算价	结算价
豆一	1511	—	—	—	3 846	3 846	3 846
豆一	1601	3 863	3 867	3 838	3 853	3 870	3 853
豆一	1603	3 792	3 816	3 792	3 816	3 806	3 801
豆一	1605	3 844	3 855	3 824	3 836	3 855	3 836
豆一	1607	—	—	—	3 808	3 826	3 808
豆一	1609	3 824	3 826	3 787	3 788	3 821	3 798
豆一	1611	—	—	—	3 801	3 801	3 801
豆一	1701	3 726	3 736	3 707	3 710	3 732	3 716
豆一	1703	3 714	3 790	3 700	3 703	3 709	3 719

（1）该农场应如何设计其套期保值策略？

（2）假设该农场开仓价格等于11月10日的结算价格，到了2016年2月15日农场以3 820元/吨出售大豆给豆制品企业，按下表所示的收盘价平仓期货合约，计算套期保值的盈亏情况，并评价套期保值效果。

大连商品交易所2016年2月15日行情表　　单位：元/吨

商品名称	交割月份	开盘价	最高价	最低价	收盘价	前结算价	结算价
豆一	1603	3 400	3 400	3 353	3 353	3 373	3 381
豆一	1605	3 465	3 487	3 426	3 453	3 473	3 451
豆一	1607	—	—	—	3 495	3 509	3 495
豆一	1609	3 405	3 429	3 371	3 384	3 409	3 400
豆一	1611	3 371	3 371	3 371	3 371	3 378	3 371
豆一	1701	3 375	3 398	3 360	3 370	3 380	3 375
豆一	1703	3 404	3 416	3 404	3 410	3 400	3 410
豆一	1705	3 437	3 438	3 397	3 405	3 419	3 414
豆一	1707	—	—	—	3 430	3 430	3 430

12. 假设国内某钢厂某年2月底与某建筑企业签订了一份1 000吨钢材供货合同，合同约定3月20日前由建筑企业根据上海期货交易所4月螺纹钢期货价格点价决定成交价格，成交价格为期货价格+100元。价格确定后钢厂即发货。为了防范风险，该钢厂决定通过螺纹钢期货合约进行套期保值。假设钢材现货价格月度价格的波动标准差为1.1，

近月螺纹钢期货合约价格波动的月度标准差为1.3，二者的相关系数为0.8。

（1）试问该钢厂应该如何操作？

（2）假设双方签订供货合同时，4月螺纹钢期货合约价格为1 660.65元/吨。3月20日，螺纹钢期货价格为1 530.50元/吨，该建筑企业分批完成点价，均价为1 580.30元/吨。钢厂与建筑企业进行货款结算并平仓了结期货交易。钢厂套期保值的效果如何？

第五章

期货的投机与套利

§5.1 期货投机

5.1.1 期货投机及其作用

期货投机是指交易者通过预测期货合约未来价格变化，以在期货市场上获取价差收益为目的的期货交易行为。套期保值、控制风险固然是衍生金融工具的重要职能，投机活动却也是衍生工具市场不可或缺的重要行为。投机活动的作用可以主要体现在如下三个方面：

第一，套期保值是把风险转移出去，而不是消除风险。这就必须有风险的接受者，投机者恰恰扮演了接受风险的角色。投机者实际上是通过承担风险赚取风险收益的一群人。如果市场上没有了愿意承担风险的投机者，套期保值也将难以进行，起码会更加困难。因此，套期保值者需要向投机者支付风险溢价。一般说来，投机行为越多，投机的利润会越低，套期保值的成本越低。

第二，投机交易有助于增强市场的价格发现功能。通过不断的买卖，投机行为会促使市场价格更好地反映经济的基本状况。更多的交易会使期货价格与未来真实的价格更趋一致，市场配置资源的效率会更高，这会更有利于整体经济的发展。

第三，投机交易增强了市场的流动性，使市场竞争更趋良性。这有利于降低期货市场与现货市场的交易费用。这也是提高市场有效性，有利于所有市场参与者的重要方面。

期货投机与套期保值的区别主要有：

（1）从交易目的来看，期货投机交易是以赚取价差收益为目的；而套期保值交易的目的是利用期货市场规避现货价格波动的风险。

（2）从交易方式来看，期货投机交易是在期货市场上进行买空卖空，从而获得价差收益；套期保值交易则是在现货市场与期货市场同时操作，以期达到对冲现货市场价格波动风险的目的。

（3）从交易风险来看，期货投机者在交易中通常是为博取价差收益而主动承担相应的价格风险；套期保值者则是通过期货交易规避现货价格风险。因此，一般来说，期货投机者是价格风险偏好者，套期保值者是价格风险厌恶者。

5.1.2 投机者的类型

根据不同的划分标准，期货投机者大致可分为以下几种类型：

1. 按交易主体划分，可分为机构投机者和个人投机者。机构投机者是指用自有资金或者从分散的公众手中筹集的资金专门进行期货投机活动的机构，主要包括各类基金、金融机构、工商企业等。个人投机者则是指以自然人身份从事期货投机交易的投机者。

2. 按持有头寸方向划分，可分为多头投机者和空头投机者。在交易中，投机者预测未来价格波动方向并确定交易头寸的方向。若投机者预测价格上涨买进期货合约，持有多头头寸，被称为多头投机者；若投机者预测价格下跌卖出期货合约，持有空头头寸，则被称为空头投机者。

3. 按持仓时间长短划分，可分为长线交易者和短线交易者。长线交易者通常将合约持有几天、几周甚至几个月。短线交易者一般是当天下单，在一日或几日内了结所持有合约。日内交易者通常只进行当日的买卖，一般不会持仓过夜。抢帽子者是对日内交易者的一种俗称，通常是指当日交易者中频繁买卖期货合约的投机者。当然，这种从持仓时间长短的划分是一种相对的分法，无法用绝对的持仓时间长短界限来判断。

5.1.3 投机交易的常见操作方法

（一）开仓阶段

1. 入市时机的选择

第一步，通过基本分析法，判断市场处于牛市还是熊市。如果是牛市，进一步利用技术分析法分析升势有多大，持续时间有多长；如果是熊市，则可进一步利用技术分析法分析跌势有多大，持续时间有多长。

第二步，权衡风险和获利前景。投机者在决定入市时，要充分考虑自身承担风险的能力，并且只有在判断获利的概率较大时，才能入市。

第三步，决定入市的具体时间。期货价格变化很快，入市时间的确定尤其重要。即使对市场发展趋势的分析准确无误，但如果入市时间不当，在预测的趋势尚未出现之前买卖合约，仍会使投机者蒙受惨重损失。技术分析法对选择入市时间有一定作用。投机者通过基本分析认为从长期来看期货价格将上涨（下跌），如果当时的市场行情却持续下滑（上升），这时可能是投机者的分析出现了偏差，过高地估计了某些供求因素，也可能是一些短期因素对行情具有决定性的影响，使价格变动方向与长期趋势出现了暂时的背离。

建仓时应注意，只有在市场趋势已明确上涨时，才买入期货合约；在市场趋势已明确下跌时，才卖出期货合约。如果趋势不明朗或不能判定市场发展趋势，不要匆忙建仓。

2. 金字塔式建仓策略。金字塔式交易是一种增加合约仓位的方法，即如果建仓后市场行情走势与预期相同并已使投机者获利，可增加持仓。增仓应遵循以下两个原则：(1) 只有在现有持仓已盈利的情况下，才能增仓；(2) 持仓的增加应渐次递减。金字塔式交易的特点是将不断买入（卖出）的期货合约的平均价格保持在较低（高）水平。

✪【例5－1】　某投机者预计9月份大豆期货合约价格将上升，故买入7手（10吨/手），成交价格为4 310元/吨，此后合约价格迅速上升到4 350元/吨，首次买入的7手合约已经为他带来浮动盈利10×7×（4 350－4 310）＝2 800元。为进一步利用该价位的有利变动，该投机者再次买入5手9月份合约，持仓总数增加到12手，12手合约的平均买入价为（4 310×70＋4 350×50）/120＝4 326.7元/吨。当市场价格再次上升到4 385元/吨时，又买入3手合约，持仓总计15手，所持仓的平均价格为4 338.3元/吨。当市价上升到4 405元/吨再买入2手，所持有合约总数为17手，平均买入价为4 346.2元/吨。当市价上升到4 425元/吨再买入1手，所持有合约总数为18手，平均买入价为4 350.6元/吨。操作过程见图5－1。

价格（元/吨）	持仓数（手）	平均价（元/吨）
4 425	×	4 350.6
4 405	×　×	4 346.2
4 385	×　×　×	4 338.3
4 350	×　×　×　×　×	4 326.7
4 310	×　×　×　×　×　×　×	4 310

图5－1　金字塔式买入

这是金字塔式持仓方式和建仓策略。本例中，采取金字塔式买入合约时持仓的平均价虽有所上升，但升幅远小于合约市场价格的升幅，市场价格回落时，持仓不至于受到严重威胁，投机者有充足的时间卖出合约并获得利润。例如，如果市场价格上升到4 425元/吨后开始回落，跌到4 370元/吨，该价格仍然高于平均价4 350.6元/吨，立即卖出18手合约仍可获利（4 370－4 350.6）×18×10＝3 492元。

金字塔式卖出的做法可以照此类推。

如果建仓后，市场价格变动有利，投机者增加仓位不按原则行事，每次买入或卖出的合约份数总是大于前一次的合约份数，合约的平均价就会接近最新成交价，只要价格稍有下降或上升，便会吞食所有利润，甚至亏损，因而不建议采用倒金字塔式的方法进行买入或卖出。

3. 合约交割月份的选择。建仓时除了要决定买卖何种合约及何时买卖，还必须确定合约的交割月份。

投机者在选择合约的交割月份时，通常要注意以下两个方面的问题：一是合约的流动性；二是远月合约价格与近月合约价格之间的关系。

根据合约流动性不同，可将期货合约分为活跃月份合约和不活跃月份合约两种。一般来说，期货投机者在选择合约月份时，应选择交易活跃的合约月份，避开不活跃的合约月份。

活跃的合约月份具有较高的市场流动性，方便投机者在合适的价位对所持头寸进行平仓，而如果合约月份不活跃，投机者想平仓时，经常需等较长的时间或接受不理想的价差。

在正向市场中，远月合约的价格大于近月合约的价格。一般来说，对商品期货而言，当市场行情上涨且远月合约价格相对偏高时，当远月合约价格上升，近月合约价格也会上升，以保持与远月合约间正常的持仓费用关系，且可能近期月份合约的价格上升更多；当市场行情下降时，远月合约的跌幅不会小于近月合约，因为远月合约对近月合约的升水通常不可能大于与近月合约间相差的持仓费。所以，多头投机者应买入近月合约；空头投机者应卖出远月合约。

在反向市场中，远月合约的价格低于近月合约的价格。一般来说，对商品期货而言，当市场行情上涨且远月合约价格相对偏低时，当近月合约价格上升，远月合约的价格也会上升，且远月合约价格上升可能更多；如果市场行情下降，则近月合约受的影响较大，跌幅很可能大于远月合约。所以，做多头的投机者宜买入交割月份较远的远月合约，行情看涨时可获得较多利润；而做空头的投机者宜卖出交割月份较近的近月合约，行情下跌时可获得较多利润。不过，在因现货供应极度紧张而出现的反向市场情况下，可能会出现近月合约涨幅大于远月合约的局面，投机者对此也要多加注意，避免进入交割期而出现违约风险。

（二）平仓阶段

投机者建仓后应密切关注行情的变动，适时平仓。行情变动有利时，通过平仓获取投机利润；行情变动不利时，通过平仓可以限制损失。

投机者在交易出现损失，并且损失已经达到事先确定的数额时，应立即对冲了结，认输离场。过分的赌博心理，只会造成更大损失。在行情变动有利时，不必急于平仓获利，而应尽量延长持仓时间，充分获取市场有利变动产生的利润。这就要求投机者能够灵活运用止损指令实现限制损失、滚动利润。

止损指令是实现限制损失、滚动利润方法的有力工具。只要止损单运用得当，就可以为投机者提供必要的保护。止损单中的价格一般不能太接近于当时的市场价格，以免价格稍有波动就不得不平仓。但也不能离市场价格太远，否则，又易遭受不必要的损失。止损单中价格的选择，可以利用技术分析法来确定。下面是小麦期货交易中运用止损指令的例子。

✪【例 5－2】 某投机者决定做小麦期货合约的投机交易，并确定其最大损失额为 50 元/吨。以 2 550 元/吨买入 20 手合约后，又下达一个卖出的止损指令，价格定于 2 500元/吨。如果市价下跌，一旦达到 2 500 元/吨，该合约便会以止损价格或更好的价格平仓。通过该指令，投机者的交易可能会亏损，但损失额仅限于 50 元/吨左右。

止损指令下达后，如果市场行情走势符合投机者预期，价格朝有利方向变动，投机者就可继续持有多头或空头持仓，直至市场趋势出现逆转为止，如［例 5－3］所示。

✪【例 5－3】 某投机者决定进行小麦期货合约的投机交易，以 2 550 元/吨买入 20 手合约。成交后市价上涨到每吨 2 610 元。因预测价格仍将上涨，投机者决定继续持有该合约。为防止市价下跌侵蚀已获得的利润，投机者下达一份止损单，价格定于2 590

元/吨。如果市价下跌，一旦达到 2 590 元/吨，该合约便会以止损价格或更好的价格平仓。通过止损，投机者的利润虽有减少，但仍然有 40 元/吨左右的利润。如果价格继续上升，该止损指令自动失效，投机者可进一步扩大利润。

以上做法，既可限制损失，又可累积盈利，以充分利用市场价格的有利变动。[例 5－4] 是对前两例的综合分析。

【例 5－4】 某投机者决定做小麦期货合约的投机交易，以 2 550 元/吨买入 20 手合约。成交后立即下达一份止损单，价格定于 2 500 元/吨。此后市价下跌，可以将损失限制到每吨 50 元左右。若价格上升，在价格上升到 2 610 元/吨时，投机者可取消上一止损指令，下达一份新的止损指令，价格定于 2 590 元/吨。若市价回落，可以保证获得 40 元/吨左右的利润。若市价继续上升，当上升到 2 630 元/吨，则可再取消前一止损指令，再重新下达一份止损指令，价格定于 2 600 元/吨。此时，即便价格下跌，也可保证 50 元/吨的利润。依此类推。

同样，如果投机者做空头交易，卖出合约后可以下达买入合约的止损指令，并在市场行情有利时不断调整指令价格，下达新的止损指令，达到限制损失累积盈利的目的。可见，止损指令是期货投机中广泛运用的工具。

§5.2　期货套利

5.2.1　期货套利及其作用

（一）价差套利与期现套利

根据套利是否涉及现货市场，期货套利可分为价差套利（spread）和期现套利（arbitrage）。所谓期货价差套利，是指利用期货市场上不同合约之间的价差进行的套利行为。价差套利也可称为价差交易、套期图利。期现套利，是指利用期货市场与现货市场之间的不合理价差，通过在两个市场上进行反向交易，待价差趋于合理而获利的交易。

（二）期货价差套利的作用

期货价差套利在本质上是期货市场上的一种针对价差的投机，但与普通期货投机交易相比，风险较低。因为期货价差套利是利用期货市场中某些期货合约价格失真的机会，并预测该价格失真会最终消失，从而获取套利利润。因此，正如期现套利有助于推动期货价格与现货价格的关系趋于合理一样，期货价差套利在客观上有助于将扭曲的期货市场价格重新恢复到正常水平，它的存在对期货市场的健康发展具有重要作用。主要表现在以下两个方面：

第一，期货价差套利行为有助于不同期货合约价格之间的合理价差关系的形成。期货价差套利交易的获利来自于对不合理价差的发现和利用，套利者会时刻注意市场动向，如果发现相关期货合约价差存在异常，则会通过套利交易获取利润。而这种套利行为，客观上会对相关期货合约价格产生影响，促使价差趋于合理。

第二，期货价差套利行为有助于提高市场流动性。期货价差套利交易客观上能扩大期货市场的交易量，承担价格变动的风险，提高期货交易的活跃程度，并且有助于其他交易者的正常进出和套期保值操作的顺利实现，有效地降低市场风险，促进交易的流畅化和价格的理性化，因而起到了市场润滑剂和减震器的作用。

5.2.2 价差与期货价差套利

（一）期货价差的定义

期货价差，是指期货市场上两个不同月份或不同品种期货合约之间的价格差。与投机交易不同，在期货价差套利中，交易者不关注某一个期货合约的价格向哪个方向变动，而是关注相关期货合约之间的价差是否在合理的区间范围。如果价差不合理，交易者可利用这种不合理的价差对相关期货合约进行方向相反的交易，等价差趋于合理时再同时将两个合约平仓获取收益。

期货价差套利的交易者要同时在相关合约上进行方向相反的交易，即同时建立一个多头头寸和一个空头头寸，这是套利交易的基本原则，如果缺少了多头头寸或空头头寸，就像一个人缺了一条腿无法正常走路。因此，期货价差套利中建立的多头和空头头寸被形象地称为套利的“腿”（legs，也可称为“边”）。

大多数期货价差套利活动都是由买入和卖出两个相关期货合约构成，因而套利交易通常具有两条“腿”。但也有例外，例如跨品种套利中，如果涉及的相关商品不止两种，比如在大豆、豆粕和豆油三个期货合约间进行的套利活动，可能包含了一个多头、两个空头或者一个空头、两个多头，在这种情况下，套利交易可能会有三条“腿”。

（二）价差扩大与缩小

计算建仓时的价差，须用价格较高的一“边”减去价格较低的一“边”。例如，某套利者买入5月份铝期货合约的同时卖出6月份的铝期货合约，价格分别为13 730元/吨和13 830元/吨，6月份价格高于5月份价格，因此价差为6月份价格减去5月份价格，即100元/吨。

为保持一致性，计算平仓时的价差，也要用建仓时价格较高的合约平仓价格减去建仓时价格较低的合约平仓价格。例如，上述套利者建仓之后，5月份铝期货价格上涨至14 010元/吨，6月份涨幅相对较小，为13 870元/吨，如果套利者按照此价格同时将两个合约对冲了结该套利交易，则在平仓时的价差仍应该用6月份的价格减去5月份的价格，即为－140元/吨（而不应该用5月份价格减去6月份的价格，即140元/吨）。因为只有计算方法一致，才能恰当地比较价差的变化。

由于期货价差套利交易是利用相关期货合约间不合理的价差来进行的，价差能否在套利建仓之后“回归”正常，会直接影响到套利交易的盈亏和套利的风险。具体来说，如果套利者认为某两个相关期货合约的价差过大时，会预期套利建仓后该价差将缩小（narrow）；同样地，如果套利者认为某两个相关期货合约的价差过小时，会预期套利建仓后价差将扩大（widen）。

如果实时（或平仓时）价差大于建仓时价差，则价差是扩大的；相反，如果实时（或平仓时）价差小于建仓时价差，则价差是缩小的。

✪【例5-5】　某套利者在8月1日买入9月份白糖期货合约的同时卖出11月份白糖期货合约，价格分别为5 120元/吨和5 220元/吨，到8月15日，9月份和11月份白糖期货价格分别变为5 390元/吨和5 450元/吨，价差变化为：

8月1日建仓时的价差：5 220-5 120=100（元/吨）

8月15日的价差：5 450-5 390=60（元/吨）

由此可以判断，8月15日的价差相对于建仓时缩小了，价差缩小40元/吨。

（三）价差变动与套利盈亏计算

在计算期货价差套利的盈亏时，可分别计算每个期货合约的盈亏，然后进行加总，得到整个套利交易的盈亏。

✪【例5-6】　某套利者以2 326元/吨的价格买入1月的螺纹钢期货，同时以2 570元/吨的价格卖出5月的螺纹钢期货。持有一段时间后，该套利者以2 316元/吨的价格将1月合约卖出平仓，同时以2 553元/吨的价格将5月合约买入平仓。该套利交易的盈亏计算如下：

1月份的螺纹钢期货合约：亏损=2 326-2 316=10（元/吨）

5月份的螺纹钢期货合约：盈利=2 570-2 553=17（元/吨）

套利结果=-10+17=7（元/吨）

期货价差套利交易后套利者每吨螺纹钢盈利7元。

（四）价差扩大与买入套利

根据套利者对相关合约中价格较高的一边的买卖方向不同，期货价差套利可分为买入套利和卖出套利。

如果套利者预期两个或两个以上期货合约的价差将扩大（widen），则套利者将买入其中价格较高的合约，同时卖出价格较低的合约，我们称这种套利为买入套利（buy spread）。如果价差变动方向与套利者的预期相同，则套利者同时将两份合约平仓而获利。

✪【例5-7】　1月4日，某套利者以250元/克卖出4月份黄金期货，同时以261元/克买入9月份黄金。假设经过一段时间之后，2月4日，4月份黄金期货价格变为255元/克，同时9月份黄金期货价格变为272元/克，该套利者同时将两合约对冲平仓，套利结果可用两种方法来分析。

方法一：分别对两合约的盈亏进行计算，然后加总计算净盈亏，计算结果如下。

4月份的黄金期货合约：亏损=255-250=5（元/克）

9月份的黄金期货合约：盈利=272-261=11（元/克）

套利结果=-5+11=6（元/克），即该套利交易可获得净盈利6元/克。

方法二：使用价差的概念来计算盈亏。

该套利者买入的9月份黄金的期货价格要高于4月份，可以判断是买入套利。价差从建仓的11元/克变为平仓的17元/克，价差扩大了6元/克，因此，可以判断该套利者的净盈利为6元/克。交易结果见表5-1。

表 5－1　　买入套利实例

		1月4日	2月4日	方法一
合约月份	4月	卖：250元/克	买：255元/克	亏损：250－255＝－5
	9月	买：261元/克	卖：272元/克	盈利：272－261＝11
总盈亏				－5＋11＝6
方法二	套利方式	建仓价格：9月份>4月份	建仓买入9月份	买入套利
	价差变化	261－250＝11	272－255＝17	价差扩大
总盈亏				17－11＝6

（五）价差缩小与卖出套利

如果套利者预期两个或两个以上相关期货合约的价差将缩小（narrow），套利者可通过卖出其中价格较高的合约，同时买入价格较低的合约来进行套利，我们称这种套利为卖出套利（sell spread）。例如，如果套利者以 250 元/克买入 4 月份黄金期货，以 261 元/克卖出 9 月份黄金期货，这种套利就是卖出套利。

✪【例 5－8】　1 月 4 日，某套利者以 250 元/克买入 4 月份黄金期货，同时以 261 元/克卖出 9 月份黄金期货。假设经过一段时间之后，2 月 4 日，4 月份价格变为 256 元/克，同时 9 月份价格变为 265 元/克时，该套利者同时将两合约对冲平仓，套利结果可用两种方法来分析。

方法一：分别对两合约的盈亏进行计算，然后加总来计算净盈亏，计算结果如下。

4 月份的黄金期货合约：盈利＝256－250＝6（元/克）

9 月份的黄金期货合约：亏损＝265－261＝4（元/克）

套利结果＝6＋（－4）＝2（元/克），即该套利可以获取净盈利 2 元/克。

方法二：使用价差的概念来计算盈亏。从套利操作上，我们可以看到该套利者卖出的 9 月份黄金的期货价格要高于买入的 4 月份价格，因而是卖出套利。价差从建仓的 11 元/克变为平仓的 9 元/克，价差缩小了 2 元/克，因此，可以判断出该套利者的净盈利为 2 元/克。交易结果见表 5－2。

表 5－2　　卖出套利实例

		1月4日	2月4日	方法一
合约月份	4月	买：250元/克	卖：256元/克	盈利：256－250＝6
	9月	卖：261元/克	买：265元/克	亏损：265－261＝4
总盈亏				6＋（－4）＝2
方法二	套利方式	建仓价格：9月份>4月份	建仓卖出9月份	卖出套利
	价差变化	261－250＝11	265－256＝9	价差缩小
总盈亏				11－9＝2

（六）期货价差套利指令

在期货价差套利交易实施中，多数交易所为了给套利交易提供便利，往往会设计套利指令，套利者可使用套利指令来完成套利操作。套利指令通常不需要标明买卖各个期货合约的具体价格，只要标注两个合约价差即可。并且，在有些国家的交易所（例如美国)，套利交易还可以享受佣金、保证金方面的优惠待遇。

在指令种类上，套利者可以选择市价指令或限价指令，如果要撤销前一笔套利交易，则可以使用取消指令。

1. 价差套利市价指令的使用。如果套利者希望以当前的价差水平尽快成交，则可以选择使用市价指令。套利市价指令是指交易将按照市场当前可能获得的最好的价差成交的一种指令。在使用这种指令时，套利者不需注明价差的大小，只需注明买入和卖出期货合约的种类和月份则可。具体成交的价差如何，则取决于指令执行时点上市场行情的变化情况。该指令的优点是成交速度快，缺点是在市场行情发生较大变化时，成交的价差可能与交易者最初的意图有较大差距。

✪【例5-9】　某交易者看到当前大连商品交易所1月份和5月份棕榈油期货的市场价格分别为5 300元/吨和5 480元/吨，价差为180元/吨，该交易者认为此价差过大，有套利机会存在，并希望尽快入市买入1月份、卖出5月份棕榈油期货合约进行套利。该交易者发出以下指令：

买入1月份棕榈油期货合约

卖出5月份棕榈油期货合约

市价指令

在上述指令中，虽然交易者没有明确标明套利的价差，但却表明了套利者希望以当前的180元/吨的价差水平即刻成交。在这个指令的下达过程中，实际成交的价差并不一定是180元/吨，因为从指令下达到执行有一个很短的时间间隔，这期间棕榈油期货价格可能会发生变化，价差也会随之变化。如果1月份和5月份棕榈油期货在指令下达到交易系统时的价格分别为5 290元/吨和5 460元/吨，则将会以170元/吨的价差成交。一般情况下，如果市场行情没有发生突然变化，采用市价指令可以使套利者迅速以大约180元/吨的价差建仓。

2. 价差套利限价指令的使用。如果套利者希望以一个理想的价差成交，可以选择使用套利限价指令。套利限价指令是指当价格达到指定价位时，指令将以指定的或更优的价差来成交。限价指令可以保证交易能够以指定的甚至更好的价位来成交。在使用限价指令进行套利时，需要注明具体的价差和买入、卖出期货合约的种类和月份。该指令的优点在于可以保证交易者以理想的价差进行套利，但是由于限价指令只有在价差达到所设定的价差时才可以成交，因此，使用该指令不能保证能够立刻成交。

✪【例5-10】　某交易者9月3日看到郑州商品交易所11月份和次年1月份PTA期货的市场价格分别为4 582元/吨和4 708元/吨，价差为126元/吨。某交易者认为价差偏小，想买入1月份、卖出11月份PTA期货合约进行套利，但他根据市场的走势判断，目前的价差可能还会进一步缩小，希望能够以120元/吨的价差建仓，以期获得更多的利润，于是该交易者发出如下限价指令：

买入1月份PTA期货合约

卖出11月份PTA期货合约

1月份PTA期货合约高于11月份PTA期货合约价格120元/吨

使用该限价指令意味着只有当1月份与11月份PTA期货价格的价差等于或小于120元/吨时，该指令才能够被执行。由此可以看出，套利者并不关注买入和卖出PTA期货合约的价格，而是关注相关合约之间的价差。理论上说，使用限价指令可能得到的成交结果有多种，现任意列举三种如下。

情况一：两合约价格同时上涨，11月份和1月份PTA期货价格分别涨至4 589元/吨和4 709元/吨，价差变为120元/吨，指令立即以该价差被执行，这种情况表明交易按指定价差成交。

情况二：两合约价格同时下跌，11月份和1月份PTA期货价格分别跌至4 563元/吨和4 683元/吨，价差变为120元/吨，指令立即以该价差被执行，这种情况表明交易按指定价差成交。

情况三：两合约价格上涨，11月份和1月份PTA期货价格分别涨至4 596元/吨和4 716元/吨，价差变为120元/吨，但当指令下达至交易系统时，两合约价格发生小幅变化，最终以117元/吨的价差成交，在这种情形下交易按照比指定条件更理想的价差成交。

§5.3 期货套利的基本策略

期货价差套利根据所选择的期货合约的不同，又可分为跨期套利、跨品种套利和跨市套利。

5.3.1 跨期套利

跨期套利，是指在同一市场（交易所）同时买入、卖出同一期货品种的不同交割月份的期货合约，以期在有利时机同时将这些期货合约对冲平仓获利。跨期套利与现货市场价格无关，只与期货可能发生的升水和贴水有关。在实际操作中，根据套利者对不同合约月份中近月合约与远月合约买卖方向的不同，跨期套利可分为牛市套利、熊市套利和蝶式套利。

（一）牛市套利

当市场出现供给不足、需求旺盛的情形，或者远期供给相对旺盛，导致较近月份的合约价格上涨幅度大于较远期的上涨幅度，或者较近月份的合约价格下降幅度小于较远期的下跌幅度，无论是正向市场还是反向市场，在这种情况下，买入较近月份的合约同时卖出远期月份的合约进行套利盈利的可能性比较大，我们称这种套利为牛市套利（bull spread）。

一般来说，牛市套利对于可储存的商品并且是在相同的作物年度最有效，例如，买入5月棉花期货同时卖出9月棉花期货。可以适用于牛市套利的可储存的商品有小麦、棉花、大豆、糖、铜等。对于不可储存的商品，如活牛、生猪等，不同交割月份的商品期货价格间的相关性很低或根本不相关，则不适合牛市套利。

✪【例5-11】 设10月26日，次年5月份棉花合约价格为12 075元/吨，次年9月份合约价格为12 725元/吨，两者价差为650元/吨。交易者预计棉花价格将上涨，5

月与9月的期货合约的价差将有可能缩小。于是，交易者买入50手5月份棉花期货合约的同时卖出50手9月份棉花期货合约。12月26日，5月和9月的棉花期货价格分别上涨为12 555元/吨和13 060元/吨，两者的价差缩小为505元/吨。交易者同时将两种期货合约平仓，从而完成套利交易。交易结果见表5－3。

表5－3　　　　牛市套利策略

10月26日	买入50手5月份棉花期货合约，价格为12 075元/吨	卖出50手9月份棉花期货合约，价格为12 725元/吨	价差为650元/吨
12月26日	卖出50手5月份棉花期货合约，价格为12 555元/吨	买入50手9月份棉花期货合约，价格为13 060元/吨	价差为505元/吨
每条“腿”的盈亏状况	盈利480元/吨	亏损335元/吨	价差缩小145元/吨
最终结果	盈利145元/吨，总盈利为145元/吨×5 0手×5吨/手＝36 250元		

注：1手＝5吨。

该例中，交易者预计棉花期货价格将上涨，两个月后，棉花期货价格的走势与交易者的判断一致，最终交易结果使套利者获得了36 250元的盈利。现假设，若两个月后棉花价格并没有出现交易者预计的上涨行情，而是出现了一定程度的下跌，交易者的交易情况见［例5－12］。

✪**【例5－12】**　设10月26日，次年5月份棉花合约价格为12 075元/吨，次年9月份合约价格为12 725元/吨，两者价差为650元/吨。交易者预计棉花价格将上涨，5月与9月的期货合约的价差将有可能缩小。于是，交易者买入50手5月份棉花合约的同时卖出50手9月份棉花合约。12月26日，5月和9月的棉花期货价格不涨反跌，价格分别下跌至11 985元/吨和12 480元/吨，两者的价差缩小为495元/吨。交易者同时将两种期货合约平仓，从而完成套利交易。交易结果见表5－4。

表5－4　　　　牛市套利策略

10月26日	买入50手5月份棉花期货合约，价格为12 075元/吨	卖出50手9月份棉花期货合约，价格为12 725元/吨	价差为650元/吨
12月26日	卖出50手5月份棉花期货合约，价格为11 985元/吨	买入50手9月份棉花期货合约，价格为12 480元/吨	价差为495元/吨
每条“腿”的盈亏状况	亏损90元/吨	盈利245元/吨	价差缩小155元/吨
最终结果	盈利155元/吨，总盈利为155元/吨×50手×5吨/手＝38 750元		

注：1手＝5吨。

该例中，交易者预计棉花期货价格将上涨，两个月后棉花期货价格不涨反跌，虽然棉花价格走势与交易者的判断相反，但最终交易结果仍然使套利者获得了38 750元的盈利。

在上述两个例子中，我们可以发现，只要两月份合约的价差趋于缩小，交易者就可以实现盈利，而与棉花期货价格的涨跌无关。同样，我们也可以使用买进套利或卖出套利的概念对这两个例子进行判断。该交易者进行的都是卖出套利操作，两种情况下价差分别缩小145元/吨和155元/吨。因此，可以很容易判断出这两种情况下该套利者每吨盈利145元和155元，250吨总盈利分别为36 250元和38 750元。

由上述两例可以判断，套利是在正向市场进行的，如果在反向市场上，近期价格要高于远期价格，牛市套利是买入近期合约同时卖出远期合约。在这种情况下，牛市套利可以归入买进套利这一类中，则只有在价差扩大时才能够盈利。

在进行牛市套利时，需要注意的是：在正向市场上，牛市套利的损失相对有限而获利的潜力巨大。这是因为：在正向市场进行牛市套利，实质上是卖出套利，而卖出套利获利的条件是价差要缩小。如果价差扩大的话，该套利可能会亏损，但是由于在正向市场上价差变大的幅度要受到持仓费水平的制约，因为价差如果过大超过了持仓费，就会产生套利行为，会限制价差扩大的幅度。而价差缩小的幅度则不受限制，在上涨行情中很有可能出现近期合约价格大幅度上涨远远超过远期合约的可能性，使正向市场变为反向市场，价差可能从正值变为负值，价差会大幅度缩小，使牛市套利获利巨大。

（二）熊市套利

当市场出现供给过剩，需求相对不足时，一般来说，较近月份的合约价格下降幅度往往要大于较远期合约价格的下降幅度，或者较近月份的合约价格上升幅度小于较远合约价格的上升幅度。无论是在正向市场还是在反向市场，在这种情况下，卖出较近月份的合约同时买入远期月份的合约进行套利，盈利的可能性比较大，我们称这种套利为熊市套利（bear spread）。在进行熊市套利时需要注意，当近期合约的价格已经相当低时，以至于它不可能进一步偏离远期合约时，进行熊市套利是很难获利的。

【例5-13】 设交易者在7月8日看到，11月份上海期货交易所天然橡胶期货合约价格为12 955元/吨，次年1月份合约价格为13 420元/吨，前者比后者低465元/吨。交易者预计天然橡胶价格将下降，11月与次年1月的期货合约的价差将有可能扩大。于是，交易者卖出60手（1手为5吨）11月份天然橡胶期货合约的同时买入60手次年1月份合约。到了9月8日，11月和次年1月的天然橡胶期货价格分别下降为12 215元/吨和12 775元/吨，两者的价差为560元/吨，价差扩大。交易者同时将两种期货合约平仓，从而完成套利交易。交易结果见表5-5。

表5-5 熊市套利策略

7月8日	卖出60手11月份天然橡胶期货合约，价格为12 955元/吨	买入60手次年1月份天然橡胶期货合约，价格为13 420元/吨	价差为465元/吨
9月8日	买入60手11月份天然橡胶期货合约，价格为12 215元/吨	卖出60手次年1月份天然橡胶期货合约，价格为12 775元/吨	价差为560元/吨
每条“腿”的盈亏状况	盈利740元/吨	亏损645元/吨	价差扩大95元/吨
最终结果	盈利95元/吨，总盈利为95元/吨×60手×5吨/手=28 500元		

注：1手=5吨。

该例中，交易者预计天然橡胶期货价格将下跌，两个月后，天然橡胶期货价格的走势与交易者的判断一致，最终交易结果使套利者获得了28 500元的盈利。现假设，若两个月后天然橡胶期货价格并没有像交易者预计的那样下跌，而是出现了上涨行情，交易者的交易情况见［例5－14］。

✪【例5－14】　设交易者在7月8日看到，11月份上海期货交易所天然橡胶期货合约价格为12 955元/吨，次年1月份合约价格为13 420元/吨，前者比后者低465元/吨。交易者预计天然橡胶期货价格将下降，11月与次年1月的期货合约的价差将有可能扩大。于是，交易者卖出60手（1手为5吨）11月份天然橡胶期货合约的同时买入60手次年1月份合约。到了9月8日，11月和次年1月的天然橡胶期货价格不降反升，价格分别上涨至13 075元/吨和13 625元/吨，两者的价差为550元/吨，价差扩大。交易者同时将两种期货合约平仓，从而完成套利交易。交易结果见表5－6。

表5－6　　熊市套利策略

7月8日	卖出60手11月份天然橡胶期货合约，价格为12 955元/吨	买入60手次年1月份天然橡胶期货合约，价格为13 420元/吨	价差465元/吨
9月8日	买入60手11月份天然橡胶期货合约，价格为13 075元/吨	卖出60手次年1月份天然橡胶期货合约，价格为13 625元/吨	价差550元/吨
每条“腿”的盈亏状况	亏损120元/吨	盈利205元/吨	价差扩大85元/吨
最终结果	盈利85元/吨，总盈利为85元/吨×60手×5吨/手＝25 500元		

注：1手＝5吨。

该例中，交易者预计天然橡胶期货价格将下跌，两个月后天然橡胶价格不跌反升，虽然天然橡胶期货价格走势与交易者的判断相反，但最终交易结果仍然使套利者获得了25 500元的盈利。

在上述两个例子中，我们可以发现，只要天然橡胶两个合约月份的价差趋于扩大，交易者就可以实现盈利，而与天然橡胶期货价格的涨跌无关。同样，我们也可以使用买进套利或卖出套利的概念对这两个例子进行判断。该交易者进行的是买进套利，在这两个例子中价差分别扩大为95元/吨和85元/吨，因此，可以判断该套利者每吨盈利分别为95元和85元，总盈利分别为28 500元和25 500元。

由上述两个例子可以判断，套利是在正向市场进行的，如果在反向市场上，近期价格要高于远期价格，熊市套利是卖出近期合约同时买入远期合约。在这种情况下，熊市套利可以归入卖出套利这一类中，则只有在价差缩小时才能够盈利。

（三）蝶式套利

蝶式套利（butterfly spread）是由共享居中交割月份一个牛市套利和一个熊市套利的跨期套利组合。由于近期和远期月份的期货合约分居于居中月份的两侧，形同蝴蝶的两个翅膀，因此称之为蝶式套利。

蝶式套利的具体操作方法是：买入（或卖出）近期月份合约，同时卖出（或买入）

居中月份合约，并买入（或卖出）远期月份合约，其中，居中月份合约的数量等于近期月份和远期月份合约数量之和。这相当于在近期与居中月份之间的牛市（或熊市）套利和在居中月份与远期月份之间的熊市（或牛市）套利的一种组合。例如，套利者同时买入2份5月份玉米合约、卖出6份7月份玉米合约、买入4份9月份玉米合约。

蝶式套利与普通的跨期套利的相似之处，都是认为同一商品但不同交割月份之间的价差出现了不合理的情况。但不同之处在于，普通的跨期套利只涉及两个交割月份合约的价差，而蝶式套利认为居中交割月份的期货合约价格与两旁交割月份合约价格之间的相关关系出现了差异情况。

【例5－15】 2月1日，3月份、5月份、7月份的大豆期货合约价格分别为4 450元/吨、4 530元/吨和4 575元/吨，某交易者认为3月份和5月份之间的价差过大而5月份和7月份之间的价差过小，预计3月份和5月份的价差会缩小而5月份与7月份的价差会扩大，于是该交易者以该价格同时买入150手（1手为10吨）3月份合约、卖出350手5月份合约、买入200手7月份大豆期货合约。到了2月18日，三个合约的价格均出现不同幅度的下跌，3月份、5月份和7月份的合约价格分别跌至4 250元/吨、4 310元/吨和4 370元/吨，于是该交易者同时将三个合约平仓。在该蝶式套利操作中，套利者的盈亏状况见表5－7。

表5－7　蝶式套利策略

	3月份合约	5月份合约	7月份合约
2月1日	买入150手，4 450元/吨	卖出350手，4 530元/吨	买入200手，4 575元/吨
2月18日	卖出150手，4 250元/吨	买入350手，4 310元/吨	卖出200手，4 370元/吨
各合约盈亏状况	亏损200元/吨总亏损为200×150×10＝300 000元	盈利220元/吨总盈利为220×350×10＝770 000元	亏损205元/吨总亏损为205×200×10＝410 000元
净盈亏	净盈利＝－300 000＋770 000－410 000＝60 000（元）		

注：1手＝10吨。

可见，蝶式套利是两个跨期套利互补平衡的组合，可以说是“套利的套利”。蝶式套利与普通的跨期套利相比，从理论上看风险和利润都较小。

5.3.2　跨品种套利

跨品种套利，是指利用两种或三种不同的但相互关联的商品之间的期货合约价格差异进行套利，即同时买入或卖出某一交割月份的相互关联的商品期货合约，以期在有利时机同时将这些合约对冲平仓获利。跨品种套利可分为两种情况：一是相关商品间的套利，二是原料与成品间的套利。

（一）相关商品间的套利

一般来说，商品的价格总是围绕着内在价值上下波动，而不同的商品因其内在的某种联系，如需求替代品、需求互补品、生产替代品或生产互补品等，使得它们的价格存在着某种稳定合理的比值关系。但由于受市场、季节、政策等因素的影响，这些有关联的商品之间的比值关系又经常偏离合理的区间，表现出一种商品被高估，另一种被低估，或相反，从而为跨品种套利带来了可能。在此情况下，交易者可以通过期货市场卖出被高估的商品合约，买入被低估的商品合约进行套利，等有利时机出现后分别平仓，从中获利。例如，铜和铝都可以用来作为电线的生产原材料，两者之间具有较强的可替代性，铜的价格上升会引起铝的需求量上升，从而导致铝价格的上涨。因此，当铜和铝的价格关系脱离了正常水平时，就可以用这两个品种进行跨品种套利。具体做法是：买入（或卖出）一定数量的铜期货合约，同时卖出（或买入）与铜期货合约交割月份相同价值量相当的铝期货合约，待将来价差发生有利变化时再分别平仓了结，以期获得价差变化的收益。

✪**【例 5－16】**　6 月 1 日，次年 3 月份上海期货交易所铜期货合约价格为 54 390 元/吨，而次年 3 月该交易所铝期货合约价格为 15 700 元/吨，前一合约价格比后者高 38 690元/吨。套利者根据两种商品合约间的价差分析，认为价差小于合理的水平，如果市场机制运行正常，这两者之间的价差会恢复正常。于是，套利者决定买入 30 手（1 手为 5 吨）次年 3 月份铜合约的同时卖出 30 手次年 3 月份铝合约，以期未来某个有利时机同时平仓获取利润。6 月 28 日，该套利者以 54 020 元/吨卖出 30 手次年 3 月份铜合约的同时以 15 265 元/吨买入 30 手次年 3 月份铝合约。交易情况见表 5－8。

表 5－8　　沪铜/铝跨品种套利策略

6 月 1 日	买入 30 手次年 3 月份铜合约，价格为 54 390 元/吨	卖出 30 手次年 3 月份铝合约，价格为 15 700 元/吨	价差为 38 690 元/吨
6 月 28 日	卖出 30 手次年 3 月份铜合约，价格为 54 020 元/吨	买入 30 手次年 3 月份铝合约，价格为 15 265 元/吨	价差为 38 755 元/吨
套利结果	亏损 370 元/吨	获利 435 元/吨	
净获利	（435 元/吨－370 元/吨）×30 手×5 吨/手＝9 750（元）		

注：1 手＝5 吨。

（二）原料与成品间的套利

原料与成品间的套利是指利用原材料商品和它的制成品之间的价格关系进行套利。最典型的是大豆与其两种制成品——豆油和豆粕之间的套利。在我国，大豆与豆油、豆粕之间一般存在着“100%大豆＝18%豆油＋78.5%豆粕＋3.5%损耗”的关系①。因而，也就存在“100%大豆×购进价格＋加工费用＋利润＝18%的豆油×销售价格＋78.5%豆粕×销售价格”的平衡关系。三种商品之间的套利，有两种做法：大豆提油套利和反向大豆提油套利。

1. 大豆提油套利。大豆提油套利是大豆加工商在市场价格关系基本正常时进行的，目的是防止大豆价格突然上涨，或豆油、豆粕价格突然下跌，从而产生亏损或使已产生的亏损降至最低。由于大豆加工商对大豆的购买和产品的销售不能够同时进行，因而存在着一定的价格变动风险。

① 出油率的高低和损耗率的高低要受大豆的品质和提取技术的影响，因而比例关系也处在变化之中。

大豆提油套利的做法是：购买大豆期货合约的同时卖出豆油和豆粕的期货合约，当在现货市场上购入大豆或将成品最终销售时再将期货合约对冲平仓。这样，大豆加工商就可以锁定产成品和原料间的价差，防止市场价格波动带来的损失。

2. 反向大豆提油套利。反向大豆提油套利是大豆加工商在市场价格反常时采用的套利。当大豆价格受某些因素的影响出现大幅上涨时，大豆可能与其产品出现价格倒挂，大豆加工商将会采取反向大豆提油套利的做法：卖出大豆期货合约，买进豆油和豆粕的期货合约，同时缩减生产，减少豆粕和豆油的供给量，三者之间的价格将会趋于正常，大豆加工商在期货市场中的盈利将有助于弥补现货市场中的亏损。

5.3.3 跨市套利

跨市套利是指在某个交易所买入（或卖出）某一交割月份的某种商品合约的同时，在另一个交易所卖出（或买入）同一交割月份的同种商品合约，以期在有利时机分别在两个交易所同时对冲持仓的合约而获利。

在期货市场上，许多交易所都交易相同或相似的期货商品，如芝加哥期货交易所、大连商品交易所、东京谷物交易所都进行玉米、大豆期货交易，伦敦金属交易所、上海期货交易所、纽约商业交易所都进行铜、铝等有色金属交易。一般来说，这些品种在各交易所间的价格会有一个稳定的差额，一旦这个稳定差额发生偏离，交易者就可通过买入价格相对较低的合约，卖出价格相对较高的合约而在这两个市场间套利，以期两市场价差恢复正常时平仓，赚取低风险利润。

✪【例5－17】 7月1日，堪萨斯市交易所12月份小麦期货合约价格为730美分/蒲式耳，同日芝加哥交易所12月份小麦期货合约价格为740美分/蒲式耳。套利者认为，虽然堪萨斯市交易所的合约价格较低，但和正常情况相比仍稍高，预测两交易所12月份合约的价差将扩大。据此分析，套利者决定卖出20手堪萨斯市交易所12月份小麦合约，同时买入20手芝加哥交易所12月份小麦合约，以期未来某个有利时机同时平仓获取利润。7月10日，该套利者以720美分/蒲式耳买入20手堪萨市交易所12月份小麦合约的同时以735美分/蒲式耳买入20手芝加哥交易所12月份小麦合约。交易情况见表5－9。

表5－9 跨市套利策略

7月1日	卖出20手堪所12月份小麦合约，价格为730美分/蒲式耳	买入20手芝所12月份小麦合约，价格为740美分/蒲式耳	价差10美分/蒲式耳
7月10日	买入20手堪所12月份小麦合约，价格为720美分/蒲式耳	卖出20手芝所12月份小麦合约，价格为735美分/蒲式耳	价差15美分/蒲式耳
套利结果	获利10美分/蒲式耳	亏损5美分/蒲式耳	
净获利	（0.10美元/蒲式耳－0.05美元/蒲式耳）×20×5 000＝5 000（美元）		

注：1手＝5 000蒲式耳。

5.3.4 期现套利

期现套利是通过利用期货市场和现货市场的不合理价差进行反向交易而获利。理论上，期货价格和现货价格之间的价差主要反映持仓费的大小。但现实中，期货价格与现货价格的价差并不绝对等同于持仓费，有时高于或低于持仓费。当价差与持仓费出现较大偏差时，就会产生期现套利机会。

具体有两种情形。如果价差远远高于持仓费，套利者就可以通过买入现货，同时卖出相关期货合约，待合约到期时，用所买入的现货进行交割。价差的收益扣除买入现货之后发生的持仓费用之后还有盈利，从而产生套利的利润。相反，如果价差远远低于持仓费，套利者就可以通过卖出现货，同时买入相关期货合约，待合约到期时，用交割获得的现货来补充之前所卖出的现货。价差的亏损小于所节约的持仓费，因而产生盈利。

不过，对于商品期货而言，由于现货市场缺少做空机制，从而限制了现货市场卖出的操作，因而最常见的期现套利操作是第一种情形。

✪【例 5－18】　6 月 30 日，9 月份郑州商品交易所白糖期货价格为 5 200 元/吨，郑州现货市场白糖价格为 5 100 元/吨，期货价格比现货价格高 100 元/吨。套利者通过分析，估算出持仓费约为每吨 30 元，认为存在期现套利机会。按照 5 100 元/吨的价格买入白糖现货，同时在期货市场以 5 200 元/吨的价格卖出白糖期货合约。如果套利者一直持有到期并进行交割，赚取的价差为 100 元/吨（5 200－5 100＝100），扣除持有白糖所花费的持仓费 30 元/吨之后，套利者盈利 70 元/吨。

在实际操作中，也可不通过交割来完成期现套利，只要价差变化对套利者有利，可通过将期货合约和现货头寸分别了结的方式来结束期现套利操作。

此外，在商品期货市场进行期现套利操作，一般要求交易者对现货商品的贸易、运输和储存等环节比较熟悉。因此，期现套利参与者常常是有现货生产经营背景的企业。

本章小结

1. 除套期保值外，期货还是市场投机和套利的有效工具。期货投机是指交易者通过预测期货合约未来价格变化，以在期货市场上获取价差收益为目的的期货交易行为。期货套利是利用期货与现货或者不同期货合约价差的不合理，通过相反头寸的操作，实现获利的目的。

2. 投机交易有利于期货市场风险的分配，可以提高市场的流动性，是期货市场不可或缺的交易形式。

3. 期货套利有期现套利、期货价差套利。期货价差套利又有跨期套利、跨品种套利和跨市套利等多种形式。

复习与思考

1. 为什么说投机交易是期货市场不可或缺的一种交易？
2. 在投机交易中，金字塔式交易策略是怎样一种策略？
3. 在投机交易中，对期货合约月份的选择应注意哪些问题？

4. 什么是止损指令？止损指令有什么作用？

5. 期货套利有哪几种形式？期货套利对市场的健康发展有什么作用？

6. 期货的价差是如何计算的？预期价差扩大或缩小时应如何确定价差套利策略？

7. 期货价差套利的市价指令和限价指令各有什么优缺点？

8. 解释期货牛市套利、熊市套利和蝶式套利的异同。

9. 期货跨品种套利有哪些形式？

10. 2月16日，上海期货交易所交易的黄金期货合约，5月合约的价格为254.20元/克，6月合约的价格为253.10元/克。某投资者认为此二合约的价差会进一步加大，决定进行套利。

（1）这属于什么类型的套利？应如何操作？

（2）如果该投资者以当时的价格买卖上述合约10手。后来果如其所料，到了2月26日，5月份合约的价格为253.10元/克，6月份合约的价格为251.00元/克。该投资者平仓了结交易。黄金合约的规模为1 000克/手。计算该投资者的盈亏。

11. 2月16日，大连期货交易所交易的玉米期货合约中，5月份合约的价格为1 966元/吨，7月份合约的价格为1 870元/吨，9月份合约的价格为1 692元/吨。某投资者认为前两个月份的价差过小，后两个月的价差又太大，准备采取蝶式套利方式套利。

（1）应该如何操作？

（2）假设投资者在套利中买卖各合约的数量都是10手。如果后来的情况不如预期，到了2月26日，5月合约的价格变为2 000元/吨，6月合约价格变为1 920元/吨，9月合约变为1 770元/吨，该投资者预期情况不易好转。于是，平仓止损。玉米合约的规模为10吨/手。计算该投资者的盈亏。

第六章

股指期货、外汇期货与利率期货

在全球期货市场中，金融期货的交易占到整个期货市场交易的 80% 以上。股指期货、外汇期货与利率期货已成为金融机构、工商企业、政府部门管理风险、投资组合管理、投机套利等活动的重要的金融工具。我国自 2010 年 4 月推出沪深 300 股指期货交易后，又于 2013 年 9 月和 2015 年 3 月相继推出 5 年期国债期货、10 年期国债期货合约的交易，金融期货的交易也取得了飞速的发展。沪深 300 股指期货推出后仅用了两年时间，到了 2012 年交易量就超过我国所有商品期货交易量的总和，2015 年成为全球第二大股指期货产品。虽然 2015 年的股灾之后，国家监管部门对上海金融期货交易所的金融期货交易采取了种种限制措施，但是，可以想见，我国的金融期货有着远大的发展前途。本章将介绍交易异常活跃的金融期货品种：股指期货、外汇期货与利率期货。

§6.1 股指期货

6.1.1 股票指数与股指期货

（一）股票指数

股票指数（stock index），国内多称股价指数，简称股指，是反映和衡量所选择的一组股票的价格的平均变动的指标。不同股票市场有不同的股票指数，同一股票市场也可以有多个股票指数。不同股票指数除了其所代表的市场板块可能不同之外，另一主要区别是它们的具体编制方法可能不同，即具体的抽样和计算方法不同。一般而言，在编制股票指数时，首先需要从所有上市股票中选取一定数量的样本股票。在确定了样本股票之后，还要选择一种计算简便、易于修正并能保持统计口径一致和连续的计算公式作为编制的工具。通常的计算方法有三种：算术平均法、加权平均法和几何平均法。在此基础上，确定一个基期日，并将某一既定的整数（如 10、100、1 000 等）定为该基期的股票指数。以后，则根据各时期的股票价格和基期股票价格的对比，计算出升降百分比，即可得出该时点的股票指数。

世界最著名的股票指数包括道琼斯工业平均指数（DJIA）、标准普尔 500 指数

（Standard and Poor's 500 index，S&P500）、纽约证交所综合股票指数（New York Stock Exchange composite index）、道琼斯欧洲 STOXX50（DJ Euro STOXX 50）指数、英国的金融时报指数（FT－SE100）、日本的日经 225 股价指数（Nikkei225）、中国香港的恒生指数（Hang Sheng index）等。在我国，著名的股票指数有沪深 300 指数、上证综合指数、深证综合指数、上证 180 指数、深证成份指数等。在这些指数中，道琼斯工业平均指数（DJIA）与日经 225 股价指数（Nikkei225）的编制采用算术平均法，而其他指数都采用加权平均法编制。它们各自反映不同市场板块的股票价格运动和变化趋势，成为各种经济机构和投资者了解市场和进行投资选择的重要指标和依据。

（二）股指期货

股指期货（stock index futures），即股票价格指数期货，也可称为股价指数期货、期指，是指以股价指数为标的资产的期货合约。双方约定在未来某个特定的时间，按照事先确定的股价指数的大小，进行标的指数的买卖。股指期货交易的标的物是股票价格指数。自 1982 年 2 月美国堪萨斯期货交易所上市价值线综合平均指数期货交易以来，股指期货日益受到各类投资者的重视，交易规模迅速扩大，交易品种不断增加。目前，股指期货交易已成为金融期货——也是所有期货交易品种中的第一大品种。

股指期货与其他期货在产品定价、交易规则等方面并无大的区别。但是，由于股指期货有着特殊的标的物，因而在某些具体的细节上，股指期货也有一定的特殊性。第一，像股票指数现货交易一样，股指期货以指数点数报出，期货合约的价值由所报点数与每个指数点所代表的金额相乘得到。每一股指期货合约都有预先确定的每点所代表的固定金额，这一金额称为合约乘数。因此，股指期货合约的规模是不确定的，它会随着股指期货市场点数的变化而变化。第二，股票指数期货没有实际交割的资产，指数是由多种股票组成的组合。合约到期时，不可能将所有标的股票拿来交割，故而只能采用现金交割。第三，与利率期货相比，由于股价指数波动大于债券，而期货价格与标的资产价格紧密相关，股指期货价格波动要大于利率期货。

（三）股指期货的应用

股票市场影响因素众多，价格变化莫测。股票市场投融资和资产管理以及上市企业的经营管理都必须密切关注股票市场的变化，及时调整投融资策略和资产配置，降低风险，增加收益。相对于现货市场，股指期货具有流动性好、交易成本低、对市场冲击小等特点。可以利用股指期货与股票、股票组合等其他金融工具构建各种灵活的组合方式，以实现经营目的。股指期货的应用领域主要有套期保值、投机套利和资产管理三个方面。

1. 套期保值。利用股指期货进行套期保值，降低投资组合的系统性风险。它不仅可以对现货指数进行套期保值，而且可以对单只股票或特定的股票组合进行套期保值。由于灵活的开平仓交易制度，这种套期保值操作简单，调整及时。而且，在套期保值的过程中，投资者还可以根据意愿，灵活调节整个资产组合的风险大小。

2. 投机套利。股指期货与股票指数之间以及不同的股指期货之间存在密切的价格联系。当市场价格与它们之间合理的价格关系暂时发生背离时，投资者就可以抓住时机，买进价格被低估的资产，卖出价格被高估的资产，待市场理性回归时，做相反的操作，实现盈利。另外，投资者如果能够比较有把握地预测某种股指期货未来的价格走势，也可以在价格低估时买进，之后卖出；或者价格高估时卖出，之后买进，以实现投机盈利。与股票现货市场上的投机相比，在股指期货市场投机所需资金量少，操作便利。而且由于期货投资的杠杆效应，这种投机具有成倍放大收益的作用。

3. 资产管理。对于各种投资基金等机构性投资者来说，股指期货是一个重要而灵活的资产配置和管理工具。比如，如果一个投资经理管理一个规模庞大的多元化证券组合，假如该经理长期看好该组合，但是又预测市场有短期下跌的风险。既担心市场的短期下跌给他带来损失，又希望长期持有组合，那么，他可以用股指期货进行短期套保，待风险期过后，平仓期货，恢复对原组合的持有。这样，就可以避免仅在股市操作带来的不便。其实，如果仅在股市操作，可能根本就不能实现长期持有和短期避险的双重目的。除此之外，上市公司在增发或回购股票时，也可以借助股指期货的买卖，帮助自己实现目的。以上市公司增发股票为例。上市公司增发股票，在市场状态较好时更容易实现。但在熊市中，常规增发是很难进行的。为实现增发目的，上市公司可采用单独回购或者与承销商合作等适度买进自己公司的股票，将股票价格维持在“合理”范围一段时间的方式，增加本公司股票的吸引力，直到完成融资增发。但这样做在股市震荡剧烈或者向不利方向发展时，容易使公司蒙受重大损失。为兼顾二者，上市公司可以同时卖出股指期货合约，对股票相应头寸进行套期保值，来规避股市系统风险，最大限度地保证增发计划的高效完成，为上市公司及时主动、最大限度地增发配股提供帮助。

（四）股指期货的基本概念与交易规则

全球交易所交易的股指期货的基本概念与交易规则大同小异。下面以中国金融期货交易所推出的第一份金融期货合约——沪深300指数期货介绍股指期货的一些基本概念和交易规则。沪深300股指期货自推出以来，合约条款几经调整，表6－1是目前条款的主要内容。

表6－1 沪深300指数期货合约表

合约标的	沪深300指数
合约乘数	每点300元
报价单位	指数点
最小变动价位	0.2点
合约月份	当月、下月及随后两个季月
交易时间	上午9:15—11:30，下午13:00—15:15
最后交易日交易时间	上午9:15—11:30，下午13:00—15:00
每日价格最大波动限制	上一个交易日结算价的±10%
最低交易保证金	合约价值的8%
最后交易日	合约到期月份的第三个周五，遇法定节假日顺延
交割日期	同最后交易日
手续费	手续费标准为成交金额的万分之零点二五
交割方式	现金交割
交易代码	IF
上市交易所	中国金融期货交易所

以下对主要合约条款和沪深300指数期货的交易规则简要说明如下：

1. 合约乘数。一张股指期货合约的合约价值用股指期货指数点乘以某一既定的货币金额表示，这一既定的货币金额称为合约乘数。股票指数点越大，或合约乘数越大，股指期货合约价值也就越大。沪深300指数期货的合约乘数为每点人民币300元。当沪深300指数期货指数点为2 300点时，合约价值等于2 300点乘以300元，即

69 万元；当指数点为 3 000 点时，合约价值等于 3 000 点乘以 300 元，即 90 万元。因此，与其他期货品种有着固定的合约规模不同，股指期货的规模是随着股指期货价格的变化而变化的。

2. 报价方式与最小变动价位。股指期货合约以指数点报价。沪深 300 股指期货的交易指令分为市价指令、限价指令及交易所规定的其他指令。交易指令每次最小下单数量为 1 手，市价指令每次最大下单数量为 50 手，限价指令每次最大下单数量为 100 手。报价变动的最小单位即为最小变动价位，合约交易报价指数点必须是最小变动价位的整数倍。沪深 300 指数期货的最小变动价位为 0.2 点，意味着合约交易报价的指数点必须为 0.2 点的整数倍。每张合约的最小变动值为 0.2 乘以 300 元，即 60 元。

3. 合约月份。股指期货的合约月份是指股指期货合约到期进行交割所在的月份。不同国家和地区股指期货合约月份的设置不尽相同。在境外期货市场上，股指期货合约月份的设置主要有两种方式：一种是季月模式（季月是指 3 月、6 月、9 月和 12 月）。欧美市场采用的就是这种设置方式，如芝加哥商业交易所的 S&P500 指数期货的合约月份以 3 月、6 月、9 月、12 月为循环月份，如果当前时间是 2016 年 1 月，S&P500 指数期货的合约月份为 2016 年 3 月、6 月、9 月、12 月和 2017 年 3 月、6 月、9 月、12 月。另外一种是以近期月份为主，再加上远期季月。如我国香港的恒生指数期货和我国台湾的台指期货的合约月份就是 2 个近月和 2 个季月。

沪深 300 指数期货合约的合约月份为当月、下月及随后两个季月，共四个月份合约。如果当前时间是 2016 年 1 月 12 日，那么期货市场上同时有以下 4 个合约在交易：IF1601、IF1602、IF1603、IF1606。这四个合约中，IF1601、IF1602 是当月和下月合约；IF1603、IF1606 是随后两个季月合约。

4. 每日价格最大变动限制。为了防止价格大幅波动所引发的风险，国际上通常对股指期货交易规定每日价格最大波动限制。比如，新加坡交易的日经 225 指数期货规定当天的涨跌幅度不超过前一交易日结算价 ±2 000 点。但并非所有交易所都采取每日价格波动限制，例如中国香港的恒生指数期货、英国的 FT－SE100 指数期货交易就没有此限制。

沪深 300 指数期货的每日价格波动限制为上一交易日结算价的 ±10%。季月合约上市首日涨跌停板幅度为挂盘基准价的 ±20%。上市首日有成交的，于下一交易日恢复到合约规定的涨跌停板幅度；上市首日无成交的，下一交易日继续执行前一交易日的涨跌停板幅度。沪深 300 指数期货合约最后交易日涨跌停板幅度为上一交易日结算价的 ±20%。

5. 保证金。沪深 300 指数期货的交易保证金最初设定为 12%。上市之初，按照中国证监会“高标准、稳起步”的指示精神，在 12% 最低保证金标准的基础上，中金所实际收取的交易保证金甚至上浮到 15%。随着这一期货品种几年来的稳健运行，为降低交易成本，提高市场的资金使用效率，中国金融期货交易所已将沪深 300 指数期货所有合约的交易保证金标准统一调整至 10%，并将沪深 300 指数期货合约最低保证金标准下调至 8%。

6. 持仓限额。期货的持仓限额是指交易所规定的会员或者客户对某一合约单边持仓的最大数量。通过实施持仓限额制度，可以使交易所对持仓量较大的会员或客户进行重点监控，有效防范操纵市场价格的行为，也可以防范期货市场风险过度集中的现象发生。沪深300指数期货规定，同一客户在不同会员处开仓交易，其在某一合约单边持仓合计不得超出该客户的持仓限额。会员和客户的股指期货合约持仓限额具体规定为：进行投机交易的客户号某一合约单边持仓限额为1200手（起初是100手；2012年5月31日起，由100手调至300手；2013年3月12日起，由300手调至600手；2014年9月1日起，由600手调至1200手）；某一合约结算后单边总持仓量超过10万手的，结算会员下一交易日该合约单边持仓量不得超过该合约单边总持仓量的25%；进行套期保值交易和套利交易的客户号的持仓按照交易所有关规定执行，不受该持仓限额限制。

7. 每日结算价。在股指期货交易中，大多数交易所采用当天期货交易的收盘价作为当天的结算价，美国芝加哥商业交易所的S&P500期指合约与中国香港的恒生指数期货合约交易都采用此法。也有一些交易所不采用此法，如西班牙股票衍生品交易所的IBEX—35期指合约规定为收市时最高买价和最低卖价的算术平均值。沪深300股指期货当日结算价是某一期货合约最后一小时成交价格按照成交量的加权平均价，计算结果保留至小数点后一位。最后一小时因系统故障等原因导致交易中断的，扣除中断时间后向前取满一小时视为最后一小时。合约最后一小时无成交的，以前一小时成交价格按照成交量的加权平均价作为当日结算价。该时段仍无成交的，则再往前推一小时。以此类推。合约当日最后一笔成交距开盘时间不足一小时的，则取全天成交量的加权平均价作为当日结算价。合约当日无成交的，当日结算价计算公式为：当日结算价 = 该合约上一交易日结算价 + 基准合约当日结算价 - 基准合约上一交易日结算价。

其中，基准合约为当日有成交的离交割月最近的合约。合约为新上市合约的，取其挂盘基准价为上一交易日结算价。基准合约为当日交割合约的，取其交割结算价为基准合约当日结算价。根据本公式计算出的当日结算价超出合约涨跌停板价格的，取涨跌停板价格作为当日结算价。采用上述方法仍无法确定当日结算价或者计算出的结算价明显不合理的，交易所有权决定当日结算价。

8. 交割方式与交割结算价。股指期货合约采用现金交割方式，即按照交割结算价，计算持仓者的盈亏，按此进行资金的划拨，了结所有未平仓合约。股指期货通常是依据现货指数来确定的，可以有效地保证期指与现指的到期趋同。

交割结算价的选取不同交易所存在差异，例如美国芝加哥商业交易所的S&P500指数期货是以最后结算日（即周五上午）现指特别开盘报价（Special Opening Quotation，SOQ）为交割结算价；中国香港的恒生指数期货采取最后交易日现指每5分钟报价的平均值整数为交割结算价。

沪深300股指期货合约的相关规定是：股指期货合约采用现金交割方式；股指期货合约最后交易日收市后，交易所以交割结算价为基准，划付持仓双方的盈亏，了结所有未平仓合约。沪深300股指期货的交割结算价为最后交易日标的指数最后两小时的算术平均价。计算结果保留至小数点后两位。交易所有权根据市场情况对股指期货的交割结算价进行调整。

9. 投资者适当性制度。沪深300指数期货市场实行股指期货投资者适当性制度。该制度按照“把适当的产品销售给适当的投资者”的原则，从资金实力、投资经历、知识测试等方面对投资者进行了限制性的规定，从而规避了中小投资者因盲目参与而遭受较大损失的可能。股指期货投资者适当性制度主要包含以下要点：(1) 自然人申请开户时保证金账户可用资金余额不低于人民币50万元；(2) 具备股指期货基础知识，开户测试不低于80分；(3) 具有累计10个交易日、20笔以上的股指期货仿真交易成交记录，或者最近三年内具有10笔以上的商品期货交易成交记录。对于一般法人及特殊法人投资者申请开户除具有以上三点要求外，还应该具备：(1) 一般法人投资者申请开户，净资产不低于人民币100万元；(2) 一般法人申请开户，还应当具备相应的决策机制和操作流程，决策机制主要包括决策的主体与决策程序，操作流程应当明确业务环节、岗位职责以及相应的制衡机制；(3) 特殊法人投资者申请开户，还应当提供相关监管机构、主管机构的批准文件或者证明文件。

6.1.2 股指期货套期保值

(一) 最优套期保值比率与β系数

用股指期货进行的套期保值多数是交叉套期保值。因为投资者只有买卖指数基金或严格按照指数的构成买卖一揽子股票，才能做到与股指期货的完全对应。事实上，对绝大多数的股市投资者而言，很少会完全按照指数成分股来构建股票组合。因此，要有效地对投资者的股票组合进行保值，需要确定一个合理买卖股指期货合约的数量，也就是说，必须确定最优套期保值比率。这需要用到股票或股票组合的β系数。

1. 单个股票的β系数。β系数是测度股票市场风险的传统方法。β系数的定义是股票的收益率和整个市场组合的收益率的协方差与市场组合收益率的方差的比值。即对于股票 i，其β系数为：

$$\beta_i = \frac{\mathrm{cov}(R_i, R_m)}{\mathrm{var}(R_m)} \tag{6.1}$$

其中，R_m是包括所有股票的整个市场的收益率；R_i是股票 i 的收益率。股票的β系数可以用线性回归的方法来得到。给定一组股票 i 与整体市场组合收益率的历史观测值 R_{it}和 R_{mt}，做回归：

$$R_{it} = \alpha + \beta R_{mt} + \varepsilon_{it} \tag{6.2}$$

得到的系数β即是对股票 i 的β系数的估计。

β系数显示股票的价值相对于市场价值变化的相对大小，也称为股票的相对波动率。β系数大于1说明股票比市场整体波动性高，因而其市场风险高于平均市场风险；β系数小于1说明股票比市场整体波动性低，因而其市场风险低于平均市场风险。

2. 股票组合的β系数。当投资者拥有一个股票组合时，就要计算这个组合的β系数。假定一个组合 P 由 n 个股票组成，第 i 个股票的资金比例为 $X_i(X_1 + X_2 + \cdots + X_n = 1)$；$\beta_i$ 为第 i 个股票的β系数。则有：

$$\beta = X_1\beta_1 + X_2\beta_2 + \cdots + X_n\beta_n$$

注意，β 系数是根据历史资料统计而得到的，在应用中，通常就用历史的 β 系数来代表未来的 β 系数。股票组合的 β 系数比单个股票的 β 系数可靠性要高，这一点对于预测应用的效果来说也是同样的。在实际应用中，为了提高预测能力，有时还对 β 系数作进一步的修改与调整。

3. 最优套期保值比率及所需股指期货合约的数量。研究表明，当用来进行套期保值的股指期货的标的股指与整个市场组合高度相关时，股票或股票组合的 β 系数就是股指期货最小方差套期保值比率的一个良好近似。也就是说，这时，可以把 β 系数用做最优套期保值比率。比如，在美国，用 S&P500 指数期货为特定股票或股票组合进行套期保值时，就可以用被保值股票或股票组合的 β 系数作为最优套期保值比率。在我国市场上，用沪深 300 指数期货进行套期保值，同样可以用被保值股票或股票组合的 β 系数作为最优套期保值比率。这样，在给定被保值股票或股票组合的 β 系数的情况下，就可以计算套期保值是所需要买入或卖出的股指期货合约的数量了，即

$$\text{买卖期货合约数量} = \beta \times \frac{\text{现货总价值}}{\text{期货指数点} \times \text{每点乘数}} \tag{6.3}$$

其中，公式（6.3）中的“期货指数点×每点乘数”实际上就是一张期货合约的价值。从公式中不难看出：当现货总价值和期货合约的价值已定下来后，所需买卖的期货合约数就与 β 系数的大小有关，β 系数越大，所需的期货合约数就越多；反之则越少。

4. 改变投资组合的风险。最优套期保值比率是将资产组合的风险降到最低限度。但是，现实中，投资者往往并不需要每次都这样做。很多情况下，只要将风险降到可以承受的水平就可以了。因为，在用套期保值的方法降低风险的同时，也降低了资产组合的预期收益率。降低资产组合的风险其实就是降低资产组合的 β 系数，最优套期保值比率实际是把整个组合的 β 系数降为 0。现实中，只要降到意愿的值就可以了。设降到的意愿值为 β^*，则需要的股指期货合约的数量公式应为

$$\text{买卖期货合约数量} = (\beta - \beta^*) \times \frac{\text{现货总价值}}{\text{期货指数点} \times \text{每点乘数}} \tag{6.4}$$

循此思路，当然也可以通过期货合约的买卖增大资产组合的系统风险，以提高预期收益。

（二）股指期货卖出套期保值

卖出套期保值是指交易者为了回避股票市场价格下跌的风险，通过在期货市场卖出股票指数期货合约的操作，而在股票市场和期货市场上建立盈亏冲抵机制。进行卖出套期保值的情形主要是：投资者持有股票组合，担心股市大盘下跌而影响股票组合的收益。

✪【例6-1】　国内某证券投资基金在某年9月2日时，其收益率已达到26%，鉴于后市不太明朗，下跌的可能性很大，为了保持这一业绩到12月，决定利用沪深300指数期货实行保值。假定其股票组合的现值为2.24亿元，并且其股票组合与沪深300指数的β系数为0.9。假定9月2日时的现货指数为3 400点，而12月到期的期货合约为3 650点。该基金首先要计算卖出多少期货合约才能使2.24亿元的股票组合得到有效

保护。

$$应该卖出的期货合约数 = 0.9 \times \frac{224\ 000\ 000}{3\ 650 \times 300} \approx 184(张)$$

12 月 2 日，现货指数跌到 2 200 点，而期货指数跌到 2 290 点（现货指数跌 1 200 点，跌幅约为 35.29%，期货指数跌 1 360 点，跌幅大致为 37.26%），这时该基金买进 205 张期货合约进行平仓，则该基金的损益情况为：股票组合市值缩水 35.29% ×0.9 = 31.76%，市值减少为 1.5286 亿元，市值减少 0.7114 亿元；期货合约上赢得 184 × 1 360 ×300 ÷100 000 000 =0.75072 亿元，实现避险目的（见表 6 –2）。

表 6 –2　　股指期货卖出套期保值

日期	现货市场	期货市场
9 月 2 日	股票总值 2.24 亿元，沪深 300 现指为 3 400 点	卖出 184 张 12 月到期的沪深 300 指数期货合约，期指为 3 650点，合约总值为 184 × 3 650 × 300 ÷ 100 000 000 = 2.0148 亿元
12 月 2 日	沪深 300 现指跌至 2 200 点，该基金持有的股票价值缩水为 1.5286 亿元	买进 184 张 12 月到期的沪深 300 指数期货合约平仓，期指为 2 290 点，合约总值为 184 ×2 290 ×300 ÷100 000 000 = 1.26408 亿元
损益	–0.7114 亿元	0.75072 亿元

如果到了 12 月 2 日，股票指数和股指期货合约价格都上涨了，结果便是期货市场出现亏损，但股票组合升值，盈亏相抵之后，基本上仍能实现当初的愿望，即保持以往的收益业绩。

（三）股指期货买入套期保值

买入套期保值是指交易者为了回避股票市场价格上涨的风险，通过在期货市场买入股票指数的操作，在股票市场和期货市场上建立盈亏冲抵机制。进行买入套期保值的情形主要是：投资者在未来计划持有股票组合，担心股市大盘上涨而使购买股票组合成本上升。

✪**【例 6 –2】**　某机构在 4 月 15 日得到承诺，6 月 10 日会有 300 万元资金到账。该机构看中 A、B、C 三只股票，现在价格分别为 20 元、25 元、50 元，如果现在就有资金，每个股票投入 100 万元就可以分别买进 5 万股、4 万股和 2 万股。由于现在处于行情看涨期，他们担心资金到账时，股价已上涨，就买不到这么多股票了。于是，采取买进股指期货合约的方法锁定成本。

假定相应的 6 月到期的期指为 2 500 点，每点乘数为 100 元。三只股票的 β 系数分别为 1.5、1.3 和 0.8，则首先得计算应该买进多少期指合约。

$$三只股票组合的\ \beta\ 系数为\ 1.5 \times \frac{1}{3} + 1.3 \times \frac{1}{3} + 0.8 \times \frac{1}{3} = 1.2$$

$$应该买进期指合约数 = 1.2 \times \frac{3\ 000\ 000}{2\ 500 \times 100} = 14.4\ (张)\ \approx 15\ (张)$$

6 月 10 日，该机构如期收到 300 万元，这时现指与期指均已涨了 10%，即期指已涨至 2 750 点，而三只股票分别上涨至 23 元（上涨 15%）、28.25 元（上涨 13%）、54 元（上涨 8%）。如果仍旧分别买进 5 万股、4 万股和 2 万股，则共需资金：23 元 ×5 万 + 28.25 元 ×4 万 +54 元 ×2 万 =336 万元，显然，资金缺口为 36 万元。

由于他们在指数期货上做了多头保值，6 月 10 日将期指合约卖出平仓，共计可得：15 ×（2 750 −2 500）×100 =37.5 万元，弥补资金缺口后尚有余裕。可见，通过套期保值，该机构基本上可以把一个多月后买进股票的价格锁定在 4 月 15 日的水平上。同样，如果到时股指和股票价格都跌了，实际效果仍旧如此。这时，该机构在期指合约上亏损，但由于股价低了，扣除亏损的钱后，余额仍旧可以买到足额的股票数量。表 6 −3 仅列出价格上涨时的情况。

表 6 −3　　股指期货买入套期保值

日期	现货市场	期货市场
4 月 15 日	预计 6 月 10 日可收到 300 万元，准备购进 A、B、C 三只股票，当天三只股票的市场价为： A 股票 20 元，β 系数为 1.5 B 股票 25 元，β 系数为 1.3 C 股票 50 元，β 系数为 0.8 按此价格，各投资 100 万元，可购买： A 股票 5 万股 B 股票 4 万股 C 股票 2 万股	买进 15 张 6 月到期的指数期货合约，期指点为 2 500 点，合约总值为15 ×2 500 ×100 ÷10 000 =375 万元
6 月 10 日	收到 300 万元，但股票价格已上涨至： A 股票 23 元（上涨 15%） B 股票 28.25 元（上涨 13%） C 股票 54 元（上涨 8%） 如仍按计划数量购买，资金缺口为 36 万元	卖出 15 张 6 月到期的指数期货合约平仓，期指为 2 750 点，合约总值为15 ×2 750 ×100 ÷10 000 =412.5 万元
损益	−36 万元	37.5 万元

6.1.3　股指期货投机与套利交易

（一）股指期货投机策略

股指期货的投机交易在流程和形式上与商品期货的投机交易类似，第五章中已有详细介绍，此处不再赘述。但由于股指期货的标的是股票指数，其反映的信息面更为广泛，因此交易者应做好对各种经济信息的研究，综合研判股指期货的价格走势。

一般而言，分析股指期货价格走势有两种方法：基本面分析方法和技术面分析方法。基本面分析方法重在分析对股指期货价格变动产生影响的基本面因素，这些因素包括国内外政治因素、经济因素、社会因素、政策因素、行业周期因素等多个方面，通过分析基本面因素的变动对股指可能产生的影响来预测和判断股指未来变动方向。技术分析方法重在分析行情的历史走势，以期通过分析当前价和量的关系，再根据历史行情走势来预测和判断股指未来变动方向。通常情况下，股指期货的成交量、持仓量和价格关系如表 6－4 所示。

表 6－4　　股指期货量价关系

价格	交易量	持仓量	市场趋向
上涨	增加	上升	新开仓增加，多头占优
上涨	减少	上升	新开仓增加，空头占优
下跌	增加	下降	平仓增加，空头占优
下跌	减少	下降	平仓增加，多头占优
上涨	不活跃	上升	多头占优，但优势不明显
上涨	减少	上升	空头占优，但优势不明显
下跌	不活跃	下降	空头可能被逼平仓
下跌	增加	下降	多头可能被逼平仓

基本面分析方法和技术面分析方法各有优劣，一般在进行投机交易时需要将两种方法有机结合，以提高判断的准确率。

（二）股指期货期现套利

股指期货合约的理论价格由其标的股指的市场价格与无风险利率共同决定。正常情况下，期货指数与现货指数维持一定的动态关系。但是，在现实中，由于各种因素的影响，股票指数与期货指数都在不断地变化，期货—现货价格关系经常偏离其应有的水平。当这种偏离超出一定的范围时，就会产生套利机会。交易者可以利用这种套利机会从事套利交易，获取无风险利润。

在判断是否存在期现套利机会时，依据现货指数来确定股指期货理论价格非常关键，只有当实际的股指期货价格高于或低于理论价格时，套利机会才有可能出现。

1. 股指期货合约的理论价格。根据期货理论，期货价格与现货价格之间的价差主要是由持仓费决定的。股指期货也不例外。假定甲拥有一笔市场流动性极好的基础资产（underlying asset），现在市场价值为 1 万元。乙想获得这份资产，与甲签订买卖协议。如果买卖是即时的，则定价问题极易解决，就是 1 万元。但如果签订的是一份 3 个月后交割的远期合约，该如何定价呢？站在甲的立场上看，1 万元肯定太低，因为还不如现在卖给他人，取得现款后将其贷出，3 个月后的本利和不止 1 万元。所以，站在甲的立场上看，远期合约价格必须考虑在资产持有期中发生的成本，即持有成本（cost of carry）。假定持有成本由资金成本和储存成本组成，当市场年利率为 6% 时，按单利计算，3 个月的利率为 1.5%，相应的利息为 150 元。又假设期末应付出的储存费为 100 元，则对甲来说，10 250 元的要价是合理的。低于这个价格，甲是不会答应的。同样，站在乙的立场上考虑，如果签约价格高于 10 250 元，还不如现在贷款借入 1 万元，买下这份资产，3 个月后，还掉本利和 10 150 元（假定利率同前），再支付 100 元的储存费，总计价格也不过是 10 250 元。显然 10 250 元的签约价格对甲、乙双方而言都是可以接受的，也是公平合理的价格。这种考虑资产持有成本的远期合约价格，就是远期合约的

“合理价格”（fair price），也称为远期合约的理论价格（theoretical price）。

对于股票这种基础资产而言，由于它不是有形商品，故不存在储存成本。但其持有成本同样由两个组成部分：一项是资金占用成本，这可以按照市场资金利率来度量；另一项则是持有期内可能得到的股票分红红利，然而，由于这是持有资产的收入，当将其看做成本时，只能是负值成本。前项减去后项，便可得到净持有成本。当前项大于后项时，净持有成本大于零；反之，当前项小于后项时，净持有成本便小于零。平均来看，市场利率总是大于股票分红率的，故净持有成本通常是正数。但是，如果考察的时间较短，期间正好有一大笔红利收入，则在短时期中，有可能净持有成本为负。

✪【例6－3】　买卖双方签订一份3个月后交割一揽子股票组合的远期合约，该一揽子股票组合与沪深300指数构成完全对应，现在市场价值为99万元，即对应于沪深300指数3 300点（沪深期货合约的乘数为300元）。假定市场年利率为6%，且预计一个月后可收到6 600元现金红利，该远期合约的合理价格计算过程是：

资金占用99万元，相应的利息为99万元×6%×3÷12＝14 850元，一个月后收到红利6 600元，再计其剩余两个月的利息为6 600×6%×2÷12＝66元，本利和共计为6 666元；净持有成本＝14 850－6 666＝8 184元；该远期合约的合理价格应为990 000＋8 184＝998 184元。

如果将上述金额用指数点表示，则为：99万元相当于3 300指数点；三个月的利息为3 300×6%×3÷12＝49.5点；红利6 600元相当于22个指数点，再计剩余两个月的利息为22×6%×2÷12＝0.22个指数点，本利和共计为22.22个指数点；净持有成本为49.5－22.22＝27.28个指数点；该远期合约的合理价格应为3 300＋27.28＝3 327.28点。

期货合约与远期合约同样具有现时签约并在日后约定时间交割的性质。尽管两者之间有一定的区别，但从交易者可以选择最后参与交割来看，其定价机制并没有什么差别。事实上，可以用严格的数学方法来证明，在一系列合理的假设条件下，股指期货合约的理论价格与远期合约的理论价格是一致的。

股指期货理论价格的计算公式可表示为：

$$F(t,T) = S(t) + S(t) \times (r - d) \times (T - t)/365 = S(t)[1 + (r - d) \times (T - t)/365]$$

其中，t为所需计算的各项内容的时间变量；T代表交割时间；$T-t$就是t时刻至交割时的时间长度，通常以天为计算单位，而如果用一年的365天去除，$(T-t)/365$的单位显然就是年了；$S(t)$为t时刻的现货指数；$F(t,T)$表示T时交割的期货合约在t时的理论价格（以指数表示）；r为年利息率；d为年指数股息率。

相关的假设条件有：暂不考虑交易费用，期货交易所需占用的保证金以及可能发生的追加保证金也暂时忽略；期、现两个市场都有足够的流动性，使得交易者可以在当前价位上成交；融券以及卖空极易进行，且卖空所得资金随即可以使用。

计算公式（以指数表示）如下：

持有期利息公式为：$S(t) \times r \times (T-t)/365$；

持有期股息收入公式为：$S(t) \times d \times (T-t)/365$；

持有期净成本公式为：

$$S(t) \times r \times (T-t)/365 - S(t) \times d \times (T-t)/365 = S(t) \times (r-d) \times (T-t)/365 \quad (6.5)$$

注意：在计算时既可以采用单利计算法，也可以采用复利计算法。但从实际效果来看，由于套利发生的时间区间通常都不长，两者之间的差别并不大。

2. 股指期货期现套利操作。股指期货合约实际价格恰好等于股指期货理论价格的情况比较少，多数情况下股指期货合约实际价格与股指期货理论价格总是存在偏离。当前者高于后者时，称为期价高估（overvalued），当前者低于后者时称为期价低估（undervalued）。

（1）期价高估与正向套利。当存在期价高估时，交易者可通过卖出股指期货同时买入对应的现货股票进行套利交易，这种操作称为“正向套利”。假定数据如前，但实际沪深300股票指数期指为3 347.28点，高出理论期指20点，这时交易者可以通过卖出沪深300指数期货，同时买进对应的现货股票进行套利交易。步骤为：①卖出一张沪深300指数期货合约，成交价位3 347.28点，同时以6%的年利率贷款99万元，买进相应的一揽子股票组合。②一个月后，将收到的6 600元股息收入按6%的年利率贷出。③再过两个月，即到交割期，将沪深300指数期货对冲平仓，将一揽子股票卖出，并收回贷出的6 600元的本利。注意，在交割时，期、现货价格是一致的。④还贷。99万元3个月的利息为14 850元，需还贷本利和共计1 004 850元。

表6－5列出了交割时指数值在不同的3种情况下的盈亏状况：情况A的交割价高于原期货实际成交价（3 347.28点），情况C的交割价低于原现货实际成交价（3 347.28点），情况B的交割价等于原现货实际成交价（3 347.28点）。从表中可以看出，无论在哪种情况下，此种操作的盈利都是固定的6 000元，恰是实际期价与理论期价之差（3 347.28－3 327.28）×300＝6 000元，实现了无风险的套利。

表6－5　期价高估时的套利情况表

交割价	情况A	情况B	情况C
	3 367.28点	3 347.28点	3 317.28点
现货市场收回现金（卖出股票组合获得现金＋6 600元股息贷款收回现金）	3 367.28×300＋6 600×(1＋6%×2/12)＝1 016 850（元）	3 347.28×300＋6 600×(1＋6%×2/12)＝1 010 850（元）	3 317.28×300＋6 600×(1＋6%×2/12)＝1 001 850（元）
还贷所需现金	1 004 850元	1 004 850元	1 004 850元
现货盈亏	1 016 850－1 004 850＝12 000（元）	1 010 850－1 004 850＝6 000（元）	1 001 850－1 004 850＝－3 000（元）
期货盈亏	3 347.28－3 367.28＝－20（点），即－6 000元	3 347.28－3 347.28＝0（点），即盈亏持平	3 347.28－3 317.28＝300（点），即9 000元
期现盈亏合计	12 000－6 000＝6 000（元）	6 000＋0＝6 000（元）	3 000＋9 000＝6 000（元）

（2）期价低估与反向套利。当存期价低估时，交易者可通过买入股指期货的同时卖出对应的现货股票进行套利交易，这种操作称为“反向套利”。假定基本数据同上，实

际沪深300股票指数期货为3 297.28点，比3 327.28点的理论指数低30点。这时交易者可以通过买进期货，同时卖出相应的现货股票组合来套利。具体步骤为：①以3 297.28点的价位买进一张沪深300指数期货合约，同时借入一揽子对应的股票在股票市场按现价3 300点卖出，得款99万元，再将这99万元按市场年利率6%贷出3个月。②3个月后，收回贷款本利合计1 004 850元，然后在期货市场将沪深300指数期货卖出平仓，同时在现货市场上买进相应的股票组合，将这个股票组合还给原出借者，同时还必须补偿股票所有者本来应得的分红本利和6 666元。③与上例相同，不论最后的交割价为多少，最后实现的盈亏总额都是相同的。设最后交割指数为H，则净利＝收回贷款本利和－赔偿分红本利和＋期货盈亏－买回股票组合所需资金＝1 004 850－6 666＋（H－3 297.28）×300－H×300＝998 184＋H×300－3 297.28×300－H×300＝998 184－989 184＝9 000元。这笔利润正是理论期价与实际期价之差（3 327.28－3 297.28）×300＝9 000元。

由于套利是在期、现两个市场同时反向操作，将利润锁定，不论价格涨跌，都不会因此而产生风险，故常将期现套利交易称为无风险套利，相应的利润称为无风险利润。从理论上讲，这种套利交易是不需资本的，因为所需资金都是借来的，所需支付的利息已经在套利过程中考虑了，故套利利润实际上是已扣除机会成本后的净利润。当然，在以上分析中，略去了一些影响因素，例如交易费用以及融券问题、利率问题等与实际情况是否吻合等，这会在一定程度上影响套利操作和效果。

3. 交易成本与无套利区间。无套利区间是指考虑交易成本后，将期指理论价格分别向上移和向下移所形成的一个区间。在这个区间中，套利交易不但得不到利润，反而可能导致亏损。具体而言，若将期指理论价格上移一个交易成本之后的价位称为无套利区间的上界，将期指理论价格下移一个交易成本之后的价位称为无套利区间的下界，只有当实际的期指高于上界时，正向套利才能够获利；反之，只有当实际期指低于下界时，反向套利才能够获利。

假设TC为所有交易成本的合计数，则显然无套利区间的上界应为：

$$F(t,T) + TC = S(t)[1 + (r - d) \times (T - t)/365] + TC \tag{6.6}$$

而无套利区间的下界应为：

$$F(t,T) - TC = S(t)[1 + (r - d) \times (T - t)/365] - TC \tag{6.7}$$

相应的无套利区间应为：

$$[S(t)[1 + (r - d) \times (T - t)/365] - TC, S(t)[1 + (r - d) \times (T - t)/365] + TC] \tag{6.8}$$

✪【例6－4】　设$r=5\%$，$d=1.5\%$，6月30日为6月期货合约的交割日，4月1日、5月1日、6月1日及6月30日的现货指数分别为1 400点、1 420点、1 465点及1 440点，这几日的期货理论价格计算如下：4月1日至6月30日，持有期为3个月，即3/12年，F（4月1日，6月30日）＝1 400×［1＋（5%－1.5%）×3÷12］＝1 412.25点；5月1日至6月30日，持有期为2个月，即2/12年，F（5月1日，6月30日）＝1 420×［1＋（5%－1.5%）×2÷12］＝1 428.28点；6月1日至6月30日，

持有期为 1 个月，即 1/12 年，F（6 月 1 日，6 月 30 日）=1 465 ×［1＋（5%－1.5%）×1÷12］=1 469.27 点；6 月 30 日，期货到期，期、现价格相等，均为 1 440点。

✪【例 6－5】 基本数据如上例，又假定（1）借贷利率差 $\Delta r=0.5\%$；（2）期货合约买卖手续费双边为 0.2 个指数点，同时，市场冲击成本也是 0.2 个指数点；（3）股票买卖的双边手续费及市场冲击成本各为成交金额的 0.6%，即合计为成交金额的 1.2%，如以指数点表示，则为 1.2%×S（t）。4 月 1 日、6 月 1 日的无套利区间计算如下：

4 月 1 日：股票买卖的双边手续费及市场冲击成本为 1 400×1.2%=16.8 点；期货合约买卖双边手续费及市场冲击成本为 0.4 个指数点；借贷利率差成本为 1 400×0.5%×3÷12=1.75 点；三项合计，TC=16.8+0.4+1.75=18.95 点。无套利区间上界为 1 412.25+18.95=1 431.2 点；无套利区间下界为 1 412.25－18.95=1 393.3 点。无套利区间为［1 393.3，1 431.2］。上下界幅宽为 1 431.2－1 393.3=37.9 点。

6 月 1 日：股票买卖的双边手续费及市场冲击成本为 1 465×1.2%=17.58 点；期货合约买卖双边手续费及市场冲击成本为 0.4 个指数点；借贷利率差成本为 1 465×0.5%×1÷12=0.61 点；三项合计，TC=17.58+0.4+0.61=18.59 点。无套利区间上界为 1 469.27+18.59=1 487.86 点；无套利区间下界为 1 469.27－18.59=1 450.68 点。无套利区间为［1 450.68，1 487.86］。上下界幅宽为 1 487.86－1 450.68=37.18 点。

无论是从组成 TC 的公式中还是例题中都不难看出：借贷利率差成本与持有期的长度有关，它随着持有期缩短而减小，当持有期为零时（即交割日），借贷利率差成本也为零；而交易费用和市场冲击成本却是与持有期的长短无关的，即使到交割日，它也不会减少，因而，无套利区间的上下界幅宽主要是由交易费用和市场冲击成本这两项所决定的。

4. 套利交易中的模拟误差。准确的套利交易意味着卖出或买进股指期货合约的同时，买进或卖出与其相对应的股票组合。与使用股指期货进行的套期保值通常是交叉套期保值一样，在套利交易中，实际交易的现货股票组合与指数的股票组合也很少会完全一致。这时，就可能导致两者未来的走势或回报不一致，从而导致一定的误差。这种误差，通常称为模拟误差。

模拟误差来自两方面。一方面是因为组成指数的成分股太多，如 S&P500 指数是由 500 只股票所组成的。短时期内同时买进或卖出这么多的股票难度较大，并且准确模拟将使交易成本大大增加，因为对一些成交不活跃的股票来说，买卖的冲击成本非常大。通常，交易者会通过构造一个取样较小的股票投资组合来代替指数，这会产生模拟误差。另一方面，即使组成指数的成分股并不太多，如道琼斯工业指数仅由 30 只股票所组成，但由于指数大多以市值为比例构造，由于交易最小单位的限制，严格按比例复制很可能根本就难以实现。比如，如果按比例构建组合出现某些股票应买卖 100 股以下的结果，也就是股市交易规定的最小单位 1 手以下，就没办法实现。这也会产生模拟误差。

模拟误差会给套利者原先的利润预期带来一定的影响。举例来说，如果期价高出无套利区间上界 5 个指数点，交易者进行正向套利，理论上到交割期可以稳挣 5 个点，但是如果买进的股票组合（即模拟指数组合）到交割期落后于指数 5 个点，套利者将什么也挣不到。当然，如果买进的股票组合到交割期领先指数 5 个点，那该套利者就将挣到 10 个点。因此，模拟误差会增加套利结果的不确定性，在套利交易活动中，套利者应该给予足够的重视。

5. 期现套利程式交易。期现套利交易对交易时机的把握要求非常高，必须在短时间内完成期指的买卖以及许多股票的买卖，传统的报价交易方式难以满足这一要求，因此必须依赖程式交易（program trading）系统。

程式交易系统由四个子系统组成，就是套利机会发觉子系统、自动下单子系统、成交报告及结算子系统，以及风险管理子系统。

套利机会发觉子系统在运作时必须同步链接股票现货市场与股指期货市场的行情信息。除此之外，子系统内要预置与套利者自身有关的信息模块，如无套利区间计算所需要的各种参数、各种股票组合模型及相应的误差统计、套利规模的设定等。按此设计的套利机会发觉子系统将会及时发现市场是否存在套利机会，或及时发现对已有的套利头寸是否存在了结的机会，一旦产生机会，便会向交易者发出提示或按照预定的程序向自动下单子系统发出下单指令。

成交报告及结算子系统的作用是对成交情况迅速进行结算并提供详尽的报告，使套利者可以动态掌握套利交易的情况，对其进行评估，并在必要时对原有套利模式进行修正。

风险管理子系统可以对模拟误差风险及其他风险进行控制，同时它也会发挥管理指数期货保证金账户的作用。

通过运用程式交易，套利者可以在较短时间内发现套利机会，并且快速执行套利操作，从而有效获取套利收益。

（三）股指期货跨期套利

跨期套利是在同一交易所同一期货品种不同交割月份期货合约间的套利。同一般的跨期套利相同，它是利用不同月份的股指期货合约的价差关系，买进（卖出）某一月份的股指期货的同时卖出（买进）另一月份的股指期货合约，并在未来某个时间同时将两个头寸平仓了结的交易行为。

1. 不同交割月份期货合约间的价格关系。股指期货一般都有两个到期交割月份以上合约，其中交割月离当前较近的称为近期合约，交割月离当前较远的称为远期合约。当远期合约价格大于近期合约价格时，称为正常市场或正向市场，近期合约价格大于远期合约价格时，称为逆转市场或反向市场。

在正常市场中，远期合约与近期合约之间的价差主要受到持有成本的影响。股指期货的持有成本相对低于商品期货，而且可能收到的股利在一定程度上可以降低股指期货的持有成本。当实际价差高于或低于正常价差时，就存在套利机会。例如，假定 3 月和 2 月沪深300 指数期货的正常价差为100 点，当3 月和2 月沪深300 指数期货的实际价差为200点，明显高于100点的水平，此时可通过买入价格低估合约、同时卖出价格高估合约的做法进行套利，可以获取稳定利润。当然，价差随着套利活动的增加而逐渐减小，直至回归合理价差。

在逆转市场上，两者的价格差主要取决于近期供给相对于需求的短缺程度，以及购买者愿意花费多大代价换取近期合约。

根据以上关系，再结合具体的市场行情及对市况发展趋势的分析预测，就可以判断不同交割月份合约价格间的关系是否正常。如果不正常，无论价差过大还是过小，投资者都可以相机采取套利交易，待价格关系恢复正常时同时对冲了结，以获取套利利润。

2. 不同交割月份期货合约间存在理论价差。根据期货定价理论，可以推算出不同月份的股指期货之间存在理论价差。现实中，两者的合理价差可能包含更多因素，但基本原理类似。

设：$F(T_1)$ 为近月股指期货价格；$F(T_2)$ 为远月股指期货价格；S 为现货指数价格；r 为利率；d 为红利率，则根据期—现价格理论有：

$$F(T_1) = S[1 + (r - d)T_1/365]$$

$$F(T_2) = S[1 + (r - d)T_2/365]$$

可推出：

$$\begin{aligned} F(T_2) - F(T_1) &= S[1 + (r - d)T_2/365] - S[1 + (r - d)T_1/365] \\ &= S(r - d)T_2/365 - S(r - d)T_1/365 \\ &= S(r - d)(T_2 - T_1)/365 \end{aligned} \tag{6.9}$$

此即为两个不同月份的股指期货的理论价差。当实际价差与理论价差出现明显偏离时，可以考虑进行套利交易，等到价差回归到合理水平时了结头寸结束交易。

由于股指期货的价格受众多因素的影响，实际价格可能会经常偏离理论价格，因此完全依据理论价格进行套利分析和交易可能会面临较大的不确定性。

股指期货跨月套利也可以完全根据价差/价比分析法进行分析和操作。通过分析两个不同月份期货合约的价差和价比数据，并观察和统计数据分布区间及其相应概率，当实际价差出现在大概率分布区间之外时可以考虑建立套利头寸，当价差或价比重新回到大概率区间时，平掉套利头寸获利了结。

✪【例6-6】 假定利率比股票分红高3%，即 $r-d=3\%$。5月1日上午10点，沪深300指数为3 000点，沪深300指数期货9月合约为3 100点，6月合约价格为3 050点，9月期货合约与6月期货合约之间的实际价差为50点，而理论价差为：$S(r-d)(T_2-T_1)/365=3\,000\times3\%\times3/12=22.5$ 点，因此投资者认为价差很可能缩小，于是买入6月合约，卖出9月合约。5月1日下午2点，9月合约涨至3 150点，6月合约涨至3 120点，9月期货合约与6月期货合约之间的实际价差缩小为30点。在不考虑交易成本的情况下，投资者平仓后每张合约获利为20点×300元/点=6 000元。

跨期套利损益见表6-6。

表 6-6 跨期套利损益示意图

5月1日上午10:00	买入1手6月合约，价格为3 050点	卖出1手9月合约，价格为3 100点	价差为50点
5月1日下午2:00	卖出1手6月合约，价格为3 120点	买入1手9月合约，价格为3 150点	价差为30点
每张合约损益	+70点	-50点	价差缩小20点
最终盈亏	盈利20点×300元/点=6 000元		

§6.2 外汇期货

6.2.1 外汇期货及其特征

外汇期货（forex），亦称货币期货（currency futures），是以特定的外币作为合约标的的期货合约。世界上最大的外汇期货交易市场是芝加哥商业交易所（CME）于1972年建立的国际货币市场（IMM）。该市场提供世界主要币种兑美元的外汇期货，还挂盘交易多种非美元的交叉汇率外汇期货产品。其他的重要外汇期货市场包括费城期货交易所（PBOT）、新加坡国际期货交易所（SIMEX）、新西兰期货交易所和悉尼期货交易所。表6-7列出了部分在国际货币市场（IMM）交易的外汇期货的主要特征。

表 6-7 国际货币市场（IMM）主要外汇期货特征

	外汇期货
交易地点	国际货币市场（IMM）
标的资产	各种外汇
合约规模	日元：1 250万日元
	欧元：125 000欧元
	加拿大元：100 000加元
	英镑：62 500英镑
	澳元：100 000澳元
	瑞士法郎：125 000瑞士法郎
	……
报价	每单位外币多少美元
每日价格变动限制	各异
交割月份	季月循环
最后交易日	交割月份第三个星期三的前两个交易日
交割方式	多数实物交割，巴西雷亚尔现金价格

从表6-7可以看出，美国期货市场上的外汇期货合约的价格是以每单位外币多少美元或美分的方式报出，这与美国外汇现货与远期通常的间接报价不同。在美国以外的地区，许多国家有美元期货交易，则用一定数量的本币对美元标价。

外汇期货的规模都是以外币单位表示的，合约规模和每种合约允许的最小变动价位等信息都会在合约中列示，比如欧元的合约规模（也称交易单位）是125 000欧元，最小变动价位是每合约12.50美元；加拿大元的合约规模是100 000加元，最小变动价位为每合约10美元。

在外汇合约价格表上一般登载有每一张合约每天的开盘价、最高价、最低价、结算价等价格，还会有日成交量、未平仓合约数等信息，这与其他的期货合约基本一致。银行间市场（场外市场）的交易商提供与外汇期货合约类似的远期外汇交易，而外汇远期交易比较成熟，市场规模也很大，这是与其他期货品种有所不同的。

6.2.2 外汇期货套期保值

外汇期货套期保值分卖出套期保值、买入套期保值和交叉套期保值。

（一）卖出套期保值

适合做外汇期货卖出套期保值的情形主要包括：（1）持有外汇资产者，担心未来货币贬值。（2）出口商和从事国际业务的银行预计未来某一时间将会得到一笔外汇，为了避免外汇汇率下跌造成损失。

✪【例6-7】 美国某投资者发现欧元的利率高于美元利率，于是决定购买50万欧元以获取高息，计划投资3个月，但又担心投资期间欧元兑美元贬值。为规避欧元汇价贬值的风险，该投资者利用芝加哥商业交易所外汇期货市场进行卖出套期保值，每手欧元期货合约为12.5万欧元，具体操作过程见表6-8。

表6-8 外汇期货卖出套期保值

时间	即期市场	期货市场
3月1日	欧元兑美元即期汇率为1欧元兑1.3432美元，购买50万欧元，付出67.16万美元	卖出4手6月到期的欧元期货合约，成交价格为EUR/USD = 1.3450（表示1欧元兑1.3450美元）
6月1日	欧元兑美元即期汇率为1欧元兑1.2120美元，出售50万欧元，得到60.6万美元	买入4手6月到期的欧元期货合约对冲平仓，成交价格为EUR/USD = 1.2101（表示1欧元兑1.2101美元），与3月1日的卖出价格比，期货合约下跌1 349个点，即1.3450 - 1.2101 = 0.1349，每个点的合约价值为12.5美元，4手合约共获利：12.5 × 4 × 1 349 = 6.745万美元
损益	损失6.56万美元	获利6.745万美元

根据表6-8，该投资者投资50万欧元，因欧元汇价下跌而在即期外汇市场上损失6.56万美元，但由于同时在外汇期货市场上做了套期保值交易，期货市场获利6.745万美元，使得即期市场的损失可以从期货市场的获利中得到弥补。当然，若欧元汇价在这期间上涨，该投资者在即期市场的获利也将被期货市场的损失所抵消。

（二）买入套期保值

适合做外汇期货买入套期保值的情形主要包括：（1）外汇短期负债者担心未来货币升值。（2）国际贸易中的进口商担心付汇时外汇汇率上升造成损失。

✪【例6-8】 在6月1日，美国某进口商预期3个月后需支付进口货款2.5亿日元，目前的即期汇率为USD/JPY = 146.70（表示1美元兑146.70日元），该进口商为避免3个月后因日元升值而需付出更多的美元来兑换成日元，就在CME外汇期货市场买入20手9月到期的日元期货合约，进行买入套期保值，每手日元期货合约代表1 250万日元，具体操作过程如表6-9所示。

表 6－9　外汇期货买入套期保值

时间	即期市场	期货市场
6 月 1 日	即期汇率为 USD/JPY＝146.70（表示 1 美元兑 146.70 日元），2.5 亿日元价值 1 704 160美元	买入 20 手 9 月份到期的日元期货合约，成交价为 JPY/USD＝0.006835，即 6 835 点（外汇期货市场上 1 个点＝0.000001，该报价相当于即期市场报价法的 USD/JPY＝146.30）
9 月 1 日	即期汇率为 USD/JPY＝142.35，从即期市场买入 2.5 亿日元，需付出 1 756 230 美元。与 6 月 1 日相比，需要多支付 52 070（＝1 756 230－1 704 160）美元	卖出 20 手 9 月份到期的日元期货合约对冲平仓，成交价格为 7 030 点（该报价相当于即期市场报价法的 USD/JPY＝142.25）。期货市场每手日元期货合约共获利 195 点（＝7 030－6 835），每个点代表 12.5 美元，共 20 手合约，总盈利为 48 750 美元
损益	损失 52 070 美元	获利 48 750 美元

根据表 6－9，该进口商于 3 个月后实际支付日元货款时，因日元汇价上升而需多付出 52 070 美元的成本，但因同时在外汇期货市场上做了多头套期保值，使成本的增加可从期货市场的获利中大致得到弥补。当然，若 9 月 1 日的日元汇价下跌，则即期市场上的成本减少的好处将被期货市场的亏损大致抵消。

（三）外汇交叉套期保值

这里的交叉套期保值与我们前面讲的交叉套期保值的含义有所不同，外汇交叉套期保值（cross hedge）是指利用相关的两种外汇期货合约为一种外汇保值。鉴于此，我们特别标明为“外汇交叉套期保值”或“交叉货币套期保值”等。

在国际外汇期货市场上交易的外汇期货合约以外币对美元的期货合约为多，有时没有两种非美元货币间的期货合约。例如：目前，人民币与很多货币之间就没有直接的期货合约，人民币与美元之间的期货合约也才出现不长的时间。这样，若希望通过期货套期保值的方式回避人民币与其他货币之间的汇率风险，就必须运用交叉货币套期保值。进行交叉套期保值的关键是要把握以下两点：（1）正确选择承担保值任务的另外一种期货，只有相关程度高的品种，才是为手中持有的现汇进行保值的适当工具。（2）正确调整期货合约的数量，使其与被保值对象相匹配。

✪【例 6－9】　6 月 1 日，国内某出口公司向挪威出口一批货物，价值 2000 万挪威克朗（NOK），3 个月后以挪威克朗进行结算。当时挪威克朗兑人民币的即期汇率为 1NOK＝0.7998CNY。该出口公司担心 3 个月后挪威克朗贬值造成损失，考虑在期货市场进行套期保值。由于没有挪威克朗对人民币的期货合约，该出口商决定用美国 CME 货币市场的 NOK/USD 期货合约与 CNY/USD 期货合约进行交叉套期保值，买入 16 手 CNY/USD 期货合约，卖出 10 手 NOK/USD 期货合约（CNY/USD 期货合约规模 100 万元人民币，NOK/USD 期货合约 200 万挪威克朗）。假设 6 月 1 日，CNY/USD 期货价格为 0.1618，NOK/USD 期货价格为 0.1292；若 9 月 1 日，NOK/CNY 汇率下降为 1NOK＝

0.7958CNY，而CME期货市场的CNY/USD期货价格下降为0.1613，NOK/USD期货价格下降为0.1281。该出口商平仓结束保值，其损益情况如表6－10所示。

表6－10　　外汇交叉套期保值损益表

时间	现货市场 NOK/CNY	期货市场 CNY/USD	期货市场 NOK/USD
6月1日	即期汇率：1NOK = 0.7998CNY，2 000万 NOK =1 599.6 万 CNY	买入16手，价格0.1618，持仓价值258.88万USD	卖出10手，价格0.1292，持仓价值258.4万USD
9月1日	即期汇率：1NOK = 0.7958CNY，2 000万 NOK =1 591.6 万 CNY	卖出16手，价格0.1613，持仓价值258.08万USD	买入10手，价格0.1281，持仓价值256.2万USD
盈亏	亏损8万CNY	亏损0.8万USD	盈利2.2万USD

这样，由于挪威克朗对人民币贬值，出口商损失8万元。但是通过套期保值，他在期货市场盈利2.2－0.8＝1.4万美元。如果美元汇率为6.2元，其盈利折合人民币1.4×6.2＝8.68万元，弥补8万元损失后尚有剩余。当然，现实中不可能套期保值都会盈利，也可能会有损失，但是，一般会降低风险。

6.2.3　外汇期货套利

外汇期货套利是指交易者根据不同市场、期限或币种间的理论性价差的异常波动，同时买进和卖出两种相关的外汇期货合约，以期价差朝有利方向变化后将手中合约同时对冲平仓而获利的交易行为。外汇期货套利形式与商品期货套利形式大致相同，可分为期现套利、跨期套利、跨市场套利和跨币种套利等类型。

（一）外汇期现套利

外汇期现套利，即在外汇现货和期货中同时进行方向相反的交易，即通过卖出高估的外汇期货合约或现货、同时买入被低估的外汇期货合约或现货的方式来达到获利的目的。

由于外汇期货价格波动时，可能会偏离合理的价格区间，而在交割制度的保证下，最终一定会回到合理的价格区间，因此交易者就可以利用价格的不合理性进行套利。但在实际的市场环境中，由于交易成本和冲击成本因素的存在，会影响套利策略的实施。这类市场因素的存在，使得外汇期货和现货价格的价差波动中出现一个无套利区间，只有外汇期货价格超出区间范围才会真正出现无风险套利机会。

外汇期货的交易成本主要是指交易所和期货经纪商收取的佣金、中央结算公司收取的过户费等买卖期货产生的费用。由于交易所或期货经纪商会给予不同的优惠，对于不同的投资者的交易成本也有所不同。外汇现货的交易成本有不同的计算方式。一般在场内交易的交易成本也是支付给外汇交易商的佣金和其他一些费用。但是在做市商处交易的交易成本就是点差，即买卖价差。值得注意的是，在外汇期货中也有买卖价差的存在，但是一些主力合约（市场主要买卖的合约）价差往往比较小，因此并不是交易成本的主要构成部分。除此以外，部分现汇与期汇交易成本还包括了保证金成本。冲击成本，也称为流动性成本，主要是指规模大套利资金进入市场后对市场价格的冲击，使交易未能按照预订价位成交，从而多付出的成本。例如当前欧元/美元期货卖价为1.3000，交易者试图以1.3000的价位买入期货，但是在这价位的卖单数量不足，因此交易者不得不以高出1.3000数个点位的方式买入期货，才能完成全部的买单操作。当冲击成本过高的时候，会影响套利的收益。在流动性不好的市场，冲击成本往往会比较大。因此，在计算无套利区间时，上限应该由期货的理论价格加上期货和现货的交易成本和冲击成本、下限应由期货的理论价格减去期货和现货的交易成本和冲击成本来得到。

✪【例6-10】　在3月1日，交易者发现欧元/美元的现货价格为1.3093，而6月份的欧元/美元的期货价格为1.3153，期现价差为60个点。同时，交易者认为6月份的外汇期货理论价格为1.3123，无套利区间大概为［1.3113，1.3133］。因此，交易者判断当前的外汇期货价格超出了无套利区间，期现价差将会缩小。因此交易者卖出10手6月份的欧元/美元期货，并买入相应金额的现货。

4月1日，现货和期货价格分别变为1.3102和1.3142，价差缩小到40个点。交易者同时将现货和期货平仓，从而完成外汇期现套利交易，结果如表6-11所示。

表6-11　　外汇期现套利

3月1日	买入与期货价格合约价值对应的现货，价格为1.3093	卖出10手6月份欧元/美元期货合约，价格为1.3153	价差为60个点
4月1日	卖出与期货价格合约价值对应的现货，价格为1.3102	买入10手6月份欧元/美元期货合约，价格为1.3142	价差为40个点
各自盈亏情况	盈利9个点	盈利11个点	价差缩小20个点
最终结果	总盈利12.5×10×20=2 500美元		

（二）外汇期货跨期套利

外汇期货跨期套利，是指交易者同时买入或卖出相同品种不同交割月份的外汇期货合约，以期合约间价差朝有利方向发展后平仓获利的交易行为。

根据前文提到过的套利交易模式，外汇期货跨期套利可以分为牛市套利、熊市套利和蝶式套利等形式。

1. 牛市套利。买入近期月份的外汇期货合约同时卖出远期月份的外汇期货合约进行套利盈利的模式为牛市套利。

✪【例6-11】　1月15日，交易者发现当年3月份的欧元/美元期货价格为1.3012，6月份的欧元/美元期货价格为1.3100，二者价差88个点。交易者估计欧元/美元汇率将上涨，同时3月份和6月份的合约价差将会缩小。所以交易者买入10手3月份的欧元/美元期货合约，同时卖出10手6月份的欧元/美元期货合约。

到了1月30日，3月份的欧元/美元期货合约和6月份的欧元/美元期货合约价格分别上涨到1.3055和1.3110，二者价差缩小为55个点。交易者同时将两种合约平仓，从而完成套利交易，交易结果如表6-12所示。

表 6－12　　外汇期货牛市套利

1 月 15 日	买入 10 手 3 月份欧元/美元期货合约，价格为 1.3012	卖出 10 手 6 月份欧元/美元期货合约，价格为 1.3100	价差为 88 个点
1 月 30 日	卖出 10 手 3 月份欧元/美元期货合约，价格为 1.3055	买入 10 手 6 月份欧元/美元期货合约，价格为 1.3110	价差为 55 个点
各自盈亏情况	盈利 43 个点	亏损 10 个点	价差缩小 33 个点
最终结果	盈利 33 个点，总盈利 12.50×10×33＝4 125 美元		

在上述的例子中，市场如交易者预计的一样上涨，而最终的交易结果也使交易者获得盈利。如果在 1 月 30 日，3 月份和 6 月份的合约价格不涨反跌，价格分别下跌到 1.2998 和 1.3050，两者价差缩小到 52 点。交易者同时将两种合约平仓，从而完成套利交易。交易结果如表 6－13 所示。

表 6－13　　外汇期货牛市套利

1 月 15 日	买入 10 手 3 月份欧元/美元期货合约，价格为 1.3012	卖出 10 手 6 月份欧元/美元期货合约，价格为 1.3100	价差为 88 个点
1 月 30 日	卖出 10 手 3 月份欧元/美元期货合约，价格为 1.2998	买入 10 手 6 月份欧元/美元期货合约，价格为 1.3050	价差为 52 个点
各自盈亏情况	亏损 14 个点	盈利 50 个点	价差缩小 36 个点
最终结果	盈利 36 个点，总盈利 12.50×10×36＝4 500 美元		

该例中，交易者预计外汇期货价格将上涨，但半个月后外汇期货价格不涨反跌。虽然外汇价格走势与交易者的判断相反，但最终交易结果仍使交易者获得了 4 500 美元的盈利。

因此，在牛市套利中，只要合约间的价差缩小，套利者就能获取盈利，而市场方向与套利者获利与否无关。

2. 熊市套利。相对而言，卖出近期月份的外汇期货合约同时买入远期月份的外汇期货合约进行套利盈利的模式为熊市套利。

✪【例 6－12】　1 月 15 日，交易者发现当年 3 月份的英镑/美元期货价格为 1.5017，6 月份的欧元/美元期货价格为 1.5094，二者价差相差 77 个点。交易者估计英镑/美元汇率将上涨，同时 3 月份和 6 月份的合约价差将会扩大。所以交易者卖出 50 手 3 月份的英镑/美元期货合约，同时买入 50 手 6 月份的英镑/美元期货合约。

到了 1 月 30 日，3 月份的英镑/美元期货合约和 6 月份的英镑/美元期货合约价格分别上涨到 1.5043 和 1.5135，二者价差扩大至 92 个点。交易者同时将两种合约平仓，从而完成套利交易，交易结果如表 6－14 所示。

表 6－14　　外汇期货熊市套利

1 月 15 日	卖出 50 手 3 月份英镑/美元期货合约，价格为 1.5017	买入 50 手 6 月份英镑/美元期货合约，价格为 1.5094	价差为 77 个点
1 月 30 日	买入 50 手 3 月份欧元/美元期货合约，价格为 1.5043	卖出 50 手 6 月份欧元/美元期货合约，价格为 1.5135	价差为 92 个点
各自盈亏情况	亏损 26 个点	盈利 41 个点	价差扩大 15 个点
最终结果	盈利 15 个点，总盈利 6.25 ×50 ×15 =4 687.5 美元		

与牛市套利类似，熊市套利的结果并不受交易者判断的市场方向和市场的实际走向影响，而是以价差是否扩大而决定。在熊市套利中，只要两个合约间的价差扩大，套利者就能获取盈利。例如在［例 6－12］中，如果价格不升反降，套利者的获利情况如表 6－15 所示。

表 6－15　　外汇期货熊市套利

1 月 15 日	卖出 50 手 3 月份英镑/美元期货合约，价格为 1.5017	买入 50 手 6 月份英镑/美元期货合约，价格为 1.5094	价差为 77 个点
1 月 30 日	买入 50 手 3 月份欧元/美元期货合约，价格为 1.5005	卖出 50 手 6 月份欧元/美元期货合约，价格为 1.5088	价差为 83 个点
各自盈亏情况	盈利 12 个点	亏损 6 个点	价差扩大 6 个点
最终结果	盈利 6 个点，总盈利 6.25 ×50 ×6 =1 875 美元		

3. 蝶式套利。外汇期货的蝶式套利是由一个共享居中交割月份一个牛市套利和一个熊市套利的跨期套利组合。具体操作方法是：交易者买入（或卖出）近期月份合约，同时卖出（或买入）居中月份合约，并买入（或卖出）远期月份合约，其中，居中月份合约的数量等于近期月份和远期月份数量之和。

✪**【例 6－13】**　1 月 15 日，交易者发现 3 月份、6 月份和 9 月份的澳元/美元期货价格分别为 1.0255、1.0185、1.0119。交易者认为 3 月和 6 月的价差会缩小而 6 月份和 9 月份的价差会扩大。所以交易者买入 50 手 3 月份的澳元/美元期货合约、卖出 100 手 6 月份合约，同时买入 50 手 9 月份的合约。

到了 1 月 30 日，3 个合约均出现不同程度的下跌，3 月份、6 月份和 9 月份的澳元/美元期货价格分别为 1.0255、1.0185、1.0119。交易者同时将三个合约平仓，从而完成套利交易，交易结果如表 6－16 所示。

表 6－16　　外汇期货蝶式套利

1 月 15 日	卖出 50 手 3 月份澳元/美元期货合约，价格为 1.0255	买入 100 手 6 月份澳元/美元期货合约，价格为 1.0185	卖出 50 手 9 月份澳元/美元期货合约，价格为 1.0119
1 月 30 日	买入 50 手 3 月份澳元/美元期货合约，价格为 1.0235	卖出 100 手 6 月份澳元/美元期货合约，价格为 1.0175	买入 50 手 9 月份澳元/美元期货合约，价格为 1.0105
各自盈亏情况	盈利 20 个点	亏损 10 个点	盈利 14 个点
最终结果	总盈利 10 ×50 ×20 －10 ×100 ×10 ＋10 ×50 ×14 =7 000 美元		

由此可见，外汇期货蝶式套利是两个跨期套利的组合，与普通的跨期套利相比理论上风险和利润都较小。

（三）外汇期货跨币种套利

外汇期货跨币种套利是指交易者根据对交割月份相同而币种不同的期货合约在某一交易所的价格走势的预测，买进某一币种的期货合约，同时卖出另一币种相同交割月份的期货合约，从而进行套利交易。

✪【例6－14】　6月10日，国际货币市场6月期瑞士法郎的期货价格为1瑞士法郎＝0.5500美元，6月期德国马克的期货价格为1德国马克＝0.4200美元，则6月期瑞士法郎期货对德国马克期货的套算汇率为1瑞士法郎＝1.31德国马克。某交易者预期瑞士法郎兑美元汇率将上升，德国马克兑美元汇率将下跌，因此在国际货币市场买入10份6月期瑞士法郎期货合约，同时卖出13份6月期德国马克期货合约。因为瑞士法郎期货合约与德国马克期货合约的交易单位不同，前者是125 000瑞士法郎，后者则是125 000德国马克，而两者的套算汇率为1:1.3。所以，为保证实际价值基本一致，前者买入10份合约，后者则要卖出13份合约。6月20日，该交易者分别以1瑞士法郎＝0.6555美元和1德国马克＝0.5 000美元的价格对冲了手中合约。

表6－17　外汇期货跨币种套利

时间	瑞士法郎	德国马克
6月10日	买入10份6月期瑞士法郎期货合约（开仓） 价格：0.5500美元/瑞士法郎 总价值：687 500美元	卖出13份6月期德国马克期货合约（开仓） 价格：0.4200美元/德国马克 总价值：682 500美元
6月20日	卖出10份6月期瑞士法郎期货合约（平仓） 价格：0.6555美元/瑞士法郎 总价值：819 375美元	买入13份6月期德国马克期货合约（平仓） 价格：0.5000美元/德国马克 总价值：812 500美元
损益	盈利131 875美元	亏损130 000美元

该交易者在瑞士法郎期货交易中盈利131 875美元，在德国马克期货交易中损失130 000美元，通过跨币种套利交易净盈利1 875美元。

（四）外汇期货跨市场套利

外汇期货跨市场套利是指交易者根据对同一外汇期货合约在不同交易所的价格走势的预测，在一个交易所买入一种外汇期货合约，同时在另一个交易所卖出同种外汇期货合约，从而进行套利交易。

✪【例6－15】　3月1日，芝加哥商业交易所（CME）的6月欧元/美元期货价格为1.2997，而纽交所伦敦国际金融期货交易所（NYSE－Liffe）的6月欧元/美元期货价格为1.3095。交易者认为，当前二者价差98个点太高，两者价差将会缩小。因此，交易者决定卖出20手纽交所伦敦国际金融期货交易所的6月欧元/美元期货合约，同时买入20手芝加哥商业交易所的6月欧元/美元期货合约。

到了3月30日，芝加哥商业交易所和纽交所伦敦国际金融期货交易所（NYSE－

Liffe）的 6 月欧元/美元期货价格分别变为 1.2985 和 1.3065，交易者同时将两个方向的合约平仓，那么交易者获利如表 6 – 18 所示。

表 6 – 18　　外汇期货跨市场套利

3 月 1 日	卖出 20 手纽交所伦敦国际金融期货交易所的 6 月份欧元/美元期货合约，价格为 1.3095	买入 20 手芝加哥商业交易所 6 月份欧元/美元期货合约，价格为 1.2997	价差为 98 个点
3 月 30 日	买入 20 手纽交所伦敦国际金融期货交易所的 6 月份欧元/美元期货合约，价格为 1.3065	卖出 20 手芝加哥商业交易所 6 月份欧元/美元期货合约，价格为 1.2985	价差为 80 个点
各自盈亏情况	盈利 30 个点	亏损 12 个点	盈利 18 个点
最终结果	总盈利 12.5 × 20 × 18 = 4 500 美元		

值得注意的是，外汇市场是一个全球市场，在期货交易中，每个交易所都会因为其所在时区的不同，导致开盘和收盘的时间对于不同时区有所不同。因此套利者考虑在不同交易所间进行套利的时候，应该考虑到时区带来的影响，应选择在交易时间重叠的时段进行交易。此外，交易者还需要留意不同交易所合约之间的交易单位和报价体系的不同。跨市套利虽然是在同一品种间进行的，但是由于合约交易大小和报价体系不同的原因，交易者应将不同交易所合约的价格按相同计量单位进行折算，才能进行价格比较。

§6.3　利率期货

利率期货是以固定收益证券或金融工具作为标的资产的期货合约。这种证券或金融工具是以事先确定的利率及付息频率支付利息并在到期时偿付本金的金融产品。像定期存款、债券都属于这种金融工具。按到期期限不同，常把固定收益金融产品分为短期固定收益产品与长期固定收益产品。到期期限在 1 年以下的称为短期固定收益产品，在 1 年以上的称为长期固定收益产品。同样地，利率期货也分为短期利率期货与长期利率期货。

6.3.1　短期利率期货

在国际市场上，代表性的短期利率期货有欧洲美元期货、欧洲银行间拆借利率期货、美国短期国债期货等。下面以 CME 交易的欧洲美元期货为例介绍短期利率期货的一些基本特征。

欧洲美元期货的标的资产是自期货到期日起 3 个月期的欧洲美元定期存款。“欧洲美元存款”是指存放于美国境外的非美国银行或美国银行境外分支机构的美元存款，3 个月期的欧洲美元存款利率主要基于 3 个月期的 LIBOR 利率。表 6 – 19 是 CME 交易的欧洲美元期货交易的主要条款。

表 6-19　　欧洲美元期货主要条款

合约单位	本金 100 万美元的 3 个月期欧洲美元定期存款
点数	1 点 =0.01% =25 美元
最小变动价位	最近月份：1/4 点 =6.25 美元，其他月份：1/2 点 =12.50 美元
合约月份	40 个季度月（10 年）
交易时间	场内周一至周五上午 7:20 至下午 2:00，Globex 周日至周五下午 5：00 至隔日下午 4：00
最后交易日与结算日	合约月份第三个周三之前的第 2 个伦敦银行营业日（伦敦时间上午 11：00）
结算方式	根据到期结算日伦敦时间上午 11:00 英国银行家协会提供的利率概览中的 3 个月期 LIBOR 进行现金结算，最后结算价将四舍五入至小数点后 4 位，即 0.0001%，意味着每份合约 0.25 美元。

短期利率期货的报价是以 IMM 指数的方式报出的。下面结合 CME 报价表表 6-20 予以说明。

表 6-20　　2016 年 2 月 13 日 CME 欧洲美元期货报价表

日期	最新价	涨跌	前结算	开盘价	最高价	最低价	成交量
2016-02	99.3825	+0.0025	99.38	99.3800	99.3850	99.3800	10 520
2016-03	99.360	0.00	99.36	99.355	99.370	99.355	197 488
2016-04	99.350	+0.005	99.345	99.360	99.365	99.345	4 454
2016-05	99.345	+0.005	99.34	99.345	99.345	99.345	1
2016-06	99.330	0.00	99.33	99.345	99.365	99.330	316 282
2016-07	99.340	+0.015	99.325	99.340	99.340	99.340	75
2016-08	—	—	99.315	—	—	—	0
2016-09	99.295	-0.005	99.30	99.335	99.350	99.290	298 775
2016-10	99.240	-0.015	99.255	99.295	99.315	99.240	350 302
2017-03	99.200	-0.015	99.215	99.270	99.290	99.200	325 035
2017-06	99.150	-0.015	99.165	99.235	99.255	99.150	216 937
2017-09	99.090	-0.015	99.105	99.180	99.210	99.090	183 009

根据表 6-20，2016 年 2 月 13 日，即将到期的 2 月份合约的欧洲美元期货合约最低成交价为 99.38（第 7 列）。这意味着相应的合约到期的期货利率为 0.62%（1 年按 360 天计算的一年计 4 次复利的年利率）。欧洲美元期货的报价 IMM 指数：$Q=100\times$（1-期货利率）。因此，期货利率 =（100-Q）/100 =（100-99.38）/100 =0.62%。

由于欧洲美元期货合约的规模为本金 100 万美元，因此一份合约的价格为 10 000 × [100-0.25 ×（100-Q）]。上述合约 99.38 成交价对应的合约价格为 10 000 × [100-0.25 ×（100-99.38）] =998 450 美元。

而期货利率每个基点（0.01%）的变动，意味着期货报价（IMM 指数）变动 0.01，一份合约价值变动

$$10\ 000 \times 0.01 \times \frac{1}{4} = 25(\text{美元})$$

也就是说，对于一份欧洲美元期货合约来说，期货利率每下降0.01%，IMM 指数就上升0.01，期货多头盈利（期货空头亏损）25 美元；期货利率每上升 0.01%，IMM 指数下跌0.01，期货多头亏损（期货空头盈利）25 美元。

例如，投资者以98.580 的价格买入欧洲美元期货10 手，以99.000 的价格平仓。若不计交易费用，其收益为42 点/手，即25×42 =1 050 美元/手，总收益10 500 美元。

其他短期利率期货合约的报价方式与此类似。但是，短期国债期货采用的是实物交割，而欧洲美元期货由于其标的资产是虚拟的欧洲美元定期存款，只能现金交割。

6.3.2　长期和中期国债期货

笼统地说，到期期限大于1 年的债券称为长期债券，到期期限在1 年以下的债券称为短期债券。但是，人们又经常把期限1 年以上的债券再做细分：到期期限大于1 年并小于10 年的为中期债券，到期期限在10 年以上的为长期债券。国债期货就习惯上分为短期、中期、长期国债期货。美国最早推出国债期货，而且美国的国债与国债期货市场最为发达。在美国市场，长期国债期货交易活跃，而其10 年、5 年、2 年期中期国债期货也非常受欢迎。美国中长期国债与国债期货的报价、交易机制等都很成熟，全球其他地区中长期国债与国债期货的交易规模也很大，报价、交易机制与美国大同小异。我国2013 年9 月推出5 年期国债期货交易，2015 年推出10 年期国债期货交易。下面对美国长期国债期货和我国两个国债期货做重点介绍，以认识中长期国债期货的基本特征。

（一）美国长期国债期货

表6－21　　美国长期国债期货主要条款

标的单位	1 份到期面值为10 万美元的美国长期国债
可交割等级	在自交割月份第1 天起至少15 年不可提前赎回（如果可赎回）的美国长期国债，或者剩余到期期限自交割月份第1 天起至少为15 年（如果不可赎回）的美国长期国债。注：自2011 年3 月到期开始，长期国债期货可交割等级为剩余到期时间自交割月份第1 天起至少为15 年，但少于25 年的长期国债期货。发票价格等于期货结算价格乘以转换系数，再加上应计利息。转换系数为已交割长期国债价格（1 美元面值）/收益率6%
报价	点数（1 000 美元）加1 点的1/32。例如，134－16 表示134 又16/32，134－16 表示109 又16/32。票面值以100 点为基础
最小变动价位（最低波幅）	1 点的三十二分之一（1/32）（31.25 美元），跨月价差除外，其中最低价格波幅为1 点的1/32 的1/4（7.8125 美元/合约）
合约月份	3 月、6 月、9 月和12 月季度周期中的最初3 个连续合约
最后交易日	交割月份最后交易日之前的第7 个交易日。到期合约的交易于最后交易日下午12 点01 分收市
最后交割日	交割月份的最后交易日
交割方法	美联储记账式电汇系统

资料来源：CME 网站。

表6-21是美国长期国债期货合约的主要条款。中长期国债期货合约都设有一标准的交割国债，到期可供实际交割的国债有多种。每一个可供交割的国债，都有与标准交割券的换算比率，称为转换因子。实际交割时，通过转换，计算出实际交割的价格。这是为了使到期时现货市场有足够的国债可供交割。标准交割券只是一个换算的标准，市场上可能并没有标准券的交易。美国长期国债期货合约的标准交割券是自交割月份第一天起期限为15年，息票率为6%的长期国债（2000年以前息票率为8%）。而可交割债券为剩余到期时间自交割月份第1天起至少为15年，但少于25年的长期国债期货。

1. 美国中长期国债及国债期货的报价。美国的中长期国债报价是以美元和1/32美元报出每100美元面值债券的价格。中长期国债期货合约的报价方式与现货相同。由于每一份期货合约规模为面值100 000美元，因此80-16的报价意味着一份长期美国国债期货的合约价格是 $1\,000 \times 80\frac{16}{32} = 80\,500$ 美元。

债券的报价是不包含累计利息的净价（clean price），与购买者实际支付的现金价格（cash price）或称发票价格（invoice price）、全价（dirty price）不同，两者之间的关系为：

$$现金价格 = 报价 + 上一交易日以来的累计利息 \tag{6.10}$$

【例6-16】 2015年10月3日，将于2037年11月15日到期、息票率为6.125%的长期国债收盘报价为118-8美元。由于美国长期国债半年支付一次利息，从到期日可以判断，该债券上一次付息日为2007年5月15日，下一次付息日为2015年11月15日。由于5月15日到10月3日之间的天数为141天，5月15日到11月15日的天数为184天，因此，2007年10月3日，该债券每100美元面值的应计利息为

$$\frac{6.125}{2} \times \frac{141}{184} = 2.347(美元)$$

该国债100美元面值的现金价格为：

$$118 + 8/32 + 2.347 = 120.597(美元)$$

2. 转换因子。由于有多种交割券可供交割，因此当进入交割并选定交割债券后，需要利用选定债券的转换因子，通过换算得到实际交割价格。如前所述，转换因子就是各可交割债券价格与合约报价的转换比例，因此，可交割债券的交割价格的计算公式为：

$$可交割债券的交割价格 = 合约报价 \times 转换因子 \tag{6.11}$$

因此，期货空方交割100美元面值的特定债券应收到的现金为：

$$空方收到的现金 = 期货报价 \times 交割债券的转换因子 + 交割债券的应计利息 \tag{6.12}$$

【例6-17】 假设期货报价为96-08，交割债券的转换因子为1.12，100美元的该债券的累计利息为2.3美元，交割时空方收到的现金为：

$$96\frac{8}{32} \times 1.12 + 2.3 = 110.1(美元)$$

每份期货合约的债券面值为 100 000 美元，因此空方每份期货合约收到的现金为 110 100美元。

可交割债券的转换因子等于面值为 1 美元的债券在存续期限内产生的现金流，按标准债券的息票率 6% 贴现到交割月第 1 天的价值，再扣掉该债券的累积利息。在计算转换因子时，债券的剩余期限只取 3 个月的整数倍，多余的月份舍掉。如果取整数后，债券的剩余期限为半年的倍数，就假定下一次付息是在 6 个月之后，否则就假定在 3 个月后付息。

✪【例 6－18】　2015 年 12 月，代码 USZ5 的长期国债期货到期，由于［例 6－16］的债券在 2015 年 12 月 1 日的剩余期限为 21 年 11 个月又 15 天，且不可提前赎回，是该国债期货合约的可交割债券。根据规则，在计算转换因子时应取 3 个月的整数倍，从而该债券在 2015 年 12 月 1 日的剩余期限取 21 年 9 个月，下一次付息日假设为 2016 年 3 月 1 日。那么面值为 1 美元的该债券未来现金流按 6% 到期收益率贴现至 2015 年 12 月 1 的价值为：

$$\frac{\sum_{i=0}^{43}\frac{6.125\%}{2}/1.03^{i}+\frac{1}{1.03^{43}}}{1+(\sqrt{1.03}-1)}=1.0150$$

式中的分子是面值 1 美元的债券未来所有现金流贴现到 2016 年 3 月 1 日的价值。由于 1 年计息两次的复利的年收益率为 6%，3 个月的到期收益率就是 $\sqrt{1.03}-1$，因此再用此收益率折现到 2015 年 12 月 1 日，然后减去累计利息就得到转换因子。在计算转换因子的假设条件下，该债券有 3 个月的应计利息。这样。就得到该国债的转换因子为

$$1.0150-6.125\%/4=0.9848$$

转换因子一般由交易所根据可交割债券计算并列示，交易者不用自己计算。

3. 最便宜可交割债券（cheapest－to－deliver bond，CTD）。在交割月份，空方拥有在众多可交割债券中选择具体债券用于交割的权利。由于不同的息票利率和到期期限，这些债券在交割成本上有一定的差异，空方自然应该选择最便宜的债券进行交割。最便宜的债券就是对空方交割成本最小的债券。

在交割日：

交割时空方收到的现金 = 期货报价 × 转换因子 + 应计利息

债券的购买成本 = 债券报价 + 应计利息

交割成本 = 债券报价 － 期货报价 × 转换因子

但是，在交割之前，上面两个式子中的应计利息并不相等。前者是交割日的利息，后者是计算当天债券的应计利息。而且在交割日之前估计交割最便宜债券时，还要考虑在交割之前债券可能支付的利息。因此，业界通常将债券的隐含回购利率（implied repo rate，IRR）作为确定最便宜交割债券的依据。隐含回购利率最大的债券为最便宜交割债券。假设当前为 t 时刻，隐含回购利率计算如下：

$$t\text{时刻现券全价}\times\left(1+IRR\times\frac{T-t}{365}\right)$$

$$= \text{期货期限内债券付息} \times \left(1 + IRR \times \frac{T-\tau}{365}\right) + t\text{时刻期货全价}$$

$$IRR = \frac{t\text{时刻期货全价} - t\text{时刻现券全价} + \text{期货期限内债券付息}}{t\text{时刻期货全价} \times \frac{T-t}{365} - \text{期货期限内债券付息} \times \frac{T-\tau}{365}} \tag{6.13}$$

其中，T 表示期货交割时刻；τ 为期货期限内债券付息的时刻，1 年以 365 天计算。

4. 中长期国债期货的理论价格。上面的内容告诉我们，在已知中长期国债期货价格的情况下，可以通过计算确定最便宜可交割债券。反过来，如果知道了最便宜可交割债券以及交割日期，也可以计算中长期国债期货的理论价格。

与其他期货品种的理论价格的确定方式一样，中长期国债期货的理论价格也同样适用持有成本理论，即

国债期货理论价格 = 调整后的最便宜可交割券现货价格 + 净持有成本

其中，调整后的最便宜可交割券现货价格是最便宜可交割券的现货价格除以其转换因子后的价格，净持有成本由持有债券的机会成本减去债券在持有期内获得的利息得到。但是，这一关系严格来讲并不精确，因为空方享有交割债券的选择权，这相当于多方给予空方一个看跌期权。更严格的，应该把此期权的价值考虑在内。但是，由于这一因素影响不大，我们忽略其影响，或者说，在这个问题中假定交割债券选择权的价值为零。

假设：当前时间为 t，国债期货的交割时间为 T，面值 1 美元最便宜可交割债券的市场报价为 CP_t^*，转换因子为 CF^*，息票率为 Y。

面值 1 美元的最便宜可交割债券在 t 时的全价为 $CP_t^* + AI$，AI 为上次利息支付以来 1 美元面值的债券的累计利息。

从 t 到 T 的持有成本为 $(CP_t^* + AI) \times R_t \times \frac{T-t}{365} - Y \times \frac{T-t}{365}$

式中，R_t 为 t 到 T 的无风险利率（一般使用回购利率）。

因此，面值 1 美元最便宜可交割债券理论上到 T 的远期价格为 $CP_t^* + (CP_t^* + AI) \times \frac{T-t}{365} - Y \times \frac{T-t}{365}$ 相应国债期货的价格还应通过转换因子进行换算，因此，面值 1 美元国债期货的理论价格 $FP_{t,T}$ 为：

$$FP_{t,T} = \frac{1}{CF^*}\left(CP_t^* + (CP_t^* + AI) \times R_t \times \frac{T-t}{365} - Y \times \frac{T-t}{365}\right) \tag{6.14}$$

（二）中国国债期货

我国目前市场上交易的两个国债期货的主要条款如表 6 - 22 和表 6 - 23 所示。

表 6－22　　5 年期国债期货合约摘要

合约标的	面值为 100 万元人民币、票面利率为 3% 的名义中期国债
可交割国债	合约到期月份首日剩余期限为 4～5.25 年的记账式附息国债
报价方式	百元净价报价
最小变动价位	0.005 元
合约月份	最近的三个季月（3 月、6 月、9 月、12 月中的最近三个月循环）
交易时间	09:15—11:30，13:00—15:15
最后交易日交易时间	09:15—11:30
每日价格最大波动限制	上一交易日结算价的 ±1.2%
最低交易保证金	合约价值的 1%
最后交易日	合约到期月份的第二个星期五
最后交割日	最后交易日后的第三个交易日
交割方式	实物交割
交易代码	TF
上市交易所	中国金融期货交易所

表 6－23　　10 年期国债期货合约摘要

合约标的	面值为 100 万元人民币、票面利率为 3% 的名义长期国债
可交割国债	合约到期月份首日剩余期限为 6.5～10.25 年的记账式附息国债
报价方式	百元净价报价
最小变动价位	0.005 元
合约月份	最近的三个季月（3 月、6 月、9 月、12 月中的最近三个月循环）
交易时间	9:15—11:30，13:00—15:15
最后交易日交易时间	9:15—11:30
每日价格最大波动限制	上一交易日结算价的 ±2%
最低交易保证金	合约价值的 2%
最后交易日	合约到期月份的第二个星期五
最后交割日	最后交易日后的第三个交易日
交割方式	实物交割
交易代码	T
上市交易所	中国金融期货交易所

如表 6－22 和表 6－23 所示，我国 5 年期国债期货合约标的为面值为 100 万元人民币、票面利率为 3% 的名义中期国债，可交割国债为合约到期日首日剩余期限为 4～5.25 年的记账式付息国债。10 年期国债期货合约标的为面值为 100 万元人民币、票面利率为 3% 的名义长期国债，可交割国债为合约到期日首日剩余期限为 6.5～10.25 年的记账式付息国债。两者均采用百元净价报价和交易，合约到期进行实物交割。

我国两个国债期货的报价、转换因子、最便宜可交割券理论价格等方面与美国中长期债券原理相同。表 6－24 和表 6－25 是从中国金融期货交易所网站下载的有关国债期货行情数据及可交割债券、转换因子的例子。作为期货的一种，国债期货同样可以用来套期保值、投机套利等。

表 6－24　　2016 年 2 月 1 日 5 年期国债期货行情数据

合约代码	今开盘	最高价	最低价	成交量	成交金额	持仓量	今收盘	今结算	涨跌 1	涨跌 2
TF1603	100. 790	100. 870	100. 725	13 127	1 323 100. 285	16 449. 0	100. 760	100. 750	0. 020	0. 030
TF1606	100. 505	100. 545	100. 425	2 435	244 697. 150	13 124. 0	100. 470	100. 470	0. 015	0. 015
TF1609	100. 250	100. 250	100. 200	11	1 102. 400	1 132. 0	100. 205	100. 210	0. 000	0. 005
合计				15 573	1 568 899. 835	30 705. 0				

表 6－25　　TF1512 合约可交割国债和转换因子

序号	国债全称	国债代码			票面利率（%）	到期日期	转换因子
		银行间	上交所	深交所			
1	2005 年记账式（十二期）国债	050012	010512	100512	3. 65	20201115	1. 0295
2	2010 年记账式附息（二期）国债	100002	019002	101002	3. 43	20200204	1. 0167
3	2010 年记账式附息（七期）国债	100007	019007	101007	3. 36	20200325	1. 0142
4	2010 年记账式附息（十二期）国债	100012	019012	101012	3. 25	20200513	1. 0103
5	2010 年记账式附息（二十四期）国债	100024	019024	101024	3. 28	20200805	1. 0121
6	2010 年记账式附息（三十一期）国债	100031	019031	101031	3. 29	20200916	1. 0127
7	2010 年记账式附息（三十四期）国债	100034	019034	101034	3. 67	20201028	1. 0299
8	2011 年记账式附息（二期）国债	110002	019102	101102	3. 94	20210120	1. 0440
9	2013 年记账式附息（三期）国债	130003	019303	101303	3. 42	20200124	1. 0159
10	2013 年记账式附息（八期）国债	130008	019308	101308	3. 29	20200418	1. 0115

（三）国债期货套期保值

固定收益类金融工具的价格与市场利率的波动高度相关，是利率敏感性金融工具。因此，任何使用固定收益类金融工具投资或融资的经济个体都暴露在利率风险之中，都可能因市场利率的不利变化而遭受损失。利率期货为利率风险的管理提供了一种套期保值的机制。

由于中长期国债期货标准交割券的特殊交易机制，用中长期国债期货为债券进行套期保值基本上属于交叉套期保值，因此，最重要的一步是确定套期保值比率。套期保值比率确定以后，才能决定用于套期保值的期货合约的数量。首先看国债期货套期保值最优套期保值比率的确定（以我国两个国债期货为例）。

如我们在第五章所讲的那样，最优套期保值比率是使得整个资产组合的盈亏方差等于零的套期保值率。为此，需符合下述条件：

$$Q_c \times \Delta CP_t = Q_f \times 1\ 000\ 000 \times \Delta FP_{t,T}$$

其中，Q_c 表示现货国债的面值；ΔCP_t 表示现货国债 t 时刻的价格变化；Q_f 表示国债期货合约的数量（每手面值 1 000 000 万元）；$\Delta FP_{t,T}$ 表示国债期货合约的价格变化。

因此，最优套期保值比率为：

$$HR^* = \frac{Q_f \times 1\ 000\ 000}{Q_c} = \frac{\Delta CP_t}{\Delta FP_{t,T}} \tag{6.15}$$

这里的最优套期保值比率与我们在第四章中讨论的情况是一致的。但是，由于国债期货的价格是与最便宜可交割债券的价格相联系的，而中长期国债期货在其存续期内的最便宜可交割债券可能发生变化，因此，在套期保值的过程中为了取得更好的套期保值效果，这一比率可能需要适时调整。

最优套期保值比率确定后，就可以得到最优套期保值所用国债期货的数量：

$$Q_f = HR^* \times \frac{Q_c}{1\ 000\ 000} \tag{6.16}$$

实践中，可以用久期法计算最优套期保值比率，也可以用我们在第四章中讲的线性回归方法计算最优套期保值比率。

1. 久期法确定国债套期保值最优比率。债券价格对利率的敏感性决定于债券久期（duration）的大小。其中，我们有如下几个概念：麦考利久期 D、修正久期 D_m 和货币久期。

$$D = -\frac{\Delta P/P}{\Delta(1+y)/(1+y)} = \frac{\Delta P/P}{\Delta y/(1+y)} \tag{6.17}$$

其中，P 为债券的价格；y 为债券的到期收益率。

对于一般的付息债券，

$$D = \frac{\sum_{t=1}^{n} \frac{tC_t}{(1+y)^t}}{\sum_{t=1}^{n} \frac{C_t}{(1+y)^t}} \tag{6.18}$$

式中，t 为债券收到现金流的时期；C_t 为第 t 期的现金流。

因此，

$$\frac{\Delta P}{P} = -D \times \frac{\Delta y}{1+y} \tag{6.19}$$

式（6.19）说明，麦考利久期是利率每发生单位比例的变化，债券价格发生了多大比例的变化，是一个弹性的概念。

$$D_m = \frac{D}{1+y} \tag{6.20}$$

$$\frac{\Delta P}{P} = -D_m \times \Delta y \tag{6.21}$$

修正久期是利率发生一定的绝对变化，价格发生变化的比例。

货币久期定义为 $D_m \times P$，是利率变化 1 个单位引起的价格变动的金额。常用的货币久期为 1 个基点的货币久期，也就是利率变动一个基点引起的债券价格的绝对变动，又称为基点价值（basis point value，BPV），或 DV01。

根据国债期货理论价格，公式（6.14）$FP_{t,T}=\frac{1}{CF^*}[CP_t^*+(CP_t^*+AI)\times R_t\times\frac{T-t}{365}-Y\times\frac{T-t}{365}]$，国债期货价格的变化近似为：

$$\Delta FP_{t,T}=\frac{\Delta CP_t^*}{CF^*} \tag{6.22}$$

将式（6.22）代入式（6.15），得：

$$HR^*=\frac{\Delta CP_t}{\Delta CP_t^*}\times CF^* \tag{6.23}$$

由修正久期公式（6.20）有：

$$\Delta CP_t=-D_m\times CP_t\times\Delta R_{CP_t}$$
$$\Delta CP_t^*=-D_m^*\times CP_t^*\times\Delta R_{CP_t^*}$$

因此，有：

$$HR^*=\frac{D_m\times CP_t\times\Delta R_{CP_t}}{D_m^*\times CP_t^*\times\Delta R_{CP_t^*}}\times CF^* \tag{6.24}$$

如果各债券的到期收益率都是同步变动，ΔR_{CP_t} 和 $\Delta R_{CP_t^*}$ 相同，则可从公式中消除。这样，根据式（6.16）即可求出所需套期保值的国债期货的数量：

$$Q_f=HR^*\times\frac{Q_c}{1\ 000\ 000}=\frac{D_m\times CP_t\times Q_c}{D_m^*\times CP_t^*\times 1\ 000\ 000}\times CF^* \tag{6.25}$$

✪【例6－19】 某投资者持有面值1亿元的债券TB，利用中国金融期货交易所国债期货TF合约进行套期保值。其中，TF合约的最便宜可交割债券CTD的转换因子为1.0294，TB和CTD的相关信息如表6－26所示。计算所需TF合约的数量。

表6－26 TB和CTD相关信息

	TB	CTD
债券净价	99.3926	101.7685
债券全价	101.1582	102.1571
修正久期	5.9556	5.9756
基点价值	0.0596	0.0611

套用式（6.24）可求得：

$$Q_f=\frac{D_m\times CP_t\times Q_c}{D_m^*\times CP_t^*\times 1\ 000\ 000}\times CF^*=\frac{5.9556\times 101.1582\times 100\ 000\ 000}{5.9756\times 102.1571\times 1\ 000\ 000}\times 1.0294\approx 102(\text{手})$$

由于信息中包含有基点价值，也可以通过基点价值求解如下：

$$Q_f=\frac{D_m\times CP_t\times Q_c}{D_m^*\times CP_t^*\times 1\ 000\ 000}\times CF^*=\frac{0.0596\times 100\ 000\ 000}{0.0611\times 1\ 000\ 000}\times 1.0294\approx 100(\text{手})$$

2. 线性回归法确定套期保值比率。用久期法确定套期保值比率隐含着收益率曲线只是做平行移动，被保值债券与期货标的债券的收益率变化相等。如果用第四章的回归方法来确定，就不需要这一假设。根据第四章回归法确定最优套期保值比率是通过下面的回归求得：

$$\Delta CP_t=\alpha+\beta\times\Delta FP_{t,T}+\varepsilon_t$$

其中，ΔCP_t 是被保值债券价格的变化；$\Delta FP_{t,T}$ 是国债期货价格的变化；β 即是最优套期保值比率。求出最优套期保值比率之后，也就很容易求出需要的国债期货数量了。具体做法，不再赘述。

久期法与线性回归法各有其优缺点。久期法的优点在于它使用的是与国债期货高度相关的最便宜可交割债券的到期期限、息票率、价格特征等信息，而不是历史数据。其不足在于这一方法假定收益率曲线平行移动，所有债券到期收益率变化相同。回归分析法的优势在于它不依赖于收益率曲线变化形式的假设，其不足在于用历史数据回归严重依赖于市场状况的稳定性。

本章小结

1. 股指期货、外汇期货与利率期货是金融市场上的三大金融期货品种。

2. 股指期货（Stock Index Futures），即股票价格指数期货，是指以股票指数为标的资产的期货合约，是所有期货交易品种中的第一大品种。股指期货以指数点数报出，期货合约的价值由所报点数与每个指数点所代表的金额相乘得到。每一点代表的金额称为合约乘数。股指期货只能采用现金交割。

3. 股指期货的应用领域主要有套期保值、投机套利和资产管理三个方面。股指期货套期保值基本上属于交叉套期保值，因而其套期保值比率的计算非常重要。而且在套期保值、套利等应用中，因交易佣金、借贷利差等交易费用的存在，只有期货市场价格偏离理论价格的程度超出一定的范围时，才存在获利机会。这就是无套利区间问题。我国2010 年推出沪深 300 股价指数期货。目前，这一期货已成为全球第二大期货合约。

4. 外汇期货（Forex），亦称货币期货（currency futures），是以特定的外币作为合约标的的期货合约。世界上最大的外汇期货交易市场是芝加哥商业交易所（CME）于 1972 年建立的国际货币市场（IMM）。该市场提供世界主要币种兑美元的外汇期货，还挂盘交易多种非美元的交叉汇率外汇期货产品。经济主体可以用外汇期货有效地转移风险，也可以利用其进行套利与投机获利。

5. 利率期货是以固定收益证券或金融工具作为标的资产的期货合约。利率期货也分为短期利率期货与长期利率期货。目前，上海金融期货交易所有 5 年期国债期货与 10 年期国债期货的交易，都属于中长期国债期货。

6. 利率期货的应用应注意久期的计算和匹配。

复习与思考

1. 有人说股指期货只能对与指数组成接近的股票组合进行套期保值，而对单只股票无效。你认同这一说法吗？

2. 假设沪深 300 指数当前的价位为 3 300 点（沪深期货合约的乘数为 300 元）。假定市场年利率为 6%，且沪深 300 指数的红利率为 3%，计算 3 个月到期的沪深 300 指数期货的理论价格。

3. 假设某投资者持有一份β系数为1.2的股票组合2.4亿元。因担心股市下跌，准备用沪深300指数期货进行套期保值。假设当前沪深300指数期货的市场价位是2 885点，（1）如果想尽可能地降低风险，应如何操作？

（2）如果该投资者只想把风险降低一些，使β降为0.6，应如何操作？

4. 假设一份90天到期的欧洲美元期货的报价为90，那么在90天后到180天的LIBOR远期利率为多少？

5. 3月1日国内某企业向欧洲某企业销售了价值为1 500万欧元的货物，付款期3个月。即期汇率为1欧元=7.2821元人民币。同时，该企业与一美国企业签订价值1 000万美元的设备进口合同，付款期也是3个月。人民币与美元的即期汇率为1美元=6.05128元人民币。为规避汇率风险，该企业准备用CME交易的期货进行套期保值。但是CME只有人民币对美元期货，而没有人民币对欧元期货，只能用人民币对美元以及美元对欧元两种期货进行交叉套期保值。已知人民币对美元合约的合约规模都是100万元人民币，美元对欧元合约的规模为125 000欧元。3月1日CME主力人民币对美元期货合约价格为6.5428，欧元对美元期货合约的价格为1.11705。试为该企业设计套期保值方案。

6. 2015年5月5日，美国某将于2027年8月5日到期、息票率为8%的长期国债报价112－14，计算其全价。

7. 4月份，某机构投资者预计在6月份将购买面值总和为800万元的某5年期A国债，假设该债券是最便宜可交割券，相对于5年期国债期货合约，转换因子为1.25，当时该国债的市场价格为118.50。为防价格上涨，该机构投资者欲用国债期货进行套期保值，请为他设计方案。

8. 假设要套期保值的目标国债、最便宜可交割债券及国债期货的信息如下：

	净价	全价	修正久期
目标国债	100.5313	101.2220	4.67
CTD券	103.4238	104.1830	5.65
国债期货	106.2500		5.65

（1）计算最优套期保值比率。

（2）假设某基金经理管理着面值1 000万元的目标国债，欲用国债期货合约套期保值，应如何操作？

21世纪高等学校金融学系列教材

第三编

期权与互换

第七章

期权概述

期权是人类在金融领域最伟大的发明之一，被称为“期权革命”。“期权革命”不仅对金融领域产生了重大影响，对其他领域也产生着深远影响。由于其高度复杂性，本书将分六章来探讨。

§7.1 期权的定义与种类

期权（option），是指赋予其购买者在规定期限内按双方约定的价格（简称执行价格，exercise price 或 striking price）购买或出售一定数量某种资产（称为标的资产或潜含资产，underlying assets）的权利的合约。根据期权购买者的权利不同、执行时限不同和标的资产不同，期权又有多种不同的分类。下面结合实际案例，分别加以介绍。

7.1.1 看涨期权与看跌期权

按期权买者的权利划分，期权可分为看涨期权（call option）和看跌期权（put option）。如果赋予期权买者未来按约定价格购买标的资产的权利，就是看涨期权，或称买权；如果赋予期权卖者未来按约定价格出售标的资产的权利，就是看跌期权，或称卖权。

✪【例7－1】

通用电气（GE）看涨期权

2014年11月18日

芝加哥期权交易所（CBOE）

通用电气（2014年12月20日27.00看涨期权）　　0.34　　0.13　▲

交易价格表

2014年11月18日@11:05 ET（推迟15分钟）

当日收盘价	0.34	成交量	1274
净变	0.13	期权类型	看涨

续表

涨跌%	61.90	到期日	12/20/2014
开盘价	0.22	执行价	27.00
买入价	0.33	昨日收盘价	1.55
卖出价	0.34	最高	0.34
持仓量	53928	最低	0.22

数据来源：CBOE 网站，www.cboe.com。

[例 7-1] 是一个股票看涨期权的典型例子。2014 年 11 月 18 日美国东部时间 11:05，在 CBOE，1 份以通用电气股票为标的资产，执行价格为 27 美元，到期日为 2014 年 12 月 20 日的看涨期权价格（又称期权费）为 0.34 美元（当时的通用电气股票价格为 26.91 美元）。

这意味着，如果一个投资者在 2014 年 11 月 18 日按照 0.34 美元的价格买入 1 份通用电气的这个看涨期权，就有权利在 2014 年 12 月 20 日之前按照 27 美元的价格买入 1 股通用电气股票。以 2014 年 11 月 20 日为例，如果那一天股票价格高于 27 美元，这个期权的购买者（也叫多方）应该执行这个权利，而且股票价格比 27 美元高多少，就从股票上获利多少，当然还要扣除最初的 0.34 美元的期权费才是最终利润；反之，如果 12 月 20 日那天通用电气股票价格低于 27 美元，显然多方应该放弃这个权利，他有权利不进行任何交易，而最终损失的，就是 0.34 美元的期权费。2014 年 12 月 20 日之后，期权到期，多方的权利也就失效了。

如果一个投资者在 2014 年 11 月 20 日按照 0.34 美元的价格卖出 1 份通用电气的这个看涨期权，那么他就成为该看涨期权的空方。在收取了 0.34 美元的期权费后，空方就只有义务而没有权利了：当股票价格高于 27 美元，多方要执行期权时，空方必须按照 27 美元的价格将股票卖给多方；当股票价格低于 27 美元，多方不执行期权时，空方也必须接受多方的选择。

从 [例 7-1] 中可以看出，看涨期权，就是赋予了多方未来按约定价格买入某种资产的权利。未来如果价格上涨，多方将执行这个权利；如果价格下跌，多方有权放弃这个权利。而期权费，就是购买这个权利所支付的费用。显然，正是因为多方对标的资产未来看涨，才愿意付出期权费买入这样一个期权，这就是为什么此类期权被叫作“看涨期权”。

[例 7-2] 是一个股票看跌期权的典型例子。2014 年 11 月 18 日美国东部时间 11：05 在 CBOE，1 份以通用电气股票为标的资产，执行价格为 27 美元，到期日为 2014 年 12 月 20 日的看跌期权价格为 0.57 美元（当时的通用电气股票价格为 26.91 美元）。

✪【例 7 –2】

通用电气（GE）看跌期权

2014 年 11 月 18 日
芝加哥期权交易所（CBOE）

通用电气（2014 年 12 月 20 日 27.00 看跌期权） 0.57 –0.18 ▼

交易价格表

2014 年 11 月 18 日@11:05ET（推迟 15 分钟）

当日收盘价	0.57	成交量	575
净变	–0.18	期权类型	看跌
涨跌%	–24.00	到期日	12/20/2014
开盘价	0.62	执行价	27.00
买入价	0.56	昨日收盘价	0.75
卖出价	0.57	最高	0.64
持仓量	15067	最低	0.56

数据来源：CBOE 网站，www.cboe.com。

这意味着，如果一个投资者在 2014 年 11 月 18 日按照 0.57 美元的价格买入 1 份通用电气的这个看跌期权，就有权利在 2014 年 12 月 20 日之前按照 27 美元的价格卖出 1 股通用电气股票。以 2014 年 12 月 20 日为例，如果那一天股票价格低于 27 美元，这个期权的购买者（也叫多方）应该执行这个权利，而且股票价格比 27 美元低多少，就从股票上获利多少，当然还要扣除最初的 0.57 美元的期权费才是最终利润；反之，如果 12 月 20 日那天通用电气股票价格高于 27 美元，显然多方应该放弃这个权利，他有权利不进行任何交易，而最终损失的，就是 0.57 美元的期权费。2014 年 12 月 20 日之后，期权到期，多方的权利也就失效了。

如果一个投资者在 2014 年 11 月 18 日按照 0.57 美元的价格卖出 1 份通用电气的这个看跌期权，就成为该看跌期权的空方。在收取了 0.57 美元的期权费后，空方就只有义务而没有权利了：当股票价格低于 27 美元，多方要执行期权时，空方必须按照 27 美元的价格向多方买入股票；当股票价格高于 27 美元，多方不执行期权时，空方也必须接受多方的选择。

从［例 7 –2］中可以看出，看跌期权，就是赋予了多方未来按约定价格卖出某种资产的权利。未来如果价格下跌，多方将执行这个权利；如果价格上涨，多方有权放弃这个权利。而期权费，就是购买这个权利所支付的费用。显然，正是因为多方对标的资产未来看跌，才愿意付出期权费买入这样一个期权，这就是为什么此类期权被叫作“看跌期权”。

以［例 7 –1］和［例 7 –2］为基础，可以对期权及其相关概念做深入的理解。期权是一种金融合约，是买卖双方关于未来某种权利的协议。其协议要素包括：买卖双方、约定的权利、约定期限、执行价格、约定交易数量和期权价格［option price，又称期权费（premium）］等。

可以看到，在期权交易中存在着双重的买卖关系：对期权本身的购买和出售形成了期权的多方（buyer 或 holder）和空方（seller 或 writer）；多方有权购买（对看涨期权而言）或出售（对看跌期权而言）标的资产。其中的权利义务关系可用表 7－1 说明。

表 7－1　　期权交易中的双重买卖关系

	看涨期权	看跌期权
期权买方	以执行价格买入标的资产的权利	以执行价格卖出标的资产的权利
期权卖方	以执行价格卖出标的资产的义务	以执行价格买入标的资产的义务

从表 7－1 中可以看出，对期权的多方来说，期权合约赋予他的只有权利，而没有任何义务。他可以在期权合约规定的时间内行使其购买或出售标的资产的权利，也可以不行使这个权利。对期权的出售者来说，他只有履行合约的义务，而没有任何权利。当期权买者按合约规定行使其买进或卖出标的资产的权利时，期权卖者必须依约相应地卖出或买进该标的资产。天下没有免费的午餐，作为给期权卖者承担义务的报酬，期权买者要支付给期权卖者一定的费用，称为期权费或期权价格。期权费视期权种类、期限、标的资产价格的易变程度不同而不同。显然，期权费是对上述不对称权利义务关系的弥补。一经支付，无论买方是否行使权利，其所付出的期权费均不退还。

期权的其他一些要素包括期限、执行价格和交易数量等。期权买方只能在合约所规定的时间内行使其权利，一旦超过期限仍未执行即意味着自愿放弃了这一权利。执行价格是指期权合约所规定的、期权买方在行使其权利时实际执行的买卖标的资产的价格。显然，执行价格一经确定，期权买方就可以根据执行价格和标的资产实际市场价格的相对高低来决定是否行使期权。交易数量则指每份期权合约可以交易的股票数量，如 CBOE 规定每份股票期权合约可交易 100 股标的股票。这样，［例 7－1］中的投资者买入一份股票期权合约，需要支付 35 美元的期权费，未来则可获得以每股 27 美元的价格买入 100 股通用电气股票的权利。

7.1.2　欧式期权与美式期权

按期权多方执行期权的时限划分，期权可分为欧式期权和美式期权。欧式期权的多方只有在期权到期日才能执行期权（即行使买进或卖出标的资产的权利），而美式期权允许多方在期权到期前的任何时间执行期权。

以一份到期日为 2016 年 3 月 18 日、执行价格为 10 元、标的资产为 XYZ 股票的看涨期权为例，若该期权为欧式期权，则期权持有者只有在 2016 年 3 月 18 日到期后的规定时间内才能执行该期权，即有权利以 10 元的价格买入 XYZ 股票；若该期权为美式期权，则在 2016 年 3 月 18 日前的任意时刻，期权持有者都可以执行该期权。一般来说，在交易所交易的股票期权，都是美式期权，如［例 7－1］和［例 7－2］中的通用电气股票期权。

显然，在其他条件（标的资产、执行价格和到期时间）都相同的情况下，由于美式期权的持有者除了拥有欧式期权的所有权利之外，还拥有一个在到期前随时执行期权的权利，其价值肯定不应小于对应的欧式期权的价值。

另外，有一些期权的执行时限既非到期日，也不是到期日前的所有时间，而是到期日前的某一段时间（如百慕大期权），这些期权将在第十二章加以介绍。

7.1.3　期权合约的标的资产

按期权合约标的资产划分，金融期权合约可分为股票期权（stock options）、股价指数期权（index options）、期货期权（futures options）、利率期权（interest rate options）、信用期权（credit options）、货币期权（currency options，或称外汇期权）及互换期权等。

股票期权，是指以单一股票作为标的资产的期权合约，一般是美式期权。与［例7－1］和［例7－2］一样，一般来说每份股票期权合约中规定的交易数量都是100股股票，即每个股票期权合约的买方有权利按特定的执行价格购买或出售100股股票，而无论是执行价格还是期权费都是以1股股票为单位给出的。

最著名的股价指数期权是在CBOE交易的S&P100和S&P500指数期权。前者为美式期权，后者为欧式期权。除此之外，还有大量的针对不同行业和市场的指数期权。一般来说，每份指数期权合约购买或出售的金额为特定指数执行价格的100倍。指数期权的最大特点在于其使用现金结算而非真实交割指数的证券组合，也就是说，按照执行指数价格与执行日当天交易结束时的指数价格之差以现金进行结算。例如，假设S&P100看涨期权的执行价格为280，如果在指数为292时履行期权合约，则看涨期权的卖方将支付买方1 200美元［（292－280）×100＝1 200］。那些管理着复杂的投资组合的机构投资者是指数期权最主要的交易者。通过现金结算，可以让这些机构投资者以最简单的方式为它们的投资组合进行套期保值。

期货期权可进一步分为基于利率期货、外汇期货和股价指数期货、农产品期货、能源期货和金属期货等标的资产的期权，其标的资产为各种相应的期货合约。大多数期货合约都有相应的期货期权合约。期货合约的到期日通常紧随着相应的期货期权的到期日。期货期权的重要特点之一也在于其交割方式：期货期权的买方执行期权时，将从期权卖方处获得标的期货合约的相应头寸（多头或空头），再加上执行价格与期货价格之间的差额。由于期货合约价值为零，并且可以立即结清，因此期货期权的损益状况就和以期货价格代替标的资产价格时相应期权的损益状况一致。由于交割期货合约比交割标的资产本身往往更为方便和便宜，期货期权产生以后，受到市场的广泛欢迎，成为最主要的期权品种之一。

利率期权，是指以各种利率相关资产（如利率和各种债券）作为标的资产的期权，主要包括交易所交易的利率期权、场外交易的利率期权和内嵌在其他金融工具中的利率期权。

信用期权则以特定公司的信用情形作为标的资产。在期权买方支付期权费后，当标的公司出现信用问题（包括破产或信用等级下降）时，期权的卖方将支付事先约定的金额给期权的买方；倘若在期权存续期内标的公司没有出现信用问题，则期权卖方就无须支付。

货币期权，或者称为外汇期权，是以各种货币为标的资产的期权。

互换期权，是以互换协议作为标的资产的期权（尽管它常常被列入互换产品的种类）。

除了以上主要的期权种类外，还有以交易型开放式指数基金（exchange traded fund，ETF）等作为标的资产的 ETFs 期权、以期权作为标的资产的复合期权（也称期权的期权），等等。

标的资产不同，期权的特性、定价和风险管理也呈现出不同的特点。

§7.2 期权市场

7.2.1 期权的产生与发展

在许多人的心目中，期权是直到最近才出现的金融创新工具之一。其实，早在古希腊和古罗马时期，就已经出现了期权交易的雏形。在 17 世纪 30 年代的“荷兰郁金香热”时期，郁金香的一些品种堪称欧洲最为昂贵的花卉。1635 年，那些珍贵品种的郁金香球茎供不应求，加上投机炒作，致使其价格飞涨 20 倍，成为最早有记载的泡沫经济。同时，这股投机狂潮开启了真正的期权交易的大门。郁金香交易商向种植者收取一笔费用，授予种植者按约定最低价格向该交易商出售郁金香球茎的权利。同时，郁金香交易商通过支付给种植者一定数额的费用，来获取以约定的价格购买球茎的权利。这即为人类历史上最早的期权交易。到了 18 世纪和 19 世纪，美国和欧洲的农产品期权交易已经相当流行。19 世纪，以单一股票为标的资产的股票期权在美国诞生，期权交易开始被引入金融市场。之后，伴随着金融市场的发展，期权市场迅速成长起来。

然而，在美国的芝加哥期权交易所（CBOE）建立前，期权的交易都是在场外市场（OTC）进行的。20 世纪初，美国出现了一种较为有序的期权交易市场，被称为“看跌期权和看涨期权经纪商和自营商协会”（Put and Call Broker and Dealers Association），该协会的成员公司负责对期权的买方和卖方进行撮合成交。这是对原来的分散化期权市场的一大改进，但由于仍未具有集中性的交易场所和完善的标准化期权合约，其 OTC 市场的基本性质并未从根本上得到改变，期权交易的效率仍然较低，期权市场的发展依然比较缓慢。直到 1968 年，在美国成交的股票期权合约所代表的标的股票数量还只有纽约证券交易所（New York Stock Exchange，NYSE）成交股票数量的 1%。

1973 年 4 月 26 日 CBOE 建立后，标准化的期权合约第一次出现。交易所建立当日，即有以 16 只股票为标的的期权合约在交易所交易，当天的成交量达到 911 手。同年，布莱克、舒尔斯和默顿在期权定价方面取得突破性成果，德州仪器公司也推出了具有期权价值计算功能的计算器。交易制度方面的创新和理论技术方面的发展共同促进了 CBOE 的迅速发展。顺应市场发展的内在要求，美国商品期货交易委员会放松了对期权交易的限制，有意识地推出多种不同的商品期权交易和金融期权交易，由此促使越来越多的交易所竞相开办期权交易，新的期权品种也不断推出。1982 年，作为试验计划的一部分，芝加哥期货交易所推出了以长期国债期货为标的的期权交易。1983 年 1 月，芝加哥商品交易所推出了 S&P500 股价指数期权。随着股价指数期权交易的成功，各交易所将期权交易迅速扩展至其他金融品种，如利率、外汇等。1984 年到 1986 年间，芝加哥期货交易所还先后推出了大豆、玉米、小麦等品种的期货期权。美国期权交易的示范效应带动了世界各国期权市场的发展。目前，全球有影响的期权市场有韩国期货交易所（KOF-EX）、芝加哥期权交易所（CBOE）、欧洲交易所、纽约泛欧交易所等。

表 7－2 给出了从 2008 年 12 月到 2010 年 10 月间全球各地（OTC）主要期权品种流通在外合约面值和总交易量的基本状况。从图中可以看到，从 2007 年全球金融危机爆发以来，OTC 期权市场处于相对平稳发展的时期。从品种上看，利率期权比重最大。

表 7－2　　2008—2010 全球 OTC 衍生品市场发展概况

	名义总值				市场总值			
	H1 2012	H2 2012	H1 2013	H2 2013	H1 2012	H2 2012	H1 2013	H2 2013
合计	639 395	632 582	692 924	710 182	25 408	24 733	20 082	18 658
A. 外汇合约	66 672	67 358	73 121	70 553	2 249	3 313	2 427	2 284
直接远期外汇以及外汇掉期	31 395	31 718	34 421	33 218	773	806	957	824
货币互换	24 156	25 420	24 654	25 448	1 190	1 259	1 131	1 186
期权	11 122	10 220	14 046	11 886	286	249	339	273
备注：交易所买卖合约	328	336	344	384	…	…	…	…
B. 利率合约	494 427	489 706	561 314	584 364	19 113	18 833	15 081	14 039
远期利率协议	64 711	71 353	86 334	73 819	51	47	168	108
互换	379 401	370 002	425 584	461 281	17 214	17 080	13 588	12 758
期权	50 314	48 351	49 396	49 264	1 848	1 706	1 325	1 174
备注：交易所买卖合约	55 581	48 546	62 178	57 007	…	…	…	…
C. 股票关联合约	6 313	6 251	6 821	6 560	639	600	692	700
远期与互换	1 880	2 045	2 321	2 277	147	157	206	202
期权	4 434	4 207	4 501	4 283	492	443	486	498
备注：交易所买卖合约	5 601	5 240	6 602	7 237	…	…	…	…
D. 大宗商品合约	2 994	2 587	2 458	2 206	379	347	384	264
黄金	523	486	461	341	51	42	80	47
其他	2 471	2 101	1 997	1 865	328	304	304	217
远期与互换	1 659	1 363	1 327	1 261	…	…	…	…
期权	812	739	670	603	…	…	…	…
E. 信用违约互换	26 930	25 068	24 349	21 020	1 187	848	725	653
单一名称工具	15 566	14 309	13 135	11 324	715	527	430	369
一揽子工具	11 364	10 760	11 214	9 696	472	321	295	284
指数产品	…	9 656	10 163	8 746	…	…	…	…
F. 未分配	42 059	41 611	24 861	25 480	1 841	1 792	772	718
总信用风险敞口	…	…	…	…	3 691	3 609	3 784	3 033
备注：交易所买卖合约合计	61 511	54 122	69 124	64 628	…	…	…	…

资料来源：http：//www. bis. org。

总之，从期权交易发展的历史我们可以看到，期权交易虽然早已有之，但真正意义上的期权市场的形成和发展只有近 40 年的时间，实际上大多数市场和产品都是在近 20 年内出现的，却呈现出迅猛的发展势头，具有巨大的发展潜力。

7.2.2 美国期权交易所概况

从 1973 年 CBOE 开始经营并获得巨大成功开始，世界各国的交易所纷纷引进期权交易，尤其在 20 世纪 80 年代以后，世界各国的交易所期权取得了前所未有的发展，其中，美国在交易所期权交易方面一直居于世界前列。图 7－1 给出了从 1973—2013 年通过美国期权清算公司（option clearing corporation，OCC）清算的每年日均期权交易量。

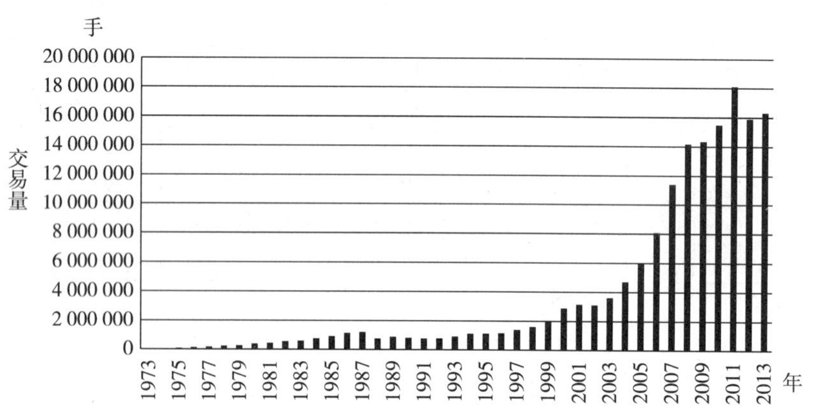

资料来源：http：//www. theocc. com。

图 7－1　1973—2013 年美国日均期权交易值

美国的期权交易所主要分为三类：

1. 专门的期权交易所。芝加哥期权交易所（CBOE）是美国首家期权交易所，也是世界上最重要的期权交易所。国际证券交易所（International Securities Exchange，ISE）有 3 个组成部分：期权市场、股票市场和另类市场（Alternative Market）。其中，期权市场是 2000 年 5 月成立的，是美国首家全电子交易的期权市场，也是目前世界上最大的股票期权交易所。

2. 传统的股票交易所提供期权交易。美国费城股票交易所（the Philadelphia Stock Exchange，PHLX）和美国股票交易所（AMEX）属于传统的股票市场，同时也提供期权产品交易。值得注意的是，在这些交易所里交易的期权都已经涵盖多种标的资产，交易量也逐年增加。

3. 第三类期权交易所则由期货交易所组成，如 CME（包括 CBOT）、洲际交易所（Intercontinental Exchange）、堪萨斯期货交易所（the Kansas City Board of Trade，KCBT）、明尼阿波利斯谷物交易所（the Minneapolis Grain Exchange，MGE）等。这些期货交易所只提供期货期权的买卖，且往往只交易以本交易所上市的期货合约为标的的期权产品。

图 7－2 给出了 OCC 按照期权交易量计算的 2010 年美国各大期权交易所的市场占有

率。可以看到，CBOE、PHLX 和 ISE 占据了前三席。

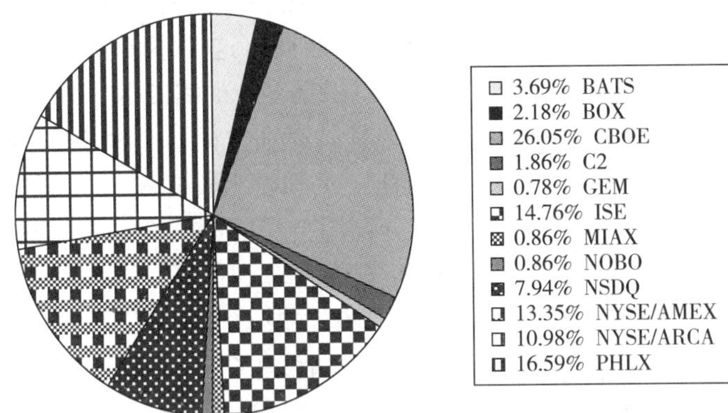

注：C2 指芝加哥期权交易所旗下的 C2 期权交易所（2010 年 10 月 29 日才开始运作，所以市场份额较小），BATS 指美国 BATS 期权交易所，BOX 指波士顿期权交易所，ISE 指欧洲交易所旗下的国际证券交易所，NSDQ 指纳斯达克—OXM 集团旗下的期权市场，PHLX 指纳斯达克—OXM 集团旗下的费城股票交易所，NYSE/AMEX 指纽约—泛欧交易所旗下的美国股票交易所，NYSE/ARCA 指纽约—泛欧交易所旗下的群岛证券交易所。

资料来源：http：//www. theocc. com。

图 7－2　2013 年通过美国期权清算公司清算的期权市场份额

表 7－3　美国主要的期权交易所及其期权品种

交易所	主要期权产品
CBOE	股票期权、股指期权、国债期权、ETFs 期权、HOLDRs 期权、长期期权（LEAPs）、灵活期权、信用期权、周期权（Weeklys）、季节期权（Quarterlys）等
PHLX	股票期权、股指期权、外汇期权、期货期权、商品期权、长期期权、灵活期权和季节期权
ISE	股票期权、ETFs 期权、股指期权、外汇期权、季节期权
ARCA	股票期权、股指期权、ETFs 期权、HOLDRs 期权、长期期权和灵活期权
AMEX	股票期权、股指期权、ETFs 期权、HOLDRs 期权、长期期权、灵活期权等
CBOT	基于农产品、稀有金属、股指和债务工具的期货期权
CME	基于农产品、股指、债务工具和外汇的期货期权

注：长期期权（LEAPs）是指期限较长的股票期权或是指数期权，例如，在 CBOE，它们的到期日可以长达三年。HOLDRs（Holding Company Depositary Receipts）的投资者拥有普通股或美国的存托凭证（ADR），而 HOLDRs 期权是以控股公司存托凭证（HOLDRs）为标的的期权。周期权是在每周五开始交易，到下周五到期的短期期权。季节期权是到期日为该季度最后一个交易日的一种新型期权。灵活期权（FLEX）指期权的主要条款可以量身定做。

资料来源：根据各交易所网站资料整理而成。

7.2.3　期权交易的新趋势

回顾期权的历史，交易所期权的巨大成功及其对期权交易的重要推动已经成为不可否认的事实。人们一般认为，这主要源于以下三个原因：第一，交易所交易的集中性和合约的标准化极大地便利了期权的交易管理和价格信息、产品信息的发布，为投资者提供了期权工具的流动性，使得交易者能够更灵活地管理他们的资产头寸，因而极大地促进了期权市场的发展；第二，清算所的建立解决了场外市场长期为之困扰的信用风险问题；第三，无纸化交易的发展带来了更为通畅的交易系统和更低的交易成本。

尽管交易所交易期权有着上述的优越性，然而，这并不意味着场外期权交易的消亡。场外期权最大的好处，在于金融机构可以根据客户的需要为客户“量身定做”许多非标准的个性化期权合约，从而创造了其特有的存在空间。事实上，20 世纪 70 年代以后，交易所期权所带来的巨大冲击，反而在一定程度上促进了场外市场的创新和发展。面对激烈的竞争，OTC 市场的金融机构充分利用自身的灵活性优势，不断创新，吸引客户，抢夺市场，这反过来又引发了交易所期权的变革和创新。这些竞争在 20 世纪 90 年代之后日益明显，全球期权市场出现了一些新的发展动态和趋势。

1. 日益增多的奇异期权。20 世纪 90 年代之后，OTC 市场的金融机构越来越意识到期权市场的激烈竞争和普通期权利润空间的缩小，这迫使他们不得不进一步利用其非标准的特点，开发出更复杂的期权产品。期权结构越复杂，复制所需时间越长，客户发现其定价过高的可能性越小，就越能保证开发者的利润空间。这类竞争的结果，导致了期权创新的迅速发展和奇异期权的日益增多。

2. 交易所交易产品的灵活化。事实上，随着金融创新的发展，期权的 OTC 市场越来越具有竞争力，场外交易日渐普遍。这使得期权交易所开始寻求新的竞争手段，保持和开拓市场空间。相较于场外期权，交易所期权合约的最大劣势就在于其标准化条款不具备灵活性。因此，一些交易所开始提供非标准的期权交易，如灵活期权（flex options），即在交易所内交易但具有非标准的执行价格和到期日条款的期权。显然，这样的期权具有 OTC 市场的灵活性，但仍然由清算所而非交易方来承担交易的信用风险，因而可以被看作是交易所企图从场外市场争夺客户的一种尝试。

3. 交易所之间的合作日益加强，并购潮不断涌现。在金融市场全球化的趋势下，期权交易所开始希望它们的合约能在全球范围内进行交易并为此作出努力，从而带来了交易所之间的合作和联系。例如，一家交易所上市的期权产品可以在其他交易所进行交易；或者在一家交易所交易，而在其他交易所平盘或交割；另外有一些交易所则允许其他交易所的会员在本所进行交易；等等。这也促成了收购兼并的浪潮。例如，纽约泛欧交易所收购了群岛交易所（ARCA）和美国股票交易所（AMEX），纳斯达克—OXM 集团收购了费城股票交易所（PHLX）。

4. 高频交易日益盛行。“高频交易”，是指常常每秒发送多达数千条委托的交易行为。高频交易者通常运用复杂的算法，试图抢在其他人前面发现趋势并捕捉价格的微小波动，他们通常运用高速计算机与交易所的委托处理系统直接连接以减少时滞。目前，高频交易已达美国股票交易量的 50% ~70%，在期权市场所占份额也日趋增多。

§7.3 期权交易机制

与期货交易不同，期权市场既包括各种标准化、集中化的交易所市场，也包括各种场外市场。本节主要以美国的期权交易所为例（主要以 CBOE 为代表），来说明期权市场的基本运行机制和交易机制。

7.3.1　CBOE 期权交易所产品简介

自 1973 年芝加哥期货交易所（CBOT）建立了 CBOE 以来，CBOE 发展迅速，产品越来越丰富。

总的来看，CBOE 把标准化的期权产品按标的不同大致分为股票期权、指数期权、ETN 期权、ETFs 和 HOLDRs 的期权、信用期权等。

按照存续期的长短，CBOE 的标准化期权产品又可分为长期期权、周期权、季度期权等，具体定义可参见表 7－3。

另外，CBOE 为了令期权合约更加符合投资者的需求，还专门设计了一种较为灵活的期权合约 FLEX options（flexible exchange options），它允许投资者自己制定执行价格、执行方式和到期时间等。这种期权合约使得投资者能够按照自己的要求来制定期权条款，是期权交易所与场外市场争夺客户的结果。

7.3.2　标准化合约

显然，交易所期权的最大特征和成功原因之一就是期权合约的标准化，每个交易所都对每种期权合约的各种规格分别进行了预先规定，下面介绍其中的几个要素。

（一）交易单位

交易单位，也被称为“合约规模”（contract size），就是一张期权合约中标的资产的交易数量。标的资产不同，期权合约的交易单位显然是不一样的，但即使是相同标的资产的期权，在不同的交易所上市，其合约大小也不一定相同。

一般来说，股票期权的交易单位是 100 股股票；指数期权的交易单位是标的指数执行价格与 100 美元的乘积；期货期权的交易单位是一张标的期货合约；至于各种外汇期权的交易单位，则视交易所不同和货币种类不同而不同，例如在 PHLX，一个英镑期权合约的交易单位为 31 250 英镑，而欧元期权合约的交易单位则为 62 500 欧元。

（二）执行价格

期权合约中的执行价格也是由交易所事先选定的。一般来说，当交易所准备上市某种期权合约时，将首先根据该合约标的资产的最近收盘价，依据某一特定的形式来确定一个中心执行价格，然后再根据特定的幅度设定该中心价格的上下各若干级距（intervals）的执行价格。因此，在期权合约规格中，交易所通常只规定执行价格的级距。

例如，在 CBOE 的股票期权交易中，当股票价格在 5 美元至 25 美元时，执行价格的变动级距为 2.5 美元；当股票价格高于 25 美元但低于 200 美元时，执行价格的变动级距为 5 美元；当股票价格高于 200 美元时，执行价格的变动级距为 10 美元。当引入新的到期日时，交易所通常选择最接近股票现价的那两个执行价格，如果其中有一个很接近股票现价，交易所也可以另外选择最接近股票现价的第三个执行价格。如果股票价格的波动超过了最高和最低执行价格的范围，交易中通常需要引入新的执行价格。比如，假定10月份到期的期权刚开始交易时，股票价格为53美元，交易所最初提供的看涨期权和看跌期权的执行价格分别为50美元和55美元，如果股票价格上升到55美元以上，交易所将提供执行价格为60美元的期权；如果股票价格跌到50美元以下，交易所将提供执行价格为45美元的期权。以此类推。

（三）到期循环、到期月、到期日、最后交易日和执行日

到期循环、到期月、到期日、最后交易日和执行日等是期权交易所对期权时间的预先规定，尽管在细节上可能不甚相同，但基本原理都是一样的。下面，以CBOE的规定为例来说明期权合约的时间规定。

在到期月方面，期权交易中使用与期货交易类似的到期循环规则。例如，在CBOE，所有的期权（除了LEAPs）都将在以下三个月份的基础上循环：1月、2月和3月。1月循环期权的到期月包括1月、4月、7月和10月；2月循环期权的到期月包括2月、5月、8月和11月；3月份循环期权的到期月则包括3月、6月、9月和12月。从实际交易情况来看，每个月在CBOE交易的股票期权都有以下四个到期月：离当前最近的两个日历月和本期权所属循环中的下两个到期月，而特定期权到底属于哪一个循环是由交易所预先指定的。例如，在12月1日，一个属于1月循环的期权包括以下4个到期月：12月、1月、4月和7月。当12月的到期日已经过去之后，一个属于1月循环的期权则包括以下4个到期月：1月、2月、4月和7月。

在到期日方面，交易所会在期权合约中进一步规定期权到期日，即期权买方可以享有期权赋予的权利的最后日期。例如，CBOE股票期权的到期日为到期月第三个星期五之后紧随的那个星期六，更精确地说，是当天美国东部时间下午5：00。但事实上，CBOE要求期权买方在到期日的前一个交易日（如果为非营业日，则往前顺延）美国东部时间下午5：30之前就必须对其是否打算执行期权作出表示。

其他的相关概念还包括最后交易日和执行日。最后交易日是和到期日紧密相连的日期，是期权交易者可以交易期权的最后日期。例如，CBOE股票期权的最后交易日就是到期月的第三个星期五。如果在这一天期权买方没有进行平仓交易，就面临放弃或者执行期权的选择。而执行日是指交易所规定的，期权买方可以实际执行该期权的日期。

（四）红利和股票分割

股票期权和股价指数期权往往还涉及红利和股票分割的问题。早期的场外期权是受红利保护的，也就是说如果公司派发现金红利，则除权日后，公司股票期权的执行价格要减去红利金额。而现在，派发现金红利时大多数交易所交易的期权都不进行调整。但是当股票分割或者是送红股的时候，交易所一般规定期权要进行调整。其调整方法如下：在n对m（即m股股票分割为n股）股票分割之后，执行价格降为原来执行价格的m/n，每一期权合约所包含的交易数量上升到原来的n/m倍。同时，$n\%$的股票红利等同于$100+n$对100的分割，从而可以应用股票分割的方式对期权合约进行调整。

（五）交割规定

在场内期权交易中，如果交易者不想继续持有未到期的期权头寸，就可以在最后交易日结束之前，随时进行反向交易，结清头寸。这与期货交易中的平仓是完全相同的。相反，如果最后交易日结束之后，交易者所持有的头寸仍未平仓，买方就有权要求执行，而卖方就必须做好相应的履约准备。当然，如果是美式期权，期权买方随时有权利决定交割。从实际来看，期权交割的比例要比期货高得多。

不同的期权，其规定的交割方式也各不相同。一般来说，各种现货期权在交割时，交易双方都直接以执行价格对标的资产进行实际的交收；指数期权是按照执行价格与期权执行日当天交易结束时的市场价格之差以现金进行结算；而期货期权的买方执行期权时，将从期权卖方处获得标的期货合约的相应头寸，再加上执行价格与期货价格之间的差额。

表 7－4　　CBOE 部分期权合约基本规格一览

期权类型	股票期权	S&P100 指数期权	S&P500 指数期权	Nasdaq100 指数期权
标的资产	标的股票或 ADRs	100 只指数成分股的市场价值加权	500 只指数成分股的市场价值加权	100 只指数成分股的市场价值加权
标的资产水平	股票或 ADRs 价格	指数值	指数值	指数值
乘数	100 股	100 美元	100 美元	100 美元
执行类型	美式	美式	欧式	欧式
到期月	两个最近的日历月和所属循环中的下两个月	四个最近的日历月和三月循环中的下一个月	三个最近的日历月和三月循环中的下三个月	三个最近的日历月和三月循环中的下三个月
执行价格级距	2.5 个、5 个或 10 个基点	5 个基点	5 个基点	5 个基点
结算方式	标的资产交割	现金结算	现金结算	现金结算
交易时间（美国中部时间）	8:30—15:00	8:30—15:15	8:30—15:15	8:30—15:15

资料来源：http：//www. cboe. com。

7.3.3　基本交易制度

（一）头寸限额和执行限额

交易所为每种期权都规定了期权交易的头寸限额，即每个投资者在市场的一方［即多方或空方，可以认为看涨期权的多头和看跌期权的空头均处于多方（upside），因为他们未来可能都以约定的价格买入标的资产，这说明他们都预期标的资产未来看涨；反之看涨期权的空头和看跌期权的多头都处于空方（downside）］中所能持有的期权头寸的最大限额。与之相关的是期权的执行限额（exercise limit），即一个期权买方在规定的一段时间内所能执行的期权合约的最大限额。一般来说，在连续五个交易日内的执行限额大小往往等于头寸限额。显然，交易所之所以做这样的规定，主要是为了防止某一投资者承受过大的风险或对市场有过大的操纵能力。但事实上，这样的限制是否合理及有无必要，仍然是一个有争议的问题。

具体来看，不同的交易所、不同的期权、不同的市场状况，头寸限额和执行限额都有不同的规定。有的交易所以合约的数量作为限制标准，有的则以合约的总金额作为限制的标准；在期货期权中，有的交易所将期权头寸与相应的期货头寸合并计算，有的则将这两者分开计算。除此之外，标的资产的性质和具体市场状况不同，限额也各自不同。例如，CBOE 股票期权的头寸限额和执行限额要视公司发行在外的股份数多少和标的股票过去六个月内的交易量大小而定，从 25 000 份合约到 250 000 份合约不等。

（二）买卖指令

与期货交易类似，所有的期权买卖指令都分属于以下四种类型：

（1）买入建仓，即买入一个期权（可能是看涨或看跌期权），建立一个新头寸。

（2）卖出建仓，即卖出一个期权（可能是看涨或看跌期权），建立一个新头寸。

（3）买入平仓，即买入一个期权（可能是看涨或看跌期权），对冲原有的空头头寸。

（4）卖出平仓，即卖出一个期权（可能是看涨或看跌期权），对冲原有的多头头寸。

很显然，买入建仓是和卖出平仓相呼应的，而卖出建仓则和买入平仓是相呼应的。平仓指令都是用于对冲和结清现有头寸的，因而又被称为对冲指令（offsetting order）。当一份期权合约正在交易时，如果交易双方都是建仓，则市场中的未平仓合约数增加一份；如果其中一方是建仓而另一方是平仓，则未平仓合约数保持不变；如果双方都是对冲平仓，则未平仓合约数将减少一份。

7.3.4 交易所的清算制度与保证金制度

（一）期权清算公司

期权交易一旦完成，接下来就是期权的清算过程。与期货交易类似，期权交易所内完成的期权交易都必须通过 OCC 进行清算和交割。OCC 是由一定数量的会员（称为清算行或清算会员）组成的，一般来说，清算会员必须满足资本的最低限额要求，并且必须提供特种基金，若有任一会员在清算时无法提供需要的资金，则可使用该基金。从本质上看，OCC 的功能主要有以下两个方面：期权交易的清算和期权执行的实施。

1. 期权交易的清算

✪【例 7－3】

OCC 期权交易清算

假设投资者 A 通过经纪公司甲买入了一份期权费为 4 美元、执行价格为 100 美元、1 月到期的 XYZ 股票看涨期权；投资者 B 通过经纪公司乙以 4 美元的期权费卖出了这个相应的看涨期权。这个交易完成后，A 必须在下一个营业日的清晨全额支付期权费，这之后的清算过程为：OCC 将该笔相互匹配的交易记录在册，使得甲的代理清算公司账户上增加了一份 XYZ 股票看涨期权多头，减少一笔期权费，而乙的代理清算公司账户上则增加了一份 XYZ 股票看涨期权空头，增加一笔期权费；同时，期权头寸和期权费将在清算公司、经纪公司和投资者之间出现相应的变动，最终使得A在甲经纪公司、甲在其对应清算公司的账户上同样增加一个看涨期权多头，减少一笔期权费；而B在乙经纪公司、乙在其对应清算公司的账户上同样增加一个看涨期权空头，增加一笔期权费。但是，OCC的清算只和其清算成员有关，具体的真实交易者和经纪公司的名字都不会在OCC出现。

由［例7－3］可以看出OCC清算的两个基本特点：

（1）非会员的经纪公司和自营商所完成的期权交易都必须通过清算会员在OCC进行清算。

（2）对每一个期权买方来说，OCC就是他的卖方；对每一个期权卖方来说，OCC又是他的买方。这样，OCC的存在实际上为期权交易的买卖双方提供了重要的中介和担保，使得交易者都无须担心具体交易对手的信用情形，信用风险都集中在OCC身上。由于OCC资本雄厚，并且设计了保证金制度来防止违约风险，因此OCC的信用度很高，从而促进了期权交易的迅速发展。同时，作为每个期权买方的卖方和每个期权卖方的买方，OCC拥有的期权净头寸为零，因而不存在价格风险。

2. 期权执行的实施

当期权买方想要执行某份期权时，投资者需要首先通知其经纪人，经纪人接着通知负责结清其交易的OCC清算会员。在该会员向OCC发出执行指令后，OCC即随机选择某个持有相同期权空头的会员，该会员再按照事先订立的程序，选择某个特定的出售该期权的投资者（又称为被指定者，the assigned）。如果是看涨期权，出售该期权的投资者必须按执行价格出售标的资产（如果他没有标的资产，需要从市场上购入现货）；如果是看跌期权，出售该期权的投资者必须按执行价格购入标的资产。显然，当期权执行时，该期权的未平仓合约数将相应减少。

在期权的到期日，所有实值期权都应该执行，除非交易成本很高，抵消了期权的收益。一些经纪公司和交易所设定了一些规则，到期时自动执行那些对客户有利的实值期权。

（二）保证金制度

除了通过净头寸为零来防止价格风险，期权清算公司还采用和期货交易相似的保证金制度来预防期权卖方的违约风险，即在期权空方开始期权交易时要求交纳初始保证金，之后随着市场价格的变化规定维持保证金的水平，在价格出现不利变化时，投资者需要追加保证金。期权保证金的收取方式是由清算所直接向各清算成员收取，再由清算成员向自己所代表的经纪公司收取，最后经纪公司再向具体投资者收取。

从期权保证金账户的操作方式来看，其与投资者从事期货交易时保证金账户的操作原理基本一样，具体内容可参见第二章。由于期权交易与期货交易之间的差异，期权的保证金制度存在一些特殊之处：

1. 对期权多方而言，必须在交易后的第二个营业日支付全部期权费；之后，期权买方只有权利而没有义务，所以他们无须再缴纳保证金。

2. 对期权空方而言，情形则比较复杂。首先，期权卖方都必须提交一定的保证金，这是因为交易所和经纪人必须确保当期权执行时，出售期权的投资者不会违约，因此所谓的初始保证金和维持保证金都是针对期权卖方而言的。其次，根据期权种类和市场状况的不同，对保证金的要求也各自不同。这里主要介绍简单股票期权的保证金制度。

对期权出售方来说，未来只有按照期权多方的意愿以执行价格买卖标的资产的义务，为了防止其违约，有的期权交易要求空方事先提交期权交割时所需的100%标的资产（针对看涨期权）或是100%资金（针对看跌期权），作为履约保证，这实际上就是100%的保证金要求，此类期权被称为有担保的期权（covered options）。如果投资者出售的是无担保的期权，初始保证金就是以下计算结果中较大的一个：

（1）出售期权的期权费收入加上期权标的资产价值的20%减去期权处于虚值状态的数额（如果有这一项的话）。

（2）出售期权的期权费收入加上标的资产价值的10%。

［例7－4］给出了计算期权初始保证金的一个例子。

【例7－4】

股票看涨期权空方的初始保证金

假设某个股票看涨期权的相关参数是：股票市价为15美元，执行价格为20美元，期权费为1美元，则按照A、B公式计算出来的结果分别为：

A：$[1+15\times20\%-(20-15)]\times100=-100$ 美元

B：$(1+15\times10\%)\times100=250$ 美元

因此，卖出这一看涨期权的投资者，除了要将期权费收入100美元冻结在账户内之外，还要向经纪公司缴纳150美元的初始保证金。

从［例7－4］中可以看出，期权费收入可以直接冲减需要缴纳的保证金。当期权处于虚值状态时，期权卖方保证金可以有所减少，这显然和卖方所承担的市场义务是相一致的。同时，之所以引入B公式，是因为如果期权处于深度虚值状态，A公式的计算结果有可能小于零，因而需要引入B公式作为保证金要求。

如果投资者卖出的是股价指数期权，其初始保证金计算和股票期权保证金的计算几乎相同，只是要将以上计算过程中的20%替换成15%，因为指数的波动性通常小于单个股票的波动性。

在期权卖方缴纳了规定的初始保证金之后，在期权平仓或者执行之前，每天都要进行与初始保证金类似的计算，只是期权费收入要用当时的期权市场价格来替代。当计算结果表明要求的保证金金额低于保证金账户的现有金额时，投资者可以随时从保证金账户中提取资金；反之，当保证金账户严重不足时，交易所将发出保证金催付通知（margin call）。

以上描述的是简单期权交易的保证金要求。事实上，市场上很多投资者进行的是更为复杂的期权组合交易。当投资者运用这些期权交易策略时，其保证金要求往往需要根据组合头寸的特殊风险状况进行计算。对很多组合期权来说，由于风险可以内部互相抵消，其保证金反而常常低于单个看涨或看跌期权的保证金要求。

7.3.5 期权报价与行情表解读

人们可以从许多渠道得到期权报价的信息，如传统的报纸媒体和新兴的网站，包括雅虎网站、各大期权交易所的网站等。[例7-5] 给出了雅虎网站上披露的2011年9月9日这一天IBM公司股票期权的行情（见表7-5）。

【例7-5】

表7-5　2011年9月9日IBM股票期权交易行情

到期月：2011年9月 | 2011年10月 | 2012年1月 | 2012年4月 | 2013年1月

看涨期权		于2011年9月16日周五到期					
执行价格	代码	最新价	变动	买入价	卖出价	成交量	未平仓合约
90.00	IBM110917C00090000	82.20	0.00	69.75	71.80	0	1
110.00	IBM110917C00110000	48.35	0.00	50.35	53.60	0	12
115.00	IBM110917C00115000	46.50	↓1.15	46.25	46.55	5	5
120.00	IBM110917C00120000	48.25	0.00	41.25	41.50	0	22
125.00	IBM110917C00125000	35.30	0.00	36.25	36.50	0	237
130.00	IBM110917C00130000	43.15	0.00	31.30	31.50	0	33
135.00	IBM110917C00135000	38.15	0.00	26.35	26.55	0	255
140.00	IBM110917C00140000	23.75	↓4.40	21.45	21.65	9	123
145.00	IBM110917C00145000	19.05	0.00	16.60	16.80	56	197
150.00	IBM110917C00150000	12.30	↓3.65	11.95	12.10	78	650
155.00	IBM110917C00155000	8.00	↓3.10	7.60	7.75	563	881
160.00	IBM110917C00160000	4.24	↓2.36	4.00	4.10	883	1 831
165.00	IBM110917C00165000	1.59	↓1.66	1.51	1.57	2 463	3 341
170.00	IBM110917C00170000	0.35	↓0.67	0.34	0.38	2 198	9 261
175.00	IBM110917C00175000	0.04	↓0.11	0.03	0.04	503	8 639
180.00	IBM110917C00180000	0.01	0.00	N/A	0.02	79	8 473
185.00	IBM110917C00185000	0.01	0.00	N/A	0.01	39	4 724
190.00	IBM110917C00190000	0.01	0.00	N/A	0.01	1	4 972
195.00	IBM110917C00195000	0.01	0.00	N/A	0.01	0	1 392
200.00	IBM110917C00200000	0.01	0.00	N/A	0.01	10	811
205.00	IBM110917C00205000	0.05	0.00	N/A	0.02	0	246
210.00	IBM110917C00210000	0.05	0.00	N/A	0.04	0	110
215.00	IBM110917C00215000	0.03	0.00	N/A	0.04	0	77
245.00	IBM110917C00245000	0.03	0.00	N/A	0.05	0	1

续表

看跌期权		于2011年9月16日周五到期					
执行价格	代码	最新价	变动	买入价	卖出价	成交量	未平仓合约
90.00	IBM110917P00090000	0.05	0.00	N/A	0.05	0	77
95.00	IBM110917P00095000	0.05	0.00	N/A	0.05	0	151
100.00	IBM110917P00100000	0.01	0.00	N/A	0.03	10	1 408
105.00	IBM110917P00105000	0.02	0.00	N/A	0.03	0	1 078
110.00	IBM110917P00110000	0.02	0.00	N/A	0.04	0	4 093
115.00	IBM110917P00115000	0.04	0.00	N/A	0.04	25	819
120.00	IBM110917P00120000	0.06	↑0.04	N/A	0.05	5	1 025
125.00	IBM110917P00125000	0.07	0.00	0.04	0.05	6	1 727
130.00	IBM110917P00130000	0.07	↑0.02	0.04	0.07	318	1 487
135.00	IBM110917P00135000	0.09	↑0.04	0.08	0.11	20	1 658
140.00	IBM110917P00140000	0.17	↑0.06	0.16	0.18	399	2 827
145.00	IBM110917P00145000	0.31	↑0.16	0.31	0.34	778	2 379
150.00	IBM110917P00150000	0.62	↑0.37	0.62	0.66	935	3 692
155.00	IBM110917P00155000	1.30	↑0.72	1.29	1.32	1 383	4 666
160.00	IBM110917P00160000	2.62	↑1.38	2.63	2.68	2 561	5 789
165.00	IBM110917P00165000	5.05	↑2.35	5.10	5.20	2 271	7 930
170.00	IBM110917P00170000	8.90	↑3.30	8.90	9.05	370	11 812
175.00	IBM110917P00175000	13.59	↑3.99	13.55	13.75	47	3 502
180.00	IBM110917P00180000	18.48	↑7.58	18.50	18.75	15	3 365
185.00	IBM110917P00185000	18.05	0.00	23.25	24.50	21	591
190.00	IBM110917P00190000	23.20	0.00	28.25	28.85	10	302
195.00	IBM110917P00195000	24.47	0.00	31.15	34.45	0	231
200.00	IBM110917P00200000	30.05	0.00	36.15	39.55	0	1
205.00	IBM110917P00205000	35.10	0.00	41.15	44.95	0	1

资料来源：http：//finance.yahoo.com。

从表7－5中可以看出，IBM股票期权共有5个到期月，其中前4个到期月是普通的股票期权，2013年1月到期的是长期期权。这些期权都在CBOE交易。

还可以看出，在任意时刻，对于特定的标的资产，可以有许多不同协议价格、期限和种类的期权在交易。例如，2011年9月9日，IBM股票有5个到期月的期权在交易；每个到期月又有不同的协议价格，如2011年9月到期的期权从75～275美元每隔5美元设一个协议价格。

可以看到，期权的报价方式与期货的报价方式大不相同，因为期权价格与期货价格有着完全不同的含义。在期货交易中，市场所报出的价格是标的资产本身的价格；而在期权交易中，市场所报出的是期权合约的价格，即期权费。而且，对股票期权而言，行情表上所报出的价格是购买或出售一股股票的期权的价格，由于每份股票期权合约的交易单位为 100 股股票，因此投资者买入每个期权合约实际支付的价格是行情表所列期权费的 100 倍。由于大多数期权的价格低于 10 美元，而且一些期权的价格低于 1 美元，投资者不需要很大的资金就可以进行期权交易，所以期权交易可以创造较大的杠杆效应。

§7.4　期权与其他衍生产品的区别与联系

7.4.1　期权与期货的区别与联系

期权和期货都是关于未来交易的一种事先约定，但两者在很多方面存在一定的差异。

（一）权利和义务

期货合约的双方都被赋予相应的权利和义务，除非用相反的合约进行对冲，否则这种权利和义务在到期日必须行使和履行，也只能在到期日行使和履行。期货的空方常常还拥有在交割月选择在哪一天交割的权利。而期权合约只赋予买方权利，卖方则无任何权利，而只有在对方履约时进行对应买卖标的物的义务。特别是美式期权的买方，可在约定期限内的任何时间执行权利，也可以不行使这种权利；期权的卖者则需准备随时履行相应的义务。

（二）标准化

期货合约都是标准化的，因为它都是在交易所中交易的，而期权合约则不一定。在美国，场外交易的现货期权是非标准化的，但在交易所交易的现货期权和所有的期货期权则是标准化的。

（三）盈亏风险

对期货交易来说，空方的亏损可能是无限的，盈利则可能是有限的；多方最大的亏损可能是标的资产价格跌至零，盈利可能是无限的。而期权交易空方的亏损可能是无限的（看涨期权），也可能是有限的（看跌期权），盈利则是有限的（以期权费为限）；期权交易多方的亏损风险是有限的（以期权费为限），盈利则可能是无限的（看涨期权），也可能是有限的（看跌期权）。关于这个问题，在第十一章将加以具体分析。

（四）保证金

期货交易的买卖双方都需交纳保证金。期权的多方则无须交纳保证金，因为其亏损不会超过他已支付的期权费；而在交易所交易的期权空方也要交纳保证金，这与期货交易一样。场外交易的期权空方是否需要交纳保证金则取决于当事人的意见。

（五）买卖匹配

期货合约的买方到期必须买入标的资产，而期权合约的买方在到期日或到期前则有买入（看涨期权）或卖出（看跌期权）标的资产的权利。期货合约的卖方到期必须卖出标的资产，而期权合约的卖方在到期日或到期前则有根据买方意愿相应卖出（看涨期权）或买入（看跌期权）标的资产的义务。

（六）套期保值

运用期货进行的套期保值，在把不利风险转移了出去的同时，也把有利风险转移了出去。而期权多头在运用期权进行套期保值时，只把不利风险转移出去而把有利风险留给自己。

7.4.2 股票期权与权证的区别与联系

（一）权证的定义和类型

1. 权证的定义。权证（warrants），是发行人与持有者之间的一种契约，其发行人可以是上市公司，也可以是上市公司股东或投资银行等第三者。权证允许持有人在约定的时间（行权时间），按约定的价格（行权价格）向发行人购买或卖出一定数量的标的资产。

2. 权证的类型。根据认股权证的权利不同，权证可以分为认购权证（call warrant）和认沽权证（put warrant）。

认购权证赋予权证持有者在一定期限内按照一定的价格向发行人购买一定数量的标的资产的权利。而认沽权证则赋予权证持有者在一定期限内按照一定的价格向发行人出售一定数量的标的资产的权利。

按照发行者的不同，权证一般分为股本权证与备兑权证。

如果权证由上市公司自己发行，就叫做股本权证。它授予持有人一项权利，在到期日或到期日之前按执行价向上市公司买卖该公司股票。股本权证的两个主要特点是：第一，期限通常较长，可能长达数年；第二，股本权证持有人执行权利时，由于上市公司不能持有自己的股票，往往必须通过新发行股票或注销公司股票的方式进行，因此会导致公司股本扩张（认购权证）或收缩（认沽权证）。目前大部分股本权证都是认购权证。上市公司发行股本权证的主要情形有二：其一是赋予本公司员工或者经理人一定数量的认股权作为激励机制，这类激励权证通常不可转让且交易期限较长；其二是公司在发行新股或是其他类型的公司证券如债券时，将权证附送给证券购买方，用以增加公司证券的吸引力。尤其是认沽权证，由于赋予持有者按特定价格出售公司股票的权利，具有很强的向市场传达公司经营层信心、保证股价一定会高于执行价格的信息的作用。

如果权证由独立的第三方（通常是投资银行）发行，则称为备兑权证。实际上，备兑权证的标的资产除了可以是个股股票外，还可以是股价指数、一篮子股票或其他标的物（如利率、汇率和商品）。

股本权证与备兑权证的差别主要在于：

（1）发行目的不同。股本权证的发行通常作为公司员工激励机制的一部分，或是作为促进融资和传达公司信心的手段；而备兑权证则是由投资银行或其他第三方根据市场需求或特殊目的（如中国股权分置改革时大股东作为支付对价的手段）而发行的。

（2）发行人不同。股本权证的发行人为上市公司，而备兑权证的发行人为独立的第三方，一般为投资银行。

（3）对总股本的影响不同。股本权证行权后，公司总股本的增减等于行使股本权证时所买卖的股票数量，从而对股票价格有压低或提升的作用；备兑权证到期行权时由其发行者，即独立于公司的第三方来进行股票或现金的交割，行权时所需股票完全从市场上购入，上市公司的总股本并不会增减。

虽然最早的权证是从股本权证开始的，但在如今的全球权证市场中，占绝对主导地位的却是备兑权证，股本权证的市场地位则呈衰落的趋势。以我国的香港市场和台湾市场为例，在香港证券交易所交易的几乎全部是备兑权证（在香港被称为衍生权证），而在台湾证交所交易的权证全部都是备兑权证。2012 年 3 月底，香港市场共有备兑权证 4094 只。

（二）股本权证与股票期权的区别

股本权证与股票期权的区别主要在于：

1. 有无发行环节。股本权证在进入交易市场之前，必须由发行股票的公司向市场发行；而期权无须经过发行环节，只要买卖双方同意，就可直接成交。

2. 数量是否有限。股本权证由于先发行后交易，在发行后，其流通数量是相对固定的。而期权没有发行环节，只要有人愿买，有人愿卖，就可以成交，因此其数量在理论上是无限的。

3. 是否影响总股本。股本权证行权后，公司总股本的增减等于行使股本权证时所买卖的股票数量，从而对股票价格有压低或提升的作用；股票期权行权时所需股票完全从市场上购入，上市公司的总股本并不会增减，期权行权对上市公司无任何影响。

备兑权证比股本权证更贴近于股票期权，因为备兑权证的行权也不会影响公司的总股本。因此两者的区别仅在于有无发行环节和数量是否有限。

［例 7 - 6］是对我国权证市场的一个简要介绍和描述。

✪ **【例 7 - 6】**

中国权证市场

到 2011 年 9 月为止，中国证券市场上尚未出现完全意义上的股票期权，只出现过权证。1992 年到 1996 年间，中国股票市场上曾经出现过上市公司向股东发行的认购权证，后因权证市场过度投机、价格暴涨暴跌而被迫关闭。2005 年起权证重返中国市场。沪深交易所挂牌交易的权证分为两类：一类是由上市公司发行的常规股本权证，如深发 SFC1、深发 SFC2、云化 CWB1、马钢 CWB1 等。另一类是在股权分置改革过程中作为股改对价的一部分支付给流通股股东的积证，如五粮 YGC1、招行 CMP1 等。这部分权证行权时不会影响公司的总股本，因此这一类权证属于备兑权证。在这部分权证上市交易后，中国证监会又允许具备资格的券商按照一定的条件创设其中一部分权证。所谓创设，就是由独立的第三方证券公司增发与那些对价权证条款完全相同的权证，以增加流通的权证数量，这类权证也属于备兑权证。2011 年 8 月 11 日，伴随着中国最后一只权证——长虹权证的到期，由于没有新权证发行，权证再次退出中国历史舞台。

7.4.3 内嵌期权与实物期权

期权在现实中还常常以其他多种方式存在，主要体现为内嵌期权和实物期权。在这里加以简要介绍。

（一）内嵌期权

内嵌期权，是指在普通的金融产品中，加上一个具有期权性质的条款，使得该产品成为普通金融工具和期权的一个组合。可转换债券、可赎回债券、可回售债券以及很多结构性产品都是内嵌期权的典型。表 7 -6 给出了中国金融市场上内嵌期权的一个真实例子。

表 7 -6　　可赎回债券（02 国开 06）详情

债券代码	02 国开 06
发行人	国家开发银行
期限	10 年期
起息日	2002 年 6 月 16 日
利率	每年付息一次，本债券前五年（2002 年 6 月 16 日至 2007 年 6 月 15 日）的票面利率为 2.1466%，后五年（2007 年 6 月 16 日至 2012 年 6 月 16 日）的票面利率为 3.346 6%
面额	100 元
发行规模	100 亿元
特殊赎回条款	本期债券仅设定一次发行人选择提前赎回的权利，即发行人可选择在 2007 年 6 月 16 日以面值全部赎回债券，发行人选择赎回前，将至少提前一个月，即于 2007 年 5 月 16 日之前告知全体债券持有人，同时通知中央国债登记结算有限责任公司

资料来源：Wind 资讯。

可赎回债券是一个普通债券加上一个特殊条款，发行人有权利在债券到期前某个事先约定的时间按事先约定的价格将债券赎回。在这个例子中，如果到时债券价格低于面值，发行人一定不会执行这个权利；如果到时债券价格高于面值，发行人会执行这个权利，因为这意味着他们可以更低的利率在市场上发行同样面值的债券融资。这显然是发行人持有以债券为标的资产、以面值为执行价格的看涨期权。这个看涨期权是由债券的持有人卖给发行者的，因此通常可赎回债券的收益率要高于同样信用等级的普通债券，高出来的这部分就相当于这个看涨期权的期权费。

2007 年 6 月 16 日，02 国开 06 的利率为 3.346 6%，而当时 5 年期银行贷款利率为 7.2%，显然该债券价值低于其面值，02 国开 06 没有按面值被赎回。

（二）实物期权

随着期权理论的发展和对期权认知的深入，人们发现现实生活中的不少现象可以被视做期权，而期权的分析思想和定价方法也越来越多地被运用到金融市场之外的其他领域，由此产生了实物期权的概念，即以实物资产为标的物的未来选择权。实物期权方法最主要的运用领域就是实物资产投资决策的分析。例 7 －7 给出了一个典型的实物期权案例。事实上，除了油气开采权，实物期权的思想还被广泛地运用于土地、房屋、工厂、企业和设备的投资决策分析过程中，涉及制造业、不动产、自然资源、信息与生物技术、收购兼并、竞争战略等诸多领域。只要是一项未来以一定价格出售或购入某种资产的选择权，都可运用实物期权的思想加以分析，这已成为金融工程方法应用的一个重要方面。

【例 7 －7】

实物期权案例：油气开采权

一些国家政府通常将本国海上油田的开采权租给石油公司，期限一般为 10～15 年，获得开采权的石油公司可以在此期间的任意时间开始开采石油。那么，租金应如何确定呢？石油公司又应如何确定这个项目是否值得投资呢？

在传统的净现值分析法下，决策者计算出未来投资的可能收益并加以贴现，据此来决定此项目的价值以及是否值得投资，但这种分析方法忽略了油气开采权中的隐含权利。简单地说，石油公司付出一笔租金获得 15 年开采权后，在这 15 年内，其决策条件可以简化表示为 $\max(S_t - X, 0)$，即根据石油价格 S_t 是否大于勘探开采和提炼成本 X 以及大多少，来决定是否开采和何时开采。若 S_t 大于 X 的程度高于预期要求的收益，公司决定开采，则回报为 $S_t - X$；若 S_t 小于 X，公司决定不开采，则回报为 0，但无论如何，公司要损失预先支付的租金。因此，石油开采权实际上相当于一份以石油价格为标的、以开采期限为到期日、以勘探开采和提炼成本为执行价格的美式期权，所支付的租金即期权费。因此，租金的确定和投资决策均可以运用期权定价的原理进行分析。

而在进行开采之后，石油公司在开采过程中还可以选择放弃开采、追加投资、紧缩投资以及延长油田的租期等，这些决策实际上又可以分别被视为放弃投资权、追加投资权、紧缩投资权和延期期权等。

本章小结

1. 金融期权，是指赋予其买者在规定期限内按双方约定的价格购买或出售一定数量某种金融资产的权利的合约。按买者的权利划分，期权可以分为看涨期权和看跌期权；按期权多方执行期权的时限划分，期权又可以分为欧式期权和美式期权。

2. 金融期权的标的可以是股票、股价指数、金融期货、利率、信用、货币及互换等。

3. 期权买者只有权利而没有义务，卖者只有义务而没有权利。因此买者要向卖者支付期权费。

4. 在交易所中，期权合约在交易单位、执行价格、到期日、红利和股票分割、交割方式等方面都规定了统一明确的标准。

5. 交易所中完成的期权交易都必须通过期权清算公司进行清算和交割。期权清算公司采用保证金制度来防止信用风险。

6. 期权与期货的最大区别在于权利与义务是否对等。

7. 期权与权证的最大区别在于有无发行环节和数量是否有限。

8. 期权在现实中还常常以其他多种方式存在，主要体现为内嵌期权和实物期权。

复习与思考

1. 为什么美式期权价格至少不低于同等条件下的欧式期权价格?

2. 为什么交易所向期权卖方收取保证金而不向买方收取保证金?

3. 一个投资者出售了5份无担保的某股票看涨期权，期权价格为3.5美元，执行价格为60美元，而标的股票目前市场价格为57美元。其初始保证金要求是多少?

4. 在CBOE，一种股票期权交易是属于2月循环的，那么在4月10日和5月31日将会交易什么时候到期的期权?

5. 简要说明股票期权与权证的区别。

第八章

期权的回报与价格特性

作为投资者，交易期权最关注的就是未来可能获得的收益、可承担的风险和期权价格的变化情形。本章将运用图形、公式和表格相结合的方式讨论期权的回报与盈亏，并进一步对期权价格的可能分布区间及影响期权价格的主要因素进行深入分析。

§8.1 期权的回报与盈亏分布

本节将分析期权到期时多空双方的回报（payoff）与盈亏（gain or loss）分布。这两个概念的区别在于，回报未考虑期权费，而盈亏则考虑了期权费对交易双方最终收益状况的影响。从这一章开始，用 X 表示期权的执行价格，小写的 c 与 p 表示欧式看涨期权与看跌期权价格，大写的 C 与 P 表示美式看涨期权与看跌期权价格。除非另有定义，其他符号仍沿用第七章中的定义。

8.1.1 看涨期权的回报与盈亏分布

以一个执行价格为 40 元的欧式股票看涨期权为例，期权到期时多头的回报和盈亏分布如图 8－1（a）所示。

可以看到，期权到期时，标的股票价格若高于执行价格 40 元，多头必然执行期权，按 40 元买入股票获利，股票价格比 40 元高多少，多头就获得多少回报；若股票价格低于 40 元，多头必然放弃权利，回报为零。由于不考虑期权费，看涨期权多头的回报如图中的“期权回报”线所示，40 元以下为零，40 元以上则以 45 度角向右上方延伸。

在计算盈亏时，就要考虑付出的期权费成本（为分析方便，不考虑利息成本，下同）。因此，看涨期权多头的盈亏线就要比回报线向下平移，平移量正是多头所支付的期权费。值得注意的是，40 元仍然是看涨期权多头是否执行期权的转折点，但只有当股票价格涨到图中 A 点（称之为“盈亏平衡点”，等于执行价格加期权价格）以后，期权多头才开始盈利。

由于期权合约是零和游戏（zero－sum games），期权多头和空头的回报和盈亏正好相反，据此可以画出看涨期权空头的回报和盈亏分布，如图 8－1（b）所示。

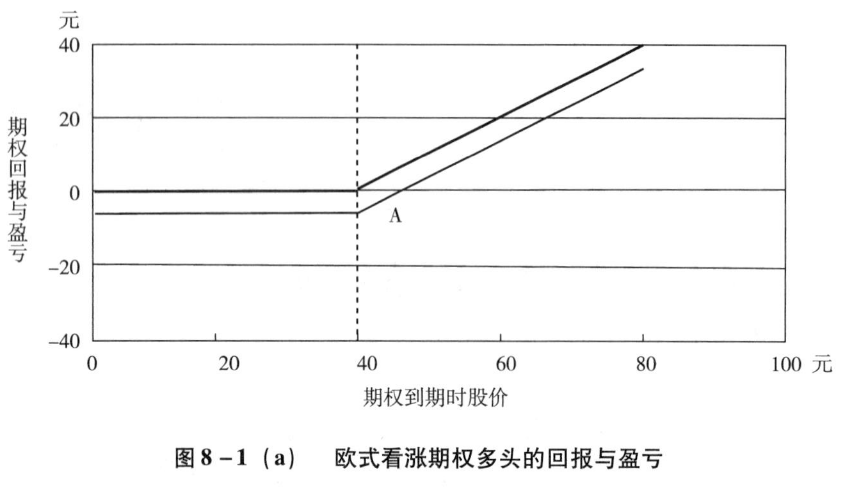

图8-1（a） 欧式看涨期权多头的回报与盈亏

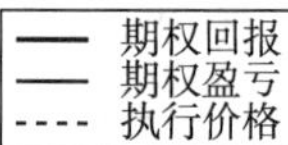

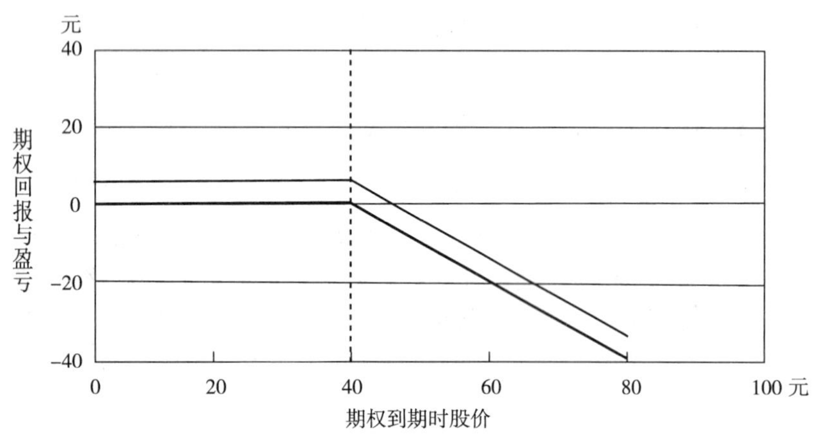

图8-1（b） 欧式看涨期权空头的回报与盈亏

从图中可以看出，看涨期权多头的亏损风险是有限的，其最大亏损限度是期权价格，而其盈利却可能是无限的。相反，看涨期权空头的亏损可能是无限的，而盈利是有限的，其最大盈利限度是期权价格。期权多头以较低的期权费为代价换取较大盈利的可能性，如同买了一个保险，这也是期权费（premium）在英文中为何与保险费为同一个词的主要原因；而期权空方则为了赚取期权费冒着大量亏损的风险。

8.1.2 看跌期权的回报与盈亏分布

执行价格为40元的欧式看跌期权的回报与盈亏分布如图8-2所示。显然，期权到期时，标的股票价格若低于执行价格40元，多头必然执行期权，按40元卖出股票获利，股票价格比40元低多少，多头就获得多少回报；若股票价格高于40元，多头必然放弃权利，回报为零。由于不考虑期权费，看跌期权多头的回报如图8-2（a）中的“期权回报”线所示，40元以上为零，40元以下则以45度角向左上方延伸。

由于考虑了付出的期权费成本，看跌期权多头的盈亏线也要比回报线向下平移，平移量也是多头所支付的期权费。与看涨期权类似，40 元仍然是看跌期权多头是否执行期权的转折点，但只有当股票价格跌到盈亏平衡点 B 点（等于执行价格减期权费）之下，期权多头才开始盈利。

看跌期权也是零和游戏，多空双方的回报和盈亏正好相反，据此可以画出欧式看跌期权空头的回报和盈亏分布，如图 8 - 2（b）所示。

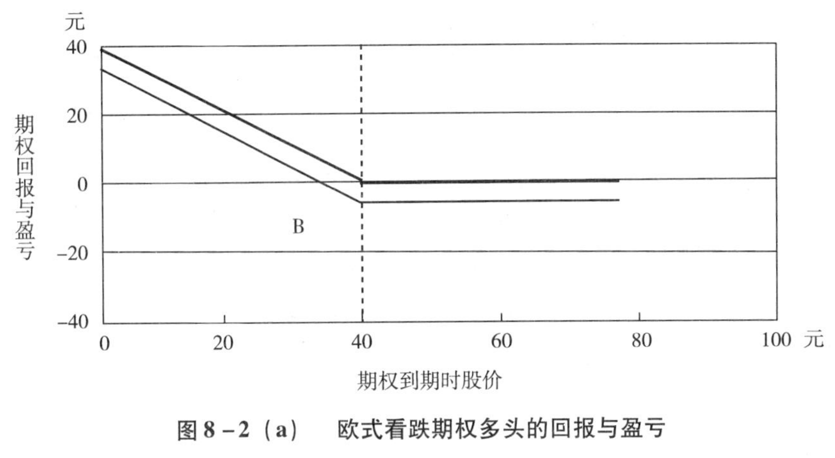

图 8 -2（a）　欧式看跌期权多头的回报与盈亏

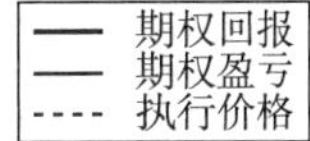

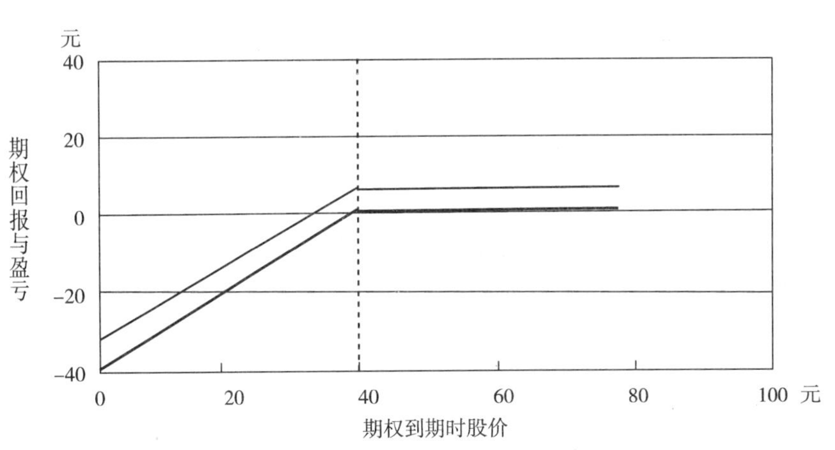

图 8 -2（b）　欧式看跌期权空头的回报与盈亏

从图中可以看到，看跌期权多头的亏损风险是有限的，其最大亏损限度也是期权价格；但其盈利可能并非无限，当标的资产价格为零时看跌期权多头的盈利最大，等于执行价格减去期权价格。看跌期权空方的盈亏状况与多方刚好相反，盈利为有限的期权费，亏损也是有限的，其最大限度为协议价格与期权价格之差。

8.1.3　期权到期回报公式

除了回报与盈亏分布图，还可以用公式来描述期权到期的回报与盈亏状况。表 8 - 1

给出了欧式期权到期回报与盈亏的计算公式。

对期权回报盈亏分布图与计算公式的深刻理解和认知是非常重要的，它们描述了期权的本质特征。现代金融市场与现代经济中，很多期权以复合的或是复杂不易辨别的产品形式存在，如在第七章介绍的内嵌期权和实物期权。对此类产品进行解构、分析和管理的第一步，就是根据这些产品的回报判断其是否是期权，期权的标的资产、执行价格、到期期限等要素如何。

表 8－1　　欧式期权多空到期时的回报与盈亏

头寸	到期回报公式		到期盈亏公式
	公式	分析	
看涨期权多头	max $(S_T - X, 0)$	若到期价格 S_T 高于 X，多头执行期权获得差价；否则放弃期权，回报为零	max $(S_T - X, 0) - c$
看涨期权空头	$-$max $(S_T - X, 0)$ 或 min $(X - S_T, 0)$	若到期价格 S_T 高于 X，多头执行期权，空头损失差价；否则多头放弃期权，空头回报为零	$-$max $(S_T - X, 0) + c$ 或 min $(X - S_T, 0) + c$
看跌期权多头	max $(X - S_T, 0)$	若到期价格 S_T 低于 X，多头执行期权获得差价；否则放弃期权，回报为零	max $(X - S_T, 0) - p$
看跌期权空头	$-$max $(X - S_T, 0)$ 或 min $(S_T - X, 0)$	若到期价格 S_T 低于 X，多头执行期权，空头损失差价；否则多头放弃期权，空头回报为零	$-$max $(X - S_T, 0) + p$ 或 min $(S_T - X, 0) + p$

§8.2　期权价格的特性

期权价格，是期权多头为了获取未来的某种权利而支付给空方的对价。期权价格的确定是一件复杂的工作。在分析期权定价之前，本节首先从多个角度对期权价格进行分析，为下一章的期权定价分析奠定基础。

8.2.1　内在价值与时间价值

期权价格（或者说价值）等于期权的内在价值加时间价值。

（一）期权的内在价值

期权的内在价值（instrinsic value），是 0 与多方行使期权时所获回报最大贴现值的较大值。看涨期权的“所获回报”为 $S_\tau - X$，看跌期权为 $X - S_\tau$，这里的 τ 是指多方行使期权的时刻。由于欧式期权和美式期权可执行的时间不同，其内在价值的计算也就有所差异。

对欧式期权来说，多方只能在期权到期时决定行权与否并获得相应回报，故此 $\tau = T$。例如，欧式看涨期权的到期回报为 max $(S_T - X, 0)$，如果标的资产在期权存续期内无收益，S_T 的现值就是当前的市价 S；如果标的资产在期权存续期内支付已知的现金收益，S_T 的现值则为 $S-I$，其中 I 表示在期权有效期内标的资产所获得的现金收益贴现至当前的现值。由于 X 为确定现金流，其现值的计算就是简单的贴现，故此欧式无收益和有收益资产看涨期权的内在价值分别为 $\max[S-Xe^{-r(T-t)},0]$ 与 $\max[S-I-Xe^{-r(T-t)},0]$。欧式看跌期权内在价值的分析类似于欧式看涨期权。

由于多头随时可以执行期权，美式期权的情况有所不同：

1. 对无收益资产美式看涨期权而言，执行期权的回报为 $S_\tau-X$，这里的 τ 是指美式期权执行的时刻。由于 S_τ 的贴现值恒为 S，而 X 的贴现值等于 $Xe^{-r_\tau(\tau-t)}$，r_τ 为当前 t 时刻到未来 τ 时刻间的无风险利率。可见，该期权回报最大贴现值就是 $S-Xe^{-r(T-t)}$。因此其内在价值等于 $\max[S-Xe^{-r(T-t)},0]$。

2. 对有收益资产美式看涨期权而言，若在除权日前一天 τ 行权，其回报是 $S_\tau-X$，其贴现值是 $S-Xe^{-r_\tau(\tau-t)}$，可视其为到期日为 τ 的短期欧式看涨期权；若不行权，可将其视为到期日为 T、股利现值为 I 的长期欧式看涨期权。由于美式期权持有者可以选择两种行权策略中较有利者，因此有收益资产美式看涨期权的内在价值为 $\max[S-Xe^{-r_\tau(\tau-t)},S-I-Xe^{-r(T-t)},0]$。

3. 对无收益美式看跌期权而言，其执行时的回报为 $X-S_\tau$，显然其最大贴现值为 $X-S$，其内在价值就是 $\max(X-S,0)$。

4. 对有收益资产美式看跌期权而言，如果立即执行，其回报的贴现值为 $X-S$，可视其为到期日为今天的短期欧式看跌期权；如果在刚派发红利之后的 τ 执行，其回报的现值为 $Xe^{-r_\tau(\tau-t)}-(S-I)$，可将其视为到期日为 τ、股利现值为 I 的长期欧式看跌期权。由于美式期权持有者可以选择两种行权策略中较有利者，因此有收益资产美式看跌期权的内在价值为 $\max(X-S,Xe^{-r_\tau(\tau-t)}-(S-I),0)$。

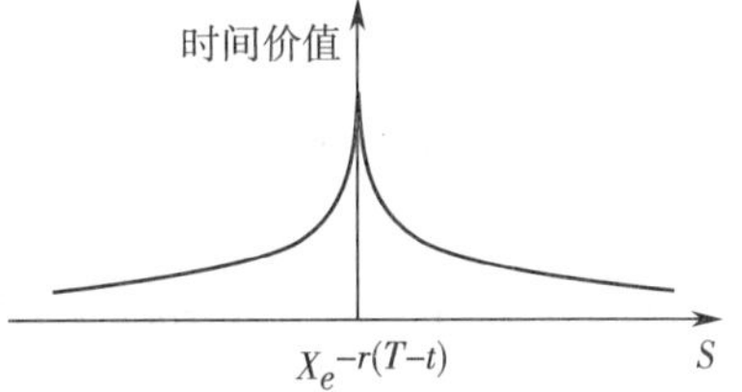

图 8－3　无收益资产看涨期权时间价值与 $(S-Xe^{-r(T-t)})$ 的关系

表 8－2　期权内在价值的计算公式

分类			内在价值	分类			内在价值
看涨期权	欧式	无收益	$\max[S-Xe^{-r(T-t)},0]$	看跌期权	欧式	无收益	$\max[Xe^{-r(T-t)}-S,0]$
		有收益	$\max[S-I-Xe^{-r(T-t)},0]$			有收益	$\max[Xe^{-r(T-t)}-(S-I),0]$
	美式	无收益	$\max[S-Xe^{-r(T-t)},0]$		美式	无收益	$\max(X-S,0)$
		有收益	$\max[S-Xe^{-r_\tau(\tau-t)},S-I-Xe^{-r(T-t)},0]$			有收益	$\max[X-S,Xe^{-r_\tau(\tau-t)}-(S-I),0]$

注：无收益是指期权存续期内标的资产无现金收益，有收益指期权存续期内标的资产有已知的现金收益，下同。

需要强调的一点是，由于期权多头拥有权利而没有任何义务，当市场价格对其不利的时候多头可以放弃行权，所以期权的内在价值始终应大于零，因此我们此处使用了最大化函数。

【例 8－1】

通用电气（GE）看跌期权内在价值的计算

［例 7－2］中，2007 年 8 月 31 日美国中部时间 10：18，在 CBOE，1 份以通用电气股票为标的资产、执行价格为 40 美元、到期日为 2007 年 9 月 22 日的美式看跌期权价格为 1.76 美元，而同一天的通用电气股票收盘价为 38.5 美元。GE2007 年每季度的股息为 0.28 美元，第三季度股息除权日为 9 月 20 日，股息发放日为 10 月 25 日。根据 2007 年 8 月 31 日的美国国债利率期限结构，1 个月期年利率为 4.02%，故此我们选择 4% 作为 19 天、23 天和 55 天贴现率的近似。

GE 期权是标的资产有收益情况下的美式期权。如果 8 月 31 日立刻执行，内在价值为：

$$\max(X-S,0)=\max(40-38.5,0)=\max(1.5,0)=1.5$$

如果持有至 9 月 19 日执行，则内在价值为

$$\max[Xe^{-r_\tau(\tau-t)}-S,0]=\max[40e^{-4\%\times19/365}-38.5,0]=1.42$$

如果持有至 9 月 20 日执行，则内在价值为

$$\max[Xe^{-r_\tau(\tau-t)}-(S-I),0]=\max[40e^{-4\%\times20/365}-(38.5-0.28e^{-4\%\times55/365}),0]=1.69$$

如果持有到期至 9 月 22 日执行，则内在价值为

$$\max[Xe^{-r_\tau(\tau-t)}-(S-I),0]=\max[40e^{-4\%\times22/365}-(38.5-0.28e^{-4\%\times55/365}),0]=1.68$$

因此，GE 看跌期权约内在价值为 1.69 美元。

［例 8－1］以第七章中的［例 7－2］为例，说明了期权内在价值的计算。

从以上计算可以看出，美式期权内在价值的计算是比较复杂的。我们在以后章节可以看出，正是由于这个问题，美式期权的定价才比欧式期权的定价复杂得多。

（二）实值期权、平价期权与虚值期权

与期权内在价值紧密联系的几个概念是期权的“平价点”以及相应的实值期权（in the money）、平价期权（at the money）与虚值期权（out of money）。平价点，就是使得期权内在价值由正值变化到零的标的资产价格的临界点。由于平价点就是使得期权内在价值由正值变化到零的临界标的资产价格，根据表 8－2 中不同期权的内在价值，表 8－3归纳了不同类型期权的实值虚值区间和平价点。

表 8－3　实值期权、平价期权与虚值期权

分类			实值价值	平价期权	虚值期权
看涨期权	欧式	无收益	$S>Xe^{-r(T-t)}$	$S=Xe^{-r(T-t)}$	$S<Xe^{-r(T-t)}$
		有收益	$S>Xe^{-r(T-t)}+I$	$S=Xe^{-r(T-t)}+I$	$S<Xe^{-r(T-t)}+I$
	美式	无收益	$S>Xe^{-r(T-t)}$	$S=Xe^{-r(T-t)}$	$S<Xe^{-r(T-t)}$
		有收益	$S>\min[Xe^{-r_\tau(\tau-t)},$ $Xe^{-r(T-t)}+I]$	$S=\min[Xe^{-r_\tau(\tau-t)},$ $Xe^{-r(T-t)}+I]$	$S<\min[Xe^{-r_\tau(\tau-t)},$ $Xe^{-r(T-t)}+I]$
看跌期权	欧式	无收益	$S<Xe^{-r(T-t)}$	$S=Xe^{-r(T-t)}$	$S>Xe^{-r(T-t)}$
		有收益	$S<Xe^{-r(T-t)}+I$	$S=Xe^{-r(T-t)}+I$	$\max(Xe^{-r(T-t)}-(S-I),0)$
	美式	无收益	$S<X$	$S=X$	$S>X$
		有收益	$S<\max[X,Xe^{-r_\tau(\tau-t)}+I]$	$S=\max[X,Xe^{-r_\tau(\tau-t)}+I]$	$S>\max[X,Xe^{-r_\tau(\tau-t)}+I]$

（三）期权的时间价值

在［例8－1］中，美式看跌期权的内在价值为1.69美元，但其实际价格为1.76美元。在这里0.07美元的价格差异意味着什么呢？这称为期权的时间价值（time value）。

与货币的时间价值所表示的“资金暂时让渡所带来的价值”不同，期权的时间价值是指在期权尚未到期时，标的资产价格的波动为期权持有者带来收益的可能性所隐含的价值。以GE美式看跌期权为例，其内在价值为1.69，但在9月22日之前，GE股票价格如果跌到40美元以下，看跌期权的多方就可能获利；当然，如果高于40美元，多方就会放弃行权，而且无论GE股票涨到多少，多方都不会遭受更多损失。正是因为期权能给投资者带来这种不对称的盈亏可能，投资者愿意多付0.07美元购买此看跌期权。

因此，概括地说，期权的时间价值就是基于期权多头权利义务不对称这一特性，是在期权到期前，标的资产价格的变化可能给期权多头带来的收益的一种反映。

其他条件相同的情况下，一般来说，距离期权到期时间越长，期权时间价值越大，对美式期权来说尤其如此，这也是称之为“期权的时间价值”的原因。

其他条件相同的情况下，标的资产价格的变化越大，期权的时间价值就越大。一般用标的资产价格的波动率来描述价格的变化，其确切定义将在第十章给出。因此有时也将期权的时间价值称为期权的波动价值。

另一个不易被发现的关系是期权内在价值与时间价值之间的相关性。图8－3描述了这样一个事实：期权的时间价值受内在价值的影响，在期权平价点时间价值达到最大，并随期权实值量和虚值量增加而递减。为什么是这样的呢？［例8－2］可以帮助我们很好地理解期权内在值与时间价值之间的关系。

✪**【例8－2】**

内在价值与时间价值

假设A股票（无红利）的市价为9.05元，A股票有两种欧式看涨期权，其执行价格分别为$X_1=10$元，$X_2=8$元，它们的有效期都是1年，1年期无风险利率为10%（连续复利）。显然，这两种期权的内在价值分别为

$$\max[S-Xe^{-r(T-t)},0]=\max(9.05-10\times e^{-10\%\times 1},0)=\max(0,0)=0$$

和

$$\max[S-Xe^{-r(T-t)},0]=\max(9.05-8\times e^{-10\%\times 1},0)=1.81(\text{元})$$

期权1处于平价点，而期权2是实值期权。那么哪一种期权的时间价值高呢？

假设这两种期权的时间价值相等，都等于2元，则期权1的价格为2元，期权2的价格为3.81元。那么如果让你从中挑一种期权，你愿意挑哪一种呢？为了比较这两种期权，假定1年后出现如下四种情况。

情况一：$S_T>10$元，则期权持有者可从期权1中获利（$S_T-10-2\times e^{0.1}$）＝（$S_T-12.21$）元，可从期权2中获利（$S_T-8-3.81\times e^{0.1}$）＝（$S_T-12.21$）元。期权1获利金额等于期权2。

情况二：$S_T=10$元，则期权1亏损$2\times e^{0.1}=2.21$元，期权2也亏损（$3.81\times e^{0.1}-$

2）= 2.21 元。期权 1 亏损等于期权 2。

情况三：$8 < S_T < 10$ 元，则期权 1 亏损 $2 \times e^{0.1} = 2.21$ 元，而期权 2 亏损（$S_T - 8 - 3.81 \times e^{0.1}$）元，介于 2.21 元与 4.21 元之间。期权 1 亏损少于期权 2。

情况四：$S_T \leqslant 8$ 元，则期权 1 亏损 $2 \times e^{0.1} = 2.21$ 元，而期权 2 亏损 $3.81 \times e^{0.1}$ 元 = 4.21 元。期权 1 亏损少于期权 2。

由此可见，无论未来 A 股票价格是涨、跌还是平，期权 1 均优于或等于期权 2。显然，期权 1 的时间价值不应等于而应高于期权 2。

再引入期权 3：$X_3 = 12$ 元，其他条件相同。比较期权 1 和期权 3，期权 1 处于平价点，而期权 3 为虚值期权。读者可以通过同样的分析发现，期权 1 的时间价值应高于期权 3。

推广上述结论可以发现，无论期权 2 和期权 3 执行价格如何选择，只要是虚值或实值期权，其时间价值一定小于平价期权，且时间价值随期权实值量和虚值量增加而递减。

8.2.2 期权价格的影响因素

期权价格既然由内在价值和时间价值两部分构成，则凡是影响内在价值和时间价值的因素，就是影响期权价格的因素。总的来看，期权价格的影响因素主要有六个，它们通过影响期权的内在价值和时间价值来影响期权的价格。

（一）标的资产的市场价格与期权的执行价格

标的资产的市场价格与期权的执行价格，是影响期权价格最主要的两个因素。因为这两个价格及其相互关系不仅决定内在价值，而且还进一步影响着时间价值。

看涨期权在执行时，其收益等于标的资产当时的市价与执行价格之差。因此，标的资产的价格越高、执行价格越低，看涨期权的价格就越高。

对看跌期权而言，由于执行时其收益等于执行价格与标的资产市价的差额，因此，标的资产价格越低、执行价格越高，看跌期权的价格就越高。

（二）期权的有效期

如前所述，对美式期权而言，由于它可以在有效期内任何时间执行，有效期越长，期权多头获利机会就越大，而且有效期长的期权包含了有效期短的期权的所有执行机会，因此有效期越长，期权价格越高。

对欧式期权而言，由于它只能在期末执行，有效期长的期权就不一定包含有效期短的期权的所有执行机会。这就使欧式期权的有效期与期权价格之间的关系显得较为复杂。例如，同一股票的两份欧式看涨期权，一个有效期为 1 个月，另一个人有效期为 2 个月，假设在 6 周后标的股票将有大量红利支付，由于支付红利会使股价下降，在这种情况下，有效期短的期权价格甚至会大于有效期长的期权价格。

（三）标的资产价格的波动率

简单地说，标的资产价格的波动率是用于衡量标的资产未来价格变动不确定性的指标，其确切定义将在第十章给出。标的资产价格的波动率对期权价格具有重要的影响，

“没有波动率，则期权就是多余的”。如前所述，波动率对期权价格的影响，是通过对时间价值的影响而实现的。波动率越大，则在期权到期时，标的资产市场价格涨跌达到实值期权的可能性也就越大，而如果出现虚值期权，则期权多头亏损有限。因此，无论是看涨期权还是看跌期权，其时间价值以及整个期权价格都随着标的资产价格波动率的增大而提高，随标的资产价格波动率的减小而降低。

值得注意的是，与决定和影响期权价格的其他因素不同，在期权定价时，标的资产价格在期权有效期内的波动率在未来是一个未知数。因此，在期权定价时，要获得标的资产价格的波动率，只能通过近似估计得到。一种简单的估计波动率的方法，是利用观察得到的标的资产价格波动的历史数据，估计未来价格的波动率。这一方法求得的波动率被称为历史波动率（history volatility）。当然，如果期权价格已知，就可以反过来利用期权定价模型倒推出波动率，这种推算出来的波动率则被称为市场报价中的隐含波动率（implied volatility）。

（四）无风险利率

影响期权价格的另一个重要因素是无风险利率，尤其是短期无风险利率。利率对期权价格的影响是比较复杂的，需要进行区别分析。分析角度不同，得出的结论也各不相同。

利率对期权价格的影响，主要体现在对标的资产价格以及贴现率的影响上，这一影响又需要从两个方面加以探讨：

第一，可以从比较静态的角度考察，即比较不同利率水平下的两种均衡状态。如果状态 1 的无风险利率较高，则标的资产的预期收益率也应较高，这意味着对应于标的资产现在特定的市价 S，未来预期价格 $E(S_T)$ 较高。同时由于贴现率较高，未来同样预期盈利的现值就较低。这两种效应都将降低看跌期权的价值。但对看涨期权来说，前者将使期权价格上升，而后者将使期权价格下降。由于前者的效应大于后者，因此对应于较高的无风险利率，看涨期权的价格也较高。

第二，可从动态的角度考察，即考察一个均衡从被打破到重新形成均衡的过程。在标的资产价格与利率呈负相关时（如股票、债券等），当无风险利率提高时，原有均衡被打破，为了使标的资产预期收益率提高，均衡过程通常是通过同时降低标的资产的期初价格和预期未来价格，只是前者的降幅更大来实现的。同时贴现率也随之上升。对看涨期权来说，两种效应都将使期权价格下降；而对看跌期权来说，前者效应为正，后者为负，由于前者效应通常大于后者，因此其净效应使看跌期权价格上升。

此处应注意，从两个角度得出的结论刚好相反。因此，在具体运用时要注意区别分析的角度，根据具体情况作全面、深入的分析。由于在讨论期权价格影响因素时，都是假定其他条件不变时考察不同利率水平对期权价格的影响，因此人们大多采用比较静态法来考察利率对期权价格的影响。

（五）标的资产的收益

按照美国市场惯例，标的资产分红或者是获得相应现金收益的时候，期权的执行价格并不进行相应的调整。这样，标的资产进行分红付息，将减少标的资产的价格，这些收益将归标的资产的持有者所有，同时执行价格并未进行相应调整。因此，在期权有效期内标的资产产生现金收益将使看涨期权价格下降，而使看跌期权价格上升。

由以上分析可知，决定和影响期权价格的因素很多，而且各因素对期权价格的影响也很复杂，既有影响方向的不同，又有影响程度的不同；各个影响因素之间，有相互补充的关系，又有相互抵消的关系。表 8－4 对这些主要影响因素作了一个基本的总结。

表 8－4　　　　影响期权价格的主要因素

期权类型 / 变量	欧式看涨	欧式看跌	美式看涨	美式看跌
标的资产市场价格	+	−	+	−
期权执行价格	−	+	−	+
有效期	?	?	+	+
标的资产价格波动率	+	+	+	+
无风险利率	+	−	+	−
红利	−	+	−	+

注：“＋”表示正向的影响，“－”表示反向的影响，“？”则表示影响方向不一定。

8.2.3　期权价格的上下限

在分析了期权的内在价值、时间价值和影响因素之后，下面进一步讨论期权价格的上下限，找到期权价值应落入的合理区间。

（一）期权价格的上限

1. 看涨期权价格的上限。在任何情况下，无收益资产期权价值都不会超过标的资产的价格。因为投资者买入看涨期权，就是为了获取未来以特定价格 X 买入标的资产的权利，如果这个权利本身的价格高于标的资产当前市价，投资者不如直接买入标的资产本身。显然，如果期权价值高于标的资产价格，套利者可以通过买入标的资产并卖出期权来获取无风险利润。

对于有收益资产欧式看涨期权，由于标的资产在期权到期前将派发现值为 I 的收益，因此该期权价格不应超过标的资产的价格减去 I。有收益资产美式看涨期权由于可以提前执行，因此其上限仍然为标的资产价格。

综上所述，对于美式和欧式看涨期权来说，看涨期权的上限可以表示为

$$c \leqslant S - I \text{ 和 } C \leqslant S \tag{8.1}$$

2. 看跌期权价格的上限。由于美式看跌期权的多头执行期权的最高回报为执行价格 X，投资者一定不会花费高于 X 的价格，去购入一个可以卖出标的资产获得 X 元收入的美式看跌期权，因此美式看跌期权价格的上限为 X，即

$$P \leqslant X \tag{8.2}$$

由于欧式看跌期权只能在到期日时刻执行，因此，欧式看跌期权价格不能高于 X 的

现值，即

$$p \leqslant Xe^{-r(T-t)} \tag{8.3}$$

（二）期权价格的下限

从直觉上说，由于期权价格由内在价值和时间价值两部分组成，撇开期权的时间价值不谈，期权至少应该值其执行时可能给多头带来的回报的现值，因此实际上期权价格的下限就是期权的内在价值。在这里，首先严格推导欧式期权价格的下限公式。

1. 欧式看涨期权价格的下限。无收益资产欧式看涨期权价格的下限。为了推导出期权价格下限，考虑如下两个组合：

组合 A：一份欧式看涨期权加上金额为 $Xe^{-r(T-t)}$ 的现金。

组合 B：一单位标的资产。

在组合 A 中，如果现金按无风险利率投资，则在 T 时刻将变为 X，即等于执行价格。此时多头要不要执行看涨期权，取决于 T 时刻标的资产价格（S_T）是否大于 X。若 $S_T > X$，则执行看涨期权，组合 A 的价值为 S_T；若 $S_T \leqslant X$，不执行看涨期权，组合 A 的价值为 X。因此，在 T 时刻，组合 A 的价值为 max（S_T, X），而在 T 时刻，组合 B 的价值为 S_T。由于 $\max(S_T, X) \geqslant S_T$，因此，在 T 时刻组合 A 的价值也应大于等于组合 B，即

$$c + Xe^{-r(T-t)} \geqslant S$$

$$c \geqslant \max[S - Xe^{-r(T-t)}, 0] \tag{8.4}$$

由于期权的价值一定为正，因此无收益资产欧式看涨期权价格下限为

$$\max[S - Xe^{-r(T-t)}, 0] \tag{8.5}$$

2. 欧式看跌期权价格的下限

（1）无收益资产欧式看跌期权价格的下限，考虑以下两种组合：

组合 C：一份欧式看跌期权加上一单位标的资产。

组合 D：金额为 $Xe^{-r(T-t)}$ 的现金。在 T 时刻，如果 $S_T < X$，期权将被执行，组合 C 价值为 X；如果 $S_T > X$，期权将不被执行，组合 C 价值为 S_T，即组合 C 的价值为

$$\max(S_T, X)$$

假定组合 D 的现金以无风险利率投资，则在 T 时刻组合 D 的价值为 X。由于组合 C 的价值在 T 时刻大于等于组合 D，因此组合 C 的价值在 t 时刻也应大于等于组合 D，即

$$p + S \geqslant Xe^{-r(T-t)}$$

$$p \geqslant Xe^{-r(T-t)} - S$$

由于期权价值一定为正，因此无收益资产欧式看跌期权价格的下限为

$$p \geqslant \max[Xe^{-r(T-t)} - S, 0] \tag{8.6}$$

（2）有收益资产欧式看跌期权价格的下限。只要将上述组合 D 的现金改为 $Xe^{-r(T-t)} + I$，就可得到有收益资产欧式看跌期权价格的下限，即

$$p \geqslant \max[Xe^{-r(T-t)} - (S - I), 0] \tag{8.7}$$

以上分析可以看出，欧式期权下限的确就是其内在价值。表 8－5 对期权价格的上下限进行了总结。

表 8－5　　期权价格的上下限

			上限	下限
看涨期权	欧式	无收益	S	$\max[S-Xe^{-r(T-t)},0]$
		有收益	$S-I$	$\max[S-I-Xe^{-r(T-t)},0]$
	美式	无收益	S	$\max[S-Xe^{-r(T-t)},0]$
		有收益		$\max[S-Xe^{-r_\tau(\tau-t)},S-I-Xe^{-r(T-t)},0]$
看跌期权	欧式	无收益	$Xe^{-r(T-t)}$	$\max[Xe^{-r(T-t)}-S,0]$
		有收益		$\max[Xe^{-r(T-t)}-(S-I),0]$
	美式	无收益	X	$\max(X-S,0)$
		有收益		$\max[X-S,Xe^{-r_\tau(\tau-t)}-(S-I),0]$

从表 8－5 中可以发现，美式期权价格的下限相对比较复杂，下一部分将结合提前执行美式期权的合理性讨论美式期权价格的下限公式。

8.2.4　提前执行美式期权的合理性

美式期权与欧式期权的区别在于能否提前执行，因此如果可以证明提前执行美式期权是不合理的，那么在定价时，美式期权就等同于欧式期权，无须考虑提前执行的情形，从而可以大大降低定价的难度。

（一）提前执行无收益资产美式期权的合理性

1. 看涨期权。关于无收益资产美式看涨期权的一个基本结论是：提前执行无收益资产的美式看涨期权是不明智的。从直观上理解，在到期前的任意时刻，如果提前执行美式看涨期权，期权多头将得到 $S-X$；如果不提前执行期权而继续持有，期权多头手中的期权价值等于内在价值 $S-Xe^{-r(T-t)}$ 再加上时间价值。从这一比较可以看出，由于现金会产生收益，而提前执行看涨期权得到的标的资产无收益，再加上美式期权的时间价值总是为正的，因此可以直观地判断，提前执行无收益资产的美式看涨期权是不明智的。为了精确地推导这个结论，考虑如下两个组合：

组合 A：一份美式看涨期权加上金额为 $Xe^{-r(T-t)}$ 的现金。

组合 B：一单位标的资产。

在 T 时刻，组合 A 的现金变为 X，组合 A 的价值为 $\max(S_T,X)$ 。而组合 B 的价值为 S_T，可见，组合 A 在 T 时刻的价值一定大于等于组合 B。这意味着，如果不提前执行，组合 A 的价值一定大于等于组合 B。

我们再来看一下提前执行美式期权的情况。若在 τ 时刻提前执行，则提前执行看涨期权所得盈利等于 $S_\tau-X$，其中 S_τ 表示 τ 时刻标的资产的市价，而此时现金金额变为 $Xe^{-\hat{r}(T-t)}$ ，其中 $\hat{r}$ 表示了 $T-\tau$ 时段的远期利率。因此．若提前执行的活，在 τ 时刻组合 A 的价值为：$S_\tau-X+Xe^{-\hat{r}(T-t)}$ ，而组合 B 的价值为 S_τ 。由于 $T>\tau$ ，$\hat{r}>0$ ，因此 $Xe^{-r(T-t)}<X$ 。这就是说，若提前执行美式期权的话，组合 A 的价值将小于组合 B。

比较两种情况可以得出结论：提前执行无收益资产美式看涨期权是不明智的。如果期权持有者坚持认为标的资产价格已经涨到高位，如果继续持有看涨期权可能导致回报下降，此时最佳选择是卖出而非提前执行美式期权。

因此，其他条件相同的情况下，无收益资产的美式看涨期权和欧式看涨期权实际上是等价的，它们的价值是相同的，即：

$$C = c \tag{8.8}$$

根据式（8.4），无收益资产美式看涨期权价格的价格下限为

$$C \geqslant \max[S - Xe^{-r(T-t)}, 0] \tag{8.9}$$

2. 看跌期权。为考察提前执行无收益资产美式看跌期权是否合理，考察如下两种组合：

组合 A：一份美式看跌期权加上一单位标的资产。

组合 B：金额为 $Xe^{-r(T-t)}$ 的现金。

若不提前执行，则到了 T 时刻，组合 A 的价值为 $\max(S_T, X)$，组合 B 的价值为 X，因此组合 A 的价值大于等于组合 B。

若在 τ 时刻提前执行，则组合 A 的价值为 X，组合 B 的价值为 $Xe^{-r(T-t)}$，因此组合 A 的价值也高于组合 B。

比较这两种结果可以得出结论：是否提前执行无收益资产的美式看跌期权，主要取决于期权的实值额（$X - S$）、无风险利率水平等因素。一般来说，只有当 S 相对于 X 来说较低，或者 r 较高时，提前执行无收益资产美式看跌期权才可能是有利的。

由于无收益资产的美式看跌期权可能提前执行，因此其期权价格下限为

$$p \geqslant \max(X - S, 0) \tag{8.10}$$

（二）提前执行有收益资产美式期权的合理性

1. 看涨期权。由于提前执行有收益资产的美式看涨期权可较早获得标的资产，从而获得现金收益，而现金收益可以派生利息，因此与无收益资产的美式看涨期权相比，在一定条件下，提前执行有收益资产的美式看涨期权可能是合理的。

假设在期权到期前，标的资产有 n 个除权日，$t_1, t_2, \cdots, t_n$ 为除权前的瞬时时刻，在这些时刻之后的收益分别为 $D_1, D_2, \cdots, D_n$，在这些时刻的标的资产价格分别为 $S_1, S_2, \cdots, S_n$。

由于在无收益的情况下，不应提前执行美式看涨期权，据此可以得到一个推论：在有收益情况下，只有在除权前的瞬时时刻提前执行美式看涨期权方才可能是最优的。因此，只需推导在每个除权日前提前执行的可能性。

首先考察在最后一个除权日 t_n 提前执行的条件。如果在 t_n 时刻提前执行期权，则期权多方获得 $S_n - X$ 的回报。若不提前执行，则标的资产价格将由于除权降到 $S_n - D_n$。

根据式（8.5），在 t_n 时刻美式期权的价值 C 满足

$$C_n \geqslant c_n \geqslant \max[S_n - D_n - Xe^{-r(T-t_n)}, 0]$$

因此，如果

$$S_n - D_n - Xe^{-r(T-t_n)} \geqslant S_n - X$$

即

$$D_n \leqslant X[1 - e^{-r(T-t_n)}] \tag{8.11}$$

则在 t_n 提前执行是不明智的。从直观上解释，如果不提前执行期权时期权的最小价值都大于提前执行获得的回报，或者说如果提前执行时获得的股利收入连提前执行时所损失的现金利息都不能弥补，那么提前执行就是不合理的。

相反，如果

$$D_n > [1 - e^{-r(T-t_n)}] \tag{8.12}$$

则在 t_n 提前执行有可能是合理的（仅是有可能并非必然要提前执行）。实际上，只有当 t_n 时刻标的资产价格足够大时，提前执行美式看涨期权才是合理的。

类似地，对于任意 $i < n$，在 t_i 时刻不能提前执行有收益资产的美式看涨期权条件是：

$$D_i \leqslant X[1 - e^{-r(t_{i+1}-t_i)}] \tag{8.13}$$

假设在期权有限期内，标的资产只在 $\tau + 1$ 时支付股利，由于存在提前执行更有利的可能性，有收益资产的美式看涨期权价格下限为

$$C \geqslant \max[S - Xe^{-r_\tau(\tau-t)}, S - I - Xe^{-r(T-t)}] \tag{8.14}$$

2. 看跌期权。由于提前执行有收益资产的美式看跌期权意味着自己放弃收益权，因此与无收益资产的美式看跌期权相比，有收益资产美式看跌期权提前执行的可能性减小，但仍无法完全排除提前执行的可能性。

由于有收益资产的美式看跌期权有提前执行的可能性，因此其下限为

$$p \geqslant \max[X - S, Xe^{-r_\tau(\tau-t)}, -(S - I), 0] \tag{8.15}$$

由以上分析可见，除了无收益资产美式看涨期权之外，由于无法事先知道何时应提前执行美式期权，因此这些美式期权的价格下限都无法确切知道。

8.2.5 期权价格曲线的形状

在确定期权价格的影响因素和期权价格上下限后，就可以初步推出期权价格曲线的形状。

（一）看涨期权价格曲线

如前所述，期权价格等于内在价值加时间价值。内在价值主要取决于 S 和 X，而时间价值则取决于内在价值、r、波动率等因素。

先讨论无收益资产的情况。看涨期权价格上限为 S，下限为 $\max[S - Xe^{-r(T-t)}, 0]$，即期权的内在价值。当内在价值等于零时，期权价格就等于时间价值。时间价值在平价点 $S = Xe^{-r(T-t)}$ 时最大；当 S 趋于0和∞时，时间价值也趋于0，此时看涨期权价值分别趋于内在价值0和 $S - Xe^{-r(T-t)}$。特别地，当 $S = 0$ 时，$C = c = 0$。

此外，r 越高、期权期限越长、标的资产价格波动率越大，则期权价格曲线以（0，0）点为中心，越往左上方旋转，但基本形状不变，且不会超过上限，如图8－4所示。

有收益资产欧式看涨期权价格曲线与图8－4类似，只是上限变为 $S - I$，平价点由 $Xe^{-r(T-t)}$ 换成了 $Xe^{-r(T-t)} + I$；有收益资产美式看涨期权价格曲线中的平价点则为 $\max[S - Xe^{-r_\tau(\tau-t)}, Xe^{-r(T-t)} + I]$。

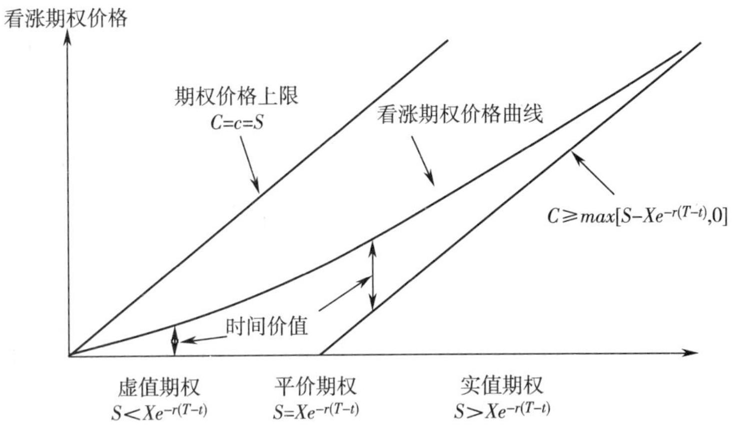

图 8－4　无收益资产看涨期权价格曲线

(二) 看跌期权价格曲线

先讨论无收益资产欧式看跌期权的情形。欧式看跌期权的上限为 $Xe^{-r(T-t)}$，下限为 $\max[Xe^{-r(T-t)}-S,0]$。当 $Xe^{-r(T-t)}-S>0$ 时，它就是欧式看跌期权的内在价值，也是其价格下限；当 $Xe^{-r(T-t)}-S<0$ 时，欧式看跌期权内在价值为 0，其期权价格等于时间价值。当 $S=Xe^{-r(T-t)}$ 时，时间价值最大。当 S 趋于 0 和 ∞时，期权价格分别趋于 $Xe^{-r(T-t)}$ 和 0。特别地，当 $S=0$ 时，$p=Xe^{-r(T-t)}$。

r 越低、期权期限越长、标的资产价格波动率越高，看跌期权价格曲线以点 $(0, Xe^{-r(T-t)})$ 为中心越往右上方旋转，但不能超过上限，如图 8－5 所示。

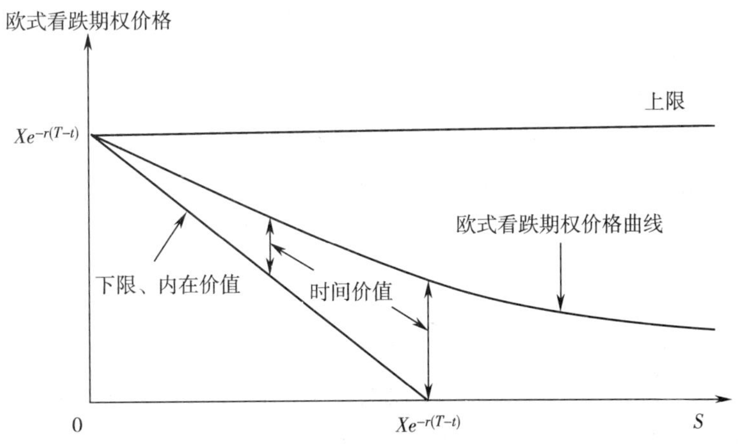

图 8－5　无收益资产欧式看跌期权价格曲线

有收益资产的欧式看跌期权价格曲线与图 8－5 相似，只是平价点由 $Xe^{-r(T-t)}$ 变为 $Xe^{-r(T-t)}+I$。而美式看跌期权价格曲线的形状与图 8－5 也是类似的，只是上限改为 X，平价点分别改为 X（标的资产无收益的情况）和 $\max[X, Xe^{-r_\tau(\tau-t)}+I]$（期权执行前标的资产有收益的情况）。

8.2.6 看跌期权与看涨期权之间的平价关系（put－call party，PCP）

（一）欧式看跌期权与看涨期权之间的平价关系

1. 无收益资产的欧式期权。在标的资产无收益的情况下，为了推导 c 和 p 关系，考虑如下两个组合：

组合 A：一份欧式看涨期权加上金额为 $Xe^{-r(T-t)}$ 的现金。

组合 B：一份有效期和执行价格与组合 A 中看涨期权相同的欧式看跌期权加上一单位标的资产。

在期权到期时，两个组合的价值均为 $\max(S_T, X)$ 。由于欧式期权不能提前执行，两组合在时刻 t 的价值也必须相等，即

$$c + Xe^{-r(T-t)} = p + S \tag{8.16}$$

这就是无收益资产欧式看涨期权与看跌期权之间的平价关系。它表明，欧式看涨期权的价值可根据相同执行价格和到期日的欧式看跌期权的价值推导出来，反之亦然。从式（8.16）可以看出，对于平价欧式期权来说，看涨期权价格与看跌期权价格相等。

若式（8.16）不成立，则存在无风险套利机会，套利活动将最终促使式（8.16）成立。

2. 有收益资产的欧式期权。在标的资产有收益的情况下，只要把前面的组合 A 中的现金改为 $I + Xe^{-r(T-t)}$ ，就可推导出有收益资产欧式看涨期权和看跌期权的平价关系：

$$c + I + Xe^{-r(T-t)} = p + S \tag{8.17}$$

在金融工程中，数学等式往往具有丰富的经济和金融内涵。式（8.16）和式（8.17）是典型的例子。首先，数学等式可以用于价格计算，如根据式（8.17）有

$$c = p + S - Xe^{-r(T-t)} - I$$

也就是说，如果知道看跌期权价格、标的资产价格、执行价格、期限、红利收益现值和利率，就可以求出看涨期权价格。

其次，数学等式可以用于构造回报相同的投资组合。例如，在没有红利的条件下，根据式（8.16）有

$$c = p + S - Xe^{-r(T-t)}$$

这意味着，借钱买入股票，并买入一个看跌期权，就等价于购买了一份看涨期权。由于在等式右边构造的投资组合中，借钱买入股票具有杠杆效应，买入看跌期权实质上是为投资者的股票提供了一个防止下跌的保险，因此，和直接购买股票相比，可以很明显地看到看涨期权多头有两个优点：保险和可以利用杠杆效应。

又如，式（8.16）还可以变换为

$$-S = p - c - Xe^{-r(T-t)}$$

这意味着，借钱并卖出一个看涨期权，再买入一个看跌期权，等价于卖空标的资产。因此，在一个存在着看涨看跌期权的市场中，监管者若不允许卖空现货，投资者就可以通过期权市场实现卖空的目的。

（二）美式看涨期权和看跌期权之间的平价关系

1. 无收益资产美式期权。由于 $P \geqslant p$，从式（8.16）中可得

$$P \geqslant c + Xe^{-r(T-t)} - S$$

对无收益资产的看涨期权来说，由于 $c = C$，因此

$$P \geqslant C + Xe^{-r(T-t)} - S \tag{8.18}$$

为了推导出 C 和 P 之间更严谨的关系，考虑以下两个组合：

组合 A：一份欧式看涨期权加上金额为 X 的现金。

组合 B：一份美式看跌期权加上一单位标的资产。

如果美式期权没有提前执行，则在 T 时刻组合 B 的价值为 $\max(S_T, X)$，而此时组合 A 的价值为 $\max(S_T, X) + Xe^{r(T-t)} - X$。因此，组合 A 的价值大于组合 B。如果美式期权在 τ 时刻提前执行，则在 τ 时刻，组合 B 的价值为 X，而此时组合 A 的价值大于等于 $Xe^{r(\tau-t)}$。因此，组合 A 的价值也大于组合 B。

这就是说，无论美式期权是否提前执行，组合 A 的价值都高于组合 B，因此在当前 t 时刻，组合 A 的价值也应不低于组合 B，即

$$c + X \geqslant P + S$$

由于 $c = C$，因此

$$C + X \geqslant P + S$$

结合式（8.18）可得

$$S - X \leqslant C - P \leqslant S - Xe^{-r(T-t)} \tag{8.19}$$

由于美式期权可能提前执行，因此得不到美式看涨期权和看跌期权的精确平价关系，但可以得出结论：无收益美式期权必须符合式（8.19）的不等式。

2. 有收益资产美式期权。同样，只要把组合 A 的现金改为 $I + X$，就可得到有收益资产美式期权必须遵循的不等式：

$$S - I - X \leqslant C - P \leqslant S - Xe^{-r(T-t)} \tag{8.20}$$

本章小结

1. 所有的期权和期权组合都可画出盈亏分布图。

2. 期权价值等于内在价值与时间价值之和。内在价值是 0 与多方行使期权时所获回报最大贴现值的较大值。期权的时间价值就是基于期权多头权利义务不对称这一特性，在期权到期前，标的资产价格的变化可能给期权多头带来的收益的一种反映。期权的时间价值受内在价值的影响，在期权平价点时间价值达到最大，并随期权实值量和虚值量增加而递减。随着时间的延长，期权时间价值是递增的，但增幅是递减的。标的资产价格波动率越高，时间价值也越大。

3. 期权价格的影响因素有：标的资产的市价、期权的执行价格、期权的有效期、标的资产价格的波动率、无风险利率、标的资产的收益。

4. 除了有收益资产欧式看涨期权的价格上限为标的资产价格减股利现值外，其他看

涨期权的上限为标的资产价格，欧式看跌期权价格上限为执行价格的现值，美式看跌期权价格的上限就是执行价格。期权价格下限就是期权的内在价值。

5. 提前执行无收益资产看涨期权是不合理的，而提前执行看跌期权和有收益资产看涨期权，则有可能是合理的。

6. 无收益资产欧式看涨期权和看跌期权的平价关系为

$$c + Xe^{-r(T-t)} = p + S$$

7. 有收益资产欧式期权平价关系为

$$c + I + Xe^{-r(T-t)} = p + S$$

8. 除了无收益资产美式看涨期权之外，由于美式期权存在提前执行的可能，因此其内在价值、平价点、价格下限、看跌期权看涨期权平价均与欧式期权不同。

复习与思考

1. 某投资者买进一份欧式看涨期权，同时卖出一份标的资产、期限和协议价格都相同的欧式看跌期权，请描述该投资者的盈亏状况，并揭示相关衍生产品之间的关系。

2. 设某一无红利支付股票的现货价格为30元，连续复利无风险年利率为6%，求该股票的执行价格为27元、有效期为3个月的看涨期权价格的下限。

3. 标的股票价格为31元，执行价格为30元，无风险年利率为10%，3个月期的欧式看涨期权价格为3元，欧式看跌期权价格为2.25元，如何套利?

4. 列举影响期权价格的6个因素，并简述其影响的机理。

5. 请直观地解释为什么当无风险利率上升且波动率减小时，提前执行美式看跌期权变得很有吸引力。

第九章

二叉树期权定价

在本章中我们将着重介绍一种非常有用和常见的股票期权定价方法——二叉树期权定价模型，即通过构造二叉树图（binominal tree）标明股票价格在期权有效期内可能遵循的路径，并基于该图建立包含标的资产及期权头寸的无风险资产组合来确定期权价格。我们首先介绍单期二叉树定价的无套利方法或者说 Delta 对冲方法，并在此基础上介绍用股票和债券合成期权的组合复制法给期权定价，接着介绍风险中性定价原则及其与无套利定价方法以及传统的现金流贴现方法之间的关系。随后我们将单期二叉树定价模型扩展到多期二叉树定价模型，并阐述其在美式期权定价以及派发股利股票的欧式期权定价中的应用。在本章的最后我们将介绍股票的价格分布与二叉树参数之间的关系，以及如何估计波动率这一参数。

§9.1 单期二叉树模型

在数学上对期权定价是非常复杂的，为了更好地理解期权价格的许多重要结果和性质，夏普（Sharpe，1978）首次采用了二叉树模型直观地解释期权定价。随后考克斯等（Cox et al.，1979）、伦德尔曼和巴特（Rendleman and Bartter，1979）进一步发展了这一模型。他们阐述了如何使用这一模型对期权进行定价，并证明了二叉树模型与布莱克—斯科尔斯（Black - Scholes）定价模型之间的内在联系。相对于布莱克—斯科尔斯定价模型，二叉树模型更加灵活，且在处理可能提前行权的期权如美式期权和奇异期权定价方面有得天独厚的优势，从而被广泛应用。为纪念考克斯等人对二叉树定价模型所做出的卓越贡献，二叉树定价也被称为考克斯—罗斯—罗宾斯坦（Cox - Ross - Rubinstein）定价模型。

二叉树模型假设资本市场是完全竞争和无摩擦的（不存在交易费用和税收），不存在无风险套利机会，股票和期权是无限可分的，股票在下一期的价格只有两种可能，要么上升要么下跌。二叉树模型对股价变动的这一强假设大大简化了期权定价过程。

9.1.1 计算期权的价格

我们先通过一个简单的例子来说明如何应用二叉树模型对期权定价。

【例9-1】 假设一种股票的当前价格为100元，3个月为1期，且已知3个月后的价格可能为120元或者80元。假设股票不支付股利，无风险年利率为12%（连续复利），我们要对一个3个月后，可以以110元的执行价格买入股票的欧式看涨期权进行定价。若到期股票价格为120元，则期权的价值将是10元；若到期股票价格为80元，则期权的价值将是0元。如图9-1所示。

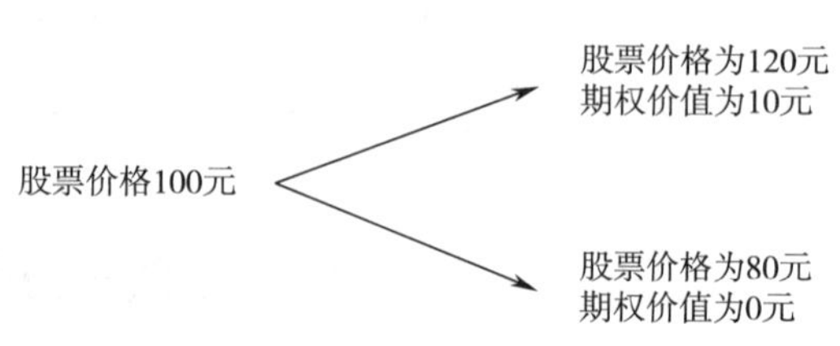

图9-1 单期二叉树模型中的股票价格和期权价值变动

根据模型假设，市场中不存在无风险套利机会，因此投资者无法利用期权和股票组合来套利，也就是说，我们可以利用期权和股票来构造一个无风险证券组合，使其在3个月后的价值是确定的。这样由于该组合无风险，它的收益率一定等于无风险收益率，而它在期末的价值是已知的，所以我们可以反推得出构造该组合所需的成本，从而得出该期权的价格。

问题是这个无风险证券组合应如何构建呢？我们考虑这样一种有价证券组合——包含Δ股股票多头和一个看涨期权的空头，则该证券组合到期的总收益如表9-1所示。

表9-1 Δ股股票多头和一个看跌期权空头组合的总收益

股票价格状态	无风险证券组合损益状态
股价上升到120元	$120\Delta - 10$
股价下跌到80元	80Δ

下面求期权的价格f。

由于是无风险组合，因此无论股票价格出现哪种情况，组合的到期收益应是一样的，即

$$120\Delta - 10 = 80\Delta$$

解得$\Delta = 0.25$。

因此，一个无风险证券组合应由0.25股股票多头以及一个看涨期权空头构成。

如果股票价格上升到120元，该组合的价值为：

$$120\Delta - 10 = 20$$

如果股票价格下跌到80元，该组合的价值为：

$$80 \times 0.25 = 20$$

无论股票价格是上升还是下降，期权到期时组合的价值总是20元。而我们假设对投资者而言不存在无风险套利机会，故这个无风险证券组合的收益率必定为无风险利率。

于是我们有：

$$(100 \times 0.25 - f) \times e^{0.12 \times 0.25} = 20$$

可得$f=5.6$，即期权的当期价格为5.6元。

9.1.2　合成期权（组合复制法）

在第七章我们曾提到可以用股票和债券来合成期权。继续［例9－1］，我们考虑如下两个投资组合。

投资组合A：买入1单位股票的看涨期权，成本为f，执行价格为X。

投资组合B：买入Δ股股票，同时以无风险利率借入B的现值（卖空面值为B的债券）。

如果我们要用投资组合B来复制期权，则投资组合A和投资组合B的损益应相同。

当股价上升时有：$120\Delta - B = 10$

当股价下跌时有：$80\Delta - B = 0$

因为投资组合A和投资组合B的收益相同，所以成本也应该一样。故

$$f = 0.25 \times 100 - e^{-0.12\times0.25} \times 20 = 5.6(\text{元})$$

和前一种方法的结论一致。

9.1.3　对错误定价的套利

［例9－1］中在不存在无风险套利机会的情况下，该期权的价值一定为5.6元。因为如果该期权价值高于或低于5.6元，则投资者均可获得无风险收益。下面我们将延续［例9－1］来介绍如果现实中观察到的期权价格不同于理论价格，如何实现无风险套利。

1. 期权被过高定价。假设市场上该期权的价格为8元，此时我们可以在卖出一个期权的同时买入0.25股股票并以无风险利率借款19.4元。此时我们的现金流为：

$$8 - 0.25 \times 100 + 19.4 = 2.4(\text{元})$$

其中8元为卖出一个期权所获收益，0.25×100元为买入股票的成本，19.4元为无风险利率的借款。我们的净收益2.4元恰好为期权的理论价格与市场价格之间的差异。

到期时，我们的损益如表9－2所示。

表9－2　期权被过高定价的损益情况　单位：元

项目	一年后的股票价格	
	80	120
卖出的看涨期权损益状态	0	－10
0.25股已购买的股票	20	30
偿还19.4元的贷款	－20	－20
净损益	0	0

从表9－2可知，当期权到期时，套利投资组合的现金流总是为零，即这一投资组合是无风险的，所以我们可以获得无风险套利的净收益2.4元。

2. 期权被过低定价。假设市场上该期权的价格为4元，我们可以通过买入一个看涨期权的同时卖空0.25股股票并投资19.4元于国库券（无风险债券）来实现套利。此时我们的现金流为：

$$-4 + 0.25 \times 100 - 19.4 = 1.6(\text{元})$$

其中 4 元为买入一个期权所需成本（期权费），0.25×100 元为卖空股票的收益，19.4 元为投资于无风险债券的金额。我们的净收益 1.6 元恰好为期权的理论价格与市场价格之间的差异。

到期时，我们的损益如表 9－3 所示。

从表 9－3 可知，当期权到期时套利投资组合的现金流总是为零，即这一投资组合是无风险的，所以我们可以获得无风险套利的净收益 1.6 元。

表 9－3　期权被过低定价的损益情况　单位：元

项目	一年后的股票价格	
	80	120
买入的看涨期权损益状态	0	10
平仓 0.25 股卖空的股票	－20	－30
19.4 元的无风险债券收益	20	20
净损益	0	0

9.1.4　定价公式的一般形式

我们将上述例子拓展到一般情况，假设一个无股利支付的股票的当前价格为 S，无风险年利率为 r（连续复利），该股票的一个执行价格为 X 的期权的当前价格为 f，期权的有效期为 T。根据假设，在期末时股票价格要么上涨到 Su，上升的比率为 $u-1$，此时期权价值即期权收益为 f_u；股票价格要么下跌到 Sd，下跌的比率为 $1-d$，此时期权价值即期权收益为 f_d。在［例 9－1］中，$Su=120$，$u=1.2$，$Sd=80$，$d=0.8$，$f_u=10$，$f_d=0$，此时的模型如图 9－2 所示。

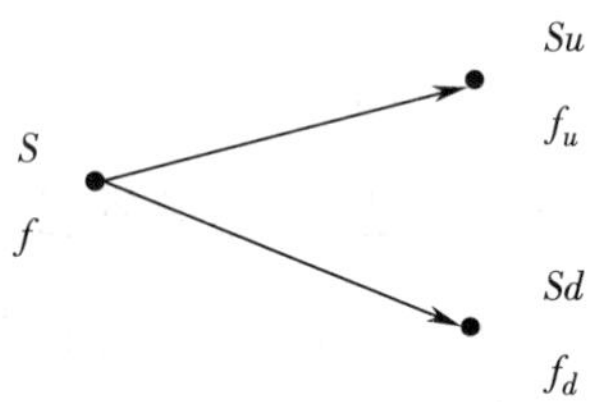

图 9－2　一般情况的单期二叉树模型中的股票价格和期权价值变动

值得注意的是，无风险利率 r 必须满足条件：$u>e^{rT}>d$，即投资于无风险债券的收益率必须介于股票价格上升的收益率和股票价格下跌的收益率之间，这样才能保证不存在无风险套利机会。假如无论股价上升还是下跌，债券的收益率均高于股票收益率，即 $e^{rT}>u>d$，那么投资者可以卖空 1 元的股票再将所获资金投资于债券，将获得收益 e^{rT}，无风险净收益为 $e^{rT}-u$ 或者 $e^{rT}-d$，两者均为正。同理，若 $u>d>e^{rT}$，我们也可通过相似的方法获得无风险收益。

如［例 9－1］所述，我们构造一个由 Δ 股的股票多头和 1 份该股票期权的空头来组成的无风险证券组合，其损益状态如下：

当股票价格上升时，股票价格为 Su，期权的价值为 f_u，组合的价值为 $\Delta Su-f_u$；

当股票价格下降时，股票价格为 Sd，期权的价值为 f_d，组合的价值为 $\Delta Sd-f_d$。

要求两种情况下组合的价值相等，故

$$\Delta Su-f_u=\Delta Sd-f_d$$

解得 $\Delta=\dfrac{f_u-f_d}{Su-Sd}$。

上式说明，当股票价格在未来的两个节点之间变动时，Δ 是期权价格变化与股票价格变化之比。Δ（Delta）也被称为对冲比率，因此我们构造无风险证券组合的策略也被称为 Delta 对冲，这一组合被称为 Delta 中性头寸。在后面的章节中我们将进一步分析其含义。

由于该组合的收益率必为无风险收益率，故其期末收益的现值为：

$$(\Delta Su - f_u)e^{-rT}$$

而构造该组合的成本为 $\Delta Su - f$，故

$$(\Delta Su - f_u)e^{-rT} = \Delta Su - f$$

从而我们可以求得该期权的价格为：

$$f = e^{-rt}[pf_u + (1-p)f_d]$$

式中，$p = \dfrac{e^{rT} - d}{u - d}$。

仔细分析单期二叉树定价公式，我们可得出如下结论：

（1）期权的价格不依赖于股票价格上升或下跌的概率，即股价在未来涨跌的概率不影响期权价格。尽管这和我们的直觉相违背，但是公式表明，影响期权价格的因素只有股票当前的价格、股价升降的幅度、期权执行价格以及无风险利率。

（2）投资者对风险的态度与期权定价公式无关，只需假设投资者偏好更多的财富即可。

§9.2　风险中性定价原则

9.2.1　风险中性概率

在上一节中我们在推导单期的二叉树定价模型时令 $p = \dfrac{e^{rT} - d}{u - d}$，我们通常将 p 称为风险中性概率，而期权的定价公式可以理解为在风险中性概率条件下，期权价格是其到期收益的期望值按无风险利率贴现的现值。根据公式 $f = e^{-rt}[pf_u + (1-p)f_d]$，通过风险中性概率 p 来给期权定价，这就是我们所说的风险中性定价原则。它在所有类型期权的定价中都发挥着重要作用。

风险中性定价原则并不要求投资者是风险中性的，相反，在现实世界中投资者往往是风险厌恶型的或者说是风险规避型的。当面临多种预期收益相同的投机方式时，风险厌恶型投资者将选择具有较大确定性的投机方式。例如现在有两个投资计划：（a）确定获得 1 000 元的收益；（b）有 50% 的概率获得 2 000 元收益，有 50% 的概率获得零收益。一个风险厌恶型投资者将选择（a）计划，因为尽管两个投资计划的期望收益均为 1 000 元，但（b）计划有风险。要使得投资者选择（b）计划我们必须提供额外的补偿，这就是风险溢价或风险补偿。而若是风险中性的投资者，则对（a）计划和（b）计划是无差异的，我们不需要提供风险贴水，即风险中性的投资者只关

注期望收益。

在风险中性世界中，所有投资者视风险大小为无差异的，即不存在风险补偿，因此所有证券的预期收益都是无风险利率。假设在风险中性世界中，股价上升的概率为 q，而股票的期望收益率为无风险利率 r，即平均来说股价以无风险利率增长，则

$$qSu + (1-q)Sd = e^{rT}S$$

解得：

$$q = \frac{e^{rT} - d}{u - d}$$

$q=p$，所以我们可以将 p 理解为在风险中性世界中股票价格上升的概率，这也就是为什么我们将 p 称为风险中性概率的原因。值得再次强调的是，我们并未假定投资者是风险中性的。风险资产的实际期望回报也不可能是无风险利率，我们所提出的风险中性世界只是对期权定价公式的一种解释说明。在本节接下来的部分我们将说明，风险中性定价原则与前面使用的无套利分析方法以及使用实际概率的传统现金流贴现方法所得出的结论是一致的。

9.2.2 用风险中性定价原则对期权定价

为了进一步说明风险中性定价原则，我们继续讨论［例 9－1］。

已知股票的当前价格为 100 元，3 个月为 1 期，且 3 个月后的价格可能为 120 元或者 80 元。假设股票不支付股利，无风险年利率为 12%（连续复利），我们要对一个 3 个月期限的执行价格为 110 元的欧式看涨期权进行定价。

因为在风险中性世界中，股价以风险中性概率 p 上升，而股票的预期收益率必定等于无风险利率 12%。于是有：

$$120p + 80(1-p) = 100 \times e^{0.12 \times 0.25}$$

求得 $p=0.5761$。

故期权到期时价值为 10 元的概率是 0.5761，价值为 0 元的概率为 0.4239。因此期权价值的期望值为：

$$0.5761 \times 10 + 0.4239 \times 0 = 5.761(\text{元})$$

再利用无风险利率贴现可得期权现在的价格为：

$$5.761 \times e^{-0.12 \times 0.25} = 5.6(\text{元})$$

从上例中我们可以看出，使用风险中性定价原则对期权定价与我们原来所用的无套利分析方法得出的结果是一致的。

9.2.3 用实际概率计算期权的价格

继续［例 9－1］中的题设条件，假定该股票的连续复利期望收益为 ∂，则我们可以计算出股价实际上升的概率 q，即

$$quS + (1-q)dS = e^{\partial T}S$$

解得 $q = \dfrac{e^{\partial T} - d}{u - d}$

因为$0 < q < 1$，所以必有$u > e^{\partial T} > d$，满足不存在无风险套利机会的条件。因此期权到期时的期望收益为：

$$qf_u + (1 - q)f_d = \frac{e^{\partial T} - d}{u - d}f_u + \frac{u - e^{\partial T}}{u - d}f_d$$

现在的问题是：我们应以什么样的收益率来对期望值贴现？当我们使用股票上升的实际概率时，显然我们不能再用无风险利率。在上一节中我们已经证明了一个期权可以由持有Δ股股票同时卖空面值为B的无风险债券的投资组合来复制，而任何投资组合的收益率等于该投资组合中各资产的收益率的加权平均。所以设该期权的期望收益率为γ，则有

$$e^{\gamma T} = \frac{S\Delta}{S\Delta - B}e^{\partial T} + \frac{-B}{S\Delta - B}e^{rT}$$

于是期权的价格为：

$$f = e^{-\gamma T}\left(\frac{e^{\partial T} - d}{u - d}f_u + \frac{u - e^{\partial T}}{u - d}f_d\right)$$

注意对股票的连续复利期望收益率∂的不同假设值将求得不同的股价上升概率q以及期权的期望收益率γ，但所求得的期权价格f是相同的。如果我们假设股票的连续复利期望回报∂等于无风险利率r，则期权的期望收益率γ也等于r。此时传统现金流贴现法下的期权定价公式等价于风险中性定价原则下的期权定价公式。

我们继续用［例9－1］来说明如何使用实际概率对期权定价。假设股票的连续复利期望收益率为15%，则该股票价格上升的实际概率为：

$$q = \frac{e^{0.15\times0.25} - 0.8}{1.2 - 0.8} = 0.5955$$

期权的期望回报为：

$$0.5955 \times 10 + 0.4045 \times 0 = 5.955$$

而贴现率γ可由

$$e^{\gamma\times0.25} = \frac{0.25 \times 100}{0.25 \times 100 - 20}e^{0.15\times0.25} + \frac{-20}{0.25 \times 100 - 20}e^{0.12\times0.25} = 1.0692$$

计算得$\gamma = 26.78\%$。

其中在上一节中已经计算出：$\Delta = 0.25$，$B = 20$

则期权价格为：

$$f = e^{0.2678\times0.25} \times 5.955 = 5.6$$

从上例中我们可以看出，使用风险中性定价原则对期权定价的结果与使用传统的现金流贴现方法对期权定价的结果是一致的。这说明风险中性化假设并不意味着衍生证券只能在风险中性的世界中进行定价。在风险中性世界中衍生证券的价值等于风险厌恶世界中衍生证券的价值，但是用风险中性定价原则对期权定价不需要估计股票的期望回报。此外，用传统的现金流贴现方法需要估计期权期望收益的正确贴现率，从而增加了计算的复杂程度，因此用风险中性定价原则给期权定价要比传统的现金流贴现法简单。

§9.3　多期二叉树定价

9.3.1　两期二叉树模型与欧式看跌期权定价

我们先通过一个欧式看跌期权定价的例子来讨论两期二叉树定价模型。

✪【例9－2】　假设股票现在的价格为100元，不支付股利，以3个月为1期，3个月内股价可能上涨到原来的1.2倍，也可能下跌到原来的0.8倍，无风险利率为12%（连续复利）。试求6个月后到期的执行价格为110元的欧式看跌期权的价格。如图9－3所示。

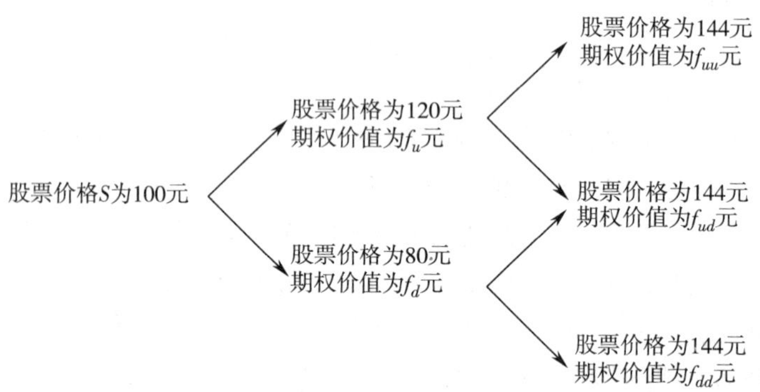

图9－3　两期二叉树模型中的股票价格与期权价值变动

如图9－3所示，在第一期期末，股价或上升到 $Su=120$ 元，或下跌到 $Sd=80$ 元。在第二期期末，股价有三种可能：两期内股价都上涨，则 $Suu=144$ 元；股价一期上涨一期下跌，则 $Sud=Sdu=96$ 元；两期内股价都下跌，则 $Sdd=64$ 元。注意股价在第一期上涨、第二期下跌与股价在第一期下跌、第二期上涨到期时产生的股票价格是相同的。这被称为重合树，即一次价格上升运动加上一次价格下降运动与一次价格下降运动加上一次价格上升运动的结果是无差异的。如果产生的股票价格不同，我们称其为非重合树。一个重合树的节点比非重合树要少，因此计算更简单。在第五节“股利与二叉树期权定价”中我们将看到非重合树的例子。

我们将现在的时刻记为 $t=0$，3个月后的时刻记为 $t=1$，6个月后的时刻记为 $t=2$。

$t=2$ 时，$Suu=144$ 元，欧式看跌期权处于虚值状态，$f_{uu}=0$ 元；

$Sud=Sdu=96$ 元，期权处于实值状态，$f_{ud}=f_{du}=110-96=14$ 元；

$Sdd=80$ 元，期权处于实值状态，$f_{dd}=110-80=30$ 元。

$t=1$ 时，在节点 f_u 处，离期权到期只差一个时段，且股价在 $t=2$ 时只有两种可能。因此我们可用单期的二叉树模型计算出在节点 f_u 处的期权价值为：

$$f_u=e^{-0.12\times0.25}\left(0\times\frac{e^{0.12\times0.25}-0.8}{1.2-0.8}+14\times\frac{1.2-e^{0.12\times0.25}}{1.2-0.8}\right)=5.7587(\text{元})$$

同样地，在节点f_d处我们可算得期权价值为：

$$f_d = e^{-0.12\times0.25}\left(14\times\frac{e^{0.12\times0.25}-0.8}{1.2-0.8}+30\times\frac{1.2-e^{0.12\times0.25}}{1.2-0.8}\right)=20.1687(元)$$

$t=0$ 时，我们再次利用风险中性定价原则，可算出期权价格为：

$$f = e^{-0.12\times0.25}\left(5.7587\times\frac{e^{0.12\times0.25}-0.8}{1.2-0.8}+20.1687\times\frac{1.2-e^{0.12\times0.25}}{1.2-0.8}\right)=11.87(元)$$

我们可以将上述例子推广到一般结论，假设股票的初始价格为S，在每个单期二叉树图中，股价或上升到原来的u倍或下跌到原来的d倍，无风险利率为r（连续复利），每个时段的长度为ΔT年，如图9－4所示，对欧式看跌期权有以下关系成立：

在节点f_{uu}处，$f_{uu}=\max(X-u^2S,0)$；

在节点f_{ud}或f_{du}处，$f_{ud}=f_{du}=\max(X-udS,0)$；

在节点f_{dd}处，$f_{dd}=\max(X-d^2S,0)$。

我们可以利用风险中性定价原则算得：

在节点f_u处，$f_u=e^{-r\Delta T}[pf_{uu}+(1-p)f_{ud}]$；

在节点f_d处，$f_d=e^{-r\Delta T}[pf_{du}+(1-p)f_{dd}]$；

则初始时刻期权价格$f=e^{-r\Delta T}[pf_u+(1-p)f_d]$。

我们将f_u和f_d的计算公式代入，可得：

$$f=e^{-2r\Delta T}[p^2f_{uu}+2p(1-p)f_{ud}+(1-p)^2f_{dd}]$$

需要注意的是，在公式中，p^2，$2p(1-p)$，$(1-p)^2$恰好是股价达到上、中、下三个点的风险中性概率，也就是说，两期二叉树模型下的期权定价公式仍然符合风险中性定价原则，期权价值等于在风险中性概率下，两期时收益期望值以无风险利率贴现的现值。

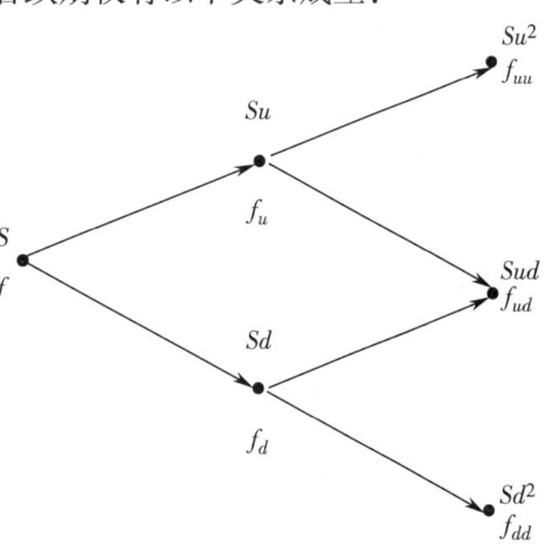

图9－4　一般的二叉树模型中的股票价格与期权价格

9.3.2　Delta对冲策略

在单期二叉树模型中我们已经介绍过Delta对冲策略，股票期权的Delta具有其经济含义，它代表了一个风险对冲策略。Delta表示标的股票价格的一个小变化对期权价值的影响，即期权价格对标的资产价格变化的敏感性，具体的计算公式是期权价格的变化与股票价格的变化之比。为了构造无风险头寸，投资者每出售一个期权应该购买数量为Δ的股票，故Delta又被称为最优对冲比。看涨期权的Delta为正值，看跌期权的Delta为负值。

在［例9－1］中，$\Delta=\frac{10-0}{120-80}=0.25$，意味着当股票价格从80元变化到120元时，期权价格从0元变化到10元。或者说投资者每卖出一个欧式看涨期权必须购买0.25股股票来对冲风险。

在［例9－2］中，$t=0$时，最优对冲比Delta为：

$$\Delta = \frac{5.7587 - 20.1687}{120 - 80} = -0.36$$

$t = 1$ 时，若在第一个时间段内股价有一个向上的变动，即价格运动到节点 f_u 处时，最优对冲比为：

$$\Delta = \frac{0 - 14}{144 - 96} = -0.29$$

t=1 时，若在第一个时间段内股价有一个向下的变动，即价格运动到节点 f_d 处时，最优对冲比为：

$$\Delta = \frac{14 - 46}{96 - 64} = -1$$

在［例 9-2］中，Delta 是随着时间变化而变化的（从 -0.36 变化到 -0.29 或者 -1）。这说明 Delta 对冲策略需要定期调整投资组合中所持有的股票数量。

9.3.3 多期二叉树定价

目前无论是单期二叉树模型还是两期二叉树模型都存在一个很大的缺陷：期权到期时股票的价格只有二个或三个不同的值，这显然是与现实不相符的，因而利用早期或者两期二叉树定价模型计算出来的期权价格可能并不精确。为了解决这个问题，我们将引入多期二叉树定价模型，即将期权的期限划分为更多的时段，如图 9-5 所示。

在图 9-5 中，当时间为 0 时，已知股票价格为 S；当时间为 Δt 时，股票价格有两种可能：Su 或 Sd；当时间为 $2\Delta t$ 时，股价有三种可能：Su^2，Sud 和 Sd^2。依此类推，一般情况下，在 $i\Delta t$ 时刻，股价有 $i+1$ 种可能，分别为：$Su^j d^{i-j}$，其中 $j=0, 1, \cdots, i$。

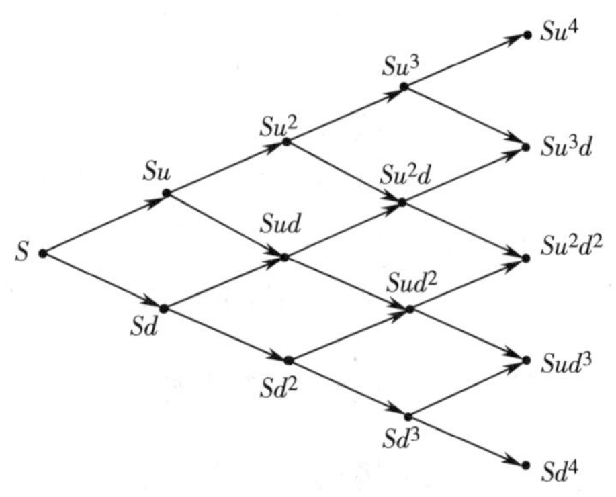

图 9-5 多期二叉树模型的股票价格分布图

与两期的二叉树模型相类似，多期二叉树模型对期权定价是从二叉树的末端（即期权到期时刻 T）开始向前倒推进行计算的。而期权到期时的价值是已知的，欧式看跌期权的价值为 $\max(X - S_T, 0)$，欧式看涨期权的价值为 $\max(S_T - X, 0)$，其中 X 为期权的执行价格，S_T 为期权到期时的股票价格。根据风险中性定价原则，在 $T-\Delta t$ 时刻每个节点上的期权价值都可以用 T 时刻期权价值的期望值以无风险利率 r 在 Δt 时间内贴现求得。类似地，$T-2\Delta t$ 时刻的每个节点的期望值可以用 $T-\Delta t$ 时刻的期望值以无风险利率 r 在 Δt 时间内贴现求得，其他节点依此类推。

下面我们用一个例子来说明这种计算方法。

✪【例 9-3】 假设股票现在的价格为 100 元，不支付股利，以 3 个月为 1 期，3 个月内股价可能上涨到原来的 1.2 倍，也可能下跌到原来的 0.8 倍，无风险利率为 12%

(连续复利)。试求9个月后到期的执行价格为110元的欧式看涨期权的价格。

图9-6描述了这个期权的股票价格和期权价格树，在每个节点上有两个数字，上面的数表示该节点的股票价格，下面的数表示该节点的期权价值，单位为元。

我们先计算风险中性概率：

$$p = \frac{e^{0.12\times0.25} - 0.8}{1.2 - 0.8} = 0.5761$$

即每一个小阶段股价上升的风险中性概率都为0.5761，下跌的概率为0.4239。

再计算每个节点的股票价格，在$i\Delta t$时刻第j个节点（从下往上数，$j=0, 1, \cdots, i$）的股票价格为Su^jd^{i-j}。例如在节点$D(i=2, j=2)$处的股票价格为$100\times1.2^2=144$元。最后一列节点的期权价值可用$\max(S_T - X, 0)$来计算。例如在节点G处期权价值为$115.2-110=5.2$（元）。

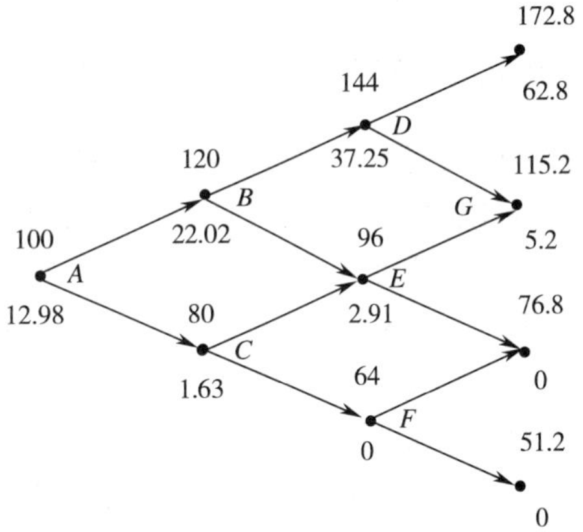

然后我们从最后的节点倒推，可计算出倒数第二期各节点的期权价值。例如在节点E处的期权价值为：$e^{-0.12\times0.25}$（$0.5761\times5.2+0.4239\times0$）$=2.91$（元）

其余节点依此类推。

图9-6　不支付股利的欧式看涨期权的二叉树图

最后，可以计算出期权的价格为：

$$e^{-0.12\times0.25}(0.5761\times22.02+0.4239\times1.63) = 12.98(\text{元})$$

§9.4　二叉树与美式期权定价

9.4.1　美式期权提前执行

迄今为止，我们讨论的都是在到期日执行的欧式期权的定价。美式期权与欧式期权的最大不同在于它可以提前行权。是否提前行权取决于立即行权的价值与继续持有期权的价值的大小比较，如果立即行权具有更大的价值就应该提前行权。关于美式期权是否提前行权，有如下三个结论：

定理1：以不支付股利的股票为标的物的美式看涨期权不会被提前执行，因此这类美式期权的价值和对应的欧式期权完全一样。

定理2：当标的股票支付股利时，美式看涨期权可能被提前执行。

定理3：无论标的股票是否支付股利，美式看跌期权都有可能提前执行。

在本节中，我们只讨论不支付股利的美式期权定价，对支付股利的美式期权定价将在第十一章中详细介绍。所以本节中我们所说的美式期权指的是不支付股利的美式看跌期权。

利用二叉树模型给美式期权定价，在每个时间段股价上升和下降的幅度以及股价上升的风险中性概率和欧式期权一样。类似地，期权价格仍然是从二叉树的末端出发向前倒推得来的，在二叉树的末端，期权的价值即其内在价值 $\max(X-S_T,0)$，但在其他非末端点，由于美式期权可能提前行权，期权的价值是下面两者中的较大值：（1）立即行权的价值；（2）继续持有期权的价值。如果在某个节点美式期权被提前执行了，那么该节点的期权价值就是其内在价值；如果继续持有 Δt 时间，该节点期权的价值就是 Δt 时间以后期权价值的期望值以无风险利率贴现后的现值。

9.4.2 两期二叉树定价模型

下面我们用两个例子来具体说明如何利用二叉树模型给美式期权定价。

✪【例9-4】 题设条件同［例9-2］，假设股票现在的价格为100元，不支付股利，以3个月为1期，3个月内股价可能上涨到原来的1.2倍，也可能下跌到原来的0.8倍，无风险利率为12%（连续复利）。试求6个月后到期的执行价格为110元的美式看跌期权的价格。

我们先假定在各个节点均不提前行权，则此时可将美式期权视为欧式期权。在［例9-2］中我们对欧式看跌期权的计算已经得出了在各个节点均不提前行权时的期权价值，如图9-7所示，图中每个节点上面的数字表示股票价格，下面的数字表示期权价值。

由于美式期权可能提前行权，因此在每个节点我们要决定是否提前行权。在两期二叉树模型中，我们只需要考察 $t=1$ 时是否存在提前行权的可能性。在节点 B 处，期权的内在价值为0，故不会提前行权，节点 B 处的期权价值仍为5.7587；在节点 C 处，期权的内在价值为30元，大于20.1687，所以在这种情况下提前行权更优，因此节点 C 处的期权价值应为30 。于是我们得出了美式看跌期权的价格为：

$$f=e^{-0.12\times0.25}\left(5.7587\times\frac{e^{0.12\times0.25}-0.8}{1.2-0.8}+30\times\frac{1.2-e^{0.12\times0.25}}{1.2-0.8}\right)=15.56(元)$$

该美式期权定价的二叉树图如图9-8所示，图中每个节点上面的数表示股票价格，下面的数表示期权价值。

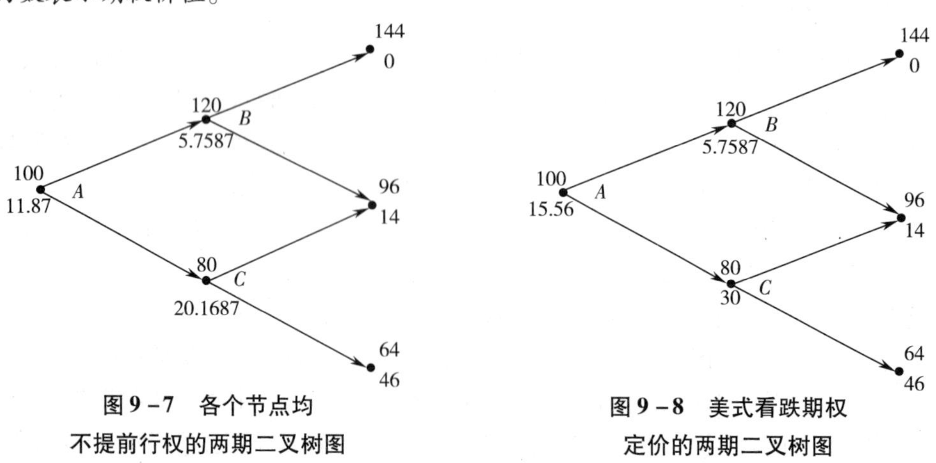

图9-7 各个节点均不提前行权的两期二叉树图

图9-8 美式看跌期权定价的两期二叉树图

与［例9－2］的结果比较我们不难发现：在其他条件均相同的前提下，美式期权的价格高于欧式期权的价格。这是因为美式期权可以提前执行，比欧式期权多了一个选择权的缘故。

9.4.3　多期二叉树定价模型

前面我们提到以不支付股利的股票为标的物的美式看涨期权不会被提前执行。下面我们用一个例子来说明这一结论。

✪【例9－5】　题设条件同［例9－3］，假设股票现在的价格为100元，不支付股利，以3个月为1期，3个月内股价可能上涨到原来的1.2倍，也可能下跌到原来的0.8倍，无风险利率为12%（连续复利）。试求9个月后到期的执行价格为110元的美式看涨期权的价格。

类似于两期二叉树模型，我们先假定在各个节点均不提前行权，此时各个节点的期权价值与［例9－3］中的计算结果一致，我们可得到不提前行权时各节点的期权价值如图9－9所示，图中每个节点上面的数表示股票价格，下面的数表示期权价值。

现在我们来考察在各个节点提前行权是否更优，各个节点提前行权时的期权价值如图9－10所示，图中每个节点上面的数表示股票价格，下面的数表示期权价值。

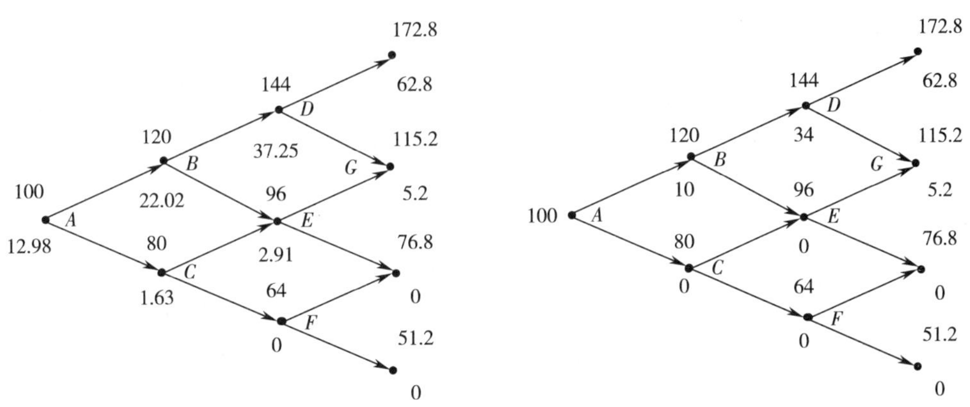

图9－9　各个节点均不提前行权的多期二叉树图　　**图9－10　各个节点均提前行权时的期权价值**

比较图9－9与图9－10我们不难发现，美式看涨期权在各个节点提前行权的期权价值均小于继续持有期权时的价值，所以不支付股利的美式看涨期权不应该提前执行。也就是说，不支付股利的美式期权不会提前行权，与相应的欧式期权等价。

在不支付股利的情况下，美式看涨期权实质上与欧式看涨期权一致。我们可以从看涨期权的价值角度来分析，看涨期权的价格可以被分解为内在价值（intrinsic value）和时间价值（time value）两个部分。内在价值，即 $\max(X-S,0)$，它是期权立即执行所获得的收益；而时间价值是期权价格高于其内在价值的部分。简单来说，美式期权不提前执行的原因有两点：一方面，由于货币存在时间价值，看涨期权价格的下限值是 $S-X$，提前执行将使持有人只获得 $S-X$ 的底价而丧失时间溢价；基于同样的理由，在投资者认为当前股价被高估之时，投资者也不应提前执行期权并卖出股票，出售该期权才是最佳的选择，此时，总会有其他想持有股票的投资者会购买该看涨期权。另一方面，看涨期权提供保险，即使股价跌至执行价格之下，持有人也不会遭受损失，而一旦提前执行，就放弃了这种保险。因此，在不支付股利的情况下，投资者不会提前行使这个权利。

由［例9-4］和［例9-5］我们可知用二叉树模型给美式期权定价的方法。先按照给欧式期权定价的方法计算出假定在各个节点都不提前行权时的期权价值，然后再采用倒推的方式逐个节点检验提前行权是否更优，判断标准是：立即行权实现的收益是否大于继续持有的期权价值。如果在某个节点立即行权更优，则在计算该节点前一个节点的期权价值时应用该节点期权的内在价值替换初始值（继续持有时的期权价值）进行计算。依此类推，最后计算出美式期权的价格。

§9.5 股利与二叉树期权定价

9.5.1 连续股利支付

当股票支付股利时，二叉树会变得相当复杂。为了简化问题，我们假定股票有一个连续的股利收益率δ，这些股利被继续投资到股票中。这样当我们在0时刻买入1股股票，在T时刻将变为$e^{\delta T}$股股票。假定股票现在的价格为S，在T时刻，股价将向上变动到Su或者下跌到Sd，注意这里股票价格的上升和下跌反映的是除息价格。我们需要计算一个以该股票为标的物、在T时刻到期的欧式看涨期权的价格。

在前面我们提到欧式看涨期权可以用持有Δ股股票并卖空面值为B的无风险债券的投资组合来复制。令f_u表示到期股价上升时的期权价值，f_d表示到期股价下跌时的期权价值，则在到期时有下列关系成立：

当股价上升时：

$$\Delta \times Su \times e^{\delta t} - B = f_u$$

当股价下跌时：

$$\Delta \times Sd \times e^{\delta t} - B = f_d$$

解得$\Delta = e^{-\delta T}\left(\dfrac{f_u - f_d}{Su - Sd}\right), B = \dfrac{df_u - uf_d}{u - d}$。

根据组合复制法，期权应与所构造的投资组合的成本相同，所以期权的价格为：

$$f = \Delta S - e^{-rT} \times B = e^{-rT}\left(\frac{e^{(r-\delta)T} - d}{u - d}f_u + \frac{u - e^{(r-\delta)T}}{u - d}f_d\right)$$

注意，在这里为保证不产生无风险套利机会，条件$u > e^{(r-\delta)T} > d$必须成立。

当股票支付股利时，我们要调整投资组合中股票的数量Δ以抵消股利收入，即存在股利收入时的最优对冲比Delta小于不存在股利时的最优对冲比Delta。此时在风险中性定价原则下的风险中性概率也相应地由原来的 $p = \frac{e^{rT} - d}{u - d}$ 调整为 $p = \frac{e^{(r-\delta)T} - d}{u - d}$。因为在风险中性的世界中，如果股票的收益率等于无风险利率 r，但同时股票以 δ 的速率支付股利，则股价的期望增长率必定等于 $r-\delta$。对于单期二叉树定价模型，与不支付股利的股票期权定价公式相比，支付连续股利的股票期权定价公式中只有风险中性概率 p 的计算发生了变化，这同样适用于多期二叉树定价模型。

这样，我们将二叉树定价模型扩展到了支付连续股利的股票期权。而股票指数、货币和大量的期货合约都可被视为支付连续股利的股票，所以以这些资产为标的物的期权定价都可以使用二叉树模型。

9.5.2　已知股利支付比率

现实中股利的支付往往不是连续的，因此我们要进一步放松连续股利支付的假设。假定在未来某一确定的时间将支付一次股利，且已知股利与股票价格之比为 δ。我们可以将期权的期限 T 划分为 n 个时段，每个时段长为 Δt，则 $n = T/\Delta t$。例如 $T=30$ 天，我们选取 $\Delta t = 1/360$ 年，那么 $n=30$，每个节点表示实际上的 1 天。如果第 $i\Delta t$ 时刻在除息日之前（$i = 1, 2, \cdots, n$），那么该节点的股票价格为 $Su^j d^{i-j}$，其中 $j = 0, 1, \cdots, i$；如果第 $i\Delta t$ 时刻在除息日之后（$i = 1,2,\cdots,n$），那么该节点的股票价格为 $Su^j d^{i-j}(1-\delta)$，其中 $j = 0,1$，$i = 1,2$。

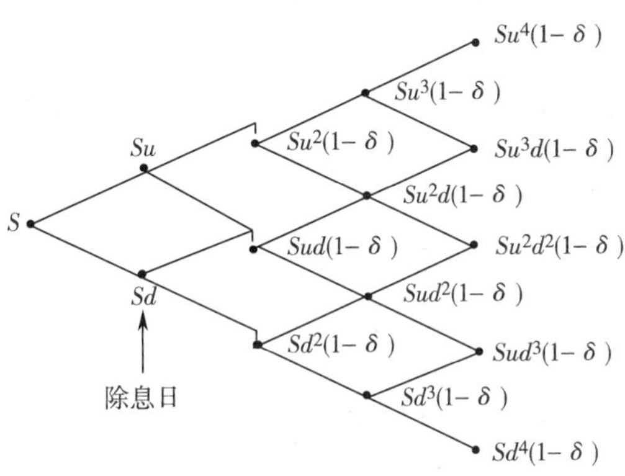

图 9-11　在一个特定时刻支付已知股利比率股票的二叉树图

例如在第二个节点前支付一次股利，此时二叉树的结构如图 9-11 所示。

如果在期权的有效期内有多次已知的股利支付，可以采用类似的处理办法。假设 δ 为第 $i\Delta t$ 时刻之前所有除息日的总股利支付率，则第 $i\Delta t$ 时刻节点的相应股票价格为：

$$S(1-\delta_i)u^j d^{i-j}(j = 0,1, \cdots, i)$$

9.5.3　已知现金股利

现实中，股利的支付比率往往不是股价的某一固定比例。我们假设已知股利支付的金额会更符合现实。当支付股利后，如果不考虑税收因素，股价会下跌与股利 D 相等的数量。如果在除息日股价变化不等于 D，则存在无风险套利机会。例如，如果股价下跌数量为 $Z<D$，那么投资者可以在股票付息日前买入股票，在得到股利 D 后马上以 $S-Z$ 的价格卖出，从而获得 $D-S+(S-Z) = D-Z$ 的净收益（忽略现金延期支付的贴现问题）。

如果股价仍按 u 和 d 的倍数变化，那么二叉树的节点将不再重合，这就产生了我们前面提到的非重合树，如图 9-12 所示。

如图 9-12 所示，非重合二叉树的节点远多于重合二叉树，这大大增加了期权定价计算的难度。为了解决这一问题，我们可采用如下方法。假设股票的价格由两部分组成：一部分是不确定的，另一部分是期权有效期内所有未来股利的现值。为使问题简化，我们假设在期权有效期内只有一次股利支付，除权日为 τ，有：

除权日之前：$S = S^{*} + De^{-r(\tau - i\Delta t)}\ (i\Delta t \leqslant \tau)$

除权日之后：$S = S^{*}\ (i\Delta t > \tau)$

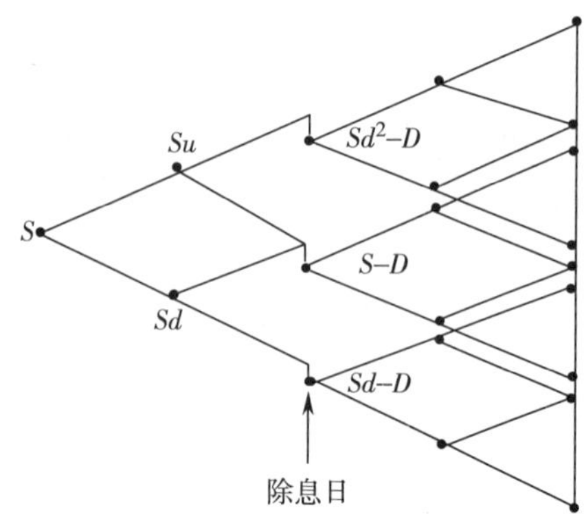

图 9-12　已知股利数额时的非重合二叉树

我们只要知道股票不确定部分的价值 S^{*} 的变动率 u_{*} 和 d_{*}，就可以用通常的方法构造模拟 S^{*} 的可以重合的二叉树图，在此基础上加上未来股利的现值，我们就能得到 S 的二叉树图。假设 $S_0{}^{*}$ 是在 $t=0$ 时刻股价不确定部分的价值，那么股价 S 的二叉树为：

除权日之前：$S = S_0{}^{*} u_{*}^{j} d_{*}{}^{i-j} + De^{-r(\tau - i\Delta t)}\ (j = 0,1,\cdots,i; i\Delta t \leqslant \tau)$

除权日之后：$S = S_0{}^{*} u_{*}^{j} d_{*}{}^{i-j}\ (j = 0,1,\cdots,i; i\Delta t > \tau)$

例如，已知股票在第三期后将支付 10 元的股利，计算得到股利的现值为 8 元，股价 $S=100$ 元，那么 $S^{*}=92$ 元。然后若我们能求得 S^{*} 的变动率 u_{*} 和 d_{*}，就可以求出可以重合的 S^{*} 的二叉树图，进而求得 S 的二叉树图。再利用二叉树定价模型从期权到期日起沿着 S 的二叉树进行回溯，就可以求出欧式看涨（看跌）期权的价格。因此，关键在于如何求得 S^{*} 的变动率 u_{*} 和 d_{*}，我们将在下一节中介绍。

§9.6　股票价格分布与二叉树参数

9.6.1　随机游走假说

在 20 世纪 30 年代，一些统计学家诸如考尔斯（Cowles，1933）、沃金（Working，1934）以及考尔斯和琼斯（Cowles and Jones，1937），对一些金融数据做了实证分析试着去回答下列问题：金融资产价格的走势是否可预测？在这些论文中，作者们经由对大量数据的统计分析发现，资产的后续价格变化和资产市场之间似乎没有任何关联。但因为此结论与当时盛行的认为价格可经由节奏性（rhythms）、周期性（cycles）、趋势性（trends）等现象而预测的观点相异，故未引起广泛的注意。

经过一段时间的沉寂之后，在 20 世纪 50 年代初，计算机的出现使得人们可以研究更长时间的价格数据。1953 年，伦敦政治经济学院的肯德尔（Kendall）教授在英国皇家统计学会（Royal Statistical Society）主办的杂志上发表了一篇题为《时间序列分析》的文章。肯德尔原本想要经由对股票及商品价格的分析，找出其周期性。但在分析实际资料后（1928—1938 年，19 种上市股票的周资料；1883—1934 年，芝加哥市场小麦的月平均价格；1816—1951 年，纽约期货市场棉花的价格），出乎意料的是，他发现这些价格并没有任何节奏性、周期性或趋势性。他进而得到结论：在相隔较短的时间内不断观察价格的变化，发现随机性的变化非常大，相比之下能观察到的系统效应是非常小的，价格数据非常像随机游走序列。

然而从历史的角度来看，法国天才数学家巴彻利尔（Bachelier，1900）才是第一位利用随机游走去描述价格走势的学者。他在其所发表的博士论文《投机理论》中提到，过去的、现在的，甚至是将来可预期到的事情都反映在了市场价格中，但是与未来的价格变化没有明显的联系。他假设在 $k\Delta$ 时刻股票的价格 $S_{k\Delta}^{(\Delta)}$ 为：

$$S_{k\Delta}^{(\Delta)} = S_0 + \zeta_{\Delta} + \zeta_{2\Delta} + \cdots + \zeta_{k\Delta} \tag{9.1}$$

式中，S_0 为初始价格；Δ 为一个时间间隔长度；$\zeta_{i\Delta}$为独立同分布的随机变量，且取值在 $\sigma\sqrt{\Delta}$及 $-\sigma\sqrt{\Delta}$的概率各为$\frac{1}{2}$。因此，

$$E(S_{k\Delta}^{(\Delta)}) = S_0 \mathrm{Var}(S_{k\Delta}^{(\Delta)}) = \sigma^2 \cdot (k\Delta)$$

令 $k = \left[\frac{t}{\Delta}\right]$，$t>0$，$\Delta\to 0$，巴彻利尔发现，式（9.1）的极限过程为 $S = (S_t)_{t\geqslant 0}$，其中 $S_t = \lim\limits_{\Delta\to 0} S_{[\frac{t}{\Delta}]\Delta}^{(\Delta)}$（注意此极限是在某特定的概率意义下），且有下列表达式：

$$S_t = S_0 + \sigma W_t$$

式中，$W = (W_t), t \geqslant 0 (W_0 = 0, EW_t = 0, EW_t{}^2 = t)$ 为标准布朗运动（standard Brownian motion），或称为维纳过程。

巴彻利尔的随机游走模型是最早描述股票价格分布的模型，虽然其数学性质简单，但它存在诸多问题：（1）股票价格可能为负值。例如现在股票价格为 5 元，价格每次将上升或下降 1 元，按照巴彻利尔的随机游走模型，在经历连续 6 次价格下降后，股票的价值将变为 -1 元。（2）股价变动率取决于选取的时间间隔的长短和股票现在的价格水平。（3）总的来说股票应该有一个正的回报，但模型并不能保证这一点。而如果假定股票的连续复利收益率是随机游走的，就能够很好地解决这些问题。

9.6.2　连续复利收益率

将 S_i 定义为在第 i 个时间段末的股票价格，则第 i 个时间间隔内股票的连续复利收益率为：

$$\mu_i = \ln\left(\frac{S_i}{S_{i-1}}\right)$$

它具有如下性质：

1. 股票的连续复利收益率是可加的，假设 μ_1，μ_2，μ_3，…，μ_i 分别为股票在第 1 个时间间隔、第 2 个时间间隔、第 3 个时间间隔直到第 n 个时间间隔内的连续复利收益率，那么在这 n 个时间间隔内，股票总的复利期望收益率为 $\mu = \sum\limits_{i=1}^{n}\mu_i$。

2. 连续复利收益率可以为负，即使一个连续复利收益率是一个很大的负数，它仍然能保证股票价格为正。假设 S_0 为在 $t=0$ 时刻股票的价格，S_1 为经过一个时间间隔后的股票价格，μ_1 表示第一个时间间隔内的连续复利收益率，则 $S_1 = e^{\mu_1}S_0$。因为对于任意的 μ_1，e^{μ_1} 总为正，所以股票的价格也总为正值。

3. 如果我们把一年拆为长度为 τ 的 n 个时间间隔（$\tau = 1/n$），那么在长度为 r 的时间间隔内，标准差为 $\sigma\sqrt{\tau}$，其中 σ 为年度连续复利收益率的标准差。

下面我们通过几个例子来验证这些性质。

✪【例 9－6】 假定某股票在 4 个连续交易日内价格分别为 100 元、103 元、97 元和 98 元，则日连续复利收益率为：

ln（103/100）＝0.02956

ln（97/103）＝－0.06002

ln（98/97）＝0.01026

相加得：

0.02956＋（－0.06002）＋0.01026＝－0.0202

从第一天到第四天的连续复利收益率为：ln（98/100）＝－0.0202，等于前 3 日连续复利收益率之和。

✪【例 9－7】 假定现在的股票价格为 100 元，而从今天起 1 年后价格将变为 20 元，则年复合回报为：ln（20/100）＝－1.6094，但股价仍然为正值。

✪【例 9－8】 试证明：年度连续复利收益率的方差 σ^2 等于月度连续复利收益率的方差的 12 倍，即月度连续复利收益率的标准差 $\sigma_m = \sigma/\sqrt{12}$。

证明：假定第 i 个月内股票的连续复利收益率为 μ_{im}，则年度的连续复利收益率为：

$$\mu_a = \sum_{i=1}^{12}\mu_{im}$$

年度回报的方差为：

$$Var(\mu_a) = Var(\sum_{i=1}^{12}\mu_{im})$$

因为连续复利收益率是随机游走的，所以连续复利收益率在时间上具有不相关性，每个月的方差相同，故年度方差为：

$$\sigma^2 = 12 \times \sigma_m^2$$

两边同时除以 12 再开方，有：$\sigma_m = \sigma/\sqrt{12}$。

命题获证。

现在我们来看，当我们假定股票的连续复利收益率是随机游走的时，是否解决了之前讨论的随机游走模型中存在的那三个问题。经过 Δt 的时间间隔后，股价 $S_{t+\Delta t} = S_t e^{r\Delta t \pm \sigma\sqrt{\Delta t}}$。

在 Δt 的时间间隔内，股票的连续复利收益率由两部分构成：确定的部分 $r\Delta t$ 和不确定的将导致股价上涨或下跌的部分 $\pm\sigma\sqrt{\Delta t}$。我们易知：（1）股票价格不可能为负。即使连续复利收益率有多次向下运动并得到一个较大的负回报也将生成一个正的股票价格。(2) 当时间间隔更短时，连续复利收益率向上和向下变动的幅度也变得更小，而年度波动率总是相同的。因为连续复利收益率遵循一个随机游走，所以不论股票价格水平如何，价格的百分比变化都是相同的。(3) 由于 $r\Delta t$ 的存在可以保证股票的期望收益率为正。

9.6.3　二叉树参数

现实中要给期权定价，首先要构造二叉树。二叉树的参数包括：股票价格 S；期权期限 T；执行价格 X；时间间隔长度 Δt；二叉树的期数 N；股票价格波动率 σ。其中，股票价格 S、期权期限 T、执行价格 X 都是已知的。二叉树的期数 N 的设定一般依靠做市商的经验，通常来说超过 30 个时段的二叉树的计算将变得很复杂，一般来说 20 个时段是一个比较好的选择。同时，确定节点的时候要尽量使公司出现大事的日子成为节点，例如公司上市、送股以及分红派息等，这样有利于二叉树图更好地模拟股票的价格分布。

由公式 $S_{t+\Delta t} = S_t e^{r\Delta t \pm \sigma\sqrt{\Delta t}}$ 我们可以计算出在一个时间间隔 Δt 内股票价格的变动率 u 和 d：$u = e^{r\Delta t + \sigma\sqrt{\Delta t}}$，$d = e^{r\Delta t - \sigma\sqrt{\Delta t}}$。这样我们就可以构造出相应的二叉树来给期权定价。

§9.7　波动率估计

9.7.1　估计波动率的一般方法

在现实中我们用二叉树定价模型给一个股票期权定价的时候，必须求出模型中的全部参数以构造二叉树图求得期权价值。而股票价格的波动率 σ 无疑是最重要的参数，因为只有已知波动率，我们才能求得股价变动率 u 和 d 与风险中性概率 p。股票价格的波动率，是股票年度连续复利收益率的标准差，通常用来衡量股票收益的不确定性。典型的股票的波动率介于 0.2 和 0.4 之间。

由于现实中我们无法直接从股价变动中观察出波动率，一种常用的估计方法是利用股票的历史连续复利收益率的标准差来度量 σ。从股票的历史回报中计算出来的 σ 称为历史波动率。根据历史数据估计股票价格的波动率，应在固定的时间间隔观察股票价格（例如：每天、每周或每月）；然后对每个时间段，求出该时间段末的股票价格与该时间段初的股票价格之比的自然对数；再用这些对数的标准差除以以年为单位计量的时间长度的平方根，就是估计的历史波动率。注意在估计波动率的过程中，计算时间长度时通常应扣除交易所闭市的日子。下面我们将具体说明如何用历史数据来估计波动率。

9.7.2　估计波动率的具体过程

根据历史数据估计股票价格的波动率时，观察股票价格的时间间隔通常是固定的

（例如每天、每周或每月）。假设总共的观察次数为 $n+1$ 次，S_i 定义为在第 i 个时间段末的股票价格，r 为以年为单位表示的一个时间间隔的长度。令

$$\mu_i = \ln\left(\frac{S_i}{S_{i-1}}\right) \quad (i = 0,1,\cdots,n)$$

则 $S_i = S_{i-1}e^{\mu_i}$，其中 μ_i 是第 i 个时间间隔的连续复利收益（并非年度复利），易知 μ_i 的标准差的估计值 s 为

$$s = \sqrt{\frac{1}{n-1}\sum_{i=1}^{n}(\mu_i - \bar{\mu})^2}$$

即

$$s = \sqrt{\frac{1}{n-1}\sum_{i=1}^{n}\mu_i{}^2 - \frac{1}{n(n-1)}\left(\sum_{i=1}^{n}\mu_i\right)^2}$$

式中，$\bar{\mu}$ 为 μ_i 的均值。

在上一节中我们已知 $\mu_i V$ 的标准差为 $\sigma\sqrt{\tau}$，因此变量 s 是 $\sigma\sqrt{\tau}$ 的估计值。设 σ 的估计量为 s^*，从而有：$s^* = \frac{s}{\sqrt{\tau}}$。这样我们就可以计算出 σ 的估计值。

注意：在估计波动率时，确定一个合适的观察次数 n 很关键。一般来说，观察值越多，估计的精确度越高。但是，数据越多，时间也就越长，太久远的历史数据用于预测将来的波动率可能并不起作用。通常而言，20 ~ 50 个观察值可以得到较为合理的结果。此外，还有多种调节方法，如将估计波动率的数据时期长度设定为应用波动率所对应的时间长度会有较好的效果，例如要对一个 1 年期的欧式期权定价，就可以使用 1 年的历史数据；或者让最近的价格占据较高权重；还可以将股价的日变化幅度与收盘价结合起来计算。但是无论方法如何复杂，我们估计出来的都是历史波动率。

为了解释具体如何计算波动率，下面我们来看一个例子。

✪【例 9-9】 表 9-4 中列出了上证指数和中石油从 2016 年 6 月 8 日到 2016 年 10 月 28 日为期 20 周的收盘价，我们用 Excel 中的 STDEV 函数计算出了股票连续复利收益率的标准差。

表 9-4　上证指数和中石油每周收盘价和连续复利收益率

日期	上证指数		中石油	
	价格	$\ln(S_t/S_{t-1})$	价格	$\ln(S_t/S_{t-1})$
2016-06-08	2 927.16	—	7.30	—
2016-06-17	2 885.11	-0.01447103	7.20	-0.013793322
2016-06-24	2 854.29	-0.01073957	7.12	-0.011173301
2016-07-01	2 932.48	0.027025393	7.22	0.013947227
2016-07-08	2 988.09	0.018788609	7.25	0.004146516
2016-07-15	3 054.30	0.021913398	7.38	0.01777217

续表

日期	上证指数		中石油	
	价格	$\ln(S_t/S_{t-1})$	价格	$\ln(S_t/S_{t-1})$
2016-07-22	3 012.82	-0.01367393	7.29	-0.012270093
2016-07-29	2 979.34	-0.01117373	7.22	-0.009648593
2016-08-05	2 976.70	-0.0008875	7.24	0.002766253
2016-08-12	3 050.67	0.024546295	7.34	0.013717636
2016-08-19	3 108.10	0.018651995	7.41	0.009491597
2016-08-26	3 070.31	-0.01223404	7.40	-0.001350439
2016-09-02	3 067.35	-0.00096356	7.47	0.009414999
2016-09-09	3 078.86	0.003743126	7.42	-0.006715942
2016-09-14	3 002.85	-0.02499627	7.28	-0.019048195
2016-09-23	3 033.90	0.010286097	7.27	-0.001374571
2016-09-30	3 004.70	-0.00966887	7.22	-0.006901339
2016-10-14	3 063.81	0.019480185	7.30	0.011019395
2016-10-21	3 090.94	0.008816662	7.36	0.008185585
2016-10-28	3 104.27	0.004303008	7.38	0.002713706
标准差	—	0.015276691	—	0.010537397
标准差 × $\sqrt{52}$	—	0.110161784	—	0.075986249

9.7.3　波动率估计中可能存在的问题

历史波动率并不等同于未来波动率，在这里我们能用历史波动率来估计未来股价的波动率是建立在股票的连续复利收益率是独立同分布的假设之上的。举例来说，若股票的连续复利收益率正如上一节所提到的那样是随机游走的，则采用上述过程来估计波动率是合理的。但是如果收益率不是相互独立的，就像某些商品的价格走势那样，是相互关联的，那么波动率的估计将变得更加复杂，在这种情况下我们再用上述过程来估计波动率就可能存在问题。例如，今天的黄金价格走高会导致需求减少而供给增加，此时投资者会期望黄金价格在未来下降。在这种情况下，价格表现出均值回归的特性，T 时期价格的波动率将小于 $\sigma\sqrt{T}$。

实际上，利用历史波动率来估计未来的波动率并不一定科学。例如，在 1987 年股市暴跌后，标准普尔 500 指数的 20 天波动率从其通常的 12% 狂升到 150%，如果做市商完全依赖历史波动率，那么在股市暴跌后的一个月，他们是基于将会发生另外一场暴跌（或者大繁荣）给股票期权定价的，这将会是极其不合理的。在下一章我们将讲到的隐含波动率可以在一定程度上解决这一问题。

本章小结

二叉树模型假设股票的价格在任意时点只有两种可能：从 S 上升到 Su 或下降到 Sd，通过构造一个包含股票多头和看涨期权空头的无风险组合可以为期权定价。期权价格由 u、d、无风险利率 r、股票当前的价格、执行价格和到期时间决定。

风险中性定价原则是指在风险中性的概率条件下，期权价格是其到期收益的期望值按无风险利率贴现的现值。多期二叉树模型对期权的定价是从二叉树图的末端（即期权到期时刻 T）开始向前倒推进行计算的，期权到期时欧式看跌期权的价值为 $\max(X-S_T, 0)$，欧式看涨期权的价值为 $\max(S_T-X, 0)$，其中 X 为期权的执行价格，S_T 为期权到期的股票价格。根据风险中性定价原则，在 $T-\Delta t$ 时刻每个节点上的期权价值都可以用 T 时刻期权价值的期望值以无风险利率 r 在 Δt 时间内贴现求得。类似地，$T-2\Delta t$ 时刻的每个节点的期望值可以用 $T-\Delta t$ 时刻的期望值以无风险利率 r 在 Δt 时间内贴现求得，其他节点依此类推。如果对美式期权定价还要考虑提前行权的可能性，从后到前逐个节点检验，若某个节点提前行权更有利，那么该节点的期权价值应为立即执行期权所获得的收益。

复习与思考

1. 假设某股票现在价格为 50 元，6 个月后价格将上升为 55 元或下降到 45 元。无风险年利率为 10%，求期限为 6 个月，执行价格为 50 元的欧式看跌期权。

2. “执行价格为 1 130 的标准普尔 500 指数看涨期权的贝塔值高于执行价格为 1 140 的指数看涨期权的贝塔值”，这一说法是否正确？

3. 请用二叉树模型分别说明无套利方法和风险中性定价方法是如何为欧式期权定价的。

4. 某不分红的美式看跌期权的期限为 3 个月，股票市价与执行价格均为 60 元，无风险利率为 10%，年波动率为 45%。试构造时间间隔为 1 个月的二叉树模型来为该期权定价。

第十章

布莱克—斯科尔斯期权定价理论

20 世纪 70 年代初期，布莱克（ Black）、斯科尔斯（Scholes）和默顿（Merton）在股票期权定价方面取得了重大突破。布莱克和斯科尔斯提出了广为人知的布莱克—斯科尔斯期权定价模型，而默顿则进一步减弱了布莱克—斯科尔斯公式所依赖的假设，并在许多方面对其进行了推广。这些成果为期权以及更广泛的金融工程领域的发展奠定了基础，该法则已成为金融机构设计金融新产品的思想方法。1997 年，诺贝尔经济学奖授予布莱克和斯科尔斯，以表彰他们在期权定价方面所作出的卓越贡献。而布莱克在 1995 年去世，但他的贡献仍是有目共睹的。

本章主要讲述如何用布莱克—斯科尔斯期权定价基本模型为无股利支付的欧式期权定价，并探讨布莱克—斯科尔斯期权定价公式的局限性，以及为了克服这些局限性，需要对基本模型进行怎样的补充和拓展，其中主要介绍默顿对布莱克—斯科尔斯公式的拓展思路。

§10.1 股票价格分布的假设

在经济学理论框架下，通常假设股票价格的波动为布朗运动，在离散情况下，则为随机游走序列。这意味着股票未来的价格或收益将无法通过对过去收益的分析得出。这与有效市场的假设是吻合的，有效市场假设认为当前的价格中包含了过去所有的信息，因此分析过去的收益状况对于预测未来的价格没有任何作用。

如果股票价格的波动是几何布朗运动，则有：

$$dS = \mu S dt + \sigma S dz \tag{10.1}$$

$$d\ln S = \left(\mu - \frac{\sigma^2}{2}\right)dt + \sigma dz \tag{10.2}$$

式中，dS 是股票价额在一个很短的时间内 dt 内的变化；μ 是股票的期望收益率；σ 是股价的年波动率；而 $dz = \varepsilon\sqrt{dt}$ 即为几何布朗运动波动，其中 $\varepsilon \sim N(0,1)$ 服从标准正态分布。

进而可以进一步推导出，股票价格的收益率服从正态分布，即

$$\ln\frac{S_T}{S_0} \sim N[(\mu - \frac{\sigma^2}{2})T, \sigma\sqrt{T}] \tag{10.3}$$

$$\ln S_T \sim N[\ln S_0 + (\mu - \frac{\sigma^2}{2})T, \sigma\sqrt{T}] \tag{10.4}$$

式中，$\ln\frac{S_T}{S_0}$ 是股票价格连续复利的收益率，当 T 很小的时候，它约等于简单收益率，即

$$\ln\frac{S_T}{S_0} = \ln S_T - \ln S_0 \approx \frac{S_T - S_0}{S_0}$$

如果一个随机变量的对数服从正态分布，那么我们就定义这个随机变量本身服从对数正态分布。因为股票的对数价格（或收益率）服从正态分布，所以我们可以推知股价本身服从对数正态分布。$\ln S_T$ 的方差为 $\sigma^2 T$，和预测的时间成正比。预测的时间越长，则预测的股价 S_T 的方差越大，也越不准确。对数正态分布的分布图见图 10－1。

对数正态分布的取值从 0 到正无穷，可以看到，对数正态分布并不是对称的，偏度不为零，这意味着它的均值、中值并不相等。由式（9.3）可以推导出服从对数正态分布的股票价格的均值和方差，即

$$E(S_T) = S_0 e^{\mu T} \tag{10.5}$$

$$Var(S_T) = S_0^2 e^{2\mu T}(e^{\sigma^2 T} - 1) \tag{10.6}$$

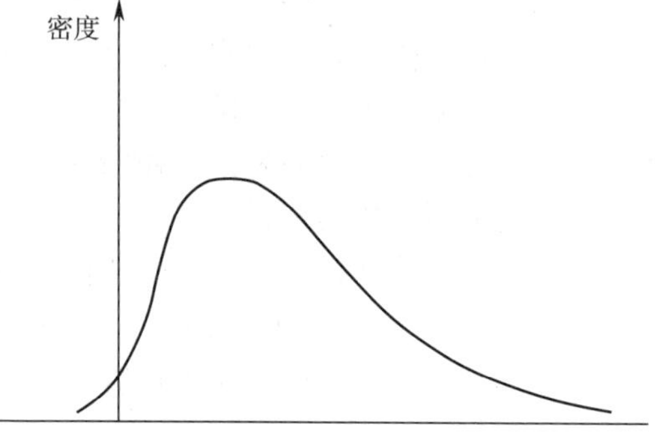

图 10－1　对数正态分布图

通过上述对股票价格分布的分析可知，若已知股票的初始价格，以及股票的收益率和波动率，我们就可以预测出任何时间之后的股价的均值、标准差和置信区间。当然，预测时间越长，置信区间也就越大。我们以一个例题来说明。

✪ **【例 10－1】**　假设一只股票的初始价格为 50 元，预期年收益率为 15%，每年的波动率为 20%，求半年以后股价的预期均值和 95% 置信区间。

股价的均值 $E(S_T) = 50 \times e^{0.15 \times 0.5} \approx 53.89$

股价的方差 $\text{Var}(S_T) = 50^2 \times e^{2 \times 0.15 \times 0.5}(e^{0.2^2 \times 0.5} - 1) \approx 58.68$

股价的标准差 $= \sqrt{58.68} \approx 7.66$

由式（10.4）可知：

$$\ln S_T \sim N[\ln 50 + (0.15 - \frac{0.2^2}{2}) \times 0.5, 0.2\sqrt{0.5}]$$

即

$$\ln S_T \sim N(3.977, 0.141)$$

首先求出未来对数股票价格的 95% 置信区间：

$$3.977 - 1.96 \times 0.141 < \ln S_T < 3.977 + 1.96 \times 0.141$$

$$3.701 < \ln S_T < 4.253$$

进而求出未来股票价格的95%置信区间：

$$e^{3.701} < S_T < e^{4.253}$$

$$40.49 < S_T < 70.32$$

因此，半年后股票价格的均值是53.89元，标准差为7.66元，95%置信区间是在40.49元和70.32元之间。

§10.2　布莱克—斯科尔斯期权定价公式的假设条件

布莱克—斯科尔斯基本模型是在一系列假设下成立的，这些假设往往和现实的情况并不一致。布莱克—斯科尔斯期权定价公式出现以后，很多学者致力于研究如何放松这些假设，和斯科尔斯一起获得1997年诺贝尔经济学奖的默顿的主要贡献之一就是放松了布莱克—斯科尔斯期权定价公式原有的假定，使拓展后的模型适用于对更普遍经济环境中的更广泛的金融衍生商品进行定价。

布莱克—斯科尔斯期权定价公式的基本假设有：

1. 股票价格满足随机微分方程：

$$dS = \mu S dt + \sigma S dz$$

式中，μ 和 σ 都为常数。股票价格 S_T 服从对数正态分布，这意味着对数股票价格即股票连续复利的收益率 η 服从正态分布，即

$$S_T = S_0 e^{\eta T}$$

$$\eta = \frac{1}{T}\ln\frac{S_T}{S_0} \sim N\left(\mu - \frac{\sigma^2}{2}, \frac{\sigma}{\sqrt{T}}\right) \tag{10.7}$$

✪**【例10－2】**　假设甲骨文股票的年预期收益率为15%，年波动率为20%。试问股票4年内的连续复利收益率的95%置信区间是多少？

由式（10.7）可知：连续复利收益率 η 服从均值为 $0.15 - \frac{0.2^2}{2} = 0.13$、标准差为 $\frac{0.2}{\sqrt{4}} = 0.1$ 的正态分布，其95%置信区间为（0.13 －1.96 ×0.1，0.13 +1.96 ×0.1），即（－6.6%，32.6%）。

布莱克—斯科尔斯模型假设标的资产的价格是连续变动的，服从对数正态分布。然而在我们的金融市场中，不连续是常见的：资产价格常常跳跃，并且经常是向下跳跃，这在模型中并没有体现出来。

2. 无卖空限制。卖空交易，是指投资者出售自己并不拥有的证券的行为，或者投资者用自己的账户以借来的证券完成交割的出售行为。股票市场上的卖空机制是指投资者在认为当前股价处在高位，判断市场将下跌的情况下，预先借入别人的股票卖出，再在低位买回股票还给借方平仓来获利的行为，是通常的买入股票通过上涨而获利的反向操

作。从过程来看，卖空交易并不复杂，但对市场却有着不小的影响。卖空机制增加了市场的流动性，并能够更好地发挥市场“价格发现”的功能。有效市场要求价格能够完全充分地反映买方和卖方的信息，但是缺乏卖空机制使得预期股票价格即将下跌但本身不拥有证券的投资者无法表达自己对股票价格走向的预期，限制了股票市场上的供应。卖空机制的存在，使得整个市场存在着大规模的股票供应和需求力量，这种大规模的交易量以及由此衍生的价格竞争将会大大提高股票定价的有效性，因此，卖空力量的存在还有助于改变市场上股价高估的现象，挤压市场上的泡沫。

由于布莱克—斯科尔斯期权定价公式是基于无套利定价原则推导出来的，所以套利能够实现布莱克—斯科尔斯期权定价公式有效的必要条件，这就要求股票市场及其衍生品市场对卖空都是没有限制的，只有这样，人们的不同预期才能通过双向操作充分反映出来。举例来说，若认为看涨期权价格相对于当前的股票价格被高估，交易者可以通过买入股票、卖出期权进行无风险套利，使得期权供给增加，价格下降，而股票需求增加，价格上涨；而认为看涨期权价格相对于当前股票价格被低估的交易者，可以通过卖空股票、买入期权的操作进行无风险套利，结果是期权需求增加，价格上涨，而股票供给增加，价格下降。交易者努力寻找套利机会并进行套利的行为会修正价格的偏差，使得套利机会消失，从而使原生产品和衍生产品之间的价格联系得以维持。

然而现实中，出于防止过度投机和降低风险的考虑，在国际金融市场上，特别是在股票市场上，总是存在各种形式的卖空限制，虽然对这种限制的放松是国际趋势，但完全的无卖空限制的实现仍有待时日。即使在美国和中国香港这种比较发达的国际金融中心，股票市场的卖空也只能在股价上升的时候进行操作，甚至允许卖空的股票种类也有规定，从而限制了卖空的操作。

既然布莱克—斯科尔斯期权定价公式要求市场不存在卖空限制，而实际市场上又存在着各式各样的卖空限制，那么理论价格和实际价格就可能存在差异。比如说，如果股票市场上存在卖空限制，那么当股票被高估时，有正确预期但是手中没有股票的投资者就不能进行操作，从而市场不能反映他们的预期，会导致股票价格持续偏高，而不会在套利的作用下回归。

3. 没有交易费用和税收，即市场是无摩擦的。这和现实中的情况也是不符的，但随着计算机撮合交易方式的普及以及经纪商的激烈竞争，交易费用和佣金逐渐降低；而且相比利息收入，各国对资本利得课税均相对较轻，所以无摩擦的假设显然在现实中不能完全满足，但也在逐渐接近。

4. 所有证券都是可以无限细分的。这意味着可以买卖少于1股的股票或少于一个合约的衍生产品。这个假设是为了数学推导上的方便，但相对于越来越庞大的交易量，不满足这个假设影响不大。

5. 在期权存续期间，标的股票没有股利发放。这个假设是布莱克和斯科尔斯在最早提出布莱克—斯科尔斯期权定价公式时设定的。但是现实中分红，除权现象时有发生，假设并不满足。后来，默顿通过一种连续分红方案解决了标的股票支付股利的期权定价的问题。关于默顿对模型的修正见本章第六节。

6. 无风险利率是已知的，并且不会发生变化，即为常数 r。实际情况是收益率在期权有效期内随机波动。默顿也针对这个假设的放松对模型进行了修正，提出了更贴近现实的可变利率模型。

7. 布莱克—斯科尔斯期权定价公式针对的是欧式期权，只能在到期日执行，不会被提前执行。欧式期权只能在到期日执行，分析起来较为简单。而美式期权则不同，有时候到期执行是有利的，这时候美式期权就和欧式期权一样，可以用布莱克—斯科尔斯期权定价公式进行定价；但是有些时候提前执行期权更有利，这时的分析更复杂一些，我们可以选择其他方法对期权进行定价，比如二叉树方法。

§10.3　布莱克—斯科尔斯期权定价公式的推导公式

布莱克—斯科尔斯期权定价公式推导的基本原理是：市场上不存在无风险套利机会，任何两项资产，如果风险相当，未来各种可能状况下的现金流都相等，则它们的当前价格（即成本）也必然是相等的。

由于期权等衍生产品的衍生性质，它们和原生产品受到同样不确定因素的影响，因此在价格上有紧密的联系。可以通过对原生产品和衍生产品进行适当组合来消除不确定性并构造无风险组合，该组合在未来各种可能状况下的现金流是恒定的，不存在不确定性。则该组合的收益率应该和无风险资产的收益率相同，即为无风险利率 r。

第一节中讲过，股票价格的波动是布朗运动，即有 $dS = \mu S dt + \sigma S dz$ 成立。

假设 f 是以股票为标的资产的衍生产品的价格，则 f 是 S 和 t 的一个函数，由伊藤引理可以推出：

$$df = \left(\frac{\partial f}{\partial S}\mu S + \frac{\partial f}{\partial t} + \frac{1}{2}\frac{\partial^2 f}{\partial S^2}\sigma^2 S^2\right)dt + \frac{\partial f}{\partial S}\sigma S \Delta z$$

其离散形式为：

$$\Delta S = \mu S \Delta t + \sigma S \Delta z \tag{10.8}$$

$$\Delta f = \left(\frac{\partial f}{\partial S}\mu S + \frac{\partial f}{\partial t} + \frac{1}{2}\frac{\partial^2 f}{\partial S^2}\sigma^2 S^2\right)\Delta t + \frac{\partial f}{\partial S}\sigma S \Delta z \tag{10.9}$$

式中，ΔS 和 Δf 分别是在 Δt 时间内，股票和衍生产品价格的变化，从伊藤引理可知，股票和衍生产品价格受到同样的不确定因素的影响（Δz），所以我们可以选择一个适当的股票和衍生产品的资产组合来抵消这种不确定性的影响。

为了抵消不确定性的影响，这个合适的比例为卖出 1 份衍生产品，买入 $\frac{\partial f}{\partial S}$ 份股票，设 π 表示该组合的价值，则

$$\pi = -f + \frac{\partial f}{\partial S}S \tag{10.10}$$

由式（10.8）和式（10.9）可知，组合在 Δt 内的价值变化为：

$$\Delta\pi = -\Delta f + \frac{\partial f}{\partial S}\Delta S = \left(-\frac{\partial f}{\partial t} - \frac{1}{2}\frac{\partial^2 f}{\partial S^2}\sigma^2 S^2\right)\Delta t \tag{10.11}$$

由于式（10.11）已经不含 Δz 项，所以这个组合在 Δt 时间内是无风险的，由无套利原则可知，该组合的收益率必定等于同时期的无风险收益率，否则就会存在无风险套利的机会。若组合的收益率高于无风险收益率，套利者就会买入该组合，卖出无风险资产，在时期 0 获得无风险收益，而到期以该资产的收益偿还无风险资产的付出。若组合的收益率低于无风险收益率，套利者就会卖出该组合，买入无风险资产，在时期 0 获得无风险收益，而到期以无风险资产的收益偿还该组合的付出。即有

$$\Delta\pi = r\pi\Delta t \tag{10.12}$$

式中，r 是无风险收益率。

由式（10.10）、式（10.11）和式（10.12）得到：

$$\frac{\partial f}{\partial t} + \frac{\partial f}{\partial s}rS + \frac{1}{2}\frac{\partial^2 f}{\partial S^2}\sigma^2 S^2 = rf \tag{10.13}$$

式（10.13）就是著名的布莱克—斯科尔斯—默顿微分方程。

不同的衍生产品，其价格和原生资产价格的约束关系不同，对应的微分方程的解也是多样的。对于一个欧式看涨期权来说，$f = \max(S_T - X, 0)$

可以解出布莱克—斯科尔斯的看涨期权公式为

$$C = S_0 N(d_1) - \mathrm{X}e^{-rT} N(d_2) \tag{10.14}$$

其中，

$$d_1 = \frac{\ln\left(\frac{S_0}{X}\right) + \left(r + \frac{\sigma^2}{2}\right)T}{\sigma\sqrt{T}}$$

$$d_2 = \frac{\ln\left(\frac{S_0}{X}\right) + \left(r - \frac{\sigma^2}{2}\right)T}{\sigma\sqrt{T}}$$

同样，对于一个欧式看跌期权来说，期权价格和股票价格的关系为：

$$f = \max(X - S_T, 0),$$

解出

$$P = Xe^{-rT} N(-d_2) - S_0 N(-d_1) \tag{10.15}$$

d_1，d_2 同上，$N(x)$ 是指标准正态分布的累积分布函数。

✪ **【例 10－3】** 假设微软的股票在最近 3 个月没有股利发放，股票当前价格为 100 美元，股票的波动率为 30%，3 个月无风险利率（年度化的）为 8%。求执行价格分别为 90 美元、100 美元和 110 美元的欧式看涨期权的价格。

从已知条件我们可以得到：$S_0 = 100$，$\sigma = 0.3$，$r = 0.08$，$T = 3/12 = 0.25$。

当 $x = 90$ 时，我们将各数值代入式（10.14），可以得到 $d_1 = 0.9107$，$d_2 = 0.7607$，$N(d_1) = 0.8188$，$N(d_2) = 0.7766$，从而可以得到执行价格为 90 美元的该股票看涨期权价格为 13.37 美元。

同理，我们可以得出，执行价格为 100 美元和 110 美元的该股票看涨期权的价格分别为 6.96 美元和 3.07 美元。

布莱克—斯科尔斯期权定价公式也可以由多期二叉树定价方法对期数求极限得出，详见第十一章。

§10.4　布莱克—斯科尔斯期权定价公式的局限性

布莱克—斯科尔斯期权定价公式的假设很严格，而现实中的情况往往和假设是不一样的，这导致了布莱克—斯科尔斯期权定价公式在应用中存在局限性。其中有一些局限性可以通过对布莱克—斯科尔斯期权定价公式的补充和扩展来修正；而要修正其他局限性，则要求助于其他定价方法，如二叉树定价方法等。下面我们介绍一下布莱克—斯科尔斯期权定价公式的几个主要的局限。

10.4.1　支付现金股利的股票期权定价

布莱克—斯科尔斯期权定价公式假设在期权存续期间，标的股票无股利发放，而事实并不总是这样，股利的发放会影响布莱克—斯科尔斯期权定价公式的适用性。但值得庆幸的是，即使在期权存续期间标的股票有股利发放，期权价值也可以通过对布莱克—斯科尔斯期权定价公式进行简单的修正得出。

假设现在有 1 只股票，它在期权存续期间股利发放的数额和时间已知，因为期权存续期间一般都不足 1 年，所以这样的假设可以认为是比较合理的。考虑到所得税的因素，对投资者而言，股利并不完全等于上市公司宣布的金额，而除权日股价下跌的幅度 D 是对股利数额的一个更好的度量。由此，我们将当前的股票价格 S_0 分成两部分。一部分是无风险的股利现值 d，另一部分是有风险的价值，波动率为 σ。当我们把无风险的股利现值从当前股价中扣除以后，可以认为剩余的价值满足随机游走假设。如果将布莱克—斯科尔斯期权定价模型建立在这个调整后的股价 $S_0 - d$ 上，就可以得到发放股利的股票期权价格。具体来说，就是用 $S_0 - d$ 替代布莱克—斯科尔斯期权定价公式中的 S_0，得到发放股利条件下的布莱克—斯科尔斯期权定价模型。对看涨期权来说，

$$C = (S_0 - d)N(d_1) - Xe^{-rT}N(d_2) \tag{10.16}$$

其中，

$$d_1 = \frac{\ln\left[\frac{S_0 - d}{X}\right] + \left(r + \frac{\sigma^2}{2}\right)T}{\sigma\sqrt{T}},$$

$$d_2 = \frac{\ln\left[\frac{S_0 - d}{X}\right] + \left(r - \frac{\sigma^2}{2}\right)T}{\sigma\sqrt{T}}$$

而对看跌期权来说，

$$P = Xe^{-rT}N(-d_2) - (S_0 - d)N(-d_1) \tag{10.17}$$

式中，d_1 和 d_2 的含义同式（10.16）。

【例 10－4】 延续上一节的［例 10－3］，稍微不同的是微软公司宣布要在两个月之后分发股利，金额为 1 美元。求执行价格分别为 90 美元、100 美元和 110 美元的欧式看涨期权的价格。

从已知条件我们可以得到：$S_0 = 100, \sigma = 0.3, r = 0.08, T = 3/12 = 0.25$

股利的现值为 $d = D \times e^{-rt} = 1 \times e^{-0.08 \times 2/12} = 0.9868$（美元），将上述变量值和不同的执行价格代入式（10.16），可以得到执行价格为 90 美元、100 美元和 110 美元的该股票看涨期权的价格分别为 12.57 美元、6.40 美元和 2.75 美元。

和［例 10－3］比较可知，在其他条件相同的情况下，股利的发放将降低期权的价格。由于欧式期权的购买者并不能得到期权存续期间标的股票发放的股利，所以这种价格上的降低也是易于理解的。

对于股指期权而言，假设无股利发放同样是不符合实际情况的，但是股指股利的发放又不同于上述单个股票股利的发放。由于股票指数由多只股票组成，每只股票股利的发放时间和数量都不一样，所以不能用上述方法解决。默顿的研究解决了股指期权定价的问题，通过假设一个连续复利的股利收益率 q 来模拟股票指数的股利发放，具体的方法将在本章第六节详细描述。

10.4.2 对于美式期权的定价

布莱克—斯科尔斯期权定价模型仅适用于对只能到期执行的欧式期权的定价，不适用于对在到期日前可随时执行的美式期权的定价。美式期权的定价可以采用其他方法，如二叉树方法。对于一些特殊的美式期权定价，也可以对布莱克—斯科尔斯期权定价模型进行修正后使用。

以看涨期权为例：

1. 无股利发放的美式看涨期权永远都不应该提前执行，而总是应该到期再执行。

假设某只股票的当前股价 $S = 50$ 元，无风险利率为 10%，以该股票为标的资产的美式期权的执行价格为 40 元，1 个月后到期，期权处于深度实值状态，立即执行可以获得 10 元的收益。但无论出于什么目的持有期权的投资者，都不应该立即执行期权。

若期权持有者希望持有股票超过 1 个月，那么他应该 1 个月后待期权到期时再执行期权，这样可以获得这 1 个月期间 40 元产生的利息，同时还可以避免 1 个月后股票价格跌破 40 元的危险，一旦期权持有者执行了期权，就放弃了这份保险。

若期权的持有者觉得当前股价被高估，希望执行期权获得股票后立即卖出以获得 10 元的差价，那么他更好的选择就是直接卖出期权。因为根据看涨期权和看跌期权之间的平价关系，期权的价格满足 $C \geqslant S_0 - Xe^{-rt} = 50 - 40 \times e^{-0.1 \times 1/12} = 10.33$，即当前卖出期权，可以获得比立即执行期权更高的收益。

所以，无股利发放的美式期权永远都不会被提前执行，因而可以直接使用布莱克—

斯科尔斯定价模型对这种类型的美式期权进行定价。

2. 有股利发放的美式期权，只可能在股利发放的除权日之前被提前执行，并且要满足此次股利足够大且除权日距期权到期的时间又足够短的条件。

对于有股利发放的美式期权，可以使用布莱克—斯科尔斯期权定价模型计算以下两种欧式期权。

（1）和该美式期权的标的资产、执行价格一致且到期日相同的欧式期权。

（2）和该美式期权的标的资产、执行价格一致且在股票最后一次除权日之前到期的欧式期权。

则该美式看涨期权的价格就等于以上两种欧式期权价格中的较大者。

✪**【例 10－5】**　某只股票，预计在 2 个月和 5 个月后各有一次股利发放，均为 0.5 元，股票当前价格 $S=40$ 元，年波动率 $\sigma=30\%$，无风险利率 $r=9\%$，求以该股票为标的资产的、执行价格 $X=40$ 元、6 个月后到期的美式期权的价格 C。

（1）计算和该美式期权标的资产、执行价格及到期日相同的欧式期权价格。

两次股利的现值为 $d=0.5e^{-0.09\times2/12}+0.5e^{-0.09\times5/12}=0.9741$

则在修正的布莱克—斯科尔斯期权定价模型中使用的股票价格为 $S_0=S-d=40-0.9741=39.0259$，由式（9.16）可得 $N(d_1)=0.5800, N(d_2)=0.4959$，C = 3.67（元）。

（2）计算和该美式期权标的资产、执行价格相同，而在 5 个月后，也就是最后一次发放股利除权日之前到期的欧式期权价格。

在该期权到期之前标的股票只有一次股利发放，股利现值为 $d=0.5e^{-0.09\times2/12}=0.4926$（元），$S_0=S-d=40-0.4926=39.5074$（元），由式（10.16）可得 $N(d_1)=0.5896, N(d_2)=0.5131$，C = 3.52（元）。

（3）比较上述两种欧式期权的价格，可以得出题中美式期权的价格为 max（3.67，3.52）=3.67（元）。

而对于看跌期权，情况要更复杂一些。

本节主要介绍了布莱克—斯科尔斯期权定价公式在期权的标的股票有股利发放和对美式期权定价两种情况下存在的局限性以及对布莱克—斯科尔斯期权定价公式进行修正的方法。另外布莱克—斯科尔斯期权定价公式假定波动率是常数，这也是不符合现实的，对波动率的衡量和修正，将在本章下一节具体讨论。但是，无论如何，布莱克—斯科尔斯期权定价公式，尤其是经过修正之后，对期权价格的估计准确性还是很高的，因此，仍然在世界范围内的期权市场上得到广泛应用。

§10.5　隐性波动率

标的资产价格的波动率是布莱克—斯科尔斯期权定价公式中唯一一个不可观测的量，布莱克—斯科尔斯期权定价模型假设波动率是常数，而事实上，波动率本身也是变化的，而且存在群聚性。当上一时段的波动率较大时，紧随的下一个时段的波动率通常也是较大的，波动率的这个性质会影响布莱克—斯科尔斯期权定价公式的适用性。

下面介绍几种波动率的估计方法。

1. 用历史波动率来估计期权存续期间股票的波动率。使用对数价格表示收益率 $u_i = \ln(S_i/S_{i-1})$；最近 m 天的平均对数收益率 $\bar{u} = \frac{1}{m}\sum_{i=1}^{m} u_i$，最近 m 天收益率的标准差 $s = \sqrt{\frac{1}{m-1}\sum_{i=1}^{m}(u_i - \bar{u})^2}$；将收益率转化为年收益率 $\sigma = \frac{s}{\sqrt{t}}$，$t$ 是收益率计算的期间的长短（以年为单位），若上面计算的都是日收益率，由于每年有 252 个交易日，则 $t = \frac{1}{252}$。

2. 使用高频数据计算日收益的波动率 $\sigma = \frac{\ln\left(\frac{S^H}{S^L}\right)}{\sqrt{2}}$，其中，$S^H$ 和 S^L 分别是当天交易的最高价格和最低价格。由于期权的期限大多为 1 个月到 1 年，这种波动率估计对于期权定价来说期限太短，偶然性因素太多。

3. 由于波动率的群聚性质，可以使用 GARCH 模型来预测未来期权存续期间股票收益的波动率，这种方法同样也是使用历史数据，但它是一种动态预测的方法。这也是目前在预测波动率方面最常使用的方法。

4. 隐性波动率。隐性波动率，又叫隐含波动率，是将市场上的期权交易价格带入布莱克—斯科尔斯期权定价公式中反推出来的波动率数值。也就是说，将隐性波动率代入布莱克—斯科尔斯期权定价公式得出的期权价格正好等于市场交易价格。

从理论上讲，要获得隐性波动率的大小并不困难。由于期权定价模型给出了期权价格与 5 个基本参数（标的股价、执行价格、利牢、到期时间、波动率）之间的定量关系，只要将前 4 个基本参数及期权的实际市场价格作为已知量代入定价公式，就可以从中解出唯一的未知量，其大小就是隐性波动率。

隐性波动率是和每一个期权价格相对应的，即使是对于同样的标的股票、同样的执行价格和到期日的期权，不同的期权价格，就会得出不同的隐性波动率。由于期权价格是投资者预期的结果，隐性波动率也就是在布莱克—斯科尔斯期权定价公式有效的前提假设下，投资者对于期权存续期内股价波动率的一个平均预期。

我们知道，如果已知波动率和其他相关条件，要得出期权价格，只要将各参数的值代入布莱克—斯科尔斯期权定价公式即可。然而如果是相反的情况，已知期权的价格 C，要求波动率 σ，我们很难将 σ 表示成一个 C 的显函数，但是我们可以通过迭代的方法来求得隐性波动率，下面我们以一个例子来说明。

✪【例 10 -6】 某一无股利派发的欧式期权，当前的交易价格是 $C = 1.875$ 元，而标的股票当前的价格 $S = 21$ 元，期权的执行价格 $X = 20$ 元，无风险利率 $r = 10\%$。3 个月后期权到期，求该期权价格对应的隐性波动率。

我们任选一个波动率作为开始，假定 $\sigma = 20\%$，将 $\sigma = 20\%$ 和 S, X, T 的数值代入布莱克—斯科尔斯期权定价公式，得到与 $\sigma=20\%$ 对应的期权价格是 $C=1.76$ 元 <1.875 元。我们知道，C 和 σ 是正相关的，在同等条件下，σ 越大，C 越大，所以与 1.875 元相对应的隐性波动率应该高于 20%。我们再试一试 $\sigma=30\%$，将 $\sigma=30\%$ 和 S, X, T 的数值代入布莱克—斯科尔斯期权定价公式，得到与 $\sigma=30\%$ 对应的期权价格是 $C=2.10$ 元 >1.875 所以与 1.875 元对应的波动率应该小于 30%。我们再试 $\sigma=25\%$，得到 $C=1.93$，仍然大于 1.875 元，则隐性波动率应该在 20%～25%，依此类推，每次迭代可以将 σ 的范围缩小一半，这样经过多次迭代后，可以得出相对准确的与期权价格对应的波动率估值，即隐性波动率。

在［例 10－6］中，经过迭代后得出的隐性波动率 $\sigma=23.5\%$。现在的很多软件都可以运行以上描述的迭代过程，并可以设置相应的初始值、迭代次数或精度，通过软件可以迅速得出隐性波动率的数值。

隐性波动率的应用范围很广泛。由于隐性波动率和期权价格是一一对应的，所以在市场上，交易者和经纪商经常以隐性波动率来报价，以替代传统报价。另外一个通行的做法就是对于同一标的股票，用交易活跃的期权品种的期权价格算出标的股票的隐性波动率，再利用求出的隐含波动率为基于同一标的股票的非活跃期权定价。值得注意的是，相对而言，处于深度实值和深度虚值的期权价格对于波动率略欠敏感，因此，尽量不要使用这样的期权得出的隐含波动率去推测其他期权的价格，以减少预测的误差。由于基于同一标的股票的期权种类很多，所以使用与多种活跃期权对应的隐性波动率的均值作为定价依据，也是常用的方法。

§10.6 默顿的期权定价思路

1997 年，和斯科尔斯一起获得诺贝尔经济学奖的默顿，对基本的布莱克—斯科尔斯期权定价公式进行了修正，放松了需要满足的假设条件，极大地拓展了布莱克—斯科尔斯期权定价公式的应用范围，为衍生品理论和实践的发展作出了杰出的贡献。

默顿对布莱克—斯科尔斯期权定价公式的修正主要有以下几个方面。

1. 布莱克—斯科尔斯期权定价公式假设无风险利率 r 是常数，实际情况是无风险收益率在期权有效期内呈现随机波动的特征，默顿提出了更贴近现实的可变利率模型。

2. 布莱克—斯科尔斯期权定价公式假设标的股票在期权有效期内不分红，而现实情况中股票分红是存在的，除权现象时有发生，默顿通过一种连续分红方案解决了标的股票支付股利的期权定价模型。

下面的内容，我们主要就默顿的第二点改进，介绍布莱克—斯科尔斯期权定价公式的扩展，以及其在定价股指期权、货币期权以及期货期权上的应用。

我们以 q 表示股息率，它是连续复利的。我们知道，股息的支付将引起股票的价格下跌，在无税的情况下，下跌的数值正好就等于股息值。因此，以年股息率 q 连续支付股息与不支付股息相比，会导致股票价格的增长率低一个数值 q。如果从时间 0 到 T,

连续支付股息的股票价格从 S_0 增长到 S_T，则在相同时段，在不支付股息的条件下，股票价格将从 S_0 增长到 S_Te^{qT}；或者换一种表示方法，在相同时段，在不支付股息的条件下，股票价格将从 S_0e^{-qT} 增长到 S_T。

从而我们可以得出，在以下两种情况下，当时间为 T 时，股票价格的概率分布相同：

在 0 时刻，股票价格为 S_0 以 q 的股息率连续支付股利。

在 0 时刻，股票价格为 S_Te^{-qT}，不支付股利。

这就引出了一条修正的思路，如果需要定价的期权的标的股票支付股利，且股息支付率为 q，那么我们将现行价格 S_0 扣除股息因素后，以 S_0e^{-qT}表示，再将其代入基本的布莱克—斯科尔斯期权定价公式，得出的不支付股息的股票期权价格和我们要求的支付股息的股票期权价格是一致的。

将布莱克—斯科尔斯期权定价公式中的 S_0 均以 S_0e^{-qT} 替代，可以得到以 q 为股息率连续支付股息的欧式股票看涨期权和看跌期权的价格分别为：

$$C = S_0e^{-qT}N(d_1) - Xe^{-rT}N(d_2) \tag{10.18}$$

$$P = Xe^{-rT}N(-d_2) - S_0e^{-qT}N(-d_1) \tag{10.19}$$

其中，

$$d_1 = \frac{\ln\left[\frac{S_0}{X}\right] + \left(r - q + \frac{\sigma^2}{2}\right)T}{\sigma\sqrt{T}}$$

$$d_2 = \frac{\ln\left[\frac{S_0}{X}\right] + \left(r - q - \frac{\sigma^2}{2}\right)T}{\sigma\sqrt{T}}$$

式（10.18）和式（10.19）的适用条件是在期权有效期内，股息率维持在 q 不变，或者 q 是 0 到 T 时期算出的平均连续复利的股息率。

这种修正后模型的最典型的应用就是对股指期权的定价。股票指数包含多只成分股，每只股票发放股息的时间和数额都不确定，但总体看来，股指作为一个整体，其股息率却保持稳定。

✪【例 10－7】 一个 S&P 500 指数的欧式看涨期权，期限为两个月，目前指数在 930 点，执行价格是 900 点，无风险利率为 8%，股指的波动率为 20%，第一个月支付股息 0.2%，第二个月支付股息 0.3%，求一个看涨期权合约的价值（注：S&P 500 指数期权的乘数是 100 美元）。

首先，求出平均的年度股息率：

$$q = (0.2\% + 0.3\%) \div 2 \times 12 = 3\%$$

$$d_1 = \frac{\ln\left[\frac{S_0}{X}\right] + (r - q + \frac{\sigma^2}{2})T}{\sigma\sqrt{T}}$$

$$=\frac{\ln\left(\frac{930}{900}\right)+\left(0.08-0.03+\frac{0.2^2}{2}\right)\times\frac{2}{12}}{0.2\times\sqrt{\frac{2}{12}}}=0.5444$$

$$d_2=\frac{\ln\left[\frac{S_0}{X}\right]+\left(r-q-\frac{\sigma^2}{2}\right)T}{\sigma\sqrt{T}}$$

$$=\frac{\ln\left(\frac{930}{900}\right)+\left(0.08-0.03-\frac{0.2^2}{2}\right)\times\frac{2}{12}}{0.2\times\sqrt{\frac{2}{12}}}=0.4628$$

$$C=S_0e^{-qT}N(d_1)-Xe^{-rT}N(d_2)$$

$$=930\times e^{-0.03\times 2/12}N(0.5444)-900\times e^{-0.08\times 2/12}N(0.4628)=51.83$$

由于上述计算中，使用的价格都是以指数点表示的，考虑到期权合约的乘数，一个期权合约的价值为51.38×100=5 138美元。

修正后模型的另一个应用就是对货币期权的定价。在对货币期权定价时，标的资产是汇率，我们将S_0定义为即期汇率（直接标价），再假设汇率的变化方式和股票相同，即满足随机变化过程。将汇率变化的波动率定义为σ，r为本国的无风险利率，r_f为外国的无风险利率。由于在外汇期权中，现货的收益率q可以理解为现在购买外币从而获得的外国的无风险利率r_f，所以外汇期权的定价公式就是将式（10.18）和式（10.19）中的q以r_f取代。即

$$C=S_0e^{-r_fT}N(d_1)-Xe^{-rT}N(d_2)$$
$$P=Xe^{-rT}N(-d_2)-S_0e^{-r_fT}N(-d_1)$$

其中，

$$d_1=\frac{\ln\left[\frac{S_0}{X}\right]+\left(r-r_f+\frac{\sigma^2}{2}\right)T}{\sigma\sqrt{T}}$$

$$d_2=\frac{\ln\left[\frac{S_0}{X}\right]+\left(r-r_f-\frac{\sigma^2}{2}\right)T}{\sigma\sqrt{T}}$$

✪【例10-8】　期限为3个月的欧式英镑看涨期权的执行价格为1英镑=1.6美元，市场即期汇率也为1英镑=1.6美元，当时美国金融市场上的无风险利率为8%，英国金融市场上的无风险利率为11%，美元对英镑的汇率波动率为14.1%，求这份英镑看涨期权的价格。

如果以直接标价来看，以英镑为外币，美元为本币，即$r_f=11\%$，$r=8\%$。

$$d_1=\frac{\ln\left[\frac{S_0}{X}\right]+\left(r-r_f+\frac{\sigma^2}{2}\right)T}{\sigma\sqrt{T}}$$

$$= \frac{\ln\left(\frac{1.6}{1.6}\right) + \left(0.08 - 0.11 + \frac{0.141^2}{2}\right) \times \frac{3}{12}}{0.141 \times \sqrt{\frac{3}{12}}} = -0.0711$$

$$d_2 = \frac{\ln\left[\frac{S_0}{X}\right] + \left(r - r_f - \frac{\sigma^2}{2}\right)T}{\sigma\sqrt{T}}$$

$$= \frac{\ln\left(\frac{1.6}{1.6}\right) + \left(0.08 - 0.11 - \frac{0.141^2}{2}\right) \times \frac{3}{12}}{0.141 \times \sqrt{\frac{3}{12}}} = -0.14163$$

修正后的模型还可以对期货期权进行定价。期货期权是以期货为标的资产的期权。期货看涨期权的购买者，到期若行情有利，执行期权，则可以以执行价格获得期货的多头头寸，而卖方自动获得空头头寸；期货看跌期权的购买者，到期若行情有利，执行期权，则可以以执行价格获得期货的空头头寸，而卖方自动获得多头头寸。我们知道期货的价格 $F = S_0 e^{rt}$，这说明我们可以将期货价格视为有连续股息收益率的证券资产，其收益率等于 r。因此，期货期权的定价公式，可以通过用 r 取代式（10.18）和式（10.19）中的 q，并用 F 取代 S_0 得到，即

$$C = e^{-rT}[FN(d_1) - XN(d_2)]$$
$$P = e^{-rT}[XN(d_2) - FN(d_1)]$$

其中，

$$d_1 = \frac{\ln\left(\frac{F}{X}\right) + \frac{\sigma^2 T}{2}}{\sigma\sqrt{T}}$$

$$d_2 = \frac{\ln\left(\frac{F}{X}\right) - \frac{\sigma^2 T}{2}}{\sigma\sqrt{T}}$$

✪【例 10－9】 以欧式原油看跌期货期权为例，假定到期期限为 4 个月，现行期货价格为 80 美元，执行价格也是 80 美元，无风险年利率为 9%，期货价格年波动率为 25%，求原油期货期权的价格。

解：根据题意可知，$F = 80$，$X = 80$，$r = 0.09$，$T = 1/3$，$\sigma = 0.25$。

$$d_1 = \frac{\ln\left(\frac{F}{X}\right) + \frac{\sigma^2 T}{2}}{\sigma\sqrt{T}} = \frac{\ln\left(\frac{80}{80}\right) + \frac{0.25^2}{2 \times 3}}{0.25 \times \sqrt{\frac{1}{3}}} = 0.07217$$

$$d_2 = \frac{\ln\left(\frac{F}{X}\right) - \frac{\sigma^2 T}{2}}{\sigma\sqrt{T}} = \frac{\ln\left(\frac{80}{80}\right) - \frac{0.25^2}{2 \times 3}}{0.25 \times \sqrt{\frac{1}{3}}} = -0.07217$$

$$N(d_1) = 0.528766$$
$$N(d_2) = 0.471234$$
$$P = e^{-rT}[XN(d_2) - FN(d_1)] = 4.47(\text{美元})$$

本章小结

1. 证券价格的变化过程，可以用漂移率为 μS、方差率为 $\sigma^2 S^2$ 的伊藤过程来表示：$dS = \mu S dt + \sigma S dz$ 这一随机过程又可以称为几何布朗运动。

2. 本章主要介绍了布莱克—斯科尔斯期权定价公式，包括它的前提、假设、推导思路、内容、局限性、修正和应用。

复习与思考

1. 假设某种不支付红利股票的市价为 50 元，无风险利率为 10%，该股票的年波动率为 30%，求以该股票为标的资产的执行价格为 50 元，期限 3 个月的欧式看跌期权价格。

2. 请证明布莱克—斯科尔斯看涨期权和看跌期权定价公式符合看涨期权和看跌期权平价公式。

3. 某股票市价为 70 元，年波动率为 32%，该股票预计 3 个月和 6 个月后将分别支付 1 元利息，市场无风险利率为 10%。现考虑该股票的美式看涨期权，其执行价格为 65 元，有效期为 8 个月。请证明在上述两个除息日提前执行该期权都不是最优的，并请计算该期权价格。

金融工程子系列

第十一章

美式期权的行权与定价

美式期权不仅是市场中交易最为广泛的期权产品，同时也被用于设计各种复杂的金融工具（如结构性金融产品）。因此，研究美式期权的定价具有很强的现实意义。在本章中，我们将重点讨论美式股票期权的定价。然而，迄今为止，还没有一个模型能够给出广泛适用的精确解。标的股票是否支付股利、股利的支付方式，以及看涨期权和看跌期权的差异等，都决定了不同的适用模型（方法）。本章将介绍美式期权定价的三类主要方法：分析类模型、分析近似类模型、数值类模型。

对于无股利支付或只有一次股利支付的美式看涨期权，可以利用分析类模型得到期权价值的精确解；但对于其他形式的美式期权，则只能通过分析近似类模型或数值方法进行估计。其中，最为常见的数值方法包括：二叉树模型、三叉树模型、有限差分方法。虽然，蒙特卡洛模拟被广泛应用于欧式或者路径依赖期权的定价，但并不能直接应用于具有提前执行判断的美式期权定价中。本章的最后将简要介绍改进后的蒙特卡洛法如何应用于美式期权的定价。

§11.1　美式期权的精确定价

美式期权的精确定价公式仅适用于无股利支付的美式看涨期权和仅有一次股利支付的美式看涨期权。对于前者，根据第八章的分析结论：无股利支付的美式看涨期权不会提前执行。因此，无股利支付的美式看涨期权等同于一个欧式看涨期权，可以直接用布莱克—斯科尔斯公式计算。对于后者，美式看涨期权可能在除息日或者期权到期日被执行；若除息日未被执行，则该美式期权将演变为一个欧式期权（在到期日执行期权最优）。对于这种复合期权结构，布莱克提供了美式期权定价的近似方法；Roll，Geske 和 Whaley 则进一步给出了精确的 RGW 模型。

11.1.1　无股利支付的美式股票看涨期权

若标的股票在期权的存续期内不支付任何股利，则美式看涨期权绝不会被提前执行。货币的时间价值以及期权提供的保险使持有期权成为更具吸引力的投资方式。一方面，提前执行看涨期权所支付的现金将不再产生利息收入；同时，持有股票的价值还可能跌到执行价格以下。因此，对于无股利支付的美式看涨期权而言，提前执行不是最优决策，美式看涨期权等价于一个欧式看涨期权，可以直接用布莱克—斯科尔斯公式计算。

11.1.2　支付股利的美式股票看涨期权

对于支付股利的股票，美式看涨期权可以视为一系列欧式看涨期权的复合。在任意两个除权日之间，美式看涨期权都不会被提前执行（理由同上）。在除权日前的瞬间，投资者将判断是否执行该期权。若执行美式看涨期权，则该期权的存续期中止；若不执行，则可能的执行时点将是下一个除权日前的瞬间；这样不断往下，直到期权在最后到期日被执行（等同于欧式期权）。

当我们已知标的股票的股利支付情况时，便可以根据上面的思路，逐一判断美式期权在哪个除权时点将被提前执行。我们的结论是：通常而言，支付股利的美式看涨期权若被提前执行，一定是在最后一个除权时点前的瞬间。

我们假设预计有 n 个除权日，$t_1, t_2, t_3, \cdots, t_n$ 为股票支付股利前的瞬时时刻，$t_1 < t_2 < t_3 < \cdots < t_n$。在这些时刻的股利分别 $D_1, D_2, D_3, \cdots, D_n$。

先来考虑在最后一个除权日（即在 t_n 时刻）前提前执行的可能性分析。若美式看涨期权在 t_n 时刻执行，则期权的价值为：

$$S(t_n) - X$$

若不提前执行，则由于除权，股票的价值会立即变为 $S(t_n) - D_n$ 根据第八章的结论，美式看涨期权价值的下限将为：

$$S(t_n) - D_n - Xe^{-r(T-t_n)}$$

比较提前执行与否的价值，如果

$$S(t_n) - D_n - Xe^{-r(T-t_n)} \geqslant S(t_n) - X$$

即

$$D_n \leqslant X[1 - e^{-r(T-t_n)}] \tag{11.1}$$

则在时刻 t_n 提前执行不是最优选择。反之，如果

$$D_n \geqslant X[1 - e^{-r(T-t_n)}] \tag{11.2}$$

则在时刻 t_n，美式看涨期权有可能被提前执行。具体而言，当与 t_n 非常接近时，不等式右边趋近于0，式（11.2）就会满足。

考虑在倒数第二个除权日时刻前是否提前执行美式看涨期权。如果在时刻 t_{n-1} 提前执行美式看涨期权，则期权的价值为：

$$S(t_{n-1}) - X$$

若在时刻 t_{n-1} 未提前执行，股票价格将在除权后下降到 $S(t_{n-1}) - D_{n-1}$。最接近 t_{n-1} 的下一次能够执行的时间为 t_n。因此，若不执行期权，期权价值的下限为：

$$S(t_{n-1}) - D_{n-1} - Xe^{-r(t_n-t_{n-1})}$$

因此，如果

$$S(t_{n-1}) - D_{n-1} - Xe^{-r(t_n - t_{n-1})} \geqslant S(t_{n-1}) - X$$

即

$$D_{n-1} \leqslant X[1 - e^{-r(t_n - t_{n-1})}]$$

则在时刻 t_{n-1} 提前执行不是最优选择。类似地，对于任意 $i < n$，如果

$$D_i \leqslant X[1 - e^{-r(t_{i+1} - t_i)}] \tag{11.3}$$

则在时刻 t_i 提前执行期权不是最佳选择：

式（11.3）中的不等式近似等价于：

$$D_i \leqslant Xr(t_{i+1} - t_i)$$

即

$$\frac{D_i}{X} \leqslant r(t_{i+1} - t_i)$$

要使提前执行的条件得到满足（即上述不等式不成立），则要求股票的股利收益率必须近似于或大于无风险利率，但事实并非如此。或者要求距离下一次能够执行的时间间距很短，在大多数情况下，对于多次支付股利的美式看涨期权而言，提前执行需要考虑的唯一时间是最终的除权日 t_n。因此，我们通常将支付已知股利的美式看涨期权简化为仅支付一次股利的美式看涨期权。下面的布莱克近似方法和 RGW 模型分别提供了这种美式看涨期权近似的和精确的价值计算方法。

11.1.3 布莱克的近似方法

在考虑提前执行期权的情况时，布莱克（Black，1975）提出了一种近似处理方法。正如之前提到的，具有股利支付的美式看涨期权等价于一系列欧式看涨期权的复合。布莱克指出，可以分别计算美式期权提前执行和不提前执行条件下对应的欧式期权价值，然后取两者中较大的一个为美式期权的近似价值。用数学符号表示为：

$$C_{Black}(t,T) = \max[C_{BS}(t,t_1), C_{BS}(t,T)]$$

式中，C_{BS} 代表布莱克—斯科尔斯公式计算的价值；t_1 代表除权日前的瞬时时刻；T 为美式看涨期权的到期日。在大多数情况下，布莱克的近似效果似乎都不错。但 Roll，Geske 和 Whalely 仍然提出了更为精确的美式看涨期权价值公式。

✪【例 11－1】 考虑一种美式股票看涨期权，其标的股票在 2 个月和 5 个月后各有 1 个除权日。每个除权日的股利期望值都是 0.2 元。当前的股票价格为 30 元，美式看涨期权的执行价格为 30 元，股票价格的年化波动率为 40%，无风险利率为每年 4%，期权的到期时间还有 6 个月。

应用关于美式期权提前执行的判断条件。在第一个除权日：

$$X[1 - e^{-r(t_2 - t_1)}] = 30 \times (1 - e^{-0.04 \times 0.25}) = 0.29$$

这个值大于 D_1（$D_1 = 0.2$），因此在第一个除权日提前执行是最优选择。

在第二个除权日：

$$X[1 - e^{-r(T - t_2)}] = 30 \times (1 - e^{-0.04 \times 0.0833}) = 0.10$$

这个值小于 D_2（$D_2 = 0.2$），因此在第二个除权日前的瞬间，如果看涨期权处于深度实值状态，提前执行是最优选择。

如何使用布莱克近似方法进行期权定价？如图 11－1 所示。

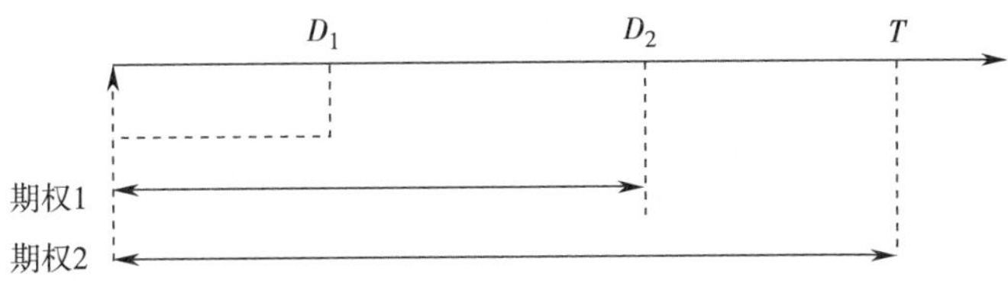

图 11－1　美式看涨期权的布莱克近似定价法

根据上面的分析，在第一个除权日，美式看涨期权不会被提前执行。期权可能的执行时间点为第二个除权日前的瞬间 t_2 或者期权到期日 T。根据布莱克的方法，美式看涨期权的价值可用两个欧式期权价值进行估计。一个欧式期权的到期日为 t_2，另一个到期日为 T。最终的美式期权价值为两个欧式期权价值的较大者，即

$$C_{Black}(t,T) = \max[C_{BS}(t,t_2), C_{BS}(t,T)]$$

式中，$C_{BS}(t,t_2)$ 和 $C_{BS}(t,T)$ 分别利用布莱克—斯科尔斯公式计算。需要注意的是，期权 1 和期权 2 的标的资产与原美式看涨期权标的股票不同：期权 1 应该扣除股利 D_1 的影响，因为影响美式看涨期权是否在时刻 t_2 被提前执行的股价不包括 D_1 部分。第一笔股利的现值为：

$$0.2e^{-0.1667\times0.04} = 0.1987$$

期权 2 应该扣除股利 D_1 和 D_2 的影响。第二笔股利 D_2 的现值为：

$$0.2e^{-0.4167\times0.04} = 0.1967$$

经 D_1 调整后的 $S' = 29.8013$，$X = 30$，$\sigma = 0.40$，$r_f = 0.04$，$t_2 = 0.4167$，根据布莱克—斯科尔斯公式计算期权 1 的价值为 3.20；同理可得期权 2 的价值为 3.42。按照布莱克近似，应当选取较大者，即 6 个月后执行的欧式看涨期权价值。所以，美式看涨期权的布莱克近似值为 3.42 元。为精确起见，在计算经 D_i 调整后的期权价值时，应该使用调整后的股价波动率 σ'，[例 11－1] 中我们简化为 $\sigma' = \sigma$。但通常而言，两者并不相等，我们将在 RGW 模型中再谈到这一点。

11.1.4　Roll，Geske 和 Whaley（RGW）模型

由 Roll，Geske 和 Whaley 提出的 RGW 定价模型是除布莱克—斯科尔斯公式外唯一可为美式期权给出精确定价的方法。但它仅适用于期权存续期内只支付一次现金股利的美式股票看涨期权。RGW 模型相比于前面的布莱克近似方法，提高了期权估价的精确度，这主要源于两方面的原因：第一，涉及提前执行决策的时刻；第二，涉及波动率的使用方式。具体内容我们将在下面逐步展开。

在 t_1 时刻支付股利 D_1 的美式股票看涨期权根据 Roll，Geske 和 Whaley 的定价公式为：

$$C = (S - D_1 e^{-r\tau_1})N(b_1) + (S - D_1 e^{-r\tau_1})M\left(a_1, -b_1; -\sqrt{\frac{\tau_1}{\tau}}\right)$$

$$- Xe^{r\tau}M\left(a_2, -b_2; -\sqrt{\frac{\tau_1}{\tau}}\right) - (X - D_1)e^{-r\tau_1}N(b_2) \tag{11.4}$$

其中，

$$a_1 = \frac{\ln\left[\frac{(S - D_1 e^{-r\tau_1})}{X}\right] + \left(r + \frac{\sigma^2}{2}\right)\tau}{\sigma\sqrt{\tau}}$$

$$b_2 = b_1 - \sigma\sqrt{\tau}$$

$$a_2 = \frac{S[1 - e^{\delta(T-t)}N(d_1)]}{q_2}$$

$$q_2 = \frac{1 - n + \sqrt{(n-1)^2 + 4k}}{2}$$

$$n = \frac{2(r - \delta)}{\sigma^2}$$

$$k = \frac{2r}{\sigma^2(1 - e^{-r(T-t)})}$$

$$b_1 = \frac{\ln\left[\frac{(S - D_1 e^{-r\tau_1})}{\bar{S}}\right] + \left(r + \frac{\sigma^2}{2}\right)\tau_1}{\sigma\sqrt{\tau_1}} \tag{11.5}$$

$$b_2 = b_1 - \sigma\sqrt{\tau}$$

$$\tau_1 = t_1 - t$$

$$\tau = T - t$$

式中，σ 是扣除股利现值的股票价格的波动率；函数 $M(a,b;\rho)$ 是二元标准正态分布的累积概率函数，两个正态随机变量的相关系数为 ρ，$M(a,b;\rho) = P\{X_1 \leqslant a, X_2 \leqslant b\}$。式（11.5）中 $\bar{S}$ 是一个临界值。在 t_1 时刻，投资者是否提前执行美式看涨期权主要基于当时的股价。如果股价达到某一临界水平，持有者应该执行期权；反之，则继续持有期权更好。临界股价 $\bar{S}$ 应该是期权持有者对执行决策无差异的股票价格，即是否执行期权并不改变持有者的财富状态：

$$c(\bar{S}, t_1) = \bar{S} + D_1 - X \tag{11.6}$$

式中，$c(\bar{S}, t_1)$ 代表当 $S = \bar{S}$ 且 $t_1 = t$ 时由布莱克—斯科尔斯公式计算的期权价值；式（11.6）的右边为在 t_1 时刻执行美式看涨期权时的价值。式（11.6）的含义为：当股价 $S = \bar{S}$ 时，在 t_1 时刻提前执行美式看涨期权与不提前执行看涨期权无差异（若不提前执行，则下一个执行时点一定是期权到期日，故按照欧式期权的布莱克—斯科尔斯公式计算价值）。

当 $\bar{S} = \infty$时，对任意 $S(t_1) < \infty$，都有 $c[(S, t_1)] > S(t_1) + D_1 - X$，即该美式期权

永远不会被提前执行。在这种情况下，可以得到 $b_1 = b_2 = -\infty$，以 $S - D_1 e^{-r\tau_1}$ 代替 S，则式（11.4）将化简为布莱克—斯科尔斯公式。在其他情况下，当 $\bar{S} = -\infty$时，如果 $S(t_1) > \bar{S} + D_1$，则美式看涨期权应该在 t_1 时刻提前执行。

【例 11-2】 以［例 11-1］中的美式期权为例，按照 Roll，Geske 和 Whaley（RGW）模型给出的价格计算公式得出美式看涨期权的价格为 3.42 元。我们编写的 EXCEL VBA 代码计算结果如表 11-1 所求。

表 11-1　Roll，Geske 和 Whaley（RGW）模型计算结果输出

输入变量		输出结果	
起始日	1-Jan-01	期权	价格
到期日	1-Jul-01	美式看涨期权	3.419 6
除权日	1-Jun-01	—	—
股票价格	29.801	—	—
执行价	30.000	—	—
无风险利率	4.00%	—	—
年化波动率	40.00%	—	—
股利	0.200	—	—

这个结果与之前按照布莱克公式计算的结果相似。但我们仍然需要强调布莱克近似方法与 RGW 模型在使用上的两点差异：第一，布莱克近似方法是在当前就决定期权的执行日期（期权 1 是在除权日前瞬间执行，期权 2 持有至到期），而 RGW 模型则允许在 5 个月后依据当时的股价确定提前执行决策。第二，在布莱克近似方法中，在计算期权 1 的价值时，我们假设使用扣除第一个股利后股价的波动率，而在计算期权 2 的价值时，假设使用扣除两次股利后的股价波动率；而在 RGW 模型中，我们始终使用扣除两次股利现值后的股价波动率。

§11.2　美式期权定价的分析近似类模型

大部分美式期权定价公式都是分析近似类模型，本节主要介绍 Barone-Adesi 和 Whaley（1987）提出的近似模型，简要概括 Bjerksund-Stensland，Geske 和 Johnson（1984），以及 Ju 和 Zhong（1999）提出的分析近似类定价方法。

11.2.1　Barone-Adesi 和 Whaley（1987）的近似方法

Barone-Adesi 和 Whaley（1987）基于由 MacMilan（1986）提出的二次估计方法给出了美式期权定价的二次估计式。该近似类模型适用于标的股票支付连续股利的美式期权，期权的价值被分解为两部分：欧式期权的价值和提前执行权利所要求的溢价。

$$\text{对于美式看涨期权，} C_t = \begin{cases} c_t + A_2\left(\dfrac{S_t}{S^*}\right)^{q_2} & \text{若 } S_t < S^* \\ S_t - X & \text{若 } S_t \geqslant S^* \end{cases} \tag{11.7}$$

式中，c_t 代表布莱克—斯科尔斯公式计算的欧式期权价值。其他参数情况如下：

$$A_2 = \frac{S^*[1 - e^{\delta(T-t)}N(d_1)]}{q_2}$$

$$q_2 = \frac{1 - n + \sqrt{(n-1)^2 + 4k}}{2}$$

$$n = \frac{2(r-\delta)}{\sigma^2}$$

$$k = \frac{2r}{\sigma^2[1 - e^{-r(T-t)}]}$$

临界值 S^* 可以通过式（11.8）利用 Newton - Raphson 方法求得：

$$S^* - X = c_t(S^*, X, T-t) + [1 - e^{-\sigma(T-t)}N(d_1)](S^*/q_2) \tag{11.8}$$

$$\text{对于美式看跌期权，} P_t = \begin{cases} p_t + A_1(\frac{S_t}{S^{**}})^{q_1} & \text{若 } S_t > S^{**} \\ X - S_t & \text{若 } S_t \leq S^{**} \end{cases} \tag{11.9}$$

式中，p_t 代表由布莱克—斯科尔斯公式计算的欧式看跌期权价值。其他参数情况如下：

$$A_1 = \frac{S^{**}|1 - e^{\delta(T-t)}N(-d_1)|}{q_1}$$

$$q_1 = \frac{1 - n - \sqrt{(n-1)^2 + 4k}}{2}$$

n 与 k 的计算公式如式（11.7）所示。

读者可以根据上面的公式自行编写 EXCEL VBA 代码或者 Matlab 程序实现 Barone - Adesi 和 Whaley（1987）提供的美式期权定价。其中，需要用到一些数值分析的知识，如 Newton - Raphson 方法读者可以阅读相关的数值分析教程。

【例 11 -3】 仍然以［例 11 -1］的美式期权为基础，不同的是假设标的股票支付连续股利，股利收益率为 5.00%。该美式期权 6 个月后将到期，当前的股票价格为 30 元，期权的执行价为 30 元，年化波动率为 40%，无风险利率为 4%。根据 Barone - Adesi 和 Whaley（1987）的模型，以该股票为标的资产的美式看涨期权和看跌期权的价值分别为 3.24 元和 3.37 元。如表 11 -2 所示。

表 11 -2 Barone - Adesi 和 Whaley（1987）的模型的 EXCEL 计算结果输出

输入变量		输出结果	
当前时间	1 - Jan - 01	期权	价格
到期日	1 - Jul - 01	美式看涨期权	3.2408
剩余天数	181	美式看跌期权	3.3693
无风险利率	4.00%	—	—
年化波动率	40.00%	—	—
当前股票价格	30.00	—	—
执行价	30.00	—	—
股利收益率	5.00%	—	—

11.2.2 其他近似类模型

Bjerksund - Stensland 的分析近似模型使用触发价格（trigger price）作为美式期权被提前执行的条件。这种方法不仅提高了期权价值计算的速度，同时相对于 Barone - Adesi

和 Whaley（1987）的模型而言，计算的精度也有所提高①。

Geske 和 Johnson（1984）提供了一种美式看跌期权的估值方法。Geske 和 Johnson（1984）将一个美式看跌期权视作一系列百慕大式期权，同时，他们还使用了 Richardson 关于有限差分算术平均值的估计技术来提高收敛的速度。有兴趣的读者可以参阅相关文献。

Ju Zhong（1999）综合 MacMilan（1986）以及 Barone - Adesi 和 Whaley（1987）的研究成果，对美式期权的定价进行了改进，尤其是提高了期权存续期较短或者较长的美式期权的定价精度。关于定价公式的具体细节，有兴趣的读者可以参阅相关文献。

§11.3　美式期权定价的数值方法——二叉树模型

美式期权定价最常用的方法是数值解法。二叉树模型是美式期权定价强有力的工具。一方面，二叉树模型结构简单，可以运用风险中性定价进行计算；另一方面，二叉树模型还可解决美式期权提前执行的问题。本节将介绍如何构造二叉树模型进行美式股票期权定价，在此基础上，我们还将扩展传统的股价二叉树模型（如考虑时间依赖的利率），以使其适用于处理两个标的变量的期权定价或某些路径依赖的衍生证券定价。

11.3.1　二义树模型与美式期权定价

在第九章中，我们已经使用二叉树模型为无股利支付的美式看跌期权进行定价。下面的例子将考虑股票存在股利支付情况时，如何构造二叉树为美式看涨期权和看跌期权定价。

【例 11 - 4】　已知股利支付率。假设标的股票的现价 $S=30$，年化波动率 $\sigma=40\%$，该股票 2 个月后将支付股利，预计股利率 δ（即股利与股票价格之比）为 5%。以该股票为标的资产的美式看涨期权的期限为 4 个月，执行价格 $X=30$，无风险利率为 6%。我们以 1 个月为区间，构造该股票价格的 4 期二叉树模型。构造股票价格二叉树所需数为：

$$u=e^{\sigma\sqrt{\Delta t}}=1.1224, d=e^{-\sigma\sqrt{t}}=0.8909$$

$$p=\frac{e^{r\Delta t}-d}{u-d}=0.4929, 1-p=0.5071$$

考虑股利支付后的标的股票价格的二叉树图如图 11 - 2 所示。

在二叉树的末端，美式期权的价值为 $C=\max[Su^{i}d^{4-j}(1-\delta)X,0]$，如图 11 - 2 所示。根据风险中性定价原理，从二叉树的末端逆向推导出第三阶段末各节点所对应的期

① 有兴趣的读者可以参阅文献："Closed - Form Approximately of American Option", Scandinavian Journal of Management, 1993.

权价值。以节点 A 为例，根据风险中性定价原理，期权价值为 $e^{-r\Delta t}[pc_u+(1-p)c_d]=10.45$，其余节点同理推知。在第三阶段末各节点处，根据风险中性定价得到的价值都大于提前执行的价值，即美式期权不会被提前执行。由于到期前最后一次股利分发发生在第二阶段末，这正好验证了我们之前提到的性质：“支付股利的美式看涨期权若被提前执行，一定是在最后一个除权时点前的瞬间”。

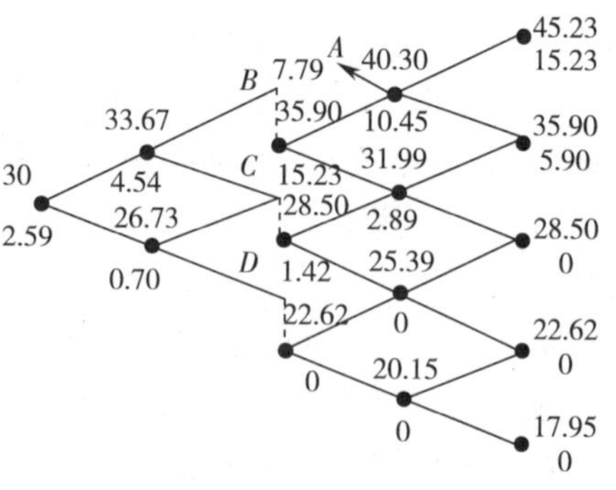

图 11－2　已知股利支付率的美式看涨期权二叉树定价

唯一可能提前执行的时间点在第二阶段末除权日前的瞬间，我们接下来就分析第二阶段末除权日前的瞬间各点的提前执行决策，即二叉树图中的 B,C,D 各点。以 B 点为例，若不提前执行美式期权，则期权的价值为 $e^{-r\Delta t}[pc_u+(1-p)c_d]=6.58$。若在 B 点提前执行美式看涨期权，则期权的价值为 $35.90/0.95-30=7.79$，大于 6.58。故在 B 点，投资者应该选择提前执行美式看涨期权。同理，对于 C 点和 D 点，我们可以运用相同的分析方法。在 C 点，若提前执行，则期权的价值为 0；若不提前执行，期权的价值为 1.42。故投资者不会选择提前执行美式看涨期权。在 D 点，期权处于虚值状态，投资者不会提前执行，期权的价值为 0。

已知第二阶段末各节点的期权价值及是否提前行权决策后，再利用风险中性定价原理，可以继续推出第一阶段末各节点对应的期权价值，分别为 4.54 元和 0.70 元，投资者不会提前执行。最终，可以得到该美式期权的价值为 2.59 元。

对于支付股利的美式看跌期权，利用二叉树方法定价的原理与美式看涨期权相同。区别在于，美式看跌期权在到期前各节点处都有可能被提前执行，所以需要对每个节点进行是否提前执行的检验。下面的例子将说明这一点。

✪【例 11－5】　已知股利支付率。有关标的股票的情况与［例 11－4］相同。以该股票为标的的美式看跌期权 4 个月后到期，执行价格 $X=30$，无风险利率为 6%。我们以 1 个月为区间，构造该股票价格的 4 期二叉树模型。构造股票价格二叉树所需参数为：

$$u=e^{\sigma\sqrt{\Delta t}}=1.1224, d=e^{-\sigma\sqrt{\Delta t}}=0.8909$$

$$p=\frac{e^{r\Delta t}-d}{u-d}=0.4929, 1-p=0.5071$$

考虑股利支付后的标的股票价格二叉树如图 11－3 所示。

在二叉树的末端，美式期权的价值为 $P=\max[X-Su^jd^{4-j}(1-\delta),0]$，如图 11－3 所示。根据风险中性定价原理，从二叉树的末端逆向推导出第三阶段末各节点所对应的期权价值。

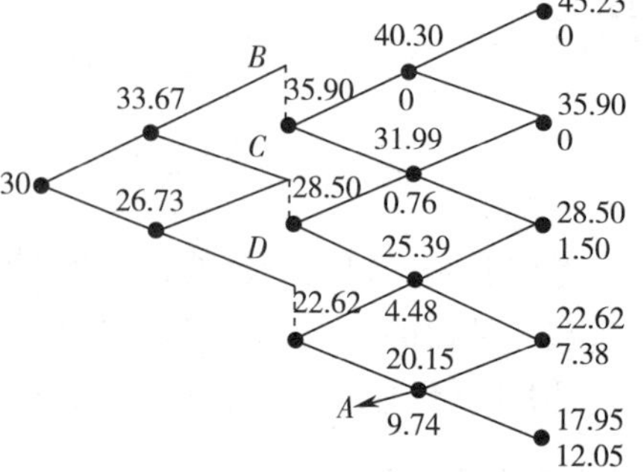

图 11－3　已知股利支付率的美式看跌期权二叉树定价

以节点 A 为例，根据风险中性定价原理，期权价值为 $e^{-r\Delta t}[p \times p_u + (1-p) \times p_d] = 9.74$，其余节点同理推知。

在第三阶段末各节点处需要检验美式看跌期权是否应该提前执行。以 A 点为例，若提前执行，则期权的价值为 $30 - 20.15 = 9.85 > 9.74$，所以应该提前执行。对于 A 点上面的节点，如果提前执行看跌期权，则期权价值为 $30 - 25.39 = 4.61 > 4.48$，所以也应该被提前执行。通过此方法可以检验在第三阶段末各节点处，美式看跌期权是否应提前执行，并得到相应的期权价值。

得到期权在第三阶段末各节点的价值后，再逆向推导出第二阶段末各节点处的期权价值，直至得到美式看跌期权的当前价值。值得注意的是，在第二阶段末，投资者不会在除权前的瞬间执行美式看跌期权。因为，一方面，持有股票可以获得股利收入；另一方面，除权后股价的下跌，将增加美式看跌期权的价值。所以，可能的提前执行时点在除权后的瞬间，这是与美式看涨期权的最大差异。

在第九章中，我们已经介绍了不同的股利支付形式会构成不同的股价二叉树模型。对于支付已知股利数额的情况（只考虑一次股利支付），在除权日之后，二叉树的节点不再重合，节点数目迅速增加，这为应用二叉树模型进行期权定价增加了困难。因此，我们通常构造剔除股利影响的股价的二叉树模型，从而恢复树枝重合的状态。下面的例子涉及模拟剔除股利后的股价的二叉树运动，并为一个美式看跌期权进行定价。

【例 11-6】　已知支付股利数额。考虑一个有效期为 5 个月的股票看跌期权，预计在期权有效期内该股票支付一次 2.06 元的股利。初始的股票价格是 52 元，执行价格是 50 元，无风险利率是每年 10%，波动率为每年 40%，除权日为 3 个半月后的对应日期。

我们首先构造一个树图来模拟 S^*，S^* 为股票价格减去期权有效期内未来股利的现值。股利的现值为：

$$2.06e^{-0.2917 \times 0.1} = 2.00$$

因此，S^* 的初始值为 50 元。假设 S^* 的波动率为每年 40%，则图 11-4 给出了一个 S^* 的二叉树图。我们将期权的有效期分为 5 个时间段，每个时间段长度为 1 个月（= 0.083 3 年），则 $\Delta t = 0.0833$。因此，可以计算出 S^* 二叉树的相关参数：

$$u = e^{\sigma\sqrt{\Delta t}} = 1.1224, d = e^{-\sigma\sqrt{\Delta t}} = 0.8909$$

$$p = \frac{e^{r\Delta t} - d}{u - d} = 0.5076, 1 - p = 0.4924$$

在 $i\Delta t$ 时刻计算出第 j（$j = 0,1,\cdots,i$）个节点的股票价格为 Su^jd^{i-j}。例如在 A 节点（$j = 1, i = 4$）的股票价格是 $50 \times 1.224 \times 0.8909^3 = 39.69$ 元。

然后，给每个节点加上股利的现值，就得到一个如图 11-5 所示的股价 S 的二叉树图模型。

按照通常的方法，通过二叉树逆向推导来求美式看跌期权的价格。注意：在每个节点都要进行是否提前执行看跌期权的检验。以 A 点为例，按照风险中性定价原则，美式看跌期权的价值为 9.89。如果在 A 点选择提前执行看跌期权，则看跌期权为 $50-39.69=10.31>9.89$。因此，投资者应该提前执行美式看跌期权。同理，在 B 点，提前执行带来的价值为 0，然而持有看跌期权的价值为 2.66，故投资者不会提前执行看跌期权。以此类推，最终可以得到该美式看跌期权的价值为 4.43 元。

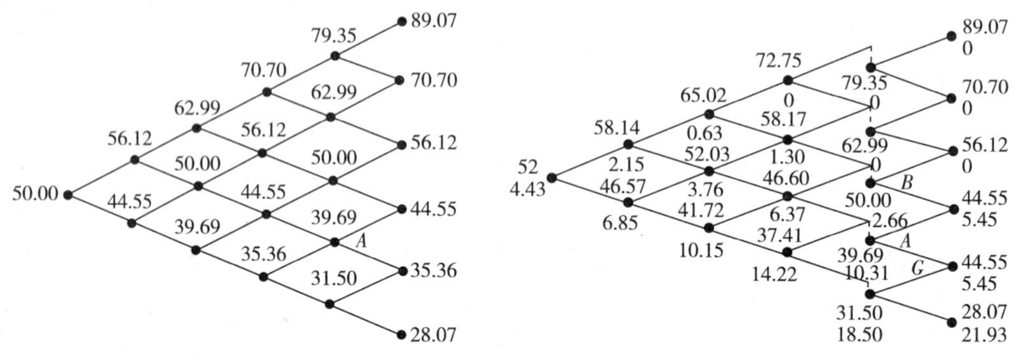

图 11－4　S^* 的二叉树图　　**图 11－5　S 的二叉树图**

11.3.2　基本二叉树方法的扩展

（一）时间依赖的利率

当为美式期权定价时，通常我们假设利率为常数。但是如果利率的期限结构呈现陡峭的上升或下降的趋势时，这一假设必然是不合理的。较为合理的方法是假设未来某一时间段 Δt 内的利率等于当前这一时间段的远期利率。这时，不支付股利的股票价格的运动过程满足：

$$\frac{dS}{S}=r(t)\,dt+\sigma dz$$

在这种情况下，构造二叉树模型时，只需要调整每个节点上升和下降的概率。由于 u 和 d 与 $r(t)$ 无关，因此二叉树的形状不会改变。

✪**【例 11－7】**　考虑一个 2 年期的美式看跌期权，标的股票的当前价格为 $S=50$，股票的年化波动率为 $\sigma=40\%$，该美式看跌期权的执行价为 $X=50$。当前的利率期限结构为：$r_{0.5}=9.5\%$，$r_1=10\%$，$r_{1.5}=10.5\%$，$r_2=11\%$。

我们将该期权的存续期划分为 4 个时间段，每半年为一个时间段。由于未来的短期利率在不断变化，所以可行的方法是：假设利率期限结构的预期理论成立，即未来的短期利率将等于当前对应的远期利率。根据已知的利率期限结构，可以计算出未来半年、1 年、1.5 年的半年期利率：

$$f_{0.5}^{0.5}=2r_1-r_{0.5}=10.5\%$$

$$f_{1}^{0.5}=3r_{1.5}-2r_1=11.5\%$$

$$f_{1.5}^{0.5}=4r_2-3r_{1.5}=12.5\%$$

构造二叉树的相关参数为：$\Delta t = 0.5$，$u = e^{\sigma\sqrt{\Delta t}} = 1.3269$，$d = \frac{1}{u} = 0.7536$。二叉树图 11－6 所示。在二叉树图的末端，期权的价值按照 $\max[X - S_T, 0]$ 计算。利用风险中性定价原理计算第三阶段末各节点对应的期权价值时，应使用将来的短期利率，这里我们以当前对应的远期利率替代，即

$$p = \frac{e^{r\Delta t} - d}{u - d} = \frac{e^{f_{1.5}^{0.5}\times 0.5} - d}{u - d} = 0.5423$$

$$1 - p = \frac{u - e^{f_{1.5}^{0.5}\times 0.5}}{u - d} = 0.4577$$

由此，可以计算出第三阶段末各节点处的期权价值（考虑了提前行权），如图 11－6 所示。

以 A 点为例，按照风险中性定价原则，A 点的期权价值应该为 9.29 元，而提前执行的价值为 12.32 元，所以投资者在 A 点会提前行权。同理可以判断，投资者在 B 点也会提前执行期权。

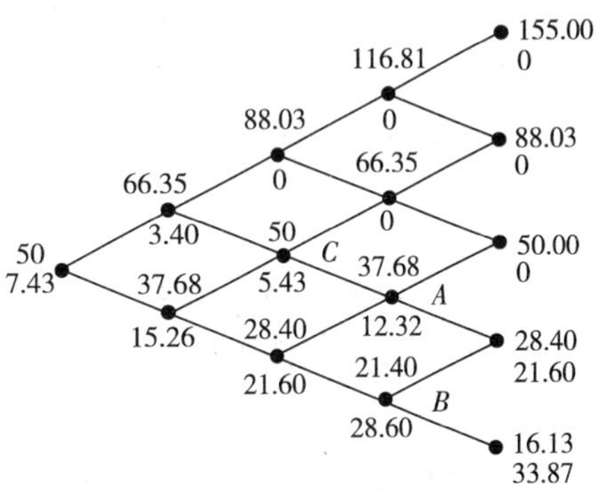

图 11－6　时间依赖利率下的二叉树模型

再根据第二期末的短期利率近似为 $f_1^{0.5} = 11.5\%$ 推算第二期末各节点处对应的期权价值。读者可以自行补充具体的计算过程。最终，可以推算出该美式看跌期权当前的价值为 7.43 元（建议读者自行完成全部计算过程）。

（二）控制变量的技术

在为美式期权进行定价时，为了校正二叉树模型的定价误差，可以采用控制变量技术。控制变量技术假设：使用二叉树模型进行欧式期权定价所产生的误差与美式期权定价所产生的误差相等。由于我们可以使用布莱克—斯科尔斯公式得到欧式期权的精确值，从而可以计算出二叉树模型的定价误差。

假设基于同一个二叉树模型的欧式期权和美式期权价值分别为 f_E 和 f_A，而根据布莱克—斯科尔斯公式，欧式期权的精确价值为 f_{BS}，则二叉树模型的定价误差为 $f_{BS} - f_E$。经误差校正后的美式期权价值为 $f_A + f_{BS} - f_E$。

需要注意的是，在选择基于同一二叉树模型的欧式期权和美式期权时，为了更好地估计定价误差，应保证看涨期权和看跌期权种类相同、执行价格相同。否则，定价误差中可能包含这些差异所对应的定价偏差。

（三）构造二叉树图的其他方式

由考克斯、罗斯和罗宾斯坦最初提出的二叉树模型并不是构造二叉树模型的唯一方法。回忆第九章中关于二叉树模型参数的决定，在风险中性世界中，二叉树模型的 3 个参数 u，d，p 应满足下面两个条件：

$$e^{r\Delta t} = pu + (1 - p)d$$

$$e^{2r\Delta t+\sigma^2\Delta t} = pu^2 + (1-p)d^2$$

考克斯、罗斯和罗宾斯坦给出的第三个限制性条件是：

$$u = \frac{1}{d}$$

另外一种可行的方法是假设 $p = 0.5$，当 Δt 的高阶小量可以忽略时，我们可以推导出下面一组解：

$$u = e^{(r-\sigma^2/2)\Delta t} + \sigma^{2\sqrt{\Delta t}} \tag{11.10}$$

$$d = e^{(r-\sigma^2/2)\Delta t} - \sigma^{2\sqrt{\Delta t}} \tag{11.11}$$

如果标的股票以 q 的连续股利率支付股利，那么式（11.10）和式（11.11）中的 r 应替换成 $r-q$。这种方法的优点在于风险中性概率 p 不受股价波动率 σ 和时间段划分的影响。但使用这种二叉树模型计算 delta，gamma 和 rho 时，则略显复杂。

§11.4　美式期权定价的数值方法——三叉树模型

三叉树定价模型最早由 Boyle 提出，并由 Boyle 应用于标的资产向量的美式期权定价。一般的三叉树如图 11－7 所示。假设 Δt 为时间段的长度，p_u，p_m 和 p_d 分别为每个节点处价格上升、持平和下降的概率，u 和 d 分别代表价格上升和下降的幅度。同二叉树模型一样，参数 p_u，p_m，p_d，u 和 d 的确定应保证：三叉树模型中股价变化的均值和方差等于风险中性世界中连续时间模型的股价变化均值和方差。

对于不支付股利的股票，当 Δt 的高阶小量可忽略时，使用限制条件 $u = \frac{1}{d}$，可以给出一种可行的参数估计方案：

$$u = e^{\sigma\sqrt{3\Delta t}}, d = 1/u$$

$$p_d = -\sqrt{\frac{\Delta t}{12\sigma^2}}\left(r-\frac{\sigma^2}{2}\right) + \frac{1}{6}, p_m = \frac{2}{3}$$

$$p_u = \sqrt{\frac{\Delta t}{12\sigma^2}}\left(r-\frac{\sigma^2}{2}\right) + \frac{1}{6}$$

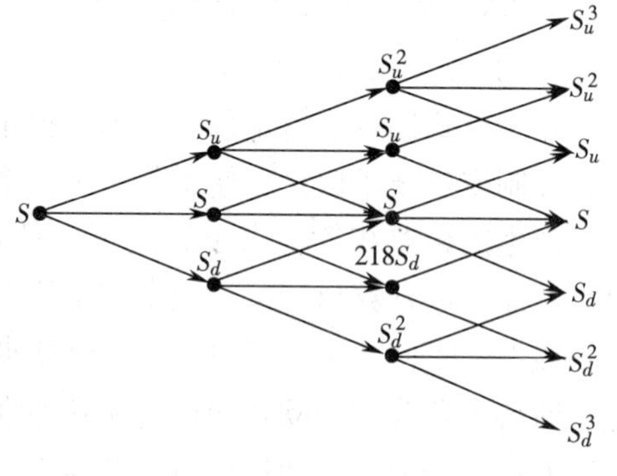

图 11－7　三叉树股价图

对于以连续股利率支付股利的股票，可以用 $r-q$ 替代上式中的 r。三叉树模型的计算过程与二叉树模型完全一样。对于美式期权，仍然涉及在每个节点处进行提前行权的判断。

二叉树和三叉树方法都是比较好的数值计算方法，它们都收敛于布莱克—斯科尔斯期权定价公式的价格。但相比于二叉树模型，三叉树图的价格收敛速度更快。形象地讲，在二叉树图中，期权价格要经历 $2q$ 个阶段划分才会收敛到真实价格；而在三叉树模型中，期权价格只要经历 q 个阶段划分就会收敛到真实价格。从下面的小例子可以看出，三叉树模型具有更快的价格收敛速度。

✪【例 11－8】　三叉树的价格收敛速度。考虑一个无股利支付股票的欧式看涨期权，标的股票的初始价格为 $S_0 = 50$ 。看涨期权的执行价为 $X = 50$ ，期权到期日 $T = 10$ （年），无风险利率 $r_f = 5\%$ ，股票的年化波动率为 $\sigma = 50\%$ 。用布莱克—斯科尔斯公式计算得出，期权的真实价值约为 33.66，从表 11－3 可知：如果使用二叉树模型，需要 100 步才能得到三叉树模型 50 步的计算结果。

表 11－3　二叉树与三叉树模型价格收敛速度对比

运算步数	10	50	100
二叉树模型结果	33.11	33.55	33.60
三叉树模型结果	33.38	33.60	33.63

三叉树模型价格收敛速度更快的特征使得它可以用于期限较长的期权定价。因为，如果使用二叉树模型对长期限期权定价，需要将期权存续期划分成大量的时间段，而使用三叉树模型则可以减少时间段的划分。另一方面，三叉树模型更快的价格收敛性并不意味着计算速度可以显著提高。相反，由于叉树结构更复杂，可能导致计算速度减慢，同时计算误差增加，因此，我们通常还是采用结构更简单的二叉树模型进行期权定价。

§11.5　美式期权定价的数值方法——有限差分法

有限差分法也广泛用于美式期权的定价。不同于叉树模型，有限差分法并不涉及新的股价运动模式［如二叉树运动］，也无须利用风险中性定价的原理。因此，它主要是一种数学处理方法，利用差分方程来近似求解衍生证券满足的微分方程。

为了说明这种方法，我们考虑如何使用有限差分法来为一个不付股利的美式看跌期权定价。该期权的价值必须满足 PDE 方程：

$$\frac{\partial f}{\partial t} + r\frac{\partial f}{\partial S} + \frac{1}{2}\sigma^2 S^2 \frac{\partial^2 f}{\partial S^2} = rf \tag{11.12}$$

假设该期权在时刻 T 到期，将现在（时刻 0）到时刻 T 划分成有限个等间隔的不同小时间段。我们假设 $\Delta t = T/N$ ，共产生 $N+1$ 个时间点：

$0, \Delta t, 2\Delta t, \cdots, T$

同时预期在期权的存续期内，标的股票可能出现的最高价格为 S_{max} 。若选取的 S_{max} 值太大，会增加后续计算量，定价效率不高。通常选取的 S_{max} 能保证看跌期权的价值近似为 0 即可。我们将价格区间 $[0, S_{max}]$ 进行等额划分，定义 $\Delta S = S_{max}/M$ ，从而能产生 $M+1$ 个股票价格：

$0, \Delta S, 2\Delta S, \cdots, S_{max}$

为了后续说明的方便，假设存在某个 i ，使得 $S_0 = i\Delta S$ 。在时间维度和价格维度上进行划分后，形成了如图 11－8 所示的网格图。

网格图中纵横虚线的交点 $A(i,j)$ ，代表状态：$t = i\Delta t$, $S(t) = j\Delta S$ 。其中，$0 \leqslant i \leqslant N$，$0 \leqslant j \leqslant M$。

由于$f(t,S_t)$，对于任意状态(t,S_t)，都满足偏微分方程，因此，我们可以在网格图中各个交点$A(i,j)$所代表的状态考虑式（11.12）。网格图是离散状态，而偏微分方程是连续状态，所以需要在网格图中将刻画连续状态的式（11.12）改写为差分形式，以寻找$f_{i,j}=f(i\Delta t, j\Delta S)$在各状态点$A(i,j)$之间的关系，这就是有限差分法的思想。

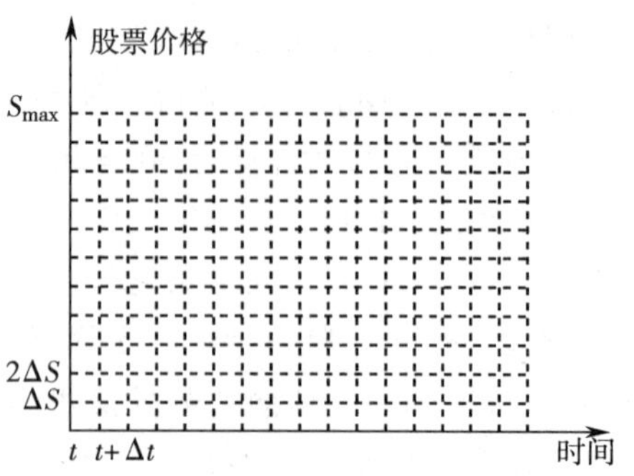

图11－8　有限差分方法的坐标方格

（一）内含的有限差分方法

考虑在状态点$A(i,j)$处，式（11.14）中的$\partial f/\partial S$可以近似为：

$$\frac{\partial f}{\partial S}=\frac{f_{i,j+1}-f_{i,j}}{\Delta S} \tag{11.13}$$

或

$$\frac{\partial f}{\partial S}=\frac{f_{i,j}-f_{i,j-1}}{\Delta S} \tag{11.14}$$

式（11.13）称为前向差分近似（forward difference approximation）；式（11.14）称为后向差分近似（backward difference approximation）。在内含有限差分方法中，我们取式（11.13）和式（11.14）的平均值：

$$\frac{\partial f}{\partial S}=\frac{f_{i,j+1}-f_{i,j-1}}{2\Delta S} \tag{11.15}$$

对于$\partial f/\partial t$，我们采用前向差分近似式，即

$$\frac{\partial f}{\partial t}=\frac{f_{i+1,j}-f_{i,j}}{\Delta t} \tag{11.16}$$

考虑$\partial^2 f/\partial S^2$如何用差分方法进行近似，我们在状态点$A(i,j)$和$A(i,j+1)$对$\partial f/\partial S$分别使用后向差分近似。

在状态$A(i,j)$点，

$$\frac{\partial f}{\partial S}=\frac{f_{i,j}-f_{i,j-1}}{\Delta S}$$

在状态$A(i,j+1)$点，

$$\frac{\partial f}{\partial S}=\frac{f_{i,j+1}-f_{i,j}}{\Delta S}$$

因此，状态点$A(i,j)$的$\partial^2 f/\partial S^2$可用下面的差分式近似：

$$\frac{\partial^2 f}{\partial S^2}=\left(\frac{f_{i,j+1}-f_{i,j}}{\Delta S}-\frac{f_{i,j}-f_{i,j-1}}{\Delta S}\right)\Delta S$$

即

$$\frac{\partial^2 f}{\partial S^2}=\frac{f_{i,j+1}+f_{i,j-1}-2f_{i,j}}{\Delta S^2} \tag{11.17}$$

将式（11.15）、式（11.16）和式（11.17）代入微分方程式（11.12）中，并注意

到在 $A(i,j)$ 处，$S = j\Delta S$ 。因此，微分方程可以改写为：

$$\frac{f_{i+1,j} - f_{i,j}}{\Delta t} + rj\Delta S\frac{f_{i,j+1} - f_{i,j-1}}{2\Delta S} + \frac{1}{2}\sigma^2 j^2 \Delta S^2 \frac{f_{i,j+1} + f_{i,j-1} - 2f_{i,j}}{\Delta S^2} = rf_{i,j} \tag{11.18}$$

式中，$j = 1,2,\cdots,M-1$ ；$i = 0,1,\cdots,N-1$ 。以上各项经过合并整理后，我们得到：

$$a_j f_{i,j-1} + b_j f_{i,j} + c_j f_{i,j+1} = f_{i+1,j} \tag{11.19}$$

其中，

$$a_j = \frac{1}{2}rj\Delta t - \frac{1}{2}\sigma^2 j^2 \Delta t \tag{11.20}$$

$$b_j = 1 + \sigma^2 j^2 \Delta t + r\Delta \tag{11.21}$$

$$c_j = -\frac{1}{2}rj\Delta t - \frac{1}{2}\sigma^2 j^2 \Delta t \tag{11.22}$$

下面我们寻找边界条件。T 时刻看跌期权的价值为 $\max[X - S_T, 0]$ ，其中 S_T 为 T 时刻的股票价格。因此，

$$f_{N,j} = \max[X - j\Delta S, 0](i = 0,1,\cdots,M)$$

当股票价格为零时，看跌期权的价值是 X，因此，

$$f_{i,0} = X(i = 0,1,\cdots,N)$$

当股票价格接近网格上限 $S_{\max}$ 时，看跌期权的价值趋近于零。因此，我们用近似值代替：

$$f_{i,M} = 0(i = 0,1,\cdots,N)$$

式（11.20）、式（11.21）和式（11.22）定义了图 11－8 三个边界（即 $S = 0$，$S = S_{\max}$ 和 $t = T$）上各状态点对应的美式看跌期权价值，利用差分方程式（11.19）可以解出网格图中各状态点对应的期权价值。具体步骤如下：

第一步，求解 $t = T - \Delta t$ 各状态点 $A(T - \Delta t, j)$ $(j = 0,1,\cdots,M)$ 处的期权价值。

令式（11.19）中的 $i = N - 1$ ，可以给出包含 $M - 1$ 个方程的联立方程组：

$$a_j f_{N-1,j-1} + b_j f_{N-1,j} + c_j f_{N-1,j+1} = f_{N,j} \tag{11.23}$$

式中，$j = 0,1,\cdots,M-1$ 。这些方程中的右边值已由式（11.20）给出，此外，由式（11.21）、式（11.22）可以得到

$$f_{N-1,0} = X, f_{N-1,M} = 0 \tag{11.24}$$

因此，式（11.23）为含有 $M - 1$ 个未知数的联立方程组，可以求出 $f_{N-1,1}$ ，$f_{N-1,2}$ ，$f_{N-1,3}$ ，$\cdots$ ，$f_{N-1,M-1}$ 。

第二步，在 $A(T - \Delta t, j)$ 处判断是否提前行权。由于该期权是美式看跌期权，需要在 $A(T - \Delta t, j)$ $(j = 0,1,\cdots,M)$ 各节点处进行是否提前行权的判断，将 $f_{N-1,j}$ 与 $X - j\Delta S$ 进行比较。如果 $f_{N-1,j} < X - j\Delta S$ ，则在该状态点应该提前行权，从而 $f_{N-1,j} = X - j\Delta S$ ；反之，不应该提前行权，$f_{N-1,j}$ 值保持不变。

第三步，求解 $A[(N-2)\Delta t, j]$ $(j = 0,1,\cdots,M)$ 各节点处的期权价值 $f_{N-2,j}$ 。

依此类推。

最终，我们可以得到 $t = 0$ 时刻各状态点 $A(0,j)$ 对应的看跌期权价值 $f_{0,j}$ $(j = 0,

1，…，M）。而我们要求的当前状态的期权价值也在其中。

显然，内含有限差分方法是一种近似处理手段，肯定存在定价误差。为了克服这个问题，可以将内含差分方法与我们之前提到的控制变量技术结合起来，以校正定价偏差。考虑同一标的美式股票看跌期权和欧式看跌期权，构造同样的差分网格，使用有限差分法，分别得到美式看跌期权和欧式看跌期权的价值为 f_A 和 f_E，利用布莱克—斯科尔斯公式求得欧式看跌期权的价值为 f_{BS}，则经误差调整后的美式看跌期权的价值应该为 $f_A+(f_{BS}-f_E)$。

（二）外推的有限差分方法

内含的有限差分法在 ΔS 和 Δt 趋于零时总可以收敛到微分方程的解，这是内含有限差分方法的优点。但是，在已知 $f_{i+1,j}$（$j=0,1,\cdots,M$）并推导 $f_{i,j}$（$j=0,1,\cdots,M$）时，内含的有限差分法需要同时求解 $M-1$ 个联立方程。为了简化求解过程，可以考虑令状态点 $A(i,j)$ 与 $A(i+1,j)$ 处的 $\partial f/\partial S$ 和 $\partial^2 f/\partial S^2$ 值相等。于是，式（11.15）和式（11.17）变成：

$$\frac{\partial f}{\partial S}=\frac{f_{i+1,j+1}-f_{i+1,j-1}}{2\Delta S}$$

$$\frac{\partial^2 f}{\partial S^2}=\frac{f_{i+1,j+1}+f_{i+1,j-1}-2f_{i+1,j}}{\Delta S^2}$$

差分方程为：

$$\frac{f_{i+1,j}-f_{i,j}}{\Delta t}+rj\Delta S\frac{f_{i+1,j+1}-f_{i+1,j-1}}{2\Delta S}+\frac{1}{2}\sigma^2 j^2\Delta S^2\frac{f_{i+1,j+1}+f_{i+1,j-1}-2f_{i+1,j}}{\Delta S^2}=rf_{i,j} \tag{11.25}$$

即

$$a_j^{*}f_{i+1,j-1}+b_j^{*}f_{i+1,j}+c_j^{*}f_{i+1,j+1}=f_{i,j} \tag{11.26}$$

其中，

$$a_j^{*}=\frac{1}{1+r\Delta t}\left(-\frac{1}{2}rj\Delta t+\frac{1}{2}\sigma^2 j^2\Delta t\right)$$

$$b_j^{*}=\frac{1}{1+r\Delta t}\left(1-\sigma^2 j^2\Delta t\right)$$

$$c_j^{*}=\frac{1}{1+r\Delta t}\left(\frac{1}{2}rj\Delta t+\frac{1}{2}\sigma^2 j^2\Delta t\right)$$

式（11.26）就是外推的有限差分方法（explicit finite difference method）。图 11－9 说明了内含的有限差分法和外推的有限差分法之间的区别。内含的有限差分方法式（11.19）给出的是三个未知期权价值 $f_{i,j-1}$，$f_{i,j}$，$f_{i,j+1}$ 与已知期权价值 $f_{i+1,j}$ 之间的关系。而外推的有限差分方法则给出了三个已知期权价值 $f_{i+1,j-1}$，$f_{i+1,j}$，$f_{i+1,j+1}$ 与未知期权价值 $f_{i,j}$ 之间的关系式。细心的读者会发现，外推的有限差分方法很像我们之前介绍的三叉树模型，这两者的相似之处我们将在

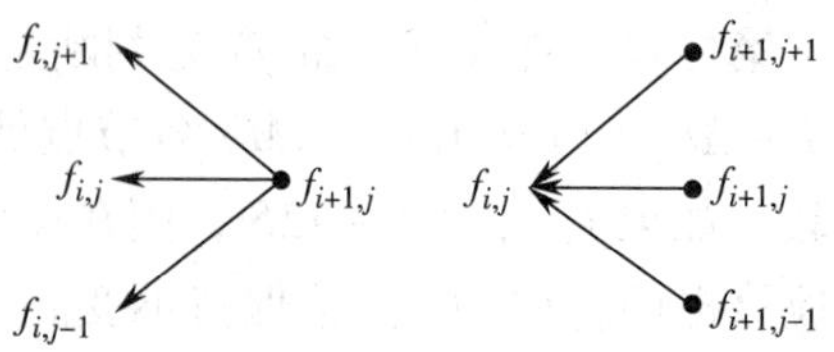

图 11－9　内含和外推的有限差分方法的区别

后面讨论。

（三）置换变量法

无论是内含的有限差分方法还是外推的有限差分方法，在解线性方程组时，方程的系数（a_j, b_j, c_j）和（a_j^*, b_j^*, c_j^*）都随 j 变化而变化。为了提高计算的效率，我们可以定义 $Z = \ln S$，将式（11.14）中的 S 替换成 Z，则原式变为：

$$\frac{\partial f}{\partial t} + \left(r - \frac{\sigma^2}{2}\right)\frac{\partial f}{\partial Z} + \frac{1}{2}\sigma^2\frac{\partial^2 f}{\partial Z^2} = rf \tag{11.27}$$

以 Z 为基础（而不是 S），对纵轴进行划分，形成新的网格图。再将式（11.27）进行差分近似处理。若使用内含的有限差分方法，则式（11.27）变为：

$$\frac{f_{i+1,j} - f_{i,j}}{\Delta t} + \left(r - \frac{\sigma^2}{2}\right)\frac{f_{i,j+1} - f_{i,j-1}}{2\Delta Z} + \frac{1}{2}\sigma^2\frac{f_{i,j+1} + f_{i,j-1} - 2f_{i,j-1}}{\Delta Z^2} = rf_{i,j}$$

即

$$a_j f_{i,j-1} + b_j f_{i,j} + c_j f_{i,j+1} = f_{i+1,j} \tag{11.28}$$

其中，

$$a_j = \frac{\Delta t}{2\Delta Z}\left(r - \frac{\sigma^2}{2}\right) - \frac{\Delta t}{2\Delta Z^2}\sigma^2$$

$$b_j = 1 + \frac{\Delta t}{\Delta Z^2}\sigma^2 + r\Delta t$$

$$c_j = -\frac{\Delta t}{2\Delta Z}\left(r - \frac{\sigma^2}{2}\right) - \frac{\Delta t}{2\Delta Z^2}\sigma^2$$

若使用外推的有限差分法，则式（11.27）将变为：

$$\frac{f_{i+1,j} - f_{i,j}}{\Delta t} + \left(r - \frac{\sigma^2}{2}\right)\frac{f_{i+1,j+1} - f_{i+1,j-1}}{2\Delta Z} + \frac{1}{2}\sigma^2\frac{f_{i+1,j+1} + f_{i+1,j-1} - 2f_{i+1,j}}{\Delta Z^2} = rf_{i,j}$$

即

$$a_j^* f_{i+1,j-1} + b_j^* f_{i+1,j} + c_j^* f_{i+1,j+1} = f_{i,j} \tag{11.29}$$

其中，

$$a_j^* = \frac{1}{1 + r\Delta t}\left[-\frac{\Delta t}{2\Delta Z}\left(r - \frac{\sigma^2}{2}\right) - \frac{\Delta t}{2\Delta Z^2}\sigma^2\right]$$

$$b_j^* = \frac{1}{1 + r\Delta t}\left(1 - \frac{\Delta t}{\Delta Z^2}\sigma^2\right)$$

$$c_j^* = \frac{1}{1 + r\Delta t}\left[\frac{\Delta t}{2\Delta Z}\left(r - \frac{\sigma^2}{2}\right) + \frac{\Delta t}{2\Delta Z^2}\sigma^2\right]$$

从上式可见，变量替换后的联立方程组中的系数（a_j, b_j, c_j）和（a_j^*, b_j^*, c_j^*）完全独立于 j。

（四）外推的有限差分方法与三叉树模型

前面我们提到了外推的有限差分方法与三叉树模型存在类似之处，回忆式（11.26）：

$$a_j^* f_{i+1,j-1} + b_j^* f_{i+1,j} + c_j^* f_{i+1,j+1} = f_{i,j}$$

其中，

$$a_j^* = \frac{1}{1+r\Delta t}\left[-\frac{1}{2}rj\Delta t + \frac{1}{2}\sigma^2 j^2 \Delta t\right]$$

$$b_j^* = \frac{1}{1+r\Delta t}(1 - \sigma^2 j^2 \Delta t)$$

$$c_j^* = \frac{1}{1+r\Delta t}\left[\frac{1}{2}rj\Delta t + \frac{1}{2}\sigma^2 j^2 \Delta t\right]$$

我们假设在状态点 $A(i,j)$ 处，股价 $S(i\Delta t)$ 向上运动的概率为 p_u，持平的概率为 p_m，向下运动的概率为 p_d。我们令

$$p_u = -\frac{1}{2}rj\Delta t + \frac{1}{2}\sigma^2 j^2 \Delta t$$

$$p_m = 1 - \sigma^2 j^2 \Delta t$$

$$p_d = \frac{1}{2}rj\Delta t + \frac{1}{2}\sigma^2 j^2 \Delta t$$

若能保证 p_u，p_m，p_d 都大于零，可以验证 $p_u + p_m + p_d = 1$，即它们为事件对应的概率。进一步，以 p_u，p_m，p_d 为基础，$\Delta\tilde{S}$ 的期望值 $rj\Delta S\Delta t = rS\Delta t$，这正是股价在风险中性世界中的变化。因此，式（11.26）意味着：在状态点 $A(i,j)$ 处的期权价值 $f_{i,j}$ 等于时刻 $t=(i+1)\Delta t$ 时股价上升、持平、下降三种状态对应的期权价值按照风险中性概率加权后，再通过无风险利率贴现而得。这正是三叉树模型的定价原理，如图 11－10 所示。

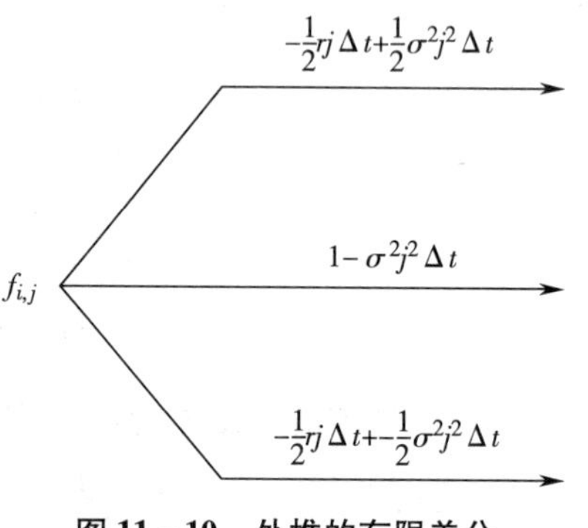

图 11－10　外推的有限差分方法的三叉树解释

其他解决美式期权定价的有限差分方法还包括“跳格子方法”（hopscotch 方法）等。有兴趣的读者可以参阅相关资料。

§11.6　蒙特卡洛模拟

蒙特卡洛方法被广泛应用于衍生证券的定价。蒙特卡洛模拟（Monte Carlo simulation）的基本思想是：通过计算机程序模拟标的证券价格在风险中性世界中的运动路径，然后利用风险中性定价原理计算单个样本路径对应的期权价格，最后对所有模拟的期权价格取平均值，即为最终的估计价格。

11.6.1　蒙特卡洛模拟的局限

蒙特卡洛模拟不仅适用于单标的资产的期权定价，还可以模拟多标的资产的价格路径，从而克服了二叉树模型和有限差分模型不能为多标的资产期权定价的问题。另外，

通过蒙特卡洛模拟产生的标的资产价格的样本路径还可用于一些路径依赖型期权的定价，如亚式期权、回望期权等。

虽然蒙特卡洛模拟在如何提高计算精度和运算速度方面已经取得了很多成果（如对偶变量技术、控制变量技术、间隔抽样法、伪随机序列抽样法等），但蒙特卡洛模拟法不能产生样本路径上的期权价格，从而无法解决美式期权的提前行权问题。这也是蒙特卡洛模拟与叉树模型的最大区别。因此，蒙特卡洛方法通常用于对在有效期内不做任何决策（如提前行权）的衍生证券进行定价。

11.6.2 最小二乘蒙特卡洛模拟

如何才能克服蒙特卡洛模拟的局限性，使其既能模拟多资产标的价格，同时又能解决提前行权的问题？Longstaff 和 Schwartz（2001）提出了最小二乘蒙特卡洛模拟（Least Square Monte Carlo）来解决这个问题。他们利用该方法对美式看跌期权、美式百慕大亚式期权进行了定价。下面的例子来源于 Longstaff 和 Schwartz（2001），有兴趣的读者可以参考原文理解。

✪**【例 11－9】** 利用最小二乘蒙特卡洛对美式看跌期权定价。考虑不支付股利的美式股票看跌期权，该期权的执行价格为 $K = 1.10$ 。假设期权的有效期限被分为 3 期，在每期末 t_1 ，t_2 ，t_3 可以执行该期权（ t_3 为期权的到期日）。无风险利率为 6% 。为了简化起见，我们只考虑 8 条股价的样本路径（在实际应用中，样本路径可能达到百万条），如表 11－4 所示。

假设美式看跌期权在时刻 t_1 和 t_2 都没有被提前执行，则在到期时刻 t_3 美式看跌期权的价值如表 11－5 所示。

表 11－4 模拟的股票价格路径

样本路径	$t=0$	$t=1$	$t=2$	$t=3$
1	1.00	1.09	1.08	1.34
2	1.00	1.16	1.26	1.54
3	1.00	1.22	1.07	1.03
4	1.00	0.93	0.97	0.92
5	1.00	1.11	1.56	1.52
6	1.00	0.76	0.77	0.90
7	1.00	0.92	0.84	1.01
8	1.00	0.88	1.22	1.34

表 11－5 时刻 t_3 时美式看跌期权的现金流

样本路径	$t=0$	$t=1$	$t=2$	$t=3$
1	—	—	—	0.00
2	—	—	—	0.00
3	—	—	—	0.07
4	—	—	—	0.18
5	—	—	—	0.00
6	—	—	—	0.20
7	—	—	—	0.09
8	—	—	—	0.00

考虑在时刻 $t=2$ 时，若美式期权处于实值状态，则投资者将决定是否提前执行该期权。从表 11－4 中可以看出，路径 3、4、6、7 上的看跌期权在时刻 $t = 2$ 时处于实值状态。我们令 X 代表在时刻 $t = 2$ 时的股价，令 Y 代表在时刻 $t = 3$ 时的期权价值的现值（假设期权在时 $t = 2$ 不会被提前执行）。

美式期权在时刻 $t = 2$ 时是否提前行权取决于在当前的信息集合下，不执行期权在

未来所获价值的现值是否大于当前执行期权的价值。用数学形式表达即为：若 $E[Y|X] \geqslant K-X$，则不提前执行期权；若 $E[Y|X]<K-X$，则提前执行期权。因此，要判断是否提前行权，首先需要估计 $E[Y|X]$ 的表达式。我们假设 $E[Y|X]=f(X,X^2)$ 是关于 X 和 X^2 的线性函数，则由表 11－6 和最小二乘法可以得到：

$$E[Y|X]=-1.070+2.983X-1.813X^2 \tag{11.30}$$

表 11－6　　时刻 $t=2$ 时 X 与 Y 取值表

路径	1	2	3	4	5	6	7	8
X	1.08	—	1.07	0.97	—	0.77	0.84	—
Y	0	—	0.0659	1.695	—	0.1884	0.0848	—

根据式（11.30）条件期望等式，我们可以得到在时刻 $t=2$ 时的最优执行决策，如表 11－7 所示。

表 11－7　　时刻 $t=2$ 时提前执行与否对照表

路径	1	2	3	4	5	6	7	8
执行	0.02	—	0.03	0.13	—	0.33	0.26	—
不执行	0.0369	—	0.0461	0.1176	—	0.1520	0.1565	—

从表 11－7 中可以得知，路径 4、6、7 会出现提前执行的情况。由此我们可以得到自 $t=2$ 起美式看跌期权的现金流情况，如表 11－8 所示。

表 11－8　自时刻 $t=2$ 起美式看跌期权的现金流

样本路径	$t=0$	$t=1$	$t=2$	$t=3$
1	—	—	0.00	0.00
2	—	—	0.00	0.00
3	—	—	0.00	0.07
4	—	—	0.13	0.00
5	—	—	0.00	0.00
6	—	—	0.33	0.00
7	—	—	0.26	0.00
8	—	—	0.00	0.00

注意，当美式看跌期权在时刻 $t=2$ 时被执行后，则时刻 $t=3$ 时的现金流变为 0，因为期权只能被执行一次。以 $t=2$ 时美式看跌期权的现金流为基础，仿照上面的方法，判断时刻 $t=1$ 时美式看跌期权的现金流情况。首先，获得时刻 $t=1$ 时 X 与 Y 的取值情况，如表 11－9 所示。

表 11－9　　时刻 $t=1$ 时 X 与 Y 取值表

路径	1	2	3	4	5	6	7	8
X	1.09	—	—	0.93	—	0.76	0.92	0.88
Y	0	—	—	0.1224	—	0.3108	0.2449	0

根据表 11－9，利用最小二乘法求出 $E[Y|X]=f(X,X^2)$ 的表达式：

$$E[Y|X]=2.038-3.335X+1.356X^2 \tag{11.31}$$

根据式（11.31）的条件期望式，我们可以得到 $t=1$ 时刻是否提前执行的决策，见表 11－10。

表 11－10 时刻 $t=1$ 时提前执行与否对照表

路径	1	2	3	4	5	6	7	8
执行	0.01	—	—	0.17	—	0.34	0.18	0.22
不执行	0.013 9	—	—	0.109 2	—	0.286 6	0.117 5	0.153 3

由表 11－10 可知，路径 4、6、7、8 会出现提前执行的决策。因此，我们得到了自 $t=1$ 时刻起的美式看跌期权的现金流情况，如表 11－11 所示。

表 11－11 即为考虑了提前行权因素的美式看跌期权现金流模拟表。在每一条样本路径上，都可以将现金流按照无风险利率贴现得到一个美式看跌期权的样本价值，最后再取平均值就可以获得该看跌期权的价值。本例中，最后的美式看跌期权价值为 0.114 4。至此，我们将最小二乘法与蒙特卡洛模拟相结合给出了美式看跌期权的价值。其中，最关键的步骤就是在蒙特卡洛模拟的路径上通过最小二乘法估计 $E[Y|X]$ 的表达式，从而解决美式期权提前行权的判断问题。

表 11－11 自时刻 $t=1$ 起美式看跌期权的现金流

样本路径	$t=0$	$t=1$	$t=2$	$t=3$
1	—	0.00	0.00	0.00
2	—	0.00	0.00	0.00
3	—	0.00	0.00	0.07
4	—	0.17	0.00	0.00
5	—	0.00	0.00	0.00
6	—	0.34	0.00	0.00
7	—	0.18	0.00	0.00
8	—	0.22	0.00	0.00

本章小结

1. 精确的分析类模型虽然能给出美式期权定价的解析解，但使用范围较窄，只适用于无股利支付的美式看涨期权和只有一次股利支付的美式看涨期权。分析近似类模型对精确的分析模型进行了扩展，并且在大多数情况下能给出令人满意的价格估计值，但定价公式比较复杂，也受到模型假设的约束。因此，美式期权定价使用最广泛的方法是数值解法。

2. 数值解法主要包括二叉树模型、三叉树模型、有限差分方法、蒙特卡洛模拟方法。

3. 叉树模型（二叉树和三叉树）通过股价的二项或三项运动（two－jump or three－jump）来近似连续的几何布朗运动，并利用风险中性定价原理逆向求解。其中，在各个节点处执行提前行权的判断，最终求出美式期权的价格。叉树模型结构简单，操作方便，是实践中应用极为广泛的方法。

4. 有限差分和蒙特卡洛模拟更多的是技术处理手段，将无法获得解析解的微分方程采用差分近似或者计算机模拟。值得注意的是，传统的蒙特卡洛模拟并不适用于求解美式期权价值（因为无法解决提前行权的判断问题），因此，Longstaff 和 Schwartz 用最小二乘法来解决提前行权的问题，从而拓展了蒙特卡洛模拟的使用范围。

复习与思考

1. 某不分红美式股票看跌期权，有效期为3个月，股票市价和执行价格为60美元，无风险利率为10%，股票的年化波动率为45%，构造时间间隔为1个月期的二叉树图为该期权估值。

2. 一个期权，其最终收益为期权有效期末的股票价格高出有效期期中最低股价的部分。请说明这一期权能否用二叉树图定价方法定价。

3. 1澳元的现值为0.99美元，汇率的波动率为12%，澳元的无风险利率为3.5%，美元的无风险利率为1.07%。假设执行价格为1，利用二叉树计算2个月期美式期权价格。

4. 某个美式股票看涨期权，有效期为6个月，预计在第二个和第五个月的月末将支付每股1美元的股利。该股票的市价为32美元，执行价格为35美元，无风险利率为10%，不支付股利的股价部分的波动率为40%。请将该期权的有效期等分为6个时间段，每个时间段为期1个月。用树图方法对该期权进行估值，并估计期权的delta和theta参数。

第十二章

奇异期权

期权市场是世界上最具活力和变化的金融市场之一，盈利和避险的需要不断推动新的期权产品的产生。本章将介绍一些常见的奇异期权并讨论其定价机制。这些思路和方法将有助于我们理解市场中不断创新的期权工具。

§12.1 常见的奇异期权

到目前为止，我们所涉及的主要是标准的欧式或美式期权，比这些常规期权更复杂的期权常常被叫做奇异期权（exotic options），比如执行价格不是一个确定的数，而是一段时间内的平均资产价格；或是在期权有效期内，如果资产价格超过一定界限，期权就作废；等等。大多数奇异期权都是在场外交易的，往往是金融机构根据客户的具体需求开发出来的，或者是嵌入结构性金融产品中用以实现特殊的风险收益，其灵活性和多样性是常规期权所不能比拟的。但是相应地，奇异期权的定价和保值往往也更加困难。奇异期权对模型设定正确与否的依赖性常常很强，合约中潜在的风险通常比较模糊，很容易导致非预期的损失，需要很谨慎地进行风险管理。

由于奇异期权的多样性，要对它们进行完全地描述是不可能的。在此，只能简要介绍一些常见的奇异期权，为读者提供一个参考。由于本书的难度所限，这里仅介绍常见奇异期权的种类和比较简单的定价和保值技术，难度较大的内容在此不再赘述。

12.1.1 两值期权

两值期权（binary options）是一种基本期权，其到期回报是不连续的。两值期权中的一种是或有现金看涨期权（cash – or – nothing call）。到期日时，如果标的资产价格低于执行价格，该期权没有价值；如果高于执行价格，则该期权支付一个固定的数额 Q 。在第十章中我们已经了解，风险中性世界中期权到期时价格超过执行价格的概率为 $N(d_2)$ ，因此或有现金看涨期权的价值就是 $Qe^{-r(T-t)}N(d_2)$ 。相应地，或有现金看跌期权的价值就是 $Qe^{-r(T-t)}N(-d_2)$ 。

另一种两值期权是或有资产看涨期权（asset – or – nothing call）。如果标的资产价格在到期日时低于执行价格，该期权没有价值；如果高于执行价格，则该期权支付一个等于资产价格本身的款额。运用第十章的知识，这种或有资产看涨期权的价值就是 $Se^{-q(T-t)}N(d_1)$ 。相应地，或有资产看跌期权的价值就是 $Se^{-q(T-t)}N(-d_1)$ 。这里的 q 是标的资产在期权存续期内的连续收益率，如果标的资产无收益，则 $q=0$ 。

常规期权往往可分解为两值期权的组合。比如，一份常规欧式看涨期权就等于一份或有资产看涨期权多头和一份或有现金看涨期权空头之和，一份常规欧式看跌期权等于一份或有资产看跌期权空头和一份或有现金看跌期权多头之和，其中的现金支付金额等于执行价格。

12.1.2 打包期权

打包期权（packages options），是指由常规的欧式期权、远期合约、现金和标的资产等构成的证券组合。打包期权的经济意义在于，可以利用这些金融工具之间的关系，组合成满足各种风险收益需要的投资产品。最常见的打包期权是具有零初始成本的期权组合。比如，一份远期多头、一份看跌期权多头和一份看涨期权空头组合，其损益状态与牛市价差期权相似，如果选择看跌期权价值等于看涨期权价值的执行价格，就可以实现零前端费用。

另一种可以实现零初始成本的期权是延迟支付期权（deferred payment options）。其原理很简单：目前不支付期权价格，到期时支付期权价格的终值。当执行价格等于相应资产的远期价格时，这类延迟支付期权又叫做不完全远期、波士顿期权、可选退出的远期和可撤销远期。

12.1.3 障碍期权

障碍期权（barrier options），是指期权的回报依赖于标的资产的价格在一段特定时间内是否达到了某个特定的水平，即临界值，这个临界值就叫做“障碍”水平。

（一）障碍期权的种类

通常有许多种不同的障碍期权在场外市场进行交易，它们一般可划分为两类。

第一类，敲出障碍期权（knock - out options），即当标的资产价格达到一个特定的障碍水平时，该期权作废（即被“敲出”）；如果在规定时间内资产价格并未触及障碍水平，则仍然是一个常规期权。

第二类，敲入障碍期权（knock - in options）。敲入障碍期权正好与敲出期权相反，只有资产价格在规定时间内达到障碍水平，该期权才得以存在（即“敲入”），其回报与相应的常规期权相同；反之该期权无效。

在此基础之上，可以通过考察障碍水平与标的资产初始价格的相对位置，进一步为障碍期权分类：如果障碍水平高于初始价格，则把它叫做向上期权；如果障碍水平低于初始价格，则把它叫做向下期权。

将以上分类进行组合，可以得到诸如向下敲出看涨期权（down - and - out call options）、向下敲入看跌期权（down - and - in put options）、向上敲出看涨期权（up -

and - out call options）和向上敲入看跌期权（up - and - in put options）等8种障碍期权。

障碍期权推出初期，交易量不大，很少有人能很熟练地为它们定价。但现在障碍期权的市场容量急剧扩大，金融工程师们还根据市场需求对它们作了进一步的变形。现在，出现了许多在上述这些基本的障碍期权之上增加了许多新的特殊交易条款的期权。这些条款包括：

1. 障碍水平的时间依赖性。这是指障碍水平随时间不同将发生变化，比如障碍水平从某一个位置开始，逐渐上升。通常来说，障碍水平会是一个时间的分段常数函数（即在一段时间之内维持一个固定的水平，之后发生变化再维持一个水平）。其中的极端例子是被保护或是部分障碍期权（protected or partial barrier options）。在这类期权中，障碍是间断的，在一段特定的时间后，障碍会完全消失。其中，又可以分为两种：一种是在障碍有效的时间内，只要资产价格处于障碍水平之外，障碍条件就被引发；第二种则是只有资产价格在有效时间内越过障碍，才被引发，如果价格已经位于障碍水平之外则不会引发。

2. 双重障碍（double barrier）。期权条款中包含一个障碍上限和障碍下限。上限高于现价，而下限则低于现价。在一个双重敲出期权中，如果任何一个障碍水平被触及，期权就作废。在一个双重敲入期权中，规定时间内价格至少要达到其中一个障碍水平期权才可有效。还可以想象其他的情况：一个障碍水平是敲入，而另一个则是敲出。到期时，这个合约可能是一个敲入期权或是敲出期权的回报。

3. 多次触及障碍水平（repeated hitting of the barrier）。双重障碍期权可以进一步变得更复杂。有一类期权要求在障碍条件被引发之前，两重障碍水平都要被触及。实际上，当其中一个障碍水平第一次被触及，这个合约就变成了一个常规的障碍期权。

4. 障碍水平的重新设定。这种期权叫做重设障碍期权（reset barrier options）。当触及障碍水平的时候，合约变成另一个不同障碍水平的障碍期权。由于如果在规定时间之内障碍被触及的话，就会得到一个新的障碍期权，在此意义上，这类合约可以看作是依赖于时间的。

与这类合约相关的一类期权是上卷期权（roll - up options）和下卷期权（roll - down options）。这类期权开始时是常规期权，但如果资产价格达到某一事先确定的水平，就变为一个障碍期权。比如，一个上卷看跌期权，如果上卷水平达到，合约就变成一个向上敲出看跌期权，上卷价格就是障碍看跌期权的执行价，相应的障碍水平则是事先确定好的。

5. 外部障碍期权（outside barrier options）。它也被称为彩虹障碍期权（rainbow barrier options），其回报特征取决于第二种标的资产。这样，这个期权中的障碍水平可能被一个资产价格的变动触发，而期权的回报则取决于另一种资产价格。这类产品显然属于多因素合约。

6. 提前执行的可能性。除了以上对障碍的多种创新之外，还可以在障碍期权中加入提前执行的条款，这时合约中一定要列明如果合约提前执行，期权回报将如何兑现。

7. 折扣返还（rebate）。有时障碍期权合约中会规定，如果触及障碍水平，可以部分退款（折扣返还）。这常常发生在敲出期权的情况下，这部分退款可以看做是对失去的回报部分的缓冲。这部分退款一般在障碍被引发时或是到期时才支付。

（二）障碍期权的性质

从上文可以看到，障碍期权的回报和价值都受资产到期前遵循的路径的影响，这称为路径依赖性质。比如，一个向上敲出看涨期权在到期时同样支付 $\max(S_T - X,0)$ ，除非在此之前资产交易价格达到或超过障碍水平 H 。在这个例子中，如果资产价格到达这个价位（显然是从下面向上达到），那么该期权敲出。但障碍期权的路径依赖性质是较弱的，因为只需要知道这个障碍是否被触发，而并不需要关于路径的其他任何信息，关于路径的信息不会成为障碍期权定价模型中的一个新增独立变量。如果障碍水平没有被触发，障碍期权到期时的回报仍然和常规期权是相同的。

障碍期权受欢迎的主要原因在于：它们通常比常规期权便宜，这对那些相信障碍水平不会（或会）被引发的投资者很有吸引力。而且，购买者可以使用它们来为某些非常特定的具有类似性质的现金流保值。通常来说，购买者对于市场方向都有自己精确的观点，如果他相信标的资产价格的上升运动在到期之前会有一定的限制，希望获得看涨期权的回报，但并不想为所有上升的可能性付款，那么他就有可能去购买一份向上敲出期权。由于上升运动受到限制，这个期权就会比相应的普通看涨期权便宜。如果预测是对的，那么这个障碍水平并不会被引发，该购买者就可以得到他所想要的回报。障碍距离资产价格现价越近，期权被敲出的可能性越大，合约就越便宜。相反，一个敲入期权将会被某个相信障碍水平将会实现的人购买，这时期权同样也会比相应的普通期权便宜。

12.1.4 亚式期权

亚式期权（Asian options），是当今金融衍生品市场上交易最为活跃的奇异期权之一。它最重要的特点在于：其到期回报依赖于标的资产在一段特定时间（整个期权有效期或其中部分时段）内的平均价格。

（一）亚式期权的种类

亚式期权的分类可以主要从两方面进行：哪个值取平均值？如何取平均值？

首先，如果用平均值 A 取代到期资产价格 S_T ，就得到了平均资产价期权（average price options），比如平均资产价看涨期权的到期回报为 $\max(A - X,0)$ ；如果用 A 取代执行价格，则得到平均执行价期权（average strike options），平均执行价看涨期权的到期回报为 $\max(S_T - A,0)$ 。

其次，所使用的平均值主要可以分为两类：算术平均和几何平均。算术平均的一种形式可以表示为 $A = \frac{1}{n}(S_1 + S_2 + \cdots + S_n)$ ，而几何平均一般可以用 $A = (S_1 S_2 S_3 \cdots S_n)^{\frac{1}{n}}$，或者 $\ln A = \frac{1}{n}(\ln S_1 + \ln S_2 + \ln S_3 + \cdots + \ln S_n)$ 来表示。除此之外，还有一种使用广泛的方法是指数加权平均。也就是说，它不像算术平均或几何平均那样给予每个价格以相等权重，而是最近的价格权重大于以前的价格权重，并以指数的形式下降。

事实上，在亚式期权中还有一个很重要的问题：在取平均值时使用的是连续方法还是离散方法。如果在一个有限的时间内取时间上非常接近的价格相加，计算的平均价格就会变成在这段平均期内的资产价格（或是其某一函数）的积分值，这就给出了一个连续平均值。更一般的现实情况是，只取总体数据中的部分可靠的数据点，一般取每天或确定日子的收盘价，这被叫做离散平均。前面给出的平均值公式实际上都是离散形式的，相应地，连续算术平均和连续几何平均公式分别可以写成：

$$A = \frac{1}{T_2 - T_1}\int_{T_1}^{T_2} S_t \mathrm{d}t$$

$$A = \exp\left(\frac{1}{T_2 - T_1}\int_{T_1}^{T_2} \ln \mathrm{S}_t \mathrm{d}t\right)$$

式中，T_1 到 T_2 为取平均值的时间区间。

（二）亚式期权的性质

可以看出，亚式期权和障碍期权类似，其回报和价值都要受到到期前标的资产价格遵循路径的影响，但很显然标的资产历史价格的平均数要成为亚式期权定价中的一个独立状态变量，因此它的路径依赖性质比障碍期权更强。

亚式期权受欢迎的一个重要原因在于：平均值的采用减少了波动，使得它比一个类似的常规期权更便宜，而任何能降低期权合约前端费用的东西都会使得它们更受欢迎。另外，在许多情况下，在市场上寻求套期保值的公司往往需要为其在未来一段时间内连续平稳的可预测现金流进行保值，这时持有一个合适的亚式期权可以对冲平均价格的风险，因此亚式期权在对冲那些不断进行的小额交易风险时特别有用。有时，亚式期权所使用的是一段特定时期内的平均价格，往往可以满足投资者的特殊需求。例如，有一类亚式期权被称为尾部亚式期权（Asian tail options），使用的是期权快到期之前一段时间内的标的资产平均值。这对于那些到期时有固定的现金流出的交易者（比如养老金账户）就很有意义，可以避免到期前标的资产价格突然波动带来的风险。

12.1.5　回溯期权

能在价格最高点卖出，或在最低点买进，这是市场交易者梦寐以求的情形。回溯期权（lookback options）就提供了这样一种可能。回溯期权的收益依附于标的资产在某个确定的时段（称为回溯时段）中达到的最大或最小价格（又称为回溯价）。就像亚式期权一样，根据是资产价还是执行价采用这个回溯价格，回溯期权可以分为以下两类。

1. 固定执行价期权（fixed strike options）。除了回报中用回溯价 M 替代资产价格 S_T，例如使看涨期权回报等于 $\max(M - X, 0)$ 之外，其他都与相应的常规期权没有区别。

2. 浮动执行价期权（floating strike options）。回报中回溯价替代的是执行价格 X 而非资产价格 S_T，例如使看跌期权回报等于 $\max(M - S_T, 0)$。

与亚式期权类似，回溯期权定价中需要增加考虑回溯价这个独立的状态变量，因此也属于具有较强的路径依赖性质的期权。回溯期权（或者说回溯的特征）常常出现在市场上许多不同种类的金融产品中，尤其是固定收益类工具，例如其中的利息支付取决于在确定时间内利率到达的最大水平。总的来说，回溯期权很适合那些对资产价格波动幅度较有把握，但对到期价格把握不大的投资者，它保证了持有者可以得到一段时期内的最优价格，因此价格也相对昂贵。

12.1.6　远期开始期权

顾名思义，远期开始期权（forward start options）是现在支付期权费而在未来某时刻才开始的期权。投资者在 t_0 时刻购买了期权，但执行价格需要到期权启动时刻 t_1 才得知，即为当时的资产价格 S_1，而该期权将在 $t_2(t_2 > t_1 > t_0)$ 时刻到期。（下标0、1和2分别表示不同时刻。）

可以用第十章中介绍的 $B-S-M$ 模型框架为远期开始期权定价。假设一份不付红利的远期开始欧式看涨期权，在 t_1 时刻显然满足 $B-S-M$ 期权定价公式（符号含义同前）

$$c_1 = S_1N(d_1) - S_1e^{-r(t_2-t_1)}N(d_2)$$

式中

$$d_1 = \frac{\left(r + \frac{\sigma^2}{2}\right)(t_2 - t_1)}{\sigma\sqrt{t_2 - t_1}} \tag{12.1}$$

$$d_2 = \frac{\left(r - \frac{\sigma^2}{2}\right)(t_2 - t_1)}{\sigma\sqrt{t_2 - t_1}} = d_1 - \sigma\sqrt{t_2 - t_1}$$

从式（12.1）中可以看到，期权价值与资产价格成正比，可以看成资产价格与一个函数的乘积，即

$$c_1 = S_1f(t_2 - t_1)$$

根据风险中性定价原理，t_0 时刻的期权价值应为 $c_0 = e^{-r(t_1-t_0)}\hat{E}[c_1]$（$\hat{E}[\cdot]$ 为风险中性世界的期望值）。由于 $\hat{E}[S_1] = S_0e^{r(t_1-t_0)}$，函数 $f(t_2-t_1)$ 对 c_0 和 c_1 来说是相等的，因此零时刻的期权价格为

$$c_0 = S_0N(d_1) - S_0e^{-r(t_2-t_1)}N(d_2)$$

式中，d_1 和 d_2 的定义同式（12.1）。

换句话说，远期开始期权的价值与具有相同有效期长度的 $S = X$ 的常规期权价值完全相同。

以上公式可以很容易地推广到红利率为 q 的情形。

12.1.7　呐喊期权

呐喊期权（shout options）是一个常规欧式期权加上一个额外的特征：在整个期权有效期内，持有者可以向空头方“呐喊”一次。在期权到期时，期权持有者可以选择以下两种损益中的一种：一个常规欧式期权的回报；根据呐喊时刻的内在价值得到的回报。投资者当然选择其中较大者。

在此可以举一个看涨呐喊期权的例子来说明。假设一个看涨期权的执行价格是50美元，持有者在标的资产价格上升到60美元时呐喊了一次，如果到期时资产价格低于60美元，投资者就可以获得10美元，如果到期资产价格高于60美元，就按到期价格计算多头的收益。

因此，呐喊期权实际上和回溯期权有点类似，但由于呐喊次数有限，相对要便宜一些。定价的时候，可以把呐喊期权的回报写为

$$\max(S_T - S_\tau, 0) + (S_\tau - X)$$

式中，T是到期时刻；S_τ是指呐喊时刻的资产价格。

因此，可以把呐喊期权分成$S_\tau - X$的现值加上一个执行价为S_τ的欧式期权，后者可以用$B-S-M$公式计算出来。

也可以用二叉树或三叉树模型为呐喊期权定价，只是在每个节点都要分别计算持有者呐喊的期权价值和持有者没有呐喊的期权价值，取其大者，因此整个过程很类似美式期权的定价过程。

12.1.8　复合期权和选择者期权

复合期权（compounded options）和选择者期权（chooser options）都是期权的期权，即二阶期权，因此放在一起加以介绍。

（一）复合期权

复合期权，在t_0时刻给予持有者一种在特定时间$t_1(t_1 > t_0)$以特定价格买卖另一种期权的权利，这个标的期权将在$t_2(t_2 > t_1 > t_0)$时刻到期。复合期权是二阶期权，因为复合期权给了持有者对另一种期权的权利。

在此，可以用$B-S-M$模型来简要地分析复合期权：

首先，为标的期权定价。假设复合期权是看涨期权的看涨期权，则根据$B-S-M$模型，标的期权价值f_1满足

$$\frac{\partial f_1}{\partial t} + \frac{1}{2}\sigma^2 S^2 \frac{\partial^2 f_1}{\partial S^2} + rS\frac{\partial f_1}{\partial S} - rf_1 = 0$$

其边界条件，即到期回报为

$$f_1(S_2, t_2) = \max(S_2 - X_1, 0)$$

式中，S_2为t_2时刻标的期权中的标的资产理论价格；X_1为标的期权执行价格。这样可以通过$B-S-M$公式计算出t_1时刻的标的期权理论价值$f_1(S_1, t_1)$。

接下来，为复合期权定价，t_0时刻的复合期权f_0同样满足$B-S-M$微分方程：

$$\frac{\partial f_0}{\partial t} + \frac{1}{2}\sigma^2 f_1^2 \frac{\partial^2 f_0}{\partial f_1{}^2} + rf_1\frac{\partial f_0}{\partial f_1} - rf_0 = 0$$

其边界条件应为

$$f_0(f_1, t_1) = \max[f_1(S_1, t_1) - X_0, 0]$$

式中，S_1为t_1时刻标的期权中的标的资产价格；X_0为复合期权执行价格。

如果假设波动率是常数，可以计算得到复合期权的价格公式，其中要涉及累积二维

正态分布函数。但实际上由于复合期权的二阶性质，两重期权都会受到模型假设是否正确的影响，例如复合期权的价值对资产价格到底是否服从对数正态分布非常敏感，比一阶期权要敏感得多，一点偏离就可能造成定价的较大偏误。因此这些公式在实际当中都很少直接使用，交易者常常要用到更复杂的模型和方法为复合期权定价。

（二）选择者期权

选择者期权类似于复合期权，其特征在于，持有者可以在特定时间 $t_1(t_1 > t_0)$ 以特定价格选择一份进一步的期权，即持有者可以选择购买一份看涨期权或是购买一份看跌期权。显然，可以如同为复合期权定价一样，为选择者期权中的三个期权分别建立微分方程，只是在 t_1 时刻的回报改为

$$f_0(f,t_1) = \max[f_c(S_1,t_1) - X_c, f_p(S_1,t_1) - X_p, 0]$$

式中的 $f_c(S_1,t_1)$ 和 $f_p(S_1,t_1)$ 分别代表 t_1 时刻备选看涨期权和看跌期权的价值；X_c 和 X_p 则表示事先确定的这两种期权的购买价格；S_1 为 t_1 时刻的标的资产价格。

选择者期权的定价模型在实际应用方面也存在与复合期权同样的问题，也是对标的资产所服从的概率分布等理论假设非常敏感。

如果选择者期权中的两个标的期权都是欧式的且具有相同的执行价格和到期日，在 t_1 时刻面临的选择可以简化为 $\max[\max(f_c, f_p) - X, 0]$，其关键之处在于确定 $\max(f_c, f_p)$。运用看涨—看跌期权平价关系，可以把问题进一步简化为打包期权的定价：

$$\max(f_c, f_p) = f_c + e^{-q(t_2-t_1)}\max[0, Xe^{-(r-q)(t_2-t_1)} - S_1] \tag{12.2}$$

式（12.2）可以看作一份执行价格为 X、到期日为 t_2 的看涨期权与 $e^{-q(t_2-t_1)}$ 份执行价格为 $Xe^{-(r-q)(t_2-t_1)}$、到期日为 t_1 的看跌期权价值之和，这样定价就大大简化了。

12.1.9 多资产期权

多资产期权（multi - asset options）中往往包含两个或两个以上标的资产，这就带来了多维的概念，比如在两种标的资产的情况下是三维的，包括两种资产价格和时间因素。在三维或多维概念下，必须考虑标的资产之间的相关关系，相应地产生了伊藤引理和 $B-S-M$ 模型在多维世界中的拓展。

在多资产期权中，仍然可以假设每个标的资产都服从几何布朗运动

$$dS_i = \mu_i S_i dt + \sigma_i S_i dz_i$$

式中

$$E(dz_i dz_j) = \rho_{ij} dt$$

ρ_{ij} 是第 i 个布朗运动和第 j 个布朗运动之间的相关关系。

多资产期权又存在多种变形，下面主要介绍其中的两种：彩虹期权和资产交换期权。

（一）彩虹期权

彩虹期权（rainbow options）是指标的资产有两种以上的期权，比如篮子期权（basket options）。篮子期权的回报取决于一篮子资产的价值。这些资产包括单个股票、股票指数或是外汇等。这种期权在现代的结构化产品中非常多见。

在 $B-S-M$ 框架中，建立一个包括一篮子期权 $f(S_1,S_2,\cdots,S_n,t)$ 和 Δ_i 份各种标的资产的组合，令 $\Delta_i=\frac{\partial f}{\partial S_i}$，就可以得到无风险组合，从而可以得到篮子期权的多维微分方程

$$\frac{\partial f}{\partial t}+r\sum_{i=1}^{n}S_i\frac{\partial f}{\partial S_i}+\frac{1}{2}\sum_{i=1}^{n}\sum_{j=1}^{n}\sigma_i\sigma_j\rho_{ij}S_iS_j\frac{\partial^2 f}{\partial S_i\partial S_j}=rf$$

但在实际中，人们更多地使用数值方法和近似方法计算篮子期权的价值。例如，在假设标的资产遵循相关的几何布朗运动的前提下，可以使用蒙特卡罗模拟计算出欧式篮子期权的价值。还有一种更快的方法是计算出在风险中性世界中，这些资产在期权到期时价格分布的前两阶矩，之后假设这一篮子资产的价值服从具有相同均值和方差的对数正态分布，之后再进行定价。如果要应用二叉树或是三叉树方法为彩虹期权定价，一个重要的不可忽略的问题是资产价格的相关性，人们提出了许多处理这一多维问题的方法，讨论难度已超过了本书的范围，这里就不加以介绍了。

（二）资产交换期权

资产交换期权（exchange options）是另一种常见的多资产期权，它可以有多种形式：比如对一个美国投资者而言，用澳元购买日元的期权就是用一种外币资产交换另一种外币资产的期权，股权收购要约（stock tender offer）则可以看成是用一个公司的股份换取另一个公司股份的期权。

一个在 T 时刻用价值为 U_T 的资产来换取价值为 V_T 的资产的欧式期权，其回报为

$$\max(V_T-U_T,0)$$

马格拉布（Margrabe）首先提出了这种期权的定价公式：假设资产价格 U 和 V 都遵循几何布朗运动，波动率分别为 σ_U 和 σ_V，收益率分别为 q_U 和 q_V，零时刻的资产价值分别为 U_0 和 V_0。进一步假设 U 和 V 之间的瞬时相关关系为 ρ，则零时刻期权的价值为

$$V_0e^{-q_VT}N(d_1)-U_0e^{-q_UT}N(d_2)$$

式中

$$d_1=\frac{\ln(V_0/U_0)+\left(q_U-q_V+\frac{\hat{\sigma}^2}{2}\right)T}{\hat{\sigma}\sqrt{T}}$$

$$d_2=d_1-\hat{\sigma}\sqrt{T}$$

$$\hat{\sigma}=\sqrt{\sigma_U^2+\sigma_V^2-2\rho\sigma_U\sigma_V}$$

以上这个公式有两个方面值得注意：第一，该公式是独立于无风险利率 r 的。这是因为当 r 上升的时候，风险中性世界中的两种资产价格增长率都上升了，但是这被贴现率的上升抵消了。第二，变量 $\hat{\sigma}$ 是 $\frac{V}{U}$ 的波动率，这样这个期权可以理解为 U_0 份标的资产价格为 $\frac{V}{U}$、执行价格为 1 的欧式看涨期权的价格，其中无风险利率是 q_U，资产红利率为 q_V。马克·鲁宾斯坦（Mark Rubinstein）证明了美式资产交换期权也有相同的

性质。

如果一个期权可以让持有者在到期时选择两个资产中较好或较差的一种，这个期权可以看成是由其中一个资产的头寸和一份这两个资产之间的交换期权的组合。

$$\min(U_T,V_T) = V_T - \max(V_T - U_T,0)$$
$$\max(U_T,V_T) = U_T + \max(V_T - U_T,0) \quad (12.3)$$

奇异期权是世界上最具有生命力的金融工具之一，它的内涵和外延无时不处在变化和拓展当中。没有人能够说出究竟有多少种奇异期权，也没有人能够精确地对它们进行分类和完全描述，上面介绍的只是最常见的部分奇异期权。只要市场需要，奇异期权就会不断延展不断衍生，过去或现在被称为奇异期权的东西，也正在成为进一步衍生的基础。可以看一些有趣的例子：

部分回溯期权。其回溯时段只是期权有效期的一部分，而不再是整个有效期，这样期权价格会有所下降，对那些认为资产价格只可能在一段时间内发生有利变化的投资者来说，就是很有吸引力的。

俄式期权。一种永远不会到期的美式回溯期权，期权持有者可以选择任意时刻执行，执行时收到资产价格的历史最大值（这时回溯时段是整个历史）。

梯子期权。一种离散取样的回溯期权，但离散取样的是资产价格而非时间，假设设定的价格梯子是5美元，10美元，……，55美元，60美元，……，如果回溯期内资产价格的最大值是58美元，则使用55美元作为计算回报的最大值。

回溯—亚式期权。这种期权的价值受到多个路径依赖变量的影响，是回溯期权和亚式期权的结合。

巴黎期权。一种障碍期权，但是其障碍特征只有在标的资产价格在障碍值之外保持了预先要求的时间长度之后，才会被触发。

……

可见，奇异期权确实是无法尽述的，可以说，它的丰富多变就是金融工程的核心和魅力的体现。前几章所介绍的定价和管理方法为期权定价提供了基本思路和方法，可以根据期权的不同特征，将它们分别应用到新的期权定价和管理中去。

§12.2 奇异期权的主要性质

本节的主要内容是对奇异期权的主要性质与类型进行大致的区分，以帮助读者更好地理解奇异期权。这些类型包括：分拆与组合、弱式路径依赖、强式路径依赖、时间依赖、维数和阶数。必须注意的是，因为奇异期权变化很多，本节内容并不能包括奇异期权的所有特点。

12.2.1 分拆与组合

最基本的奇异期权是对常规期权和其他一些金融资产的分拆和组合，从而得到所需要的回报，如打包期权。

分拆和组合的思想还可以用在为奇异期权定价上，这一方法是金融工程的核心之一。通过对奇异期权到期时回报的数学整理，常常可以把期权分成常规期权、简单期权和其他金融资产的组合，从而大大简化期权定价过程，如前一节中的式（12.2）与式（12.3）。

12.2.2　弱式路径依赖

路径依赖（path dependence）性质，是指期权的价值会受到标的变量所遵循路径的影响，它又可以分为弱式路径依赖（weak path dependence）和强式路径依赖（strong path dependence）两种。如果期权价值会受到路径变量的影响，但是在期权定价的偏微分方程中，并不需要比与之类似的常规欧式期权增加新的独立路径依赖变量，就属于弱式路径依赖性质的期权。

美式期权（或者更一般地说，具有提早执行特征的期权）就是弱式路径依赖型的期权。当期权到期时，期权持有者是否仍持有期权要看他是否已经执行了期权，或者说要看标的资产价格遵循的路径，但是在定价模型中，并不需要增加独立的状态变量，因此美式期权路径依赖的特征是比较弱的。

导致弱式路径依赖的第二个最常见的原因是障碍水平。当标的资产价格在事先确定的时间内触及某个预先确定的障碍水平时，障碍期权（敲入或敲出期权）就可能被敲出（作废）或是敲入（开始生效）。这种期权显然是路径依赖的，但是因为仍然只需要解一个以资产价格和时间为变量的偏微分方程，它仍然只是弱式路径依赖的。

12.2.3　强式路径依赖

与弱式路径依赖对应的强式路径依赖，在奇异期权中也相当常见。这些期权的损益除了取决于标的资产的目前价格和时间之外，还取决于资产价格路径的一些特征，即不能将期权价格简单写作 $f(S,t)$ ，还需要获得资产价格路径的更多信息。期权价值是原先的期权价格、时间和至少再增加一个独立变量的函数，相应地，在期权价值偏微分方程中也将增加期权价值对这些独立变量的导数。在现实生活中存在着许多这样的期权合约，亚式期权和回溯期权是其中的典型例子，其损益要受到标的资产在一定时间内价格函数的影响。

12.2.4　时间依赖

奇异期权的一种变化形式是在以上所述的所有特征中加入时间依赖（time dependence）的特性。只能在特定的时段内提前执行的百慕大期权就是一种典型的时间依赖期权；敲出期权的障碍位置也可以随着时间的不同而不同，每个月都可以设定一个比上个月更高的水平；或者可以设立一个敲出期权，其障碍只在每个月的最后一星期有效。这些合约都可以称作是时间上非均匀的（time - inhomogeneous）。这些变化使得期权合约更加丰富，也更能满足客户和市场的特殊需求。

12.2.5 维数

维数（dimensions）指的是基本的独立变量的个数。常规期权有两个独立变量 S 和 t，因此是二维的。弱式路径依赖期权合约与那些除了不是路径依赖之外其他条件都完全相同的期权合约的维数相同，比如一个障碍期权和与之相应的常规期权都只有两个变量，都是二维的。对这些合约来说，资产价格这个变量的作用和时间变量的作用是彼此不同的，因为在 $B-S-M$ 方程中，包含了对资产价格的二阶偏导而只有对时间的一阶偏导。

在两种情况下，会出现三维甚至多维。第一种情况出现在增加了其他随机源的时候，比如期权中有多个标的资产。假设有一种期权，要取两种股票价格的最大值。这两种标的资产都是随机的，每种都有自己的波动率，它们之间还有相关关系。在 $B-S-M$ 方程中，将会出现对每种资产价格的二阶偏导，这称为存在 S_1 和 S_2 的扩散过程，这就出现了三维问题。

三维的第二种情况是强式路径依赖的合约。比如，一种新的独立变量是路径依赖量（如亚式期权中的价格平均数）的一个衡量，期权价值是依赖于这个变量的。这样，期权价格方程中需要再增加新的变量，但这时期权价格对这个新变量的导数只是一阶的。这样，这个新的变量看起来更像是一个类似于时间的变量，这与多标的资产的情况显然是不同的。

12.2.6 阶数

奇异期权的另一个分类特征是期权的阶数，但这不仅是一种分类特征，还牵涉建模的问题。

常规期权是一阶的，其损益仅直接取决于标的资产价格，其他的如路径依赖期权，如果路径变量直接影响期权价格，那么它也是一阶的。高阶期权指的是那些期权损益和价值取决于另一个（些）期权的价值。最典型的二阶期权的例子是复合期权。比如，一个看涨期权给予持有者购买一个看跌期权的权利。复合期权在 t_1 时刻到期，而作为其自变量的那个标的期权则在更迟的一个时刻 t_2 到期。

从实际的角度来看，高阶期权的存在提出了一些重要的建模问题：复合期权的损益取决于标的期权的市场价值而非理论价值，但是对二阶期权都要使用理论模型，这时高阶期权对模型正确与否就非常敏感，需要很谨慎地处理。

本章小结

1. 奇异期权的基本类型包括分拆与组合、弱式路径依赖、强式路径依赖、时间依赖、维数和阶数。

2. 奇异期权的变化很多，并且处在不断的衍生和变化当中。

3. 障碍期权的回报依赖于标的资产的价格在特定时间内是否达到了一个特定的水

平，一般可以分为敲出期权、敲入期权、向上期权和向下期权等。障碍期权属于弱式路径依赖期权。

4. 亚式期权的回报依赖于标的资产在一段时间内的平均价格，回溯期权的损益则依赖于标的资产在某个确定的时段中达到的最大或最小价格，它们都属于强式路径依赖期权。

5. 其他的奇异期权还包括两值期权（或有现金期权、或有资产期权）、打包期权（由期权和其他金融资产组成的证券组合）、远期开始期权（现在支付期权费而在未来某时刻才开始的期权）、二阶期权（复合期权和选择者期权）、多资产期权（多个标的资产的期权）以及呐喊期权等。

6. 大多数奇异期权和路径依赖期权的定价仍然可以在 $B-S-M$ 模型框架中进行。例如，障碍期权中的障碍条件主要反映在相应的边界条件上，连续平均的亚式期权在原来的偏微分方程中加入了对新的平均值变量的一阶偏导。我们可以得到其中一些奇异期权的定价公式，但是大部分情况下，无法得到精确的解析解，或者是这些公式难以在实际中运用，大多时候人们是用数值方法或是近似方法为奇异期权和路径依赖期权定价。

复习与思考

1. 奇异期权的主要类型有哪些?

2. 分别为弱式路径依赖期权、强式路径依赖期权、多维期权、高阶期权举出几例。

3. 分析障碍期权的性质。

4. 基于某个资产价格的欧式向下敲出期权的价值与基于该资产期货价格的欧式向下敲出期权价值相等吗（该期货合约到期日与期权到期日相同）?

5. 解释为什么几何平均有一个精确公式而算术平均无法得到精确定价。

6. 为什么亚式期权比障碍期权更易保值?

第十三章

互换概念

互换市场是增长最快的金融产品市场之一。本章将讨论互换的定义与种类，并对互换市场的发展与基本运行机制加以介绍。

§13.1 互换的定义与种类

互换（swaps），是两个或两个以上当事人按照商定条件，在约定的时间内交换一系列现金流的合约。远期合约可以被看做仅交换一次现金流的互换。在大多数情况下，互换协议的双方通常会约定在未来多次交换现金流，因此互换可以看做是一系列远期的组合。由于计算或确定现金流的方法很多，互换的种类也就很多。其中，最重要和最常见的是利率互换（interest rate swap，IRS）与货币互换（currency swap）。

13.1.1 利率互换

利率互换，是指双方同意在未来的一定期限内根据同种货币的相同名义本金交换现金流，其中一方的现金流根据事先选定的某一浮动利率计算，而另一方的现金流则根据固定利率计算。从期限来看，利率互换的常见期限包括1年、2年、3年、4年、5年、7年与10年，30年与50年的互换也时有发生。［例13－1］是一个1年期的利率互换。

【例13－1】

国内首笔基于SHIBOR的标准利率互换

2007年1月22日，花旗银行宣布与兴业银行于1月18日完成了中国国内银行间第一笔基于上海银行间同业拆放利率（SHIBOR）的标准利率互换。公开披露的协议细节如表13－1所示。

表13－1　国内首笔基于SHIBOR的标准利率互换

期限	1年
名义本金	未透露
固定利率支付方	兴业银行
固定利率	2.98%
浮动利率支付方	花旗银行
浮动利率	3个月期SHIBOR

利率互换是一种场外交易的金融产品，具体细节由双方商定，交易双方也没有披露的义务。但从已披露的协议内容来看，此次利率互换的基本设计是：从 2007 年 1 月 18 日起的一年内，花旗银行与兴业银行在每 3 个月计息期开始时就按照最新 3 个月期的 Shibor 确定当期的浮动利率，计息期末双方根据名义本金交换利息净额，基本流程如图 13－1所示。

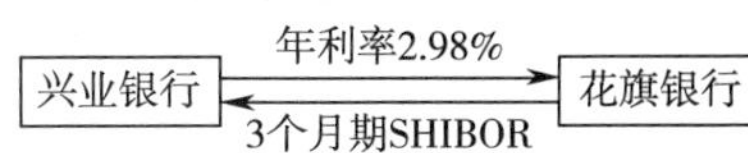

图 13－1　利率互换流程图

按照业界的惯例，利率互换协议中通常会事先确定明确的浮动利率确定日和现金流交换日，且固定利率和浮动利率的天数计算惯例通常有所不同。由于交易细节的不可得，同时为了集中说明利率互换的利息现金流交换本质，这里假设该协议的 4 个浮动利率确定日分别为 2007 年 1 月 18 日、4 月 18 日、7 月 18 日和10 月 18 日，现金流交换日是浮动利率确定日之后的3 个月（0.25 年）。表 13－2 给出了事后观察到的 4 次 3 个月期 SHIBOR 和兴业银行在此互换中的 4 次实际现金流。

表 13－2　　兴业银行的现金流量表（每 1 元本金）

时点	3 个月期 SHIBOR	收到的浮动利息	支付的固定利息	净现金流
2007－01－18	2.8080%	—	—	—
2007－04－18	2.9049%	$\frac{2.8080\%}{4}=0.00702$	$\frac{2.98\%}{4}=0.00745$	－0.00043
2007－07－18	3.1421%	$\frac{2.9049\%}{4}=0.00726$	$\frac{2.98\%}{4}=0.00745$	－0.00019
2007－10－18	3.8757%	$\frac{3.1421\%}{4}=0.00786$	$\frac{2.98\%}{4}=0.00745$	0.00041
2008－01－18	—	$\frac{3.8757\%}{4}=0.00969$	$\frac{2.98\%}{4}=0.00745$	0.00224

13.1.2　货币互换

货币互换，是在未来约定期限内将一种货币的本金和固定利息与另一货币的等价本金和固定利息进行交换。［例 13－2］给出了一个货币互换的案例。对比图 13－1 和图 13－2 可以看到，在利率互换中通常无须交换本金，只需定期交换利息差额；而在货币互换中，期初和期末须按照约定的汇率交换不同货币的本金，期间还需定期交换不同货币的利息。

【例 13－2】

货币互换

雷斯顿科技公司（Reston Technology）是成立于弗吉尼亚州科技开发区的一家互联网公司，由于计划到欧洲拓展业务，该公司需要借入 1 000 万欧元，当时汇率是 0.9804

美元/欧元。雷斯顿公司因此借入2年期的980.4万美元借款，利率为6.5%，并需要将其转换为欧元。但由于其业务拓展所产生的现金流是欧元现金流，它希望用欧元交付利息，因此雷斯顿公司转向其开户行的一家分支机构——全球互换公司（Global Swaps, lnc.，GSI）进行货币互换交易。图13-2是该笔货币互换的主要流程。

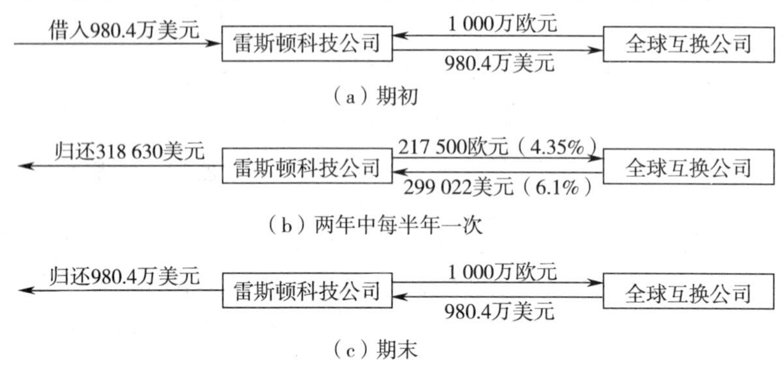

图13-2　货币互换流程图

从图13-2中可以看到，雷斯顿公司通过货币互换将其原先的美元借款转换成了欧元借款。在美国市场上，它按照6.5%的利率支付利息；同时在货币互换中，收到6.1%的美元利息，支付4.35%的欧元利息。如果假设汇率不变的话，其每年的利息水平大约为4.35%+（6.5%-6.1%）=4.75%。

13.1.3　其他互换

虽然互换产生的历史较短，但其品种创新却日新月异。除了传统的货币互换和利率互换外，一大批新的互换品种不断涌现。其他的互换品种主要有：

1. 交叉货币利率互换。交叉货币利率互换（gross-currency interest rate swaps）是利率互换和货币互换的结合，它以一种货币的固定利率交换另一种货币的浮动利率。

2. 基点互换。在普通的利率互换中，互换一方是固定利率，另一方是浮动利率。而在基点互换（basis swaps）中，双方都是浮动利率，只是两种浮动利率的参照利率不同，如一方为LIBOR，另一方为1个月期美国商业票据利率（commercial paper rates）。

常期限利率互换（constant maturity swap，CMS）和常期限国债利率互换（constant maturity treasury swap，CMT）是最常见的浮动-浮动利率互换。在CMS中，交易双方交换的是LIBOR与特定期限的互换利率（swap rate，即特定期限标准利率互换中的固定利率）；CMT中交换的则是LIBOR与特定期限的美国国债利率。

一个基点互换等同于两个利率互换的组合。现金流由浮动转为固定，然后再由固定转为浮动，只是依据不同的基准。

3. 增长型互换、减少型互换和滑道型互换。在标准的互换中，本金是不变的，而在这三种互换中，名义本金是可变的。其中增长型互换（accreting swaps）的本金在开始时较小，而后随着时间的推移逐渐增大。减少型互换（amortizing swaps）则正好相反，其本金随时间的推移逐渐变小。近年来，互换市场中出现了一种特殊的减少型互换，即指数化本金互换（indexed principal swaps），其本金的减少幅度取决于利率水平，利率越低，名义本金减少幅度越大。滑道型互换（roller – coaster swaps）的本金则在互换期内时而增大，时而变小。

4. 可延长互换和可赎回互换。在标准的互换中，期限是固定的。而可延长互换（extendable swaps）的一方有权在一定限度内延长互换期限。可赎回互换（puttable swaps）的一方则有权提前终止互换。

5. 零息互换（zero – coupon swaps）。零息互换，是指固定利息的多次支付流量被一次性的支付所取代，该一次性支付可以在互换期初，也可在期末。

6. 后期确定互换（back – set swaps）。在涉及浮动利率的普通互换中，每次浮动利率都是在计息期开始之前确定的。后期确定互换的浮动利率则是在每次计息期结束之时确定的。

7. 差额互换（differential swaps）。差额互换是对两种货币的浮动利率的现金流量进行交换，只是两种利息现金流量均按同种货币的相同名义本金计算。

差额互换允许使用者利用不同市场的利率差异，而不用考虑汇率问题。例如，互换一方按 6 个月期美元的 LIBOR 对 1 000 万美元的名义本金支付美元利息，另一方按 6 个月期欧元的 LIBOR 减去 1. 90% 的浮动利率对 1 000 万美元的名义本金支付美元利息。

8. 远期互换（forward swaps）。远期互换，又称延迟生效互换（delayed – start swaps），是指互换生效日是从未来某一确定时间开始的互换。

9. 互换期权（swaption）。互换期权，本质上属于期权而不是互换，该期权的标的物为互换，互换期权的持有人有权在未来签订一个互换协议。利率互换期权本质上是按期权中规定的固定利率把固定利率交换为浮动利率，或把浮动利率交换为固定利率的权利。但许多机构在统计时都把互换期权列入互换的范围。

10. 股票互换（equity swaps）。股票互换，是以股票指数产生的红利和资本利得与固定利率或浮动利率交换。在股票互换中，交易方的净现金流取决于特定股票指数的收益率。例如，股票互换中的一方接受以日经 225 指数收益率为基础的现金流，同时以美元 LIBOR 为基础支付浮动利率。因此，投资组合管理者可以通过股票互换把债券投资转换成股票投资；反之亦然。

股票互换还可以被设计为交易方收到以某种股指（如标准普尔 500 指数）为基础的现金流，同时以另一种股指（如英国富时 100 指数）为基础进行支付的结构。单个股票的互换也已经出现，在这种结构安排中，现金流的一方可以用单只股票的收益率来交换股指收益率。

11. 商品互换。商品互换实际等价于具有不同期限但具有同一执行价格的商品远期合约。在 1986 年，出现了第一笔石油交易的互换。与前面介绍过的其他类型互换相似，交易双方确定一个名义本金，只是名义本金是以石油的桶数而不是以美元来表示的，定期的清算安排则是基于固定和浮动的石油价格进行的。与利率互换、货币互换不同的是，在石油互换中采用的浮动价格并不是通常意义上的单一即时价格，而是在一个特定时期内的石油平均价格。在石油互换中，尽管现金流是用石油表示的，但在交割结算中并不涉及实际数量的石油，结算时的净现金流仅仅是石油价格的反映。

此外，还有一些信用衍生产品也以互换的形式存在，如信用违约互换和总收益互换，将在第十四章中进行详细的介绍。

§13.2 互换市场

13.2.1 互换市场的起源与发展

互换市场的起源可以追溯到20世纪70年代末，当时的货币交易商为了逃避英国的外汇管制而开发了货币互换。1981年，所罗门兄弟公司促成了IBM与世界银行之间基于固定利率的一项货币互换，这被认为是互换市场发展的里程碑。第一个利率互换于1981年出现在伦敦，并于1982年被引入美国。从那以后，互换市场发展迅速，全球利率互换和货币互换名义本金金额从1987年底的8 656亿美元猛增到2006年底的285.73万亿美元，20年增长了约330倍，如图13－3所示。到2014年底，全球利率互换和货币互换名义本金金额进一步增长到447.41万亿美元，其中利率互换的名义本金金额就高达421.27万亿美元。可以说，互换市场是增长速度最快的金融产品市场之一。尤其是利率互换，已经成为所有互换交易乃至所有金融衍生产品中交易量最大的一个品种，影响巨大。

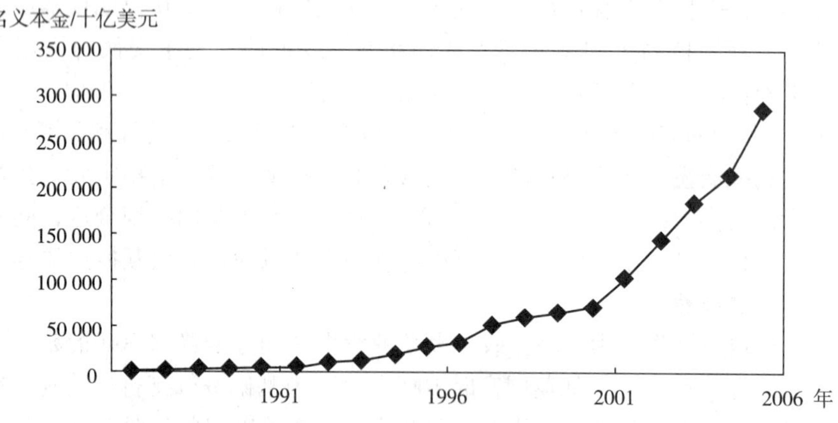

数据来源：http：//www. isda. org。

图13－3 1987—2006年国际利率互换和货币互换名义本金价值

国际互换市场之所以发展如此迅速，主要原因有三：第一，互换交易在风险管理、降低交易成本、规避管制和创造新产品等方面都有着重要的运用，第十四章将对互换的运用进行详细的讨论。第二，在其发展过程中，互换市场形成的一些运作机制也在很大程度上促进了该市场的发展，在下一部分将进行具体介绍。第三，当局的监管态度为互换交易提供了合法发展的空间。互换是一个OTC产品，其在商业银行的资产负债表上属于表外业务。但对参与互换市场的商业银行来说，它们往往需要承担各种市场风险和信用风险。基于这些原因，人们一度担心互换会被监管当局禁止。但在互换市场的发展历史中，从主要相关国家的监管当局到后来的巴塞尔协议，监管当局并没有简单地禁止互换交易，而是采取了具有针对性的监管方法，包括针对互换头寸提出资本要求和对商业银行的风险管理制度进行监管等。监管当局的这一态度在互换市场的迅猛发展中起到了不可忽视的重要作用。

以《中国人民银行关于开展人民币利率互换交易试点有关事宜的通知》的发布为标志，中国的人民币利率互换市场出现于 2006 年 2 月。2008 年 1 月，《中国人民银行关于开展人民币利率互换业务有关事宜的通知》发布后，人民币利率互换交易正式开展。2007 年 8 月，《中国人民银行关于在银行间外汇市场开办人民币外汇货币掉期业务有关问题的通知》发布，货币互换在中国出现（中国称为“外汇货币掉期”）。中国的货币互换交易量一直不是很大，但从 2006 年至 2011 年，人民币利率互换市场却发展迅速，增长了 74 倍（以名义本金计算）。尤其在人民币利率波动较大时，人民币利率互换的交易量就会迅速放大，如 2011 年。读者可以从图 13－4 中看到 2006—2013 年人民币利率互换名义本金金额和交易笔数的增长态势。

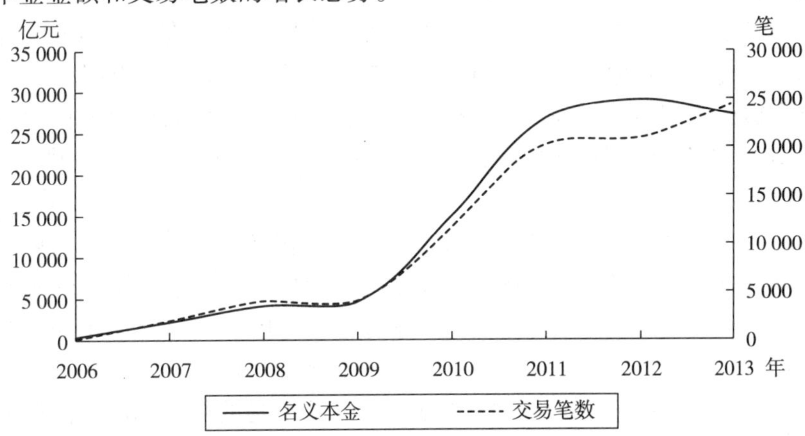

数据来源：中国人民银行。

图 13－4　2006—2013 年人民币利率互换名义本金与交易笔数

13.2.2　利率互换市场的基本运作机制

由于利率互换的重要地位，下面主要以利率互换为例介绍互换市场的基本运作机制。

（一）互换市场的做市商制度

互换属于 OTC 产品，在场外交易。早期的金融机构通常在国际互换交易中充当经纪人，即帮助希望进行互换的客户寻找交易对手并协助谈判互换协议，赚取佣金。但事实证明，在短时间内找到完全匹配的交易对手往往是相当困难的。因此许多国际金融机构（主要是银行）开始作为做市商参与交易，同时报出其作为互换多头和空头所愿意支付和接受的价格，被称为互换交易商，或称互换银行（swap bank）。其中，国际利率互换市场的做市商制度尤其发达，其原因在于：（1）与其他互换相比，利率互换的同质性较强，比较容易形成标准化的交易和报价；（2）美元的固定收益证券现货和衍生品市场都非常发达，利率互换的做市商可以很容易地进行利率风险的套期保值。

做市商为互换市场提供了流动性，成为其发展的重要推动力量。从另一个角度来看，从经纪制度到做市商制度的转变，也反映了国际互换市场的变迁与发展。在国际互换市场发展早期，强调的是经纪商对互换交易的安排和匹配，而不是去承担交易风险，因此早期的经纪商多为投资银行；做市商制度发展以后，金融机构通过承担和管理风险为市场提供流动性，商业银行以其资金规模优势以及在管理人规模和标准化产品方面的优势，成为互换市场的中坚力量。相应地，互换产品也从个性化的公司财务管理工具转变为国际金融市场中的一种大宗批发交易。

人民币利率互换也是 OTC 产品，在银行间市场交易，主要通过全国银行间同业中心的交易系统进行，未通过交易中心系统达成的，金融机构应在利率互换交易达成后的下一工作日 12：00 前将交易情况送交易中心备案。与国际利率互换市场不同，人民币利率互换市场尚未实施做市商制度，以询价交易方式进行。在市场准入方面，在中国银行间债券市场参与者中，具有做市商或结算代理业务资格的金融机构可与其他所有市场参与者进行利率互换交易，其他金融机构可以与所有金融机构进行利率互换交易，非金融机构只能与具有做市商或结算代理业务资格的金融机构进行以套期保值为目的的利率互换交易。截至 2012 年 2 月，在中国外汇交易中心备案的利率互换参与机构共有 86 家。

（二）互换市场的标准化

与做市商制度发展密切相关的是互换市场的标准化进程。OTC 产品的重要特征之一就是产品的非标准化，互换中包含的多个现金流交换使得非标准化协议的协商和制定相当复杂费时，这促使了互换市场尽可能地寻求标准化。1984 年，一些主要的互换银行开始推动互换协议标准化的工作。1985 年，这些银行成立了国际互换商协会（International Swaps Dealers Association，ISDA），并主持制定了互换交易的行业标准、协议范本和定义文件等。时至今日，由于在互换市场取得的成功和巨大影响，ISDA 所做的工作已经推广到了包括互换在内的多种场外衍生品交易，其制定、修改和出版的《衍生产品交易主协议》（ISDA　Master Agreement）已经成为全球金融机构签订互换和其他多种 OTC 衍生产品协议的范本，ISDA 也于 1993 年更名为国际互换与衍生产品协会（International Swaps and Association，ISDA），是目前全球规模和影响力最大、最具权威性的场外衍生产品的行业组织。

具体来看，ISDA 主协议主要包括协议主文、附件（schedule）和交易确认书（confirmations）三部分。在开展场外衍生品交易之前，交易双方需就主文部分签署主协议，就释义条款、支付条款、先决条件条款、净额结算条款、陈述与承诺条款、违约事件和终止事件条款、管辖法律与司法管辖权等条款达成一致，明确交易可能涉及的所有定义和双方的权利义务。主协议签署后，每次交易只需对价格、数量等具体条款进行谈判并签订协议附件和交易确认书。附件的作用是让交易双方对主协议的主文条款进行修改与补充，以适应双方当事人之间的特定交易情形。交易确认书则是对主协议项下每项具体交易的交易条款进行确认，是每笔交易中最重要的法律文件。值得注意的是，主协议的此种制度安排使得每项交易并不构成当事人双方之间的独立合同关系，而仅是在主协议这一合同关系下的一笔交易，故此每份交易确认书中总会说明 ISDA 主协议条款适用于该交易。

表 13－3 是一个利率互换交易确认书概要的例子，该例子给出了利率互换交易的主要条款。

表 13－3　　基于一笔假想的利率互换交易协议书摘要

交易日：	2012 年 2 月 27 日
起息日：	2012 年 3 月 5 日
经营日准则：	（支付日遇节假日时顺延至）下一营业日
节假日日历：	美国
终止日：	2015 年 3 月 5 日
固定利率方	
固定利率支付者：	微软公司
固定利率名义本金：	1 亿美元
固定利率：	5.015%
固定利率天数计算惯例：	实际天数/365
固定利率支付日期：	自 2012 年 9 月 5 日至（包含）2015 年 3 月 5 日的每年 3 月 5 日和 9 月 5 日
浮动利率方	
浮动利率支付者：	高盛公司
浮动利率名义本金：	1 亿美元
浮动利率：	美元 6 个月期 LIBOR
浮动利率天数计算惯例：	实际天数/360
浮动利率支付日期：	自 2012 年 9 月 5 日至（包含）2015 年 3 月 5 日的每年 3 月 5 日和 9 月 5 日

从目前看来，ISDA 所建立的整套标准化文件已经成为国际互换市场的基础性制度安排和互换交易的重要发展平台。除了减少交易所需的时间与成本，提高市场运作的效率以外，标准化的文件与协议体系实际上还为市场参与者提供了一个重要承诺：市场是在共同认可的标准下进行运作的，这极大地降低了市场参与者的风险。因此，ISDA 文件标准化进程与做市商制度的发展相互促进，对互换市场的迅速发展起到了非常重要的作用。

（三）利率互换的其他市场惯例

1. 浮动利率的选择。在国际利率互换交易中，最常用的浮动利率是伦敦银行间同业拆放利率（LIBOR），它是由英国银行家协会（BBA）与路透社（Reuters）一起根据选定的银行（一般为 AA 级银行）在伦敦市场报出的银行同业拆借利率进行取样并平均计算形成的。伦敦时间每个营日的上午 11 点，BBA 都会就世界主要货币报出 1 周、2 周、

1个月到12个月共15个期限的LIBOR。LIBOR是目前国际上最重要和最常用的短期浮动利率基准，大部分利率互换协议中的浮动利率为3个月和6个月期的LIBOR。

一般来说，浮动利率的确定日为每次支付日的前两个营业日或另行约定。以表13-3中的交易为例，由于浮动利率的支付日为自2012年9月5日至（包含）2015年3月5日的每年3月5日和9月5日，若以前两个营业日计，每次浮动利率的确定日就为自2012年3月3日至（包含）2015年9月3日的每年3月3日和9月3日（遇节假日需按协议规定调整）。

目前在人民币利率互换中的常见浮动利率包括7天回购利率、SHIBOR和1年期存款利率。其中以7天回购利率交易量最大。SHIBOR即上海银行间同业拆放利率，其机制类似于LIBOR，以位于上海的全国银行间同业拆借中心为技术平台计算、发布并命名，是按信用等级较高的银行组成报价团自主报出的人民币同业拆出利率计算确定的算术平均利率，每天上午11：30公布，是单利、无担保、批发性的利率。目前，公布的SHIBOR品种包括隔夜、1周、2周、1个月、3个月、6个月、9个月及1年期。[例13-1]中使用的就是3个月期SHIBOR。

2. 天数计算惯例。在国际市场上，不同利率的天数计算惯例是不同的。表13-4给出了常见的美元利率产品天数计算惯例。从国际利率互换来看，浮动利率多使用libor，由于LIBOR是一个货币市场利率，故此通常以A/360报出。A表示实际（actual）天数。以表13-3中的最后一个计息期的浮动利息支付为例，根据算头不算尾的惯例，2014年9月5日至2015年3月5日间的实际天数为181天，故此该期间内的LIBOR利息支付为(181/360)×LIBOR。从利率互换的固定利率来看，其天数计算惯例主要取决于参考产品。假设固定利率使用债券等价收益率（bond equivalent yield，BEY），其参考产品为美国国债，其报价使用A/A或A/365的报价方法。因此，表13-4中最后一个计息期的固定利息支付就为（181/365）×5.015%＝2.49%。

表13-4　　美元利率产品的天数计算惯例

天数计算惯例	释义	适用产品
A/A或A/365	计息期与一年均按实际天数计，有时一年固定以365天计	美国中长期国债
30/360	一个月按30天计，一年按360天计	美国公司债和市政债券
A/360	计息期按实际天数计，一年按360天计	美国货币市场工具

当浮动利率与固定利率的天数计算惯例不同时，就意味着两者利息无法直接比较，必须对两种利率报价的不同天数进行调整：或者将LIBOR乘以365/360，或者将BEY利率乘以360/365。

在我国的利率互换市场上，SHIBOR使用A/360的报价方法，固定利率则通常使用A/365的报价方法。

3. 支付频率。支付频率是利息支付周期的约定。如S. A. 是semi-annually的缩写，即每半年支付一次。利率互换中最常见的是每半年支付一次或是每3个月支付一次。货币互换则通常为每年支付一次。有些利率互换的固定利息与浮动利息支付频率一致，有些则不一致。例如，在美国，标准的利率互换是固定利息每半年支付一次，而浮动利息则与3个月期LIBOR挂钩，每3个月支付一次；又如，中国基于7天回购利率的利率互换的常见设定则是每3个月交换一次，浮动端的支付额等于这3个月内所有7天回购利率的滚动复利值。

4. 净额结算。如案例13－1中所展示，利率互换在实际结算时通常尽可能地使用利息净额交割，即在每个计息期初根据定期观察到的浮动利率计算其与固定利率的利息净差额，在计息期末支付。由于每次结算都只交换利息净额，本金主要用于计算所需交换的利息，并不发生本金的交换，因而利率互换中的本金通常也被称为"名义本金"。显然，净额结算能很大地降低交易双方的风险敞口头寸，从而降低信用风险。

5. 营业日准则。营业日准则，是指互换交易在结算时应遵循的节假日规避规则。由于各国节假日规定不同，互换协议中通常要对所采用的节假日日历进行规定，如表13－3中规定使用美国的节假日日历。同时，互换协议还要确定结算日若遇上节假日时的规避规则。表13－5列出了主要的节假日规避规则。其中"下一营业日"与"经修正的下一营业日"是常见的营业日准则，如表13－3中采用的就是"下一营业日"准则。

表13－5　　营业日准则

节假日规避准则	释义
下一营业日（the following business day convention）	遇节假日顺延至下一营业日
经修正的下一个营业日（the modified following business day convention）	遇节假日顺延至下一营业日，但若下一营业日为另一个日历月，则倒推至节假日前一营业日
前一营业日（the preceding business day convention）	遇节假日倒推至前一营业日
经修正的前一个营业日（the modified preceding business day convention）	遇节假日倒推至前一营业日，但若前一营业日为另一个日历月，则倒推至节假日后一营业日

6. 互换报价。图13－5是2007年11月26日著名的财经资讯系统Bloomberg提供的美元利率互换报价。下面结合这一报价介绍互换报价的市场惯例。

（1）如前所述，尽管属于场外交易，利率互换市场已经成为一个标准化程度相当高的金融市场，这一点也表现在互换的报价中。互换本来需要同时报出浮动利率和固定利率，但在实际中同种货币的利率互换报价通常都基于特定的浮动利率。例如，标准的美元利率互换通常以3个月期的美元LIBOR作为浮动利率。浮动利率达成一致之后，报价和交易就只需针对特定期限与特定支付频率的固定利率一方进行，从而大大提高了市场效率。图13－5（a）与图13－5（b）就是两个标准的美元利率互换报价，基准浮动利率均为3个月期LIBOR，3个月支付一次浮动利息。图13－5（a）与图13－5（b）的区别在于固定利息支付频率的不同，分别为半年支付一次与一年支付一次，相应的天数计算惯例则分别为30/360和A/360。同时从图13－5中可以看到，做市商报价的利率互换期限从1年至30年不等。

（2）与远期利率协议相同，市场通常将利率互换交易中固定利率的支付者（fixed

<HELP> 查看详细说明。 <MENU> 查看其他类似功能。 Index **NWAX**

USD INTEREST RATE SWAPS

Ticker	Bid	Ask	Mid	Chng
美元半年 30/360				
2) 1 YR	4.3670	4.3840	4.3800	+.0540
3) 2 YR	4.0030	4.0430	4.0230	+.0110
4) 3 YR	4.0670	4.1070	4.0870	-.0170
5) 4 YR	4.1910	4.2310	4.2110	-.0230
6) 5 YR	4.3260	4.3650	4.3450	-.0240
7) 6 YR	4.4310	4.4710	4.4510	-.0390
8) 7 YR	4.5300	4.5700	4.5500	-.0390
9) 8 YR	4.6180	4.6580	4.6380	-.0400
10) 9 YR	4.6810	4.7210	4.7010	-.0580
11) 10 YR	4.7420	4.7820	4.7620	-.0590
12) 15 YR	4.9370	4.9770	4.9570	-.0780
13) 20 YR	5.0270	5.0670	5.0470	-.0880
14) 25 YR	5.0590	5.0990	5.0790	-.0920
15) 30 YR	5.0630	5.1030	5.0830	-.0850
1天涨跌				
IYC4 I52<GO>				
月内变化				
IYC6 I52<GO>				
Pricing based on XDF<GO> settings				

Ticker	Bid	Ask	Mid	Chng
美元利差				
23) 2 YR	93.75	97.75	95.75	-5.75
24) 3 YR	88.75	92.75	90.75	-8.25
25) 4 YR	89.75	93.75	91.75	-8.50
26) 5 YR	91.75	95.75	93.75	-8.25
27) 6 YR	90.50	94.50	92.50	-8.50
28) 7 YR	88.50	92.50	90.50	-7.25
29) 8 YR	85.50	89.50	87.50	-6.00
30) 9 YR	80.00	84.00	82.00	-6.50
31) 10 YR	74.25	78.25	76.25	-5.25
32) 15 YR	83.00	87.00	85.00	-6.50
33) 20 YR	81.25	85.25	83.25	-6.75
34) 25 YR	73.75	77.75	75.75	-6.50
35) 30 YR	63.50	67.50	65.50	-6.00
1天涨跌				
IYC4 I48<GO>				
月内变化				
For US Govt Yield Curve, type (IYC1 I25 <GO>)				
For US swap Curve, type (IYC1 I52 <GO>)				
For US Swap Cur				

Australia 61 2 9777 8600 Brazil 5511 3048 4500 Europe 44 20 7330 7500 Germany 49 69 920410
Japan 81 3 3201 8900 Singapore 65 6212 1000 U.S. 1 212 318 2000 Copyright 2007 Bloomberg Finance L.P.

（a）固定利息每半年支付一次的美元互换利率报价

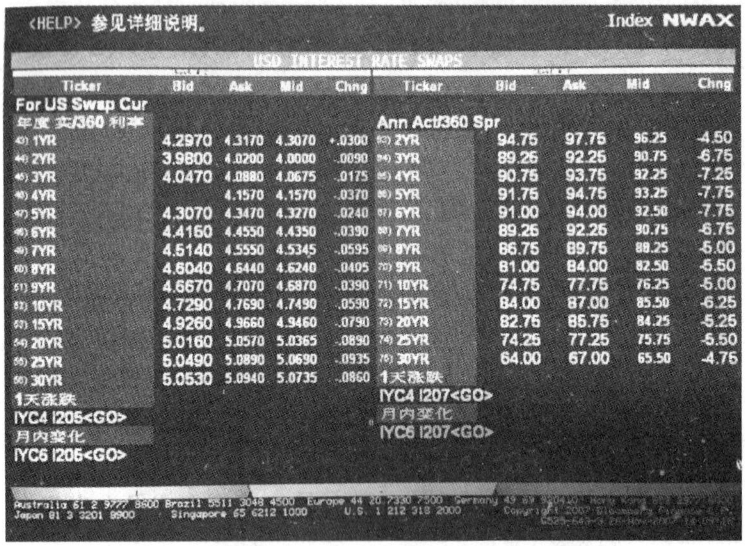

<HELP> 参见详细说明。 Index **NWAX**

USD INTEREST RATE SWAPS

Ticker	Bid	Ask	Mid	Chng
For US Swap Cur				
年度 实/360 利率				
43) 1YR	4.2970	4.3170	4.3070	+.0300
44) 2YR	3.9800	4.0200	4.0000	-.0090
45) 3YR	4.0470	4.0880	4.0675	-.0175
46) 4YR		4.1570	4.1570	-.0370
47) 5YR	4.3070	4.3470	4.3270	-.0240
48) 6YR	4.4150	4.4550	4.4350	-.0390
49) 7YR	4.5140	4.5550	4.5345	-.0595
50) 8YR	4.6040	4.6440	4.6240	-.0405
51) 9YR	4.6670	4.7070	4.6870	-.0390
52) 10YR	4.7290	4.7690	4.7490	-.0590
53) 15YR	4.9260	4.9660	4.9460	-.0790
54) 20YR	5.0160	5.0570	5.0365	-.0890
55) 25YR	5.0490	5.0890	5.0690	-.0935
56) 30YR	5.0530	5.0940	5.0735	-.0860
1天涨跌				
IYC4 I205<GO>				
月内变化				
IYC6 I205<GO>				

Ticker	Bid	Ask	Mid	Chng
Ann Act/360 Spr				
63) 2YR	94.75	97.75	96.25	-4.50
64) 3YR	89.25	92.25	90.75	-6.75
65) 4YR	90.75	93.75	92.25	-7.25
66) 5YR	91.75	94.75	93.25	-7.75
67) 6YR	91.00	94.00	92.50	-7.75
68) 7YR	89.25	92.25	90.75	-6.75
69) 8YR	86.75	89.75	88.25	-5.00
70) 9YR	81.00	84.00	82.50	-5.50
71) 10YR	74.75	77.75	76.25	-5.00
72) 15YR	84.00	87.00	85.50	-6.25
73) 20YR	82.75	85.75	84.25	-5.25
74) 25YR	74.25	77.25	75.75	-5.50
75) 30YR	64.00	67.00	65.50	-4.75
1天涨跌				
IYC4 I207<GO>				
月内变化				
IYC6 I207<GO>				

Australia 61 2 9777 8600 Brazil 5511 3048 4500 Europe 44 20 7330 7500 Germany 49 69 920410
Japan 81 3 3201 8900 Singapore 65 6212 1000 U.S. 1 212 318 2000 Copyright 2007 Bloomberg Finance L.P.

（b）固定利息每一年支付一次的美元互换利率报价

图 13－5 2007 年 11 月 26 日美元利率互换报价

rate payer）称为互换买方，或互换多方，而将固定利率的收取者（fixed rate receiver）称为互换卖方，或互换空方。在做市商制度下，做市商每天都会进行双边互换报价，买价（bid rate）就是做市商在互换中收到浮动利率时愿意支付的固定利率，卖价（ask rate）则是做市商在互换中支付浮动利率时要求收到的固定利率，显然互换卖价应高于买价。同时，从图 13－5 中可以看到买卖价差非常小，这表明市场具有高度的流动性和竞争性。

买价与卖价的算术平均为中间价（middle rate），就是通常所说的互换利率（swap

rate）。以图 13－5（a）中的 5 年期利率互换为例，买价、卖价与中间价分别为 4. 3250%、4. 3650% 与 4. 3450%。这意味着做市商愿意每半年以 4. 3250% 的年利率支付固定利息，换取每季度收到 3 个月期的 LIBOR；或者每季度支付 3 个月期 LIBOR，换取每半年收到年利率为 4. 3650% 的固定利息。而 4. 3450% 就是支付频率为半年的 5 年期互换利率。

（3）从图 13－5（a）与图 13－5（b）中还可以看到，利率互换的报价通常有两种形式：报出买卖价和报出互换利差。前文所讨论的均为直接报价，互换利差报价指报出特定期限的互换买卖利率与具有相同期限、无违约风险的平价发行债券的收益率之间的差值。同样以图 13－5（a）中的 5 年期利率互换为例，买入与卖出的互换利差分别为 91. 75 与 95. 75，即做市商报出的互换买价高于 5 年期国债收益率 0. 9175%（91. 75 个基点），互换卖价高于 5 年期国债收益率 0. 9575%（95. 75 个基点）。这意味着，做市商支付 5 年期国债收益率加 91. 75 个基点并得到 LIBOR，或收取 5 年期国债收益率加 95. 75 个基点并支付 LIBOR。

7. 互换头寸的结清。从图 13－5 中可以看到，利率互换的期限可能相当长，通常来说结清互换头寸的方式主要包括：

（1）出售原互换协议。结清互换头寸的一种方式是在市场上出售未到期的互换协议，将原先利息收付的权利与义务完全转移给购买协议者。但由于不同交易者的信用风险不同，该交易必须经过互换原对手方的同意才能进行。互换协议出售后，实际上等同于原先的利率互换已经终止，而原来的交易对手与协议购买者之间签订了一份完全相同的新协议。

（2）对冲原互换协议。结清互换头寸的另一种方式是在市场上进行对冲交易，签订一份与原互换协议的本金、到期日和互换利率等均相同，但收付利息方向相反的互换协议。如果该对冲交易是与原先的互换交易对手进行的，此种对冲又被称为“镜子互换”，等价于终止了原先的利率互换。如果是与其他交易对手对冲原互换协议，在利息的现金流上的确能够实现对冲，但由于交易对手不同，仍然无法完全抵消对手方违约的风险。除此之外，交易互换期货、互换期权等互换衍生产品也是对冲原有互换头寸的一种方法。

（3）解除原有的互换协议。结清互换头寸的第三种方式是与原先的交易对手协议提前结束互换，双方的权利义务同时抵消。在解除原有互换协议时，通常由希望提前结束的一方提供一定的补偿，或者协议将未来的现金流贴现后进行结算支付，提前实现未实现损益，使原先的互换协议完全解除。此种结清头寸方式的一个优点在于，冲销了原先的信用风险，也不会再产生新的信用风险。

总的来看，上述三种方式都为互换头寸的流动提供了重要的工具与途径，而国际互换交易的二级市场流动性不断增强，在互换市场的迅速发展中也起到了不可忽视的作用。

本章小结

1. 互换是约定两个或两个以上当事人按照商定条件，在约定的时间内交换一系列现金流的合约。

2. 利率互换是指双方同意在未来的一定期限内根据同种货币的相同名义本金交换现金流，其中一方的现金流根据事先选定的某一浮动利率计算，而另一方的现金流则根据固定利率计算。

3. 货币互换是在未来约定期限内将一种货币的本金和固定利息与另一货币的等价本金和固定利息进行交换。

4. 互换实际上是现金流的交换。由于计算或确定现金流的方法有很多，因此互换的种类也很多。

5. ISDA文件的标准化进程与做市商制度的发展相互促进，对互换市场的迅速发展起到了非常重要的作用。

6. 利率互换的市场惯例包括浮动利率的选择、天数计算惯例、支付频率、净额结算、营业日准则、互换报价和互换头寸的结清等。

复习与思考

1. 请说明互换的主要种类。

2. 请阐述国际互换市场迅速发展的主要原因。

3. 请具体说明人民币利率互换市场的主要交易品种及其惯例。

4. 请阐述互换头寸的结清方式。

5. 请判断以下说法是否正确并说明原因：互换头寸的结清方式之一是对冲原互换协议，这一方式完全抵消了违约风险。

第十四章

互换的定价与风险分析

互换既可以分解为债券的组合，也可以分解为一系列远期协议的组合。根据这一思路可以对互换进行定价。与互换相联系的风险主要包括信用风险和市场风险。

§14.1 利率互换的定价

14.1.1 利率互换定价的基本原理

考虑一个2011年9月1日生效的两年期利率互换，名义本金为1亿美元。甲银行同意支付给乙公司年利率为2.8%的利息，同时乙公司同意支付给甲银行3个月期LIBOR的利息，利息每3个月交换一次，如图14－1所示。

2011年9月1日互换协议签订时，交易双方并不知道未来的一系列3个月期LIBOR。假设事后得知此两年中的3个月期LIBOR如表14－1（a）中的列（1）所示，从而可以得到甲银行在此互换中每半年收到的浮动利息、支付的固定利息与净现金流，分别如表14－1（a）中的列（2）、列（3）与列（4）所示。

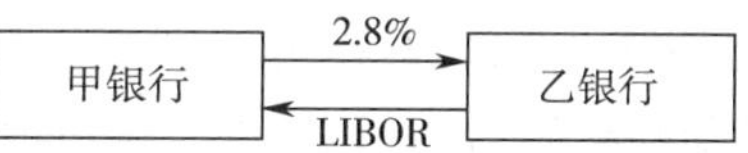

图14－1　甲银行与乙公司的利率互换

表14－1　利率互换中甲银行的现金流量表

（a）不考虑名义本金　单位：百万美元

日期	LIBOR（%）（1）	浮动利息现金流（2）	固定利息现金流（3）	净现金流（4）
2011.9.1	2.13			
2011.12.1（Ⅰ）	2.47	+0.53	−0.7	−0.17
2012.3.1（Ⅱ）	2.67	+0.62	−0.7	−0.08
2012.6.1（Ⅲ）	2.94	+0.67	−0.7	−0.03
2012.9.1（Ⅳ）	3.27	+0.74	−0.7	+0.04
2012.12.1（Ⅴ）	3.64	+0.82	−0.7	+0.12
2013.3.1（Ⅵ）	3.86	+0.91	−0.7	+0.21
2013.6.1（Ⅶ）	4.12	+0.97	−0.7	+0.27
2013.9.1（Ⅷ）	4.75	+1.03	−0.7	+0.33

（b）考虑名义本金　　　　单位：百万美元

日期	LIBOR（%）（5）	浮动利息和本金现金流（6）	固定利息和本金现金流（7）	净现金流（8）
2011.9.1	2.13	-100	+100	0
2011.12.1（Ⅰ）	2.47	+0.53	-0.7	-0.17
2012.3.1（Ⅱ）	2.67	+0.62	-0.7	-0.08
2012.6.1（Ⅲ）	2.94	+0.67	-0.7	-0.03
2012.9.1（Ⅳ）	3.27	+0.74	-0.7	+0.04
2012.12.1（Ⅴ）	3.64	+0.82	-0.7	+0.12
2013.3.1（Ⅵ）	3.86	+0.91	-0.7	+0.21
2013.6.1（Ⅶ）	4.12	+0.97	-0.7	+0.27
2013.9.1（Ⅷ）	4.75	+1.03	-0.7	+0.33
		+100	-100	0

观察表14-1（a），可以从三个角度来理解该利率互换：

1. 该利率互换由列（4）的净现金流序列组成，这是互换的本质，即未来系列现金流的组合。

2. 如果对列（4）的现金流按列进行拆分，该利率互换可以看做由列（2）和列（3）的现金流序列组成。为了更好地理解，假设在互换生效日与到期日增加1亿美元的本金现金流，列（2）和列（3）转化为表14-1（b）的列（6）与列（7）。从列（8）可见，由于相互抵消，增加的本金现金流并未改变互换最终的现金流和互换的价值，但列（6）却可以被视为甲银行向乙公司购买了一份本金1亿美元的以3个月期LIBOR为浮动利率的债券，列（7）则可以被看做甲银行向乙公司发行（出售）了一份本金1亿美元的固定利率为2.8%的债券，3个月支付一次利息。这样，对甲银行而言，该利率互换事实上可以看做一个浮动利率债券多头与固定利率空头头寸的组合，这个利率互换的价值就是浮动利率债券与固定利率债券价值的差。由于互换为零和游戏，对乙公司来说，该利率互换的价值就是固定利率债券价值与浮动利率债券价值的差。也就是说，利率互换可以通过分解成一个债券的多头与另一个债券的空头来定价。

3. 如果对列（4）的现金流按行进行拆分，该利率互换可以看做由从行（Ⅰ）至行（Ⅷ）共8次的现金流序列组成。观察各行，除了行（Ⅰ）的现金流在互换签订时就已经确定，其他各行的现金流都类似远期利率协议（FRA）的现金流。回忆在第三章与第五章中所学的知识，FRA是这样一笔合约交易双方事先约定将来某一时间一笔借款的利率。但在FRA执行的时候，支付的只是市场利率与合约协定利率的利差。如果市场利率高于协定利率，贷款人支付给借款人利差，反之由借款人支付给贷款人利差。所以实际上FRA可以看成一个用事先确定的固定利率交换市场利率的合约。很明显，利率互换可以看成是一系列用固定利率交换浮动利率的FRA的组合。例如，行（Ⅱ）的利息交换可以看做是一笔2012年3月1日到期，以2.8%交换2011年12月1日确定的3个月期

LIBOR 的 FRA，行（V）则是一笔 2012 年 12 月 1 日到期，以 2.8% 交换 2012 年 9 月 1 日确定的 3 个月期 LIBOR 的 FRA。从这个角度来说，利率互换可以通过分解成一系列远期利率协议的组合来定价。只要知道组成利率互换的每笔 FRA 的价值，就可以计算出利率互换的价值。

由上可见，利率互换既可以分解为债券组合，也可以分解为 FRA 的组合进行定价。由于都是列（4）现金流的不同分解，在不考虑不同产品的信用风险和流动性风险差异的情况下，这两种定价结果必然是等价的。在下文的例子中，也将看到这一点。

显然，无论是计息天数比较复杂还是付息频率有所不同，都不影响上述运用债券组合或 FRA 组合来给利率互换定价的基本原理。

具体来看，与远期合约相似，利率互换的定价有两种情形。第一，在协议签订后的互换定价，是根据协议内容与市场利率水平确定利率互换合约的价值。对利率互换协议的持有者来说，该价值可能是正的，也可能是负的。第二，在协议签订时，一个公平的利率互换协议应使得双方的互换价值相等。也就是说，协议签订时的互换定价，就是选择一个使得互换的初始价值为零的固定利率。下面分别进行介绍。

14.1.2　协议签订后的利率互换定价

（一）运用债券组合给利率互换定价

定义：

B_{fix} 为互换合约中分解出的固定利率债券的价值。

B_{fl} 为互换合约中分解出的浮动利率债券的价值。

对于互换多头，也就是固定利率的支付者（如上例中的甲银行）来说，利率互换的价值就是

$$V_{\text{互换}} = B_{fl} - B_{fix} \tag{14.1}$$

反之，对于互换空头，也就是浮动利率的支付者（如上例中的乙公司）来说，利率互换的价值就是

$$V_{\text{互换}} = B_{fix} - B_{fl} \tag{14.2}$$

这里固定利率债券的定价公式为

$$B_{fix} = \sum_{i=1}^{n} k\,e^{-r_i t_i} + A\,e^{-r_n t_n} \tag{14.3}$$

式中，A 为利率互换中的名义本金额；k 为现金流交换日交换的固定利息额；n 为交换次数；t_i 为距第 i 次现金流交换的时间长度（$1 \leqslant i \leqslant n$）；$r_i$ 则为到期日为 t_i 的 LIBOR 连续复利即期利率。显然固定利率债券的价值就是未来现金流的贴现和。这里为了与全书保持一致，使用了连续复利的贴现计算方式。

浮动利率债券的定价公式则为

$$B_{fl} = (A + k^*)\,e^{-r_1 t_1} \tag{14.4}$$

式中，k^* 为下一交换日应交换的浮动利息额（这是已知的），距下一次利息支付日则还有 t_1 的时间。

理解公式（14.4）并不难。在浮动利率始终等于该债券的合理贴现率的条件下，第一，在浮动利率债券新发行时，该债券的价值就等于它的面值；第二，在任一重新确定利率的时刻，付息之后的浮动利率债券价值就等于新发行的同期限的浮动利率债券面值，付息之前的浮动利率债券价值就等于面值 A 加上应付利息 k^*；第三，根据证券定价的一般原理，在不考虑流动性因素的情况下，选定证券存续期内的任一时点，证券的价值等于该时刻的证券价值加上现在到该时点之间现金流的贴现值。在为浮动利率债券定价时，选定下一个付息日为未来时点，这样就得到了公式（14.4）。

［例 14－1］给出了一个运用债券组合给利率互换定价的例子。

✪【例 14－1】

利率互换的定价：运用债券组合

假设在一笔利率互换协议中，某一金融机构支付 3 个月期的 LIBOR，同时收取 4.8%的年利率（3 个月计一次复利），名义本金为 1 亿美元。互换还有 9 个月的期限。目前 3 个月、6 个月和 9 个月的 LIBOR（连续复利）分别为 4.8%、5%和 5.1%。试计算此笔利率互换对该金融机构的价值。

在这个例子中，$k = 120$ 万美元，因此

$$B_{fix} = 120\,e^{-0.048*0.25} + 120\,e^{-0.05*0.5} + 10\,120\,e^{-0.051*0.75} = 9\,975.825(\text{万美元})$$

由于互换刚好还有 9 个月的期限，处于重新确定利率的时刻，因此 $B_{fl} = 10\,000$ 万美元。

因此，对该金融机构而言，此利率互换的价值为

9 975.825 − 10 000 = −24.175（万美元）

显然，对该金融机构的交易对手来说，此笔利率互换的价值为正，即 24.175 万美元。

（二）运用远期利率协议给利率互换定价

对于收取固定利息的交易方，FRA 的定价公式为

$$\left[A\,e^{r_K(T^*-T)} - A\,e^{r_F(T^*-T)}\right]e^{-r^*(T^*-t)}$$

更确切地理解，t 时刻 FRA 的价值等于约定利率 r_K 与 T 至 T^* 时刻远期利率 r_F 差异导致的息差现值。因此，要运用 FRA 给利率互换定价，只要知道利率期限结构，从中估计出 FRA 对应的远期利率与息差现值，即可得到每笔 FRA 的价值，加总就可以得到利率互换的价值。［例 14－2］就［例 14－1］中的相同情形给出了运用 FRA 定价的计算过程。可以看到，两种方法确定的互换价值是相等的。

✪【例 14－2】

利率互换的定价：运用 FRA 组合

假设在一笔利率互换协议中，某一金融机构支付 3 个月期的 LIBOR，同时收取 4.8%的年利率（3 个月计一次复利），名义本金为 1 亿美元。互换还有 9 个月的期限。目前 3 个月、6 个月和 9 个月的 LIBOR（连续复利）分别为 4.8%、5%和 5.1%。试计

算此笔利率互换对该金融机构的价值。

根据［例 14－1］中的情形，用表 14－2 列示了具体的计算过程。为了与公式一致，表中的利率均为连续复利。其中，3 个月计一次复利的 4.8% 对应的连续复利利率分别为

$$4 \times \ln\left(1 + \frac{4.8\%}{4}\right) = 4.77\%$$

表 14－2　　**运用 FRA 组合给利率互换定价**　　单位：万美元

	贴现率	固定利率	远期利率	现金流或 FRA 价值
3 个月后	4.8%	4.7714%		$10\,000 \times (e^{4.7714\% \times 0.25} - e^{4.80\% \times 0.25}) \times e^{-4.8\% \times 0.25} = -0.715$
6 个月后	5%	4.7714%	$\frac{5\% \times 0.5 - 4.8\% \times 0.25}{0.25} = 5.2\%$	$10\,000 \times (e^{4.7714\% \times 0.25} - e^{5.2\% \times 0.25}) \times e^{-5\% \times 0.5} = -10.581$
9 个月后	5.1%	4.7714%	$\frac{5.1\% \times 0.75 - 5\% \times 0.5}{0.25} = 5.3\%$	$10\,000 \times (e^{4.7714\% \times 0.25} - e^{5.3\% \times 0.25}) \times e^{-5.1\% \times 0.75} = -12.88$
互换总价值				−24.176

显然，这个结果与［例 14－1］中运用债券组合定出的利率互换价值 −24.175 万美元是一致的，10 万美元的差异则是连续复利与普通复利之间转换时四舍五入导致的。

14.1.3　协议签订时的利率互换定价

在［例 14－1］与［例 14－2］中，已经解释了如何使用债券组合和 FRA 组合的方法为一个已经存在的利率互换定价。下面通过［例 14－3］来说明利率互换签订当日的定价问题，即如何确定互换协议中的固定利率。由于债券组合方法与 FRA 组合方法本质上是一致的，在［例 14－3］中仅运用债券组合方法为利率互换定价。

✪【例 14－3】

确定利率互换协议中的固定利率：运用债券组合

假设在一笔 2 年期的利率互换协议中，某一金融机构支付 3 个月期的 LIBOR，同时每 3 个月收取固定利率（3 个月计一次复利），名义本金为 1 亿美元。目前 3 个月、6 个月、9 个月、12 个月、15 个月、18 个月、21 个月与 2 年的贴现率（连续复利）分别为 4.8%、5%、5.1%、5.2%、5.15%、5.3%、5.3% 与 5.4%。第一次支付的浮动利率即为当前 3 个月期利率 4.8%（连续复利）。试确定此笔利率互换中合理的固定利率。

利率互换中合理固定利率的选择应使得利率互换的价值为零，即 $B_{fl} = B_{fix}$。在这个例子中，$B_{fl} = 10\,000$ 万美元。

令

$$B_{fix} = \frac{k}{4}e^{-0.048 \times 0.25} + \frac{k}{4}e^{-0.05 \times 0.5} + \frac{k}{4}e^{-0.051 \times 0.75} + \frac{k}{4}e^{-0.052 \times 1} + \frac{k}{4}e^{-0.0515 \times 1.25}$$

$$+\frac{k}{4}e^{-0.053\times1.5}+\frac{k}{4}e^{-0.053\times1.75}+\left(10\ 000+\frac{k}{4}\right)e^{-0.054\times2}=10\ 000\text{(万美元)}$$

可以求得 $k=543$ 万美元，即固定利率水平应确定为5.43%（3个月计一次复利）。

从［例14－3］可以看出，利率互换协议中合理的固定利率就是使得互换价值为零的利率水平，也就是通常所说的互换利率。由于互换市场实行做市商制度，而且计息频率等往往有所变化，现实中的互换利率往往是市场以一定的计息频率为基础、就特定期限形成的互换中间利率。以美元为例，市场通常将每半年支付固定利息对3个月浮动LIBOR的互换中间利率作为美元互换利率。

根据［例14－3］，我们可以推导出互换利率的确定公式。假设利率互换的互换周期为每半年一次，互换利率为 r_s，在契约期间共互换 n 次。则契约到期日可视为 $n/2$ 年，固定利率债券的价值 B_{fix} 在 $t=0$ 时为

$$B_{fix}=100\left(\frac{r_s}{2}\right)(e^{-r_1\times\frac{1}{2}}+e^{-r_2\times\frac{2}{2}}+e^{-r_3\times\frac{3}{2}}+\cdots+e^{-r_n\times\frac{n}{2}})+100\,e^{-r_n\times\frac{n}{2}}$$

而 $B_{fl}=100$。令两者相等并整理可得（其中 t 表示次数）

$$r_s=\frac{2(1-e^{-r_n\times\frac{n}{2}})}{\sum_{t=1}^{n}e^{-r_t\times\frac{t}{2}}}$$

美元互换与美元LIBOR及欧洲美元期货利率有着本质的联系。由于互换合约多头等于固定利率债券空头加浮动利率债券多头，在签订合约时其价值应为零，也就是此时两个债券的价值相等。其中，固定利率债券的票面利率就是互换利率，浮动利率债券的利率就是LIBOR。因此互换利率与LIBOR存在着内在的联系。从互换利率与欧洲美元期货利率的关系来看，市场交易者通常使用欧洲美元期货对冲利率互换中的市场风险。以5年期利率互换为例，互换多头可以通过买入20份分别于3个月、6个月、9个月等每隔3个月直至5年后到期的欧洲美元期货来对冲利率互换中的浮动利率风险，从而基本锁定互换利率。也就是说互换利率与欧洲美元期货利率存在着内在的联系。总之，由于主要在银行间市场上报价，互换利率中所蕴含的违约风险和流动性风险与LIBOR相当接近。而欧洲美元期货利率虽然是在期货交易所形成的，是世界上交易最活跃的金融产品之一，其违约风险和流动性风险都低于LIBOR和互换利率，但总的来看，由于都与LIBOR挂钩，这三种利率之间存在着天然的内在联系。

基于上述密切联系，加上所覆盖的时间期限不同，LIBOR、欧洲美元期货利率与美元互换利率常常互相补充，形成市场中所称的“互换利率期限结构”或“互换收益率曲线”（the term structure of swap rate or the swap curve）。一般来说，1年以下的短期期限通常使用LIBOR，中期期限常常使用欧洲美元期货利率中隐含的即期利率，长期期限则一般使用美元互换利率中隐含的即期利率。其中，中期与长期的划分从2年至4年不等。

近年来，美元互换收益率曲线在市场中的作用日益重要。众所周知，美元无风险利率期限结构是根据美国国债和国库券价格信息构造的，互换收益率曲线则主要是基于银行间市场报价形成的，这两者的差异被称为互换价差（swap spread），主要体现了银行

间市场的信用风险与流动性风险。因此，互换曲线不是一个无风险的利率期限结构。但与国债利率期限结构相比，互换曲线有其自身的突出优势：（1）如图 13－5 所示，利率互换在很多到期期限上均有活跃的交易，而美国国债只在 1 年、2 年、3 年、5 年、7 年、10 年、1 5 年、20 年和 30 年 9 个关键期限上有较大的交易量，这使得互换曲线能够提供更多到期期限的利率信息；（2）新的互换会在市场上不断地产生，这使得特定到期日的互换利率具有延续性，几乎每天都可以估计出特定到期日的互换利率，而特定期限国债利率则往往只有在国债新发行之后才能更新，以发行期限进行循环，例如 30 年国债利率只有在每次的 30 年国债发行日才能准确估计；（3）互换是零成本合约，其供给是无限的，不会受到发行量的制约，而国债则由于供给的制约会产生新发行（on the run）与以前发行的证券（off the run）价格的差异，进而对利率产生影响。此外，对许多银行间的金融衍生产品来说，与无风险利率相比，互换利率由于反映了其现金流的信用风险与流动性风险，是一个更好的贴现率基准。上述原因决定了美元互换收益率曲线成为市场中重要的利率期限结构，影响日益显著。

在我国，浮动端利率除了 SHIBOR 外，还有回购利率和定期存款利率。这样，浮动端利率与贴现利率就可能不同。当浮动端利率与贴现率不同时，互换利率就不是平价到期收益率，而是浮动端利率即期和远期利率的加权平均数，权重取决于贴现率的期限结构。以两期为例（假定一年互换一次现金流），根据固定端现值等于浮动端现值的基本原理，我们有：

$$r_s e^{-r_1} + r_s e^{-2r_2} = r_{f_1} e^{-r_1} + r_{f_{12}} e^{-2r_2}$$

整理后可得：

$$r_s = \frac{e^{-r_1}}{e^{-r_1} + e^{-2r_2}} r_{f_1} + \frac{e^{-2r_2}}{e^{-r_1} + e^{-2r_2}} r_{f_{12}} \tag{14.5}$$

式中，r_s 为互换利率；r_{f_1} 为 1 年期浮动端利率；$r_{f_{12}}$ 则为 1 年至 2 年的远期浮动端利率。r_1 为 1 年期贴现率，r_2 为 2 年期贴现率。

我国基于 7 天回购利率的利率互换就属于这种情形。该互换的贴现率应为银行间市场相应期限的同业拆放利率，它与 7 天回购利率显然不同。这样，利用式（14.5）就可以考察该互换利率、7 天回购利率和银行同业拆放利率之间的关系。

§14.2　货币互换的定价

14.2.1　货币互换定价的基本原理

与利率互换类似，货币互换也可以分解为债券的组合或远期协议的组合，只是这里的债券组合不再是浮动利率债券和固定利率债券的组合，而是一份外币债券和一份本币债券的组合，远期协议也不再是 FRA，而是远期外汇协议。

假设甲银行和乙公司之间签订的一份 5 年期货币互换协议，在 2011 年 10 月 1 日生效。如图 14－2 所示，协议规定本金分别是 2 000 万美元和 1 000 万英镑，期初甲银行以 2 000 万美元与乙公司交换 1 000 万英镑本金，其后甲银行每年向乙公司支付 6% 的英镑利息并向乙公司收取 4.5% 的美元利息，期末本金再次交换。表 14－3 给出了甲银行的现金流。

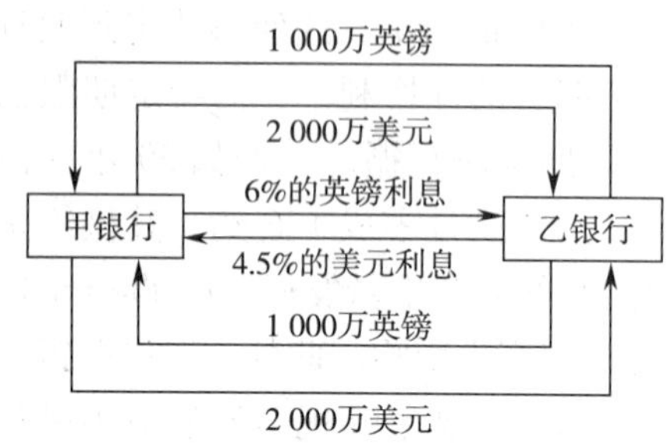

图 14－2　甲银行与乙公司的货币互换流程图

表 14－3　货币互换中甲银行的现金流量表

日期	美元现金流/百万美元（1）	英镑现金流/百万英镑（2）
2011. 10. 1	－20. 00	＋10. 00
2012. 10. 1	＋0. 9	－0. 6
2013. 10. 1	＋0. 9	－0. 6
2014. 10. 1	＋0. 9	－0. 6
2015. 10. 1	＋0. 9	－0. 6
2016. 10. 1	＋20. 9	－10. 6

显然，与利率互换类似，如果按列进行分解，对甲银行来说，这笔货币互换可以看做一个美元固定利率债券多头与一个英镑固定利率债券空头的组合；如果按行进行分解，该笔货币互换则可以看做一系列远期外汇协议的组合。下面针对已经存在的货币互换协议，分别运用债券组合与远期外汇协议组合方法为其定价。

14.2.2　运用债券组合为货币互换定价

定义 $V_{\text{互换}}$ 为货币互换的价值，那么对于收入本币、付出外币的那一方（如图 14－2 中的甲银行）：

$$V_{\text{互换}} = B_D - S_0 B_F \tag{14.6}$$

式中，B_F 是用外币表示的从互换中分解出来的外币债券的价值；B_D 是从互换中分解出的本币债券的价值；S_0 是即期汇率（直接标价法）。

对付出本币、收入外币的那一方：

$$V_{\text{互换}} = S_0 B_F - B_D \tag{14.7}$$

【例 14－4】

货币互换的定价：运用债券组合

假设美元和日元的 LIBOR 的期限结构是平的，在日本是 2% 而在美国是 6%（均为连续复利）。某一金融机构在一笔货币互换中每年收入日元，利率为 3%（每年计一次复利），同时付出美元，利率为 6.5%（每年计一次复利）。两种货币的本金分别为 1 000 万美元和 120 000 万日元。这笔互换还有 3 年的期限，每年交换一次利息，即期汇率为 1 美元＝110 日元。如何确定该笔货币互换的价值？

如果以美元为本币，那么

$$B_D = 65e^{-0.06\times1} + 65e^{-0.06\times2} + 1\,065e^{-0.06\times3} = 1\,008.427(\text{万美元})$$

$B_F = 3\ 600\ e^{-0.02\times1} + 3\ 600\ e^{-0.02\times2} + 123\ 600\ e^{-0.02\times3} = 123\ 389.7$(万日元)

货币互换的价值为

$$\frac{123\ 389.7}{110} - 1\ 008.427 \approx 113.30\text{(万美元)}$$

如果该金融机构是支付日元收入美元，则对它来说，货币互换的价值为 -113.30 万美元。

14.2.3　运用远期外汇协议的组合为货币互换定价

与利率互换类似，货币互换还可以分解成一系列远期合约的组合。货币互换中的每次支付，都可以用一笔远期外汇协议的现金流来代替。因此，只要能够计算并加总货币互换中分解出来的每笔远期外汇协议的价值，就可得到相应货币互换的价值。

✪【例 14-5】

货币互换的定价：运用远期外汇协议组合

假设美元和日元 LIBOR 的期限结构是平的，在日本是2%而在美国是6%（均为连续复利）。某一金融机构在一笔货币互换中每年收入日元，利率为3%（每年计一次复利），同时付出美元，利率为6.5%（每年计一次复利）。两种货币的本金分别为 1 000 万美元和 120 000 万日元。这笔互换还有 3 年的期限，每年交换一次利息，即期汇率为 1 美元 =110 日元。如何确定该笔货币互换的价值？

即期汇率为 1 美元 =110 日元，或 1 日元 =0.009091 美元。根据 $F = Se^{(r-r_f)(T-t)}$，1 年期，2 年期和 3 年期的远期汇率分别为

$0.009091\ e^{0.04\times1} = 0.009462$

$0.009091\ e^{0.04\times2} = 0.009848$

$0.009091\ e^{0.04\times3} = 0.01025$

与利息交换等价的三份远期合约的价值分别为

$(3\ 600 \times 0.009462 - 65)\ e^{-0.06\times1} = -29.1355$(万美元)

$(3\ 600 \times 0.009848 - 65)\ e^{-0.06\times2} = -26.2058$(万美元)

$(3\ 600 \times 0.01025 - 65)\ e^{-0.06\times3} = -23.4712$(万美元)

与最终的本金交换等价的远期合约的价值为

$(120\ 000 \times 0.01025 - 1\ 000)\ e^{-0.06\times3} = 192.1093$(万美元)

所以这笔互换的价值为

$192.1093 - 29.1355 - 26.2058 - 23.4712 \approx 113.30$（万美元）

这显然与［例 14-4］中运用债券组合定价的结果是一致的。

§14.3　互换的风险

与互换相联系的风险主要包括信用风险与市场风险。

14.3.1 互换的信用风险

由于互换是交易对手之间私下达成的场外协议，因此包含着信用风险，也就是交易对手违约的风险。当利率或汇率等市场价格的变动使得互换对交易者而言价值为正时，互换实际上是该交易者的一项资产，同时是协议另一方的负债，该交易者就面临着协议另一方不履行互换协议的信用风险。当互换对交易者而言价值为负且协议的另一方即将破产时，理论上该交易者面临一个意外收益，因为对方的违约将导致一项负债的消失。不过在实践中，更有可能的是破产方将互换转让或进行重新安排以使互换的价值不会丧失。因此，当互换对交易者而言价值为负且协议的另一方即将破产时，更合理的假设是该交易者互换头寸的价值保持不变。

对利率互换的交易双方来说，由于交换的仅是利息差额，其真正面临的信用风险暴露远比互换的名义本金要少得多。货币互换则有所不同，由于进行本金的交换，其交易双方面临的信用风险显然比利率互换要大一些。

一般来看，互换交易中的信用风险是很难估计的，交易者通常通过信用增强（credit enhancement）来管理和消除信用风险。前述的净额结算就是一种信用增强的方式。信用增强的其他常见形式包括抵押和盯市。如果使用抵押来提高信用，当互换价值变化时，所需抵押品的数量也要相应变化；盯市则是指每隔一段时间即重新评估互换的价值，根据该评估值由互换一方对另一方进行相应的支付，互换中的价格变量（如固定利率）则重新设置为使得互换价值为零的值（显然这与期货的交易机制是非常类似的）。除此之外，信用衍生产品也是对互换信用风险进行管理的手段之一。总的来看，由于国际市场上的互换协议通常涉及资本雄厚、信用等级高的大型机构，互换违约造成的总损失历来是较低的。

14.3.2 互换的市场风险

与互换相联系的市场风险，主要可分为利率风险和汇率风险。对利率互换来说，主要的市场风险是利率风险；而对货币互换而言，市场风险包括利率风险和汇率风险。[例 14 - 6] 给出了一个货币互换的利率风险与汇率风险的分解案例，从中可以看到，根据交易者在互换中的头寸位置，利率和汇率的变动将影响该交易者的互换价值。一般来说，人们可以通过久期、凸性等分析工具，运用市场上的固定收益产品如欧洲美元期货等对冲互换中的利率风险，通过远期外汇协议等对冲货币互换中的汇率风险。

✪【例 14 - 6】

货币互换的风险

假设美元和日元 LIBOR 的期限结构是平的，在日本是 2.96% 而在美国是 6.3%（均为连续复利）。A 银行签订了一笔 4 年期的货币互换，每年交换一次利息，按 3% 年利率（每年计一次复利）收入日元，按 6.5% 年利率（每年计一次复利）付出美元。两种货币的本金分别为 1 000 万美元和 120 000 万日元。即期汇率为 1 美元 = 120 日元。1 年以后，美元与日元 LIBOR 分别变为 2% 和 6%（连续复利），即期汇率变为 110。试分析该货币互换的价值变化。

运用公式（14.8），1 年前货币互换签订时的互换价值为：

$$V_{互换} = S_0 B_F - B_D$$

$$= \frac{1}{120} \times \left(\sum_{t=1}^{4} 3\,600\, e^{-0.0296 \times t} + 120\,000\, e^{-0.0269 \times 4} \right) - \left(\sum_{t=1}^{4} 65\, e^{-0.063 \times t} + 1\,000\, e^{-0.063 \times 4} \right)$$

$$= 0$$

根据［例 14－4］，1 年后货币互换的价值变为 113.2968 万美元。也就是说，对 A 银行来说，该货币互换头寸的价值增长了 113.2968 万美元。该收益可以分解为四个部分之和：

首先，由于时间的推移与美元利率的下降，A 银行在美元债券上的空头遭受损失，金额为 1 000 － 1 008.427 ＝ －8.427（万美元）。

其次，由于时间的推移与日元利率的下降，A 银行在日元债券的多头上盈利了 123 389.7 － 1 200 000 ＝3 389.7（万日元）。根据初始汇率，这相当于 28.2475 万美元的收益。

再次，由于日元的升值，外币债券头寸 120 000 万日元，1 年后价值上升了 $\frac{120\,000}{110} - \frac{120\,000}{120} = 90.909$（万美元）。

加总以上四个部分，可得 －8.427 ＋28.2475 ＋90.909 ＋2.567 ＝113.297（万美元），显然与互换头寸价值的变化是一致的。

值得注意的是，在互换交易的市场风险与信用风险之间存在着相互影响与作用，把这两者区分开来是十分重要的。市场风险是由于利率、汇率等市场变量发生变动引起互换价值变动的风险，而信用风险则是（当市场变量的变动导致）互换协议对交易者而言价值为正时对方不履行协议的风险。市场风险可以用对冲交易来规避，信用风险则通常通过前述信用增强的方法来加以规避。

本章小结

1. 协议签订时的利率互换定价方法，是在协议签订时让互换多空双方的价值相等，即选择一个使得互换的初始价值为零的固定利率。

2. 协议签订后利率互换的定价方法主要有两种：一种是将利率互换分解成债券组合来定价，另一种是将利率互换分解成 FRA 组合来定价。

3. 货币互换定价的方法主要有两种：一种是将货币互换分解成债券组合来定价，另一种是将货币互换分解成远期外汇组合来定价。

4. 将互换分解成债券组合或者分解成远期组合进行定价得出的结果是一致的。

5. 与互换相联系的风险主要包括信用风险与市场风险。

复习与思考

1. 假设在一笔互换合约中，某一金融机构每半年支付6个月期的LIBOR，同时收取8%的年利率（半年计一次复利），名义本金为1亿美元。互换还有1.25年的期限。3个月、9个月和15个月的LIBOR（连续复利率）分别为10%、10.5%和11%。上一次利息支付日的6个月LIBOR为10.2%（半年计一次复利）。试分别运用债券组合和FRA组合计算此笔利率互换对该金融机构的价值。

2. 假设美元和日元的LIBOR的期限结构是平的，在日本是4%而在美国是9%（均为连续复利）。某一金融机构在一笔货币互换中每年收入日元，利率为5%，同时付出美元，利率为8%。两种货币的本金分别为1 000万美元和120 000万日元。这笔互换还有3年的期限，每年交换一次利息，即期汇率为1美元=110日元。试分别运用债券组合和远期外汇组合计算此笔货币互换对该金融机构的价值。

3. 请具体阐述与互换相联系的主要风险。

第十五章

信用衍生产品

如何防范信用风险是银行等金融机构保证安全经营的重要课题。伴随各种金融工具的产生，防范信用风险的手段也日益丰富。20 世纪 90 年代后，信用衍生工具开始广泛应用于基础金融产品的信用风险管理中。经过短短十几年的发展，信用衍生工具已经成为衍生金融产品市场最为活跃的金融产品之一。通过本章的学习，我们可以了解信用风险的性质和特征以及信用衍生产品的发展现状，并掌握一些主要的信用衍生产品其功能和操作过程。

§15.1　信用风险与信用风险管理进程

信用风险对于银行、债券发行人、债券投资者都有着重要的意义。到目前为止管理信用风险的方法有很多种，但是这些方法都不能将信用风险降低到所期望的水平。在本节中，我们主要介绍什么是信用风险、如何测量信用风险、信用风险将如何影响债券发行者以及信用风险管理的演进。债券投资者和银行在防范信用风险时通常使用的方法有信用限额、资产分散和资产证券化。

15.1.1　信用风险

按性质划分，金融风险可以分为信用风险、利率风险、流动性风险和汇率风险等。信用风险是指借款人违约的可能性，违约包括借款人不能承担借款责任，如不能偿还利息或者不能按时还款。信用风险是最普遍、最基本、最传统的金融风险形式，也是多种风险复合而成的一种风险。信用风险极易受到经济周期和行业周期的影响。处于经济扩张期时，信用风险降低，因为较强的盈利能力使总体违约率下降。而在经济紧缩时，信用风险会显著增加，这是因为借款人收入恶化导致其很难偿还贷款或者偿付利息。行业风险与经济周期相关性不大，这种风险来自于公司在某一行业的具体情况，例如，产品面临法律诉讼。比较典型的例子是石棉对人身体有害，相关的产品都受到了起诉，生产厂商因此破产，所以无法偿还相关的债券。

信用风险程度的大小主要取决于借款者的信用等级、其对所借资金的信用价差和其债务的市场价格。其中信用价差体现在公司借款时所需支付的利率与美国国债利率之差。因为通常意义上美国国债被认为是没有违约风险的，所以其他债券利率高于美国国债利率的部分就被称为信用价差。当借款人被银行或者是债券市场认为违约可能性大时所要求的信用价差就会增加。随着一家公司信用风险的加大，银行和债券投资人索要的信用价差就会增加，增加的额度必须要满足债权或者贷款不能按期偿付的预期损失。

衡量一家公司信用风险的比较传统的方法是信用等级法。当前国际最知名的两家信用评级机构为标准普尔公司和穆迪公司。其中标准普尔是通过综合企业风险、竞争优势、企业多元化、企业规模及市场份额、管理团队、企业内部问题、企业经营状况、会计报表质量、财政金融政策、利润率资本结构、表外融资、现金流分析、财务机动性等多方面因素，对企业进行信用等级划分（参见表 15－1）。

表 15－1　标准普尔的长期和短期信用等级及评述

长期信用等级	评述	短期信用等级	评述
AAA	清偿能力很强，风险很小	A－1	清偿能力最强，风险最小
AA	清偿能力较强，风险小	A－2	清偿能力较强，尽管有时会受内部条件和外部环境影响，但风险较小
A	清偿能力强，有时会受经营环境和其他内外部条件不良变化的影响，但是风险较小	A－3	清偿能力一般，比较容易受到内部条件和外部环境影响，有一定的风险
BBB	有一定的清偿能力，但易受经营环境和其他内外部条件不良变化的影响，风险程度一般	B	清偿能力不稳定，具有投机性
BB	清偿能力较弱，风险相对越来越大，对经营环境和其他内外部条件变化较为敏感，容易受到冲击，具有较大的不确定性	C	清偿能力强
B	清偿能力弱，风险相对越来越大，对经营环境和其他内外部条件较为敏感，容易受到冲击，具有较大的不确定性	D	不能按期还本付息
CCC	清偿能力较弱，风险相对越来越大，对经营环境和其他内外部条件较为敏感，容易受到冲击，具有较大的不确定性		
CC	清偿能力很弱，风险相对越来越大，对经营环境和其他内外部条件较为敏感，容易受到冲击，具有较大的不确定性		
C	濒临破产，债务清偿能力低		
D	为破产倒闭的金融机构		

资料来源：根据美国标准普尔公司《企业信用评级》归纳总结。

有许多例子可以说明，信用风险会影响债券等金融资产的发放者、投资者以及银行等金融机构的经营活动。首先是债券的发行者。信用风险对于债券发行者的发行成本是至关重要的。因为一种债券的发行者在债券发行前遇到了债务纠纷就会导致其发行成本增加。或者，发行的时候遇到经济衰退也会导致信用风险溢价平均水平的上升。其次，对于债券的投资者。投资人对于单个债券的风险暴露随着该债券信用风险的降低而减少。一只债券信用等级下降或是风险溢价增加都会减少该债券的实际价值。与此同时，持有公司债券的共同基金将会受到信用风险溢价平均水平上升而导致所持资产组合价值下降的影响。最后，对于商业银行。银行将因借款人的违约而面临风险。银行面临的信用风险相对比其他机构要高，主要有两个因素：一是银行因所在地的地域限制和行业限制无法分散借款人的信用风险；二是信用风险是银行经营中的主要风险。大部分的商业贷款在签订贷款合同时就已经确认了信用风险溢价，因此在贷款期间发生客户信用风险增加则无法再调高信用风险溢价水平。

市场参与者和研究人员对信用风险的关注日益加强，古典理论采用传统的统计方法已被银行广泛使用。如评级机构是违约概率的标准来源，Altman 等人（1977）描述了用于预测单个企业违约概率的技术，并运用于说明信用等级上升和下降的可能性，进而将资产组合方法运用到了信用风险管理当中，从理论化的角度来寻找具有信用风险的马科维兹有效边界。

随着学术界对发展新的理论以及模型化市场风险的研究，一系列应用数学和物理学知识的引入使得信用风险的研究有了新的发展。从数学方面，将随机微分引入，即随机微分允许将时空细化为无限小的点，就可以从不确定性中得到一个确定的解。在金融学理论方面，关于信用风险的理性预期理论是以金融经济学为基础的，该理论早在 1974 年就作为或有要求权分析法的一个应用而被发展出来，这已经成为现代信用风险理论的基础。Merton（1974）提出了信用风险的结构模型，即应用或有要求权分析法（期权定价）的方法，简单地说，就是利用期权定价的方法来估计固定收益工具的违约风险利差。信用风险来源于潜在的违约，当公司资产价格下降到了某个阈值以下时，即资产价值低于负债余额的面值时便发生潜在的违约。该模型利用经济关系解释潜在的违约实践并给出了经济违约的清晰定义，同时把违约事件与标准的期权定价密切相连，从而使得结构模型成为易于定价的框架。整个公式取决于资产价值的演变过程，违约事件是不确定的随机事件，将两个要求权持有人的价值联系在一起，用实际市场数据推断参数。随后对该模型进一步的深化也开始了，如 Crouhy 和 Galai（1997）推导了 Merton 模型，他们将 Merton 公式中的各项作了重新安排，得出可以将卖出期权的价值分解成两部分——以公司在债务到期时破产为条件的预期损失和破产事件的预期概率。而且，回收率在这里是内生决定的随机变量，而非如先前模型所架设的那样是个外生固定变量。由于这种方法完全依赖于公司价值和两类权益人之间的套利关系，因此，可以将信用风险和违约的可能性直接表示为股票价值的函数。

信用风险定价的简化型模型绕过公司的财务基础，直接用市场价格或价差进行处理。这一领域的新古典模型包括 Duffie 和 Singleton、Jarrow 和 Turubull（1995）、Jarrow、Lando 和 Turubull（1997）、Lando（1994）。这个方法通过外生定义的违约率和回收率，把有违约风险债券的定价或价差直接与无风险债券连在一起。在这种方法中，信用期限结构不是根据公司财务基础或宏观经济因素推导而出，而是直接从市场数据中获得，在数学上这种方法更易于实施，但是不如企业价值方法那么直观。

随着信用风险定价方法的不断完善，人们越来越意识到他们在信用风险管理上的薄弱，传统的依靠抵押资产、计提损失准备金、积极管理等传统的信用风险管理方法来化解风险已经显得力不从心。最近十年来，管理信用风险的主要方法为将含有信用风险的资产出售，即银行可以采取资产证券化的方式来管理信用风险。通过将信用风险保率转移给新的所有者的方式来化解信用风险。

15.1.2 信用风险管理的演进

管理信用风险的方法在不断发展，传统的方法集中于信用限额和资产分散化。对于信用限额我们举例来说明。例如，银行的管理人员在考虑借款人财务状况，如收入、利润率、负债率、应收账款的情况来决定是否放款。然后，管理人员可以采取贷款合同条款来限制信用风险，如控制贷款规模、规定还款时间表、对高风险的贷款要求抵押或者循环贷款。一个共同基金投资于公司债券也要通过相同的分析方法，只不过没有相同的借款合同。第二种传统的管理信用风险的方法就是通过贷款给不同的借款人以分散信用风险。信用风险分散的原则是风险补偿法，也就是俗称的不把所有的鸡蛋放在同一个篮子里。这一个原则也同样适用于银行贷款，影响不同行业企业违约的因素是不同的。相对于银行来讲分散贷款，建立一个由不同贷款种类构成的资产组合就可以使银行减少其收入的变动。一些贷款的收入可以抵补另外一些贷款的损失从而减少银行的损失。贷款对象分散化主要有两种方法，即传统的随机组合管理和科学的量化组合管理。其中随机组合管理是指，组合管理者对组合的信用集中风险只进行定性管理，根据自己的方式确定分类方式并从中选择。这种选择通常是随机性的。量化组合管理是指，运用资产组合理论和相关的定量模型对各种资产组合进行分析，根据其各自的风险—收益特征和相互之间的相关性，组成在一定风险水平上期望收益最高的有效组合，主要方法为风险计量法。该方法是一种对资产组合风险进行评估的工具，适用于由于债务人资信质量变化而引起的资产组合价值变动的风险管理，通过信用评级体系管理信用风险。

然而信用限制和资产分散化都是管理信用风险的初级方法，其减少和分散信用风险的机会都是很少的。例如，一些小银行由于地域的限制只能依赖于当地的经济。同样汽车金融公司也面临着有限的分散信用风险的机会。虽然一家汽车金融公司可以通过不同的借款者分散一部分信用风险，但是经济周期的波动会影响所有的借款人。因此在这种情况下通过分散借款人来分散风险是不现实的。

最近十年来，管理信用风险的主要方法为将含有信用风险的资产出售。银行也可以采取资产证券化的方式来管理信用风险，通过将信用风险转移给新的所有者的方式来化解信用风险。资产证券化是指将有信用风险的债券或金融资产组成一个资产池，并将其出售给其他金融机构和投资者。从投资者角度而言，通过投资多个贷款或债券组合可以使信用风险降低，同时通过投资这样的债权也可以帮助调整投资者的投资组合，减少风险。其本质在于将贷款或应收账款转换为可转让工具的过程，核心在于贷款中的风险与收益要素的分离与重组，使其定价和重新配置更为有效，从而使参与各方均收益。例如，汽车金融公司可将其贷款打包并且等分后转让给其他的金融机构。对于一个投资者，对购买一部分打包的资产是有吸引力的，大量分散的贷款是能够降低总的信用风险的。另外打包贷款的收益来源与投资者的收益来源并不相关，这也同样地分散了投资的信用风险。对于汽车金融公司来讲，出售贷款消除了公司贷款的信用风险。

银行还可以通过将贷款出售市场来管理信用风险，当一笔贷款发放后银行可以将这一贷款出售给其他银行或者机构投资者。一个普遍的出售贷款的例子是，当一家银行提供给接管公司一份短期融资后，银行会很快地将贷款转卖给其他投资者。这一策略对银行是非常有吸引力的，因为银行可以在得到一笔收益后将信用风险转移出去。偶尔银行也会给单一的接管者大量的贷款，于是信用风险就显得尤为重要了。

资产证券化和贷款出售的市场为管理信用风险提供了有价值的工具，但是资产证券化的方式仅仅适用于还款时间标准化和信用风险特征相同的贷款，如住房抵押贷款和汽车贷款，而对商业贷款和企业贷款是不适用的，因为银行很难将这些贷款通过资产证券化的方式转让给机构投资者。在这种情况下，一种更有前途的管理信用风险的工具产生了，这就是信用衍生产品。

§15.2　信用衍生产品

信用衍生工具的第一笔交易是由信孚银行（Bankers Trust）和瑞士信贷银行金融产品部（CSFP）于1993年在日本做成的，交易对象是偿还价值取决于具体违约事件的票据。当前，信用衍生工具的交易已经由北美扩展到了欧洲，并在拉美和亚洲等地也形成了市场。信用衍生产品之所以有如此飞速的发展，原因主要包括银行信用风险过于集中，信用风险管理技术的发展和监管倾向的改变，克服、防范信用风险的工具的效率不足和流动性不足问题，以及传统衍生产品的赢利率普遍下降等。此外，信用衍生产品市场的参与者也非常广泛，其中包括投资银行、商业银行、保险公司、固定收益投资者、高收益市场基金、新兴市场基金以及一些非金融性的公司等。

15.2.1　信用衍生产品概述

（一）信用衍生产品的定义

信用衍生产品（credit derivatives）是国际互换和衍生品协会（ISDA）为了描述这种新型场外交易合约于1992年创造的新名词，确切地讲它是一种使信用风险从其他风险类型中分离出来，并从一方转让给另一方的金融合约。实质上，信用衍生产品是将信用风险从其他风险中剥离出来，以一定的成本转移给其他的机构投资者，从而达到降低自身信用风险暴露水平的目的。与此同时，信用衍生产品也使得信用风险独立地成为传统金融市场上新型的可流通可交易的投资产品。信用衍生产品包括：信用违约互换、总收益互换、信用期权、信用关联票据等。当前交易量最多、交易最广泛的信用衍生产品应属信用违约互换和总收益互换产品。信用衍生产品的市场参与者也从最初的银行，扩展到证券公司、保险公司、投资基金及非金融机构。全球信用衍生品市场市值增长迅速，参照表 15 –2，信用衍生品的交易比较集中。

表 15 –2　　大型金融机构场外衍生品交易占比情况分析表

时间：2012 年 3 月 31 日

银行名称	资产总额（百万美元）	资产占总额比例（%）	衍生品市场价值（百万美元）	衍生品占总额比例（%）	信用衍生品市场价值（百万美元）	信用衍生品占总额比例（%）
摩根大通	2 320 330	16. 85	72 576 798	23. 99	6 163 898	27. 83
美国银行	2 180 056	15. 83	67 559 759	22. 33	3 494 307	15. 77
花旗银行	1 944 423	14. 12	50 650 332	16. 74	2 972 486	13. 42
摩根士丹利银行	781 030	5. 67	50 339 859	16. 64	4 757 281	21. 48
高盛银行	951 217	6. 91	48 254 372	15. 95	4 062 382	18. 34
前 5 家银行合计	8 177 056	59. 39	289 381 110	95. 66	21 450 354	96. 83

数据来源：OCC。

（二）信用衍生产品的特性

信用衍生产品的特性可以归纳为以下几方面。

1. 表外性。信用衍生产品在交易者的资产负债表上并无反映，属于表外项目。

2. 债务不变性。在信用衍生产品交易中，基础资产仍然保留在保护买方的资产负债表内，保护买方无须出售或消除该项资产。因此，信用衍生产品处理的只是债务的结构成分，对原债务人的债权债务关系没有任何影响。

3. 可交易性。信用衍生产品将信用风险从市场风险等其他风险中分离出来，在市场上独立地进行交易，实现了信用风险交易市场化，从而克服了传统的信用保险、担保等信用工具不可交易的薄弱环节。

4. 保密性。信用衍生产品交易是在风险转嫁方（多为银行等金融机构）与借款人之外的第三方之间进行，无须得到借款人的许可，也不必通知借款人，从而保持了银行对客户记录的机密性和商业秘密，使得银行可在无须破坏银行与借款者良好关系的前提下管理贷款信用风险。

5. 低成本性。一方面，对于保护买方而言，不需要实际运作贷款或债券资产，使得操作成本大大降低；另一方面，由于信用衍生产品交易的保密性，保护买方可以对借款人保守机密，简化了法律程序和其他一些相关程序。

6. 可塑性。信用衍生产品具有“量身定制”的特点。在交易对象、期限、金额、结构等方面，信用衍生产品可以满足客户的不同需求。无论是风险转嫁方还是投资者，都可以利用这一新型金融工具来合成新的具有特定风险和收益结构的产品，以分散风险或获取收益。这正是信用衍生产品的灵活性所在。

7. 杠杆性。对于利用信用衍生产品来赚取收益的投资者（即保护卖方）而言，不必实际占用资金就可以得到一笔在传统贷款市场上难以取得的合意资产组合，因而该产品具有很强的杠杆性。

（三）信用衍生产品的功能

对冲信用风险是信用衍生产品的基本功能，这也是该金融创新工具诞生的原动力。除此之外，信用衍生产品还在套利、产品重构、价格发现等方面具有不可忽视的作用。

1. 套利

（1）监管套利（regulatory arbitrage）。1988 年，《巴塞尔资本协议》对银行业的资本充足率作出了统一规定，即银行的总资本不得低于风险加权后资产总额的 8%。对于不同的资产，该协议规定了不同的风险权重，而风险权重视交易对手而定。这样，银行可通过信用衍生产品交易实现交易对手的转换，改变资产的风险权重，节约资本并提高资本收益率。2006 年的《巴塞尔新资本协议》对 1988 年的协议进行了修订。根据新协议，商业银行可以通过采取一些降低信用风险的技术，如担保和信用衍生产品等，将风险转移出去，并认可了这些风险转移手段能降低相应资产的风险权重。这些规定也为银行创造了套利的机会。

（2）融资套利（funding arbitrage）。在融资成本方面，规模较大、信用等级较高的银行往往比规模较小、信用等级较低的银行有比较优势，因此，信用等级较低的小银行往往难以直接获得高质量借款人的贷款资产。信用衍生产品则可以将低筹资成本的银行的比较优势“租”给高筹资成本的投资者，这些小银行通过出售信用保护间接进入高质量贷款市场，从而获得合意的贷款组合。除此之外，保险公司、证券公司、投资基金等机构投资者也可利用信用衍生产品交易以低融资成本获得一笔贷款或债券的收益，而不必直接持有信贷资产。

2. 产品重构（product restructuring）。一方面，由于信用衍生产品在交易对象、期限、金额、结构等方面具有极强的可塑性，投资者可通过信用衍生产品交易进行在现货市场上难以实现的投资，从而创造出理想的风险收益结构。另一方面，银行可通过购买信用风险敞口，实现跨地域、跨行业的合意贷款组合。尤其值得一提的是，对于固定收益投资者而言，信用衍生产品的出现便利了固定收益投资者将信用风险进行分解（分解成违约风险和信用差价风险），然后根据自己持有资产的风险特征，按照特定的战略实行管理，将不愿承担的信用风险对冲掉，同时承担一些愿意承担的信用风险以增加收益。

3. 价格发现。信用衍生产品的市场交易价格实质上是在既定的信息披露条件下，交易双方对基础资产的信用风险的直接定价。与在市场上公开交易的基础资产的信用差价相比较，投资者还可以得到信用风险的另一个直接的市场参考。信用衍生产品的逐渐标准化和普及化会大大增强信用风险定价的透明度和准确性，有利于信用风险的市场定价机制的形成。

15.2.2 几种主要的信用衍生产品

（一）信用违约互换

信用违约互换是指银行或金融机构通过向交易对手每年支付一定的费用，将银行的信贷资产和所持债券等一些基础资产或参照信用资产的信用风险剥离，同时转移这些资产因信用事件而产生的潜在损失。信用违约互换在当前国际金融市场上发展极为迅速，截至2015年底，全球信用违约互换合约的名义金额已达到12.3万亿美元，2016年我国银行间市场也开展了首批信用违约互换交易。

信用互换的基本原理是，寻求保护的买方（protection buyer）定期支付固定金额或前期费用给保护提供方（protection writer），作为交换，一旦发生作为第三方（reference credit）违约的情况，信用互换的卖方将向买方进行支付或有偿付款。“违约”一词在这里的含义有：破产、无偿付能力、不能履行到期的支付义务等。信用互换的交易结构如图15－1所示。

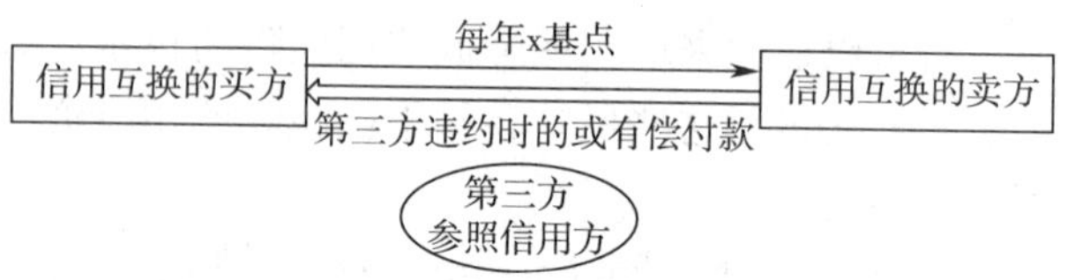

图15－1 信用互换交易结构图

在信用违约互换中，信用违约互换的买方每年支付固定的费用给卖方，一旦信贷资产或参照信用方发生信用违约事件，它便可以从卖方那里得到事前约定的偿付额度。假定银行A对X公司有一个信贷敞口，然而它担心由于X公司的某个项目信用等级可能会下降，信贷违约风险即将发生，同时它又不想中止与X公司的关系，于是它就和金融机构B协商完成一个信用违约互换，银行A定期支付给金融机构B固定的费用，而金融机构B则承诺在X公司发生信用事件时，支付给银行A一定的补偿。于是，银行A通过信用违约互换合约将对X公司的信用风险转移给了金融机构B，并限定了在X公司发生信用违约时的损失，同时也可以将资本投入到收益率较大的新领域。而金融机构B在获得对X公司信用敞口的同时，也赚取了一笔信用贴水。由此可见，信用违约互换剥离了信贷资产的内在信用风险。

违约互换的支付方式随着市场的发展而变化。早期的互换协议是通过现金方式进行结算的，而如今多数公司和主权违约互换采用实物方式进行结算。现金结算是指，信用保险卖方向买方支付基础资产面值与残值之间的差额。现金结算通常在违约事件发生数月之后进行，给市场以估计残值的时间。这里的残值是指，违约债务实际剩余的金额。残值越低，或有偿付款越高，也就是信用互换的价格越高。实物结算是指，信用保险买方将参照资产交与信用保险卖方，收取与原面值相等的金额。信用保险买方将债券按照面值交给信用保险卖方。实物结算正日益朝着标准化的方向发展。

在国际上，信用违约互换的主要交易者包括：银行、保险公司和投资基金，交易的目的是为了减少信贷集中风险和使资产配置更加合理化。到目前为止，信用违约互换已经成为各大金融投资机构减少信贷集中风险的主要手段，过去银行主要通过贷款出售来管理信贷集中风险，但这种方法会损害多年来建立的银行和客户的良好关系，银行可能会因此丧失以后对该客户的贷款机会以及其他一些业务，如获利颇丰的咨询业务等。利用信用违约互换通过与信用保护者签订信用互换合同，银行可以在客户不知道的情况下将贷款的信用风险转移，可以避免这种不利影响。在信用违约互换的交易中，银行通常是购买信用违约互换合约的一方，而出售者多为投资基金。对于投资基金来讲，信用违约互换产品给其带来的好处是可以间接地投资于银行信贷资产。我们知道，在风险调整的基础上贷款优于几乎所有其他的资产类别，也就是说贷款超过各种债券、股票，拥有高超额受益和低风险的特点。例如，美国贷款的夏普比率在所有资产中是最高的。这样进行信用违约互换产品交易就使一直渴望进入贷款市场的投资基金可以绕开管制参与银行信贷市场的交易，同时投资基金的加入也增加了信贷市场的流动性和效率。

信用违约互换与其他的互换类金融工具一样可以被提早终止。虽然违约互换不可以被自由转让，但其是可以出售的。投资者可以根据互换的当前市场价值，与原先对手终止互换交易，或将该互换出售给一个愿意接受的对手。

对于信用保险买方来讲，考虑参照信用方和信用保险卖方之间的违约相关性也是十分重要的。因为我们不能保证在参照信用方违约之后，信用保险的卖方就一定会按照条约进行支付，因为他们也同样存在信用风险。因此，贷款方（信用保险买方）就要综合考虑借款人的违约可能性、保险卖方的违约可能性以及二者之间的违约相关性。举例来说，如果某银行向一家石油化工企业贷款，然后再与另一家石油化工企业进行违约互换交易。如果石油行业不景气，则可能导致借款者和信用保险卖方均不能支付，银行造成损失。但还有一种情况，就是作为借款者的石油公司经营不善，导致作为保险卖方的石油公司大范围占有市场份额，这样，这份互换协议就有意义了。因此，在确定相关性时，不仅要考虑行业因素，还要综合观察两家公司的经营状况，进行比较确定。

我们再介绍一种违约替代互换。其交易过程如图 15－2 所示。A 银行对 M 公司贷款 500 万元，B 银行对 N 公司也贷款 500 万元，这样就会存在风险过于集中的问题。于是两家银行间可以达成协议：如果 M 公司违约，则 B 银行将支付给 A 银行 250 万元，同理，N 公司违约，A 银行支付给 B 银行 250 万元。这样实际上是两家银行共同担负了两家公司的信用风险，达到了资产的分散化。

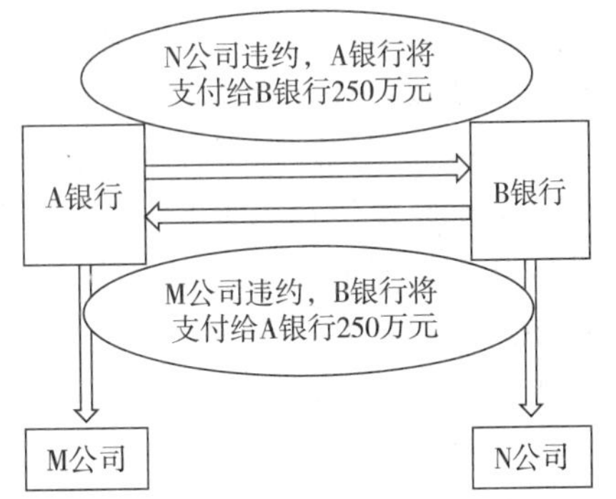

图 15－2　违约替代互换交易结构图

（二）总收益互换

总收益互换是指，投资者接受原先属于银行的贷款或证券（一般是债券）的全部风险和现金流（包括利息和手续费等），同时支付给银行一个固定的收益。这个固定的收益一般是伦敦同业银行拆借（LIBOR）加上或减去一定的息差。其交易结构如图 15－3 所示。

与一般互换不同的是，银行和投资者除了交换在互换期间的现金流之外，在贷款到期或者出现违约时，还要结算贷款或债券的价差，计算公式在事先签约时确定。如果到期时，贷款或债券的市场价格出现升值，银行将向投资者支付价差；反之，如果市场价格下跌出现减值，则由投资者向银行支付价差。与违约互换不同，总收益互换没有违约事件和或有支付，在每一期限末，双方的支付自动交换。

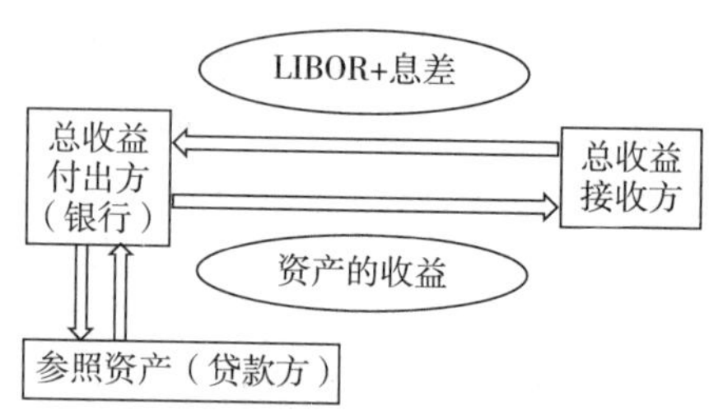

图 15－3　总收益互换交易结构图

在总收入互换中，在没有对资产进行实物转移的情况下，将资产的市场风险进行了剥离并转移。例如，银行进行了一笔贷款，将贷款的收入（总收入）转移给互换交易商。作为回报，互换交易商向银行支付浮动利率的利息，例如，在 3 个月的 LIBOR 上加上一个差价。总收益互换定期以贷款的市场价值进行结算。任何贷款价值的正向变化都由银行支付给互换交易商，交易商承担违约风险；任何贷款价值的反向变化都由交易商向银行进行补偿。银行从这笔互换交易中得到的好处就是将贷款的总收入换为以 3 个月 LIBOR 加上一个差价的利率计算的有保障的收入。由于现在有互换交易商保障银行的收入，银行就消除了这笔贷款的信用风险。

总收入互换对银行有两个好处：首先，它可以使银行在保证客户财物记录机密性的情况下分散贷款的信用风险；其次，进行互换交易的管理成本低于贷款出售的成本。

此外，总收益互换中还可以加入买权和卖权，以形成标的资产收益率的封顶和保底产品，交易中的融资方可以对浮动利率用封顶或保底来控制融资成本。

（三）信用期权

信用期权也是一种在信用等级发生不利变化时对冲信用风险的信用衍生产品。最容易理解信用期权的方法是把它看做是汽车保险，所有的车主交一定的费用购买汽车保险以保护他们的损失。如果车没有受到任何损失则车主将不会得到保险公司的补偿；但是如果汽车受到损伤，则保险公司将给车主以补偿。信用期权也提供相类似的对冲功能。这些信用期权允许投资者为了保证资产的信用风险等级而购买保险。例如，一个债券的投资者可以购买保险以保证他拥有的公司债券的价值。如果投资者有某公司 500 万元的债券，为了防范债券等级下降导致债券价值下跌引发损失，投资者决定购买一个敲定价格为 500 万美元的卖出期权合约并付出期权费 4 000 美元，此时投资者已经把债券信用等级下跌所引发的最大损失锁定。如果债券果然与投资者预测的相同，信用等级下降，投资者可以行使期权。相反，债券信用等级良好或者上升投资者则不会履行期权，其损失只不过是事先约定的期权费而已。信用期权赋予了投资者锁定信用风险的权力，使套期保值的方法能够应用在信用风险管理上。

信用期权总体可以分为两类。第一类是期权买方（银行）向卖方买入一份看跌期权，这就保证了如果金融资产价值下跌并低于协定价格时，期权买方可以要求期权卖方按协定价格购买这份金融资产，从而使买方减少损失。一旦行使信用期权，买方的盈利通过用协定价格减去债务市场价格确定。而协定价格的确定方法是，将金融资产现金流的现值按照无风险利率进行贴现，再加上信用差价。信用差价的概念我们在前面已经介绍过，可以用公式对其进行更直观的表述：信用差价 = 债券等金融资产的收益 − 相对的无风险证券的收益（多指美国国债的收益）。第二类则是一种看涨期权，这种看涨期权是以信用差价作为协定价格的。若信用差价大于协定价格，期权买方（银行）有权以协定价格向期权卖方交割金融资产，卖方支付的价格高于基准的收益差价等于协定价格。

下面我们通过一个信用看跌期权的例子进一步说明（参见表 15 -3）

表 15 -3　　ABC 债券的信用差价看跌期权

ABC 债券的信用差价看跌期权（债券于 1998 年 11 月 14 日发行，2023 年 12 月 23 日到期）	
差价看跌期权的买方	银行
差价看跌期权的卖方	投资者
名义本金	1 000 万美元
结算日	今天
期权行使日	一年后的今天
基础指数	ABC 债券，2003 年 12 月 31 日到期
参考美国国库券	2023 年 8 月到期的美国国库券的卖价为 6. 25%
指数信用差价	在期权行使日 2 天前的美国东部时间中午 12 点，利用基础指数的平价买入价（即买入价减去应计利息和任何未支付利息）减去参考美国国库券的卖出收益的基础指数的到期收益
目前差价	1. 95%
差价看跌期权的敲定价	2. 05%（平值远期敲定价）
看跌期权支付	名义本金 × 最大化［有效期（指数信用差价 -2. 05%），0］
平均期限	8 年
期权费	名义本金的 1. 25%，由银行在结算日向投资者支付

我们再来介绍一种信用价差远期合约。它其实是看涨期权和看跌期权的叠加。而且，除了基础指标是价差之外，其他构成要件与标准的远期合约极为相似。我们举例说明。假设投资者在时间 t_0 签订一份远期合约，合约约定在未来时刻 t_1 以一个固定价格购入一份浮动利率债券，而债券自身的到期日要晚于 t_1，设其为 t_2。则如果信用价差增大，债券价格将超过票面价值。反之，信用价差减小，则债券价格下降，但投资者还是要以票面价格买入债券。

（四）信用联结票据

信用联结票据（credit - linked note）是由银行或其他金融机构发行的一种债务工具，是以信用互换为基础资产的信用衍生产品。由于信用互换属于衍生产品，所以在市场上有相当多的投资机构被禁止对其进行投资。于是这些被管制的投资机构便希望通过购买以信用互换为基础的债券或票据来绕开管制以对衍生品进行间接投资。在这些投资需求的推动下，信用联结票据市场在 20 世纪 90 年代得到了很大的发展。在这个市场上，投资人可以自由地购买以信用互换为基础支付利息及偿还本金的票据或债券。信用联结票据的利息是与基准市场价格和信用互换相联系的。如果在债券的有效期内信用互换没有发生违约事件，在到期日投资者可以获得利息和本金的偿付。相反，如果违约事件发生，债券的发行方会停止向投资者支付债券利息，并返还给投资者相当于票面价值减去有偿付款的余额。我们用图 15－4 反映信用联结票据的现金流情况。

银行可以利用信用联结票据来对冲公司贷款的信用风险。同时，信用联结票据还可以作为一种融资手段，因为其还为发行银行带来了现金收入。从某种意义上来说，信用联结票据是对银行资产的一种重组。但是，同其他信用衍生产品一样，贷款本身还保留在银行的账户上。

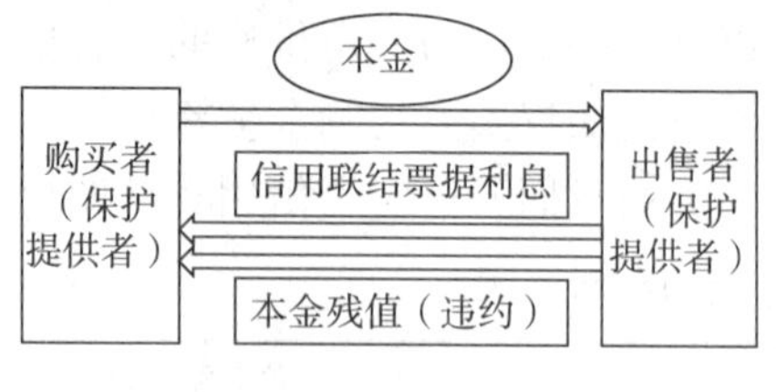

图 15－4　信用联结票据的现金流情况

随着信用联结票据的发展，出现了专门从事信用联结票据业务的金融机构。这些金融机构通常以 SPV（Special － purpose Vehicles）的形式发行信用联结票据，发行的收入可以用于购买安全性较高的资产，例如，国库券或者货币市场资产。有信用风险对冲需求的机构可以同 SPV 的发行者签订一种纯粹的信用互换合约。当违约事件发生时，SPV 的发行者负责向购买者赔偿违约资产的损失，这一支付过程由发行 SPV 的机构所购买的安全性资产作保证。对于 SPV 的发行者来说，这一交易过程不存在什么风险，它实质上是位于信用保护的需求者（例如，有信用风险对冲需求的银行）和信用保护的提供者之间的中介机构。SPV 的购买者是信用保护的提供者，其收入就是安全性资产的利息以及 SPV 发行者从信用风险对冲机构那里收取的一部分费用。具体的交易过程如图 15－5 所示。

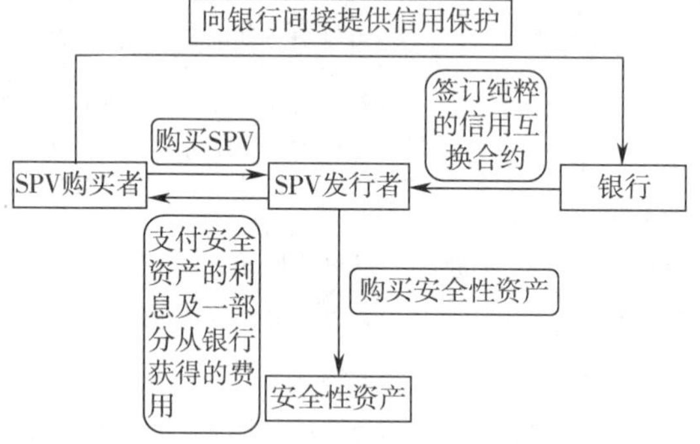

图 15－5　SPV 的具体操作过程

§15.3　信用衍生产品的监管及应用

15.3.1　信用衍生产品的监管

随着信用衍生产品的发展，对其的监管逐渐被世界金融监管机构所关注。目前，信用衍生产品的监管还没有一个统一的标准。美国货币管理当局已经出台了一些相关文件，作为监管的指导性材料。英格兰银行也针对信用衍生产品的监管制定了一些措施。下面我们对这两国的监管方案进行简要介绍。

（一）美国对信用衍生工具的监管

美国联邦储备银行的监管部于 1997 年 6 月 13 日颁布的相关文件中，开始将风险分为信用风险和一般市场风险，而市场风险之所以产生是由于参考资产的价值因受到参考资产信用风险以外的因素影响而发生变动。同时，美联储定义了（银行或交易）账簿中必须划分的三类头寸。敞开头寸、对应头寸和冲抵头寸。所谓对应头寸是指，在具有相同期限的相同参考资产的相同信用衍生工具的结构中，持有多头寸或空头寸。如果互换中的支付和收入是总回报率产品或信用违约产品，则它们是对应的。头寸的对应也要求违约定义中包括相同信用事件，并且对应头寸中的有关合约条件必须是很接近的。美联储规定，现券工具被视为总回报产品，因此，一个债券的多头寸和具有一个与该债券相关联的相同期限的总回报率互换的空头寸是一个相对应的头寸。

如果头寸的期限结构不对应，或者，互换是一个信用违约互换（只要参考资产与债券有相同的债务人和优先程度），则头寸是相冲抵的。冲抵头寸是指以那些具有相同债务人、在倒闭过程中具有相同优先程度的资产作为参考资产的信用衍生工具的多头寸和空头寸。冲抵头寸包括一些对应头寸。如果信用衍生工具的多头或空头有不同期限，或者一个为总回报产品，而另一个为纯粹的违约产品（即信用违约互换），则它们不属于冲抵头寸。而如果头寸既不是冲抵头寸也不是对应头寸，则它是敞开头寸。

美联储将参考资产与基础资产视为不同的两个概念——只要基础资产和参考资产是同一个法律实体的义务，并且在倒闭时具有相同程度的优先权，则基础资产仍被认作是被保护的资产。银行必须标明：两种资产间有很高的相关性，参考工具是基础资产的一个合理且充分的替代工具，参考资产和基础资产都受到共同交替违约条款的约束。表15－4表明了三种头寸之间的关系。

表15－4　　信用衍生品市场风险框架

	对手信用风险	一般市场风险	具体风险
敞开头寸	Y	Y	Y
对应头寸	Y	N	N
冲抵头寸	Y	Y（一些）	Y（一些）

Y—风险存在，有资本金要求
N—风险不存在，无风险资本金要求

简而言之，所有的信用衍生工具头寸都产生出对手风险（出售期权是一个例外）。对于对应头寸，对手风险是唯一的风险。头寸的对应本质将参考资产的一般市场风险和具体风险剔除在外。敞开头寸和冲抵头寸都含有三种风险因素。对于冲抵头寸而言，其承担的一般市场风险和具体风险都要小得多。

因此，对应头寸将涉及具体风险的资本金要求。对于冲抵头寸，只有针对最大的冲抵信用衍生工具和现券头寸才有具体风险的标准资本金要求，即具体风险的标准资本金要求不单独地针对交易中的一方。敞开头寸也有相同标准的具体风险资本金要求，即参考资产的现券头寸中将满足该资本金要求。

（二）英格兰银行对信用衍生工具的监管

1997年，英格兰银行颁布了对信用衍生工具的临时资本金要求的初步协商结果。该行宣布，它将承认大多数信用违约产品在交易账簿中的合法性。同时，英格兰银行还陈述道：由于受到欧共体法律的约束，它不能为交易账簿提供冲抵头寸的范围。但是在下面将要讨论的具体风险模型决策中，这一观点已有所改变，即法国有关当局规定，在交易的两方面期限不对应的情况下允许采用部分头寸进行冲抵之后，英格兰银行很有可能再次对其先前的做法进行修改。此外，英格兰银行还与证券期货委员会（SFA）成立了一个专家组以对信用衍生工具和信用风险有关的资本金要求共同进行商谈研究。

15.3.2 信用衍生产品的应用

（一）信用衍生产品对银行经营的影响

按照资产组合理论的要求，银行应该尽量避免信用关系的集中化，尽量持有分散化的资产组合，但这在实际操作中存在相当大的困难。因为对于业务部门来说，不可能也不愿意拒绝大客户的信贷要求，这无疑会影响交易关系。另外，存贷款的利率差毕竟是银行收入的重要来源。此外，由于银行的经营受国家经济环境，特别是本地区经济环境的影响，这可能导致银行信用关系集中于某一行业或某一地区。传统的贷款出售方式固然解决了贷款的流动性问题，但那无疑会影响银行与客户间的关系。因此，信用衍生产品的出现在解决了贷款流动性的同时，由于其保密性的存在，又保护了银行与客户的良好关系。同时，信用衍生品还为银行解决了贷款定价的问题。一旦信用风险超过了目前市场利差所能承受的最高信贷程度，银行便可以将这一部分转移出去，从而保证银行的贷款定价能够与银行自身的承受能力相匹配。此外，通过交易信用衍生工具，银行可以实现跨产业、跨地域的合意贷款组合，高度的分散性将最优化其承担的风险水平。这样，既能保证银行在地域或行业内的比较优势，又能够充分分散风险，降低信用违约造成的损失。

（二）信用衍生品在中国的实践

由于历史原因，我国国有商业银行的专业化比较严重，而一些新兴的地区商业银行又存在较强的地域性，这就造成了我国商业银行信用风险高度集中的局面。解决这一问题的一条思路是开放银行间债权交易，但很多银行会担心进行债权交易可能会导致核心客户流失，信用衍生产品无疑可以解决这些问题。我国商业银行信用衍生产品交易主要有两个选择。一是与外资银行进行交易，银监会提供的数据显示，截至 2015 年底，15 个国家和地区的银行在华设立了 37 家外商独资银行（下设分行 306 家）、2 家合资银行（下设分行 4 家）和 1 家外商独资财务公司；26 个国家和地区的 69 家外国银行在华设立了 114 家分行，有 46 个国家和地区的 153 家银行在华设立了 174 家代表处。作为一个新兴的市场经济国家，我国的贷款回报率相对较高。对此外国银行一直非常青睐，信用衍生品的交易将为这些资金雄厚且有丰富管理经验的外资银行增加一条进入的途径。此外，还可以选择国内银行间，或者银行与机构投资者之间进行信用衍生品的交易。然而，我国金融机构管理机制不健全，对此还有很长的路要走。在肯定信用衍生工具将在我国有所发展的同时，也要注意其给我国金融领域带来的风险。一是交易对手风险问题，即信用衍生产品的交易对手是否能履行其义务；二是法律风险，主要指信用衍生产品交易要服从于“国际互换与衍生产品协会”（ISDA）颁布的标准，但部分产品的创新快于行业标准的制定，另外由于金融衍生工具在许多领域里发展迅猛，使得有不少交易对手的合法地位存在不确定性等问题；三是一些交易和产品的安排其实不是真正基于转移信用风险的需要，例如，有的交易只是为了转移灾难性风险或宏观经济层面的风险，这就增加了复杂性和奇异性。

本章小结

1. 信用风险是指借款人违约的可能性，违约包括借款人不能承担借款责任，如不能偿还利息或者不能按时还款。信用风险程度的大小主要取决于借款者的信用等级、其对所借资金的信用价差和其债务的市场价格。市场参与者和研究人员对信用风险的关注日益加强，古典理论采用传统的统计方法被银行广泛使用。

2. 管理信用风险的方法在不断发展，传统的方法集中于信用限额和资产分散化。最近十年来管理信用风险的主要方法为将含有信用风险的资产出售。银行也可以采取资产证券化的方式来管理信用风险。资产证券化是指将有信用风险的债券或金融资产组成一个资产池，并将其出售给其他金融机构和投资者。

3. 信用衍生产品是国际互换和衍生品协会（ISDA）为了描述这种新型场外交易合约于1992年创造的新名词，确切地讲，它是一种使信用风险从其他风险类型中分离出来，并从一方转让给另一方的金融合约。实质上，信用衍生产品是将信用风险从其他风险中剥离出来，以一定的成本转移给其他的机构投资者，从而达到降低自身信用风险暴露水平的目的。

4. 信用违约互换是指银行或金融机构通过向交易对手每年支付一定的费用，将银行的信贷资产和所持债券等一些基础资产或参照信用资产的信用风险剥离，同时转移这些资产因信用事件而产生的潜在损失。

5. 总收益互换是指投资者接受原先属于银行的贷款或证券（一般是债券）的全部风险和现金流（包括利息和手续费等），同时支付给银行一个固定的收益。这个固定的收益一般是伦敦同业银行拆借（LIBOR）加上或减去一定的息差。

6. 信用期权总体可以分为两类。第一类是指期权买方（银行）向卖方买入一份看跌期权；第二类是一种看涨期权，这种看涨期权是以信用差价作为协定价格的。

7. 信用联结票据是由银行或其他金融机构发行的一种债务工具，是以信用互换为基础资产的信用衍生产品。

复习与思考

1. 什么是信用违约互换？
2. 信用违约互换的基本机制是怎样的？
3. 总收益互换和信用违约互换的最大区别在哪里？
4. 信用衍生产品的功能主要有哪些？
5. 请阐述一下资产证券化的基本流程。

21世纪高等学校金融学系列教材

一、货币银行学子系列

★货币金融学（第四版）	朱新蓉	主编	56.00元	2015.08出版
（普通高等教育“十一五”国家级规划教材/国家精品课程教材·2008）				
货币金融学	张　强　乔海曙	主编	32.00元	2007.05出版
（国家精品课程教材·2006）				
货币金融学（附课件）	吴少新	主编	43.00元	2011.08出版
货币金融学（第二版）	殷孟波	主编	48.00元	2014.07出版
（普通高等教育“十五”国家级规划教材）				
货币银行学（第二版）	夏德仁　李念斋	主编	27.50元	2005.05出版
货币银行学（第三版）	周　骏　王学青	主编	42.00元	2011.02出版
（普通高等教育“十一五”国家级规划教材）				
货币银行学原理（第六版）	郑道平　张贵乐	主编	39.00元	2009.07出版
金融理论教程	孔祥毅	主编	39.00元	2003.02出版
西方货币金融理论	伍海华	编著	38.80元	2002.06出版
现代货币金融学	汪祖杰	主编	30.00元	2003.08出版
行为金融学教程	苏同华	主编	25.50元	2006.06出版
中央银行通论（第三版）	孔祥毅	主编	40.00元	2009.02出版
中央银行通论学习指导（修订版）	孔祥毅	主编	38.00元	2009.02出版
商业银行经营管理	朱新蓉　宋清华	主编	46.00元	2009.03出版
商业银行管理学（第四版）	彭建刚	主编	49.00元	2014.07出版
（普通高等教育“十一五”国家级规划教材/国家精品课程教材·2007/国家精品资源共享课配套教材）				
商业银行管理学（第三版）	李志辉	主编	48.00元	2015.10出版
（普通高等教育“十一五”国家级规划教材/国家精品课程教材·2009）				
商业银行管理学习题集	李志辉	主编	20.00元	2006.12出版
（普通高等教育“十一五”国家级规划教材辅助教材）				
商业银行管理	刘惠好	主编	27.00元	2009.10出版
现代商业银行管理学基础	王先玉	主编	41.00元	2006.07出版
金融市场学（第二版）	杜金富	主编	48.00元	2013.03出版
现代金融市场学（第三版）	张亦春	主编	56.00元	2013.01出版
中国金融简史（第二版）	袁远福	主编	25.00元	2005.09出版
（普通高等教育“十一五”国家级规划教材）				
货币与金融统计学（第三版）	杜金富	主编	49.00元	2013.05出版
（普通高等教育“十一五”国家级规划教材/国家统计局优秀教材）				
金融信托与租赁（第四版）	王淑敏　齐佩金	主编	42.00元	2016.09出版
（普通高等教育“十一五”国家级规划教材）				

书名	作者		价格	出版时间
金融信托与租赁案例与习题	王淑敏　齐佩金	主编	25.00 元	2006.09 出版
（普通高等教育“十一五”国家级规划教材辅助教材）				
金融营销学	万后芬	主编	31.00 元	2003.03 出版
金融风险管理	宋清华　李志辉	主编	33.50 元	2003.01 出版
网络银行（第二版）	孙　森	主编	36.00 元	2010.02 出版
（普通高等教育“十一五”国家级规划教材）				
银行会计学	于希文　王允平	主编	30.00 元	2003.04 出版

二、国际金融子系列

书名	作者		价格	出版时间
国际金融学	潘英丽　马君潞	主编	31.50 元	2002.05 出版
★国际金融概论（第四版）	王爱俭	主编	39.00 元	2015.06 出版
（普通高等教育“十一五”国家级规划教材/国家精品课程教材·2009）				
国际金融（第二版）	刘惠好	主编	40.00 元	2012.08 出版
国际金融概论（第三版）（附课件）	徐荣贞	主编	40.00 元	2016.08 出版
★国际结算（第六版）（附课件）	苏宗祥　徐　捷	著	66.00 元	2015.08 出版
（普通高等教育“十一五”国家级规划教材/2012～2013 年度全行业优秀畅销书）				
各国金融体制比较（第三版）	白钦先	等编著	43.00 元	2013.08 出版

三、投资学子系列

书名	作者		价格	出版时间
投资学（第二版）	张元萍	主编	53.00 元	2013.01 出版
证券投资学	吴晓求　季冬生	主编	24.00 元	2004.03 出版
证券投资学（第二版）	金　丹	主编	49.5 元	2016.09 出版
现代证券投资学	李国义	主编	39.00 元	2009.03 出版
证券投资分析（第二版）	赵锡军　李向科	主编	35.00 元	2015.08 出版
组合投资与投资基金管理	陈伟忠	主编	15.50 元	2004.07 出版
投资项目评估	王瑶琪　李桂君	主编	38.00 元	2011.12 出版
项目融资（第三版）	蒋先玲	编著	36.00 元	2008.10 出版

四、金融工程子系列

书名	作者		价格	出版时间
金融经济学教程（第二版）	陈伟忠　陆珩瑱	主编	46.00 元	2016.09 出版
衍生金融工具（第二版）	叶永刚　张　培	主编	37.00 元	2014.08 出版
现代公司金融学（第二版）	马亚明	主编	49.00 元	2016.08 出版
金融计量学	张宗新	主编	42.50 元	2008.09 出版
数理金融	张元萍	编著	29.80 元	2004.08 出版
衍生金融工具	王德河　杨　阳	编著	38.00 元	2016.12 出版

五、金融英语子系列

书名	作者		价格	出版时间
金融英语阅读教程（第四版）	沈素萍	主编	48.00 元	2015.12 出版
（北京高等教育精品教材）				
金融英语阅读教程导读（第四版）	沈素萍	主编	23.00 元	2016.01 出版
（北京高等学校市级精品课程辅助教材）				
保险专业英语	张栓林	编著	22.00 元	2004.02 出版
保险应用口语	张栓林	编著	25.00 元	2008.04 出版

注：加★的书为“十二五”普通高等教育本科国家级规划教材

21 世纪高等学校保险学系列教材

书名	作者		方式	定价	出版时间
保险学（第二版）	胡炳志	何小伟	主编	29.00 元	2013.05 出版
保险精算（第三版） （普通高等教育“十一五”国家级规划教材）	李秀芳	曾庆五	主编	36.00 元	2011.06 出版
人身保险（第二版）	陈朝先	陶存文	主编	20.00 元	2002.09 出版
财产保险（第五版） （普通高等教育“十一五”国家级规划教材/普通高等教育精品教材奖）	许飞琼	郑功成	主编	43.00 元	2015.03 出版
财产保险案例分析	许飞琼		编著	32.50 元	2004.08 出版
海上保险学	郭颂平	袁建华	编著	34.00 元	2009.10 出版
责任保险	许飞琼		编著	40.00 元	2007.11 出版
再保险（第二版） （普通高等教育“十一五”国家级规划教材）	胡炳志	陈之楚	主编	30.50 元	2006.02 出版
保险经营管理学（第二版） （普通高等教育“十一五”国家级规划教材）	邓大松	向运华	主编	42.00 元	2011.08 出版
保险营销学（第三版） （教育部经济类专业主干课程推荐教材）	郭颂平	赵春梅	主编	35.00 元	2012.08 出版
保险营销学（第二版）	刘子操	郭颂平	主编	25.00 元	2003.01 出版
★风险管理（第五版） （普通高等教育“十一五”国家级规划教材）	许谨良		主编	36.00 元	2015.08 出版
保险产品设计原理与实务	石　兴		著	24.50 元	2006.09 出版
社会保险（第三版） （普通高等教育“十一五”国家级规划教材）	林　义		主编	39.00 元	2016.07 出版
保险学教程（第二版）	张　虹	陈迪红	主编	36.00 元	2012.07 出版
利息理论与应用（第二版）	刘明亮		主编	32.00 元	2014.04 出版

注：加★的书为“十二五”普通高等教育本科国家级规划教材。